Martin Zeiller

Beschreibung des Königreichs Ungarn

Martin Zeiller

Beschreibung des Königreichs Ungarn

ISBN/EAN: 9783743328174

Hergestellt in Europa, USA, Kanada, Australien, Japan

Cover: Foto ©ninafisch / pixelio.de

Manufactured and distributed by brebook publishing software (www.brebook.com)

Martin Zeiller

Beschreibung des Königreichs Ungarn

MARTINI ZEILERI

Beschreibung

Deß Königreichs Ungarn/ vnd darzu gehöriger Landen/Stätte/vnd vornehmster Gercher/

Darauß

Neben allerley Denckwürdigen Geschichten und Händeln/ Beschreibung/ Belager= vnd Eroberung der Plätze/ FeldSchlachten/ Scharmützeln/vnd andern Sachen/ vnd was sich vom Anfang deß Türcken=Kriegs/ biß auf gegenwärtige Zeit/daselbsten zugetragen; Auch zu sehen/ was noch von diesem Königreich in der Christen: vnd was hergegen in der Türcken Handen/ vnd Beherrschung ist.

Jnjetzo wieder durchgangen/vom utore hin und wieder verbessert/ und sonderlich mit einer Neuen Zugab vermehret.

Zu ULM/

Gedruckt/ und verlegt durch Balthasar Kühnen/ bestellten Buchdruckern daselbsten/ Im Jahr M.DC.LX.

Newe Beschreibung
Deß Königreichs Vngarn und darzü gehöriger Landen, Stätten und Vornembster Orther;

Darauß, neben allerley Denckwürdigen Geschichten Beschreibung, Beläger: und Eroberüng, Feldschlachten, Scharmützeln und andere Sachen, auch zu sehen, waß noch der Zeit von Diesem Königreich in der Christen: und hergegen in der Türcken Handen und Beherschung ist.

Dem Hoch-Wolgebornen
Herren/

Herren Sigismund Keh-
venhüller/

Zu Aychelberg/ Freyherren auff Lands-
Cron/vnd Wernberg/Erbherren auff Hoh.n Oster-
witz/vnd Carlsperg/ Herrn zu Spilfeld/ vnd Märnberg/
Erbland Stallmeistern in Kärnten/ rc. Mei-
nem Gnädigen Herren:
Wie auch)

Dem Edlen/ Ehrenvesten/ vnd Groß-
Achtbarn/

Herren Johañ Baptista Schorer/
Vornehmen Handelsherren/ rc. Meinem Groß-
günstigen/vnd Hochgeehrten Herren.

HOCH-Wolgebohrner
Freyherr/ Gnädiger Herr/
Auch Edler/ Ehrnvester/vnd
Groß Achtbarer/ insonders Günsti-
ger/ vnd Hochgeehrter Herr. Es ist
männiglich bekant/ in was vor Jam-
mer/ vnd Elend/ etliche Christliche
Königreich/ vnd Länder/die verwichene
Jahr durch den Krieg/ gerathen/ vnd
wie ein Ort nach dem Andern darauff
gangen/vnd/ von denen/ die allesampt

auff Christum getaufft seyn / vnd den
Christlichen Namen bekennen / bekriegt /
verderbt vnd in die Aschen gelegt: Dabey aber deß Allgemeinen Feindes der
Christenheit vergessen / vnd nit bedacht
worden / daß man / durch solche Innerliche Krieg / dem Türggen / die übrige
Christliche Länder / entgegen träget /
welche Er sonsten mit dem Schwerd /
auch aller seiner Macht / bißhero nicht
vbergwältigen können / vnd die zu be-
wahren es so viel ChristenBlut / vnd
Vnaußsprechliche Summen Geldes /
gestanden.   Er hat zwar mit Theils
Christlichen Potentaten Frieden auffgericht / aber wie Er solchen gehalten /
das haben die Einfäll vnd Streiffen in
ihre Länder gnug zu erkesen geben. Vnd
sihet Er / vnter dem Deckmantel deß
Friedens / nur darauff / wie die Christenheit noch mehrers an Mannschafft /
Geld / Macht vnd Gewalt / durch ein-
heimische Krieg geschwächt werde? Da
Er dann bald eine Vrsach finden wird /
die seinem Reich nahend gelegene Länder zu bekriegen; Inmassen Er es mit
dem jetzigen wider die Venediger er-
weck-

weckten Krieg also gemacht/ vnd diese Durchleuchtige Herrschafft/ehe Er derselben einigen Krieg angekündet/ mit Waffen angegriffen hat. Es werden zwar die Vrsachen / die Jhn hierzu bewegt/ angezaigt/ vnd vermeldet/ namblich / daß die Venediger Anno 1638. die Barbarischen Gallern bey der Türggischen Vestung Orico, in Epiro gelegen/so jetzt Valona, oder Velona genant wird/ weggenommen: Item/ daß die Malteser Galleren/nach dem sie dem Zemis Aga/ auff seiner Raise nach Mecha/ein sehr reich beladen Schiff abgenommen/vnd auff solchem/wie man berichtet/an paarem Geld vñ Cleinodien/ bey die drey Millionen Goldes werth / sampt 24. Pferden/ von der schönsten vnd besten Art/ so der Türggische Keyser hat; auch so vielen Weibern auß seinem Frauenzimmer/150. vornehmen Türggen/ vnd 30. Stucken Geschützes/ bekommen haben sollen / sich nach Candia begeben/ vnd Theils Sachen allda verkaufft: Item/daß Jacobus de Riva, als Er nach Candia segelte / gegen etlichen Schiffen auß der Barbarey sich ge-

werth

Vorrede.

wehrt / vnd eins davon zu grund geschossen: Vnd dañ die Klagen etlicher Candioten / wider jhren Gubernatorn / vnd Venedischen Generaln in Candia. Aber / Wer sihet nicht / daß es alles vngültige Vrsachen / einen Frieden zu brechen / vnd Krieg anzufahen / seyen. Sintemal / was die Erste anbelangt / Hochgedachte Herrschafft darfür helt / Jhr obligen wolle / das Adriatische Meer Jeder-

[Vid. Iul. Pacius de dominio maris Hadriatici, & Franc. de Ingenuis de Iurisdict. Reip. Venet. in mare Adriat.]

männiglich zum besten / sicher zuhalten / vnd die Meer-Räuber / wo sie auch anzutreffen / dannen / zuvertreiben. Was die Andere betrifft / so seyn obgemelte Malteser Gallern / dem einkommenen Bericht nach / in Candia schlecht empfangē worden; Man hat Jhnen nichts zukommen lassen; Vnd haben sie allein etliche geringe Sachen von der Beut / so sie nicht mitschleppen mochten / vmb geringes Geld allda verkaufft. Die Dritte Vrsach fällt für sich selbsten / dieweil die Natur auch die Turckē lehret / wider vnrechtmässigē Gewalt sich zu schützen / vnd denselben / durch erlaubte Gegenwehr / abzutreiben

ben. So ist auch die Vierdte nicht der Würdigkeit / daß darumb der Türckische Keyser sich in einen Krieg / gantz vngewarneter Weise / begeben solte; Dieweil der Gegentheil / ob es sich also verhalte / noch nit gehört worden; Die Ankläger auch nicht zu jhrer ordenlichen Obrigkeit nach Venedig sich begeben; Vnd Jhr vermeynter Schutzherr die Sach nicht zuvor bey der Herrschafft zu Venedig angebracht / sondern gleich zum Krieg gegriffen. Welches dann allhie nicht zu dem Ende / daß man der Venediger (so jhr Recht / vnd Gerechtigkeit / selbsten besser zu vertheidigen wissen / vnd hierzu keines Frembden bedörffen) Sache führen wolte; Sondern deßwegen angezogen wird / damit man sehe / wie die Türggen bald eine Vrsach vom Zaun herunter reissen können / wañ sie einen Krieg anfahen wollen: Als wie jetzt gegen Hochgedachte Herschafft geschihet; Wider welche der Türggische Keyser seine Leute (die so wol Spahi, als Giannizari, oder die Reutterey / vnd Fußvolck / bey lang gewehrtem Frieden mit der Christenheit / sich auff allerhand

Kauff-

Vorrede.

Kauffmanschafft gelegt/deß Kriegs nit mehr also erfahren/vnd gewohnt; Vnd daher mit Gewalt zu solchem anzutreiben) allgemach wieder anführet/damit folgends/gegen andern Christlichen Potentaten/Er etwan einen ernstlichern Krieg vornehmen möge. Welche Listigkeit dann wol in acht zunehmen. Dann

[Nulla vel diligentissima cura, & vigilantia, adversus Turcas superflua est. Isthüansius lib. 2, rer Vngar. p. 25.]

solte der Türck/wann/bey diesen innerlichen Kriegen der Christen/die Venediger hülffloß gelassen/vnd das Sprichwort/daß man/wann deß Nechsten Hauß brennet/löschen helffen solle/nicht in acht genommen werden/der Türck

[Cypre se perdit pour n'estre point secourúe. le Ministre d'Estat li.2.disc.13.f.264.]

in Candia, vnd sonderlich in Dalmatia (welches der Anmächtige Gott Gnädig verhüten wolle) der Venediger Meister werden; So stünde zu beförchtē/er bald Vrsach finde dörffte/weiter zu gehn/vñ andere mehrer Christliche Landschafften auch anzugreiffen. Ob nun dabey Italia, Vngarn/die Obere/vnd Nidere Teutsche Länder/die Königreiche Böheim

heim/ vnd Polen; Wie auch die etwas weiter entlegene Königreich Franckreich/ Denemarck vnd Schweden/ würden gesichert seyn / ist schwerlich zu vermuthen. Dann es wider der Türggen Natur were/ den Christen einige Gnad/ vnd Barmhertzigkeit zu erweisen; Sonder nes wurde auch die Begierde / das Ottomannische Reich weiters außzubraiten/ bey solcher guten Gelegenheit/ vnd Nachbarschafft / mehrers erhitzet werden. Vnd ob schon bißhero der Türck eine zeitlang etliche Fürsten / vnd Herren/ so vnter ihm seyn/ bey ihrem Stand vnd Landen / verbleiben lassen/ weil sie den Christlichen Potentaten nahend gesessen; so geschihet doch solches nur so lang/ als es Jhme gefällig / vnd Er seinen Vortheil ersihet/ sie zu vertilgē; Inmassen dann mit denen Fürsten / vnd Herren / in Asia, Africa, vnd zum Theil auch in Europa, so vnter Jhn gebracht worden/ geschehen. Vnd hat Er die vornehme Fürstliche Geschlecht/ das Comnenische/ Cantacusenische / Lascarische/ Diassorinische / Despotische / Palæologische/ Epirotische/ and andere in Griechen:

Vorrede.

chen: vñ benachbarten Ländern/ zusampt fast dem gantzen Adel/ schon langsten außgerottet/ also/ daß alles daselbsten ein Sclaverey/ auch die Baschen selber/ so meistentheils von geringem Stande hoch kommen/ nichts anders/ als leibaigene Leute seyn/ mit denen der Sultan seines Gefallens hauset. Es werden zwar viel gefunden/ so die Türggen loben/ weil sie die Leute bey ihrer Religion verbleiben lassen; Die aber nicht bedenken/ daß dieselbe ihre Kinder dem Türggen/ wider ihren Willen/ hergeben müssen/ die so dann beschnitten/ in dem verfluchten Türckischen Aberglauben vnterwiesen/ vnd zum Krieg angeführet werden. Wie dañ auß denselben die Janizarn/ oder das Fußvolck/ bestehet: Welche wann der Türck gegen die Christen etwas vor hat/ sich wider dieselben/ vnd offt wol gar wider ihre aigene Eltern/ gebrauchen lassen müssen; Denen dann viel liber seyn solte/ daß diesen ihren Kindern alsbald der grausambste Tod angethan were worden/ als daß sie solcher Gestalt Ihnen mit Gewalt genommen/ mit Leib/ vnd Seel/ zeitlich/

Vorrede.

vnd ewiglich/verlohren/vnd noch darzu
der Christen Feinde / vnd Verfolger/
vnd etwan Schänder ihrer eignē Mütter/vnd Schwester/werden sollen. Hæc tristissima, sagt der weyland berümbte Medicus, D. Casparus Peucerus, *lib. 5. Chr. in Amurathe Secundo, p. 863.* omnium servitutum servitus est, quam sub Turcis Christiani perferunt. Quid enim potest piis mentibus accidere acerbius, quàm spectare, ut liberi, jam per Baptismum Christo inserti, & ad æternam cum Deo consuetudinem, sanguine Filij Dei, redempti, rursus ab Eo avellantur, & imbuti blasphemo Mahometis dogmate, fiant ex professo truces & immanes hostes Christi, & Ecclesiæ, & cum cœlo bellum gerant, atque in æternum pereant? Denique, ut nostrorum, & ex nobis natorum manibus, hostes nostri, nos jugulent, nostra evertant, ac deleant? Hæc animorum servitus, longè majus malum est, morte ipsâ. Quod si multi intelligerent, majore impetu ferrentur & incumberent, in bella Turcica. Vnd was die Christen im Griechenland/vnd an andern Orten/ so weit hinein in die

Tür-

Vorrede.

Türkey gelegen/(dann mit denen in Ungarn es in etwas ein andere Gelegenheit hat/ die auch den Kinder Tribut (ausser was die Martelosen heimlich stelen/vnd den Türcken verkauffen)nicht mehr geben/sondern/in allen gehuldigten Orten ein jedes Hauß/von jedem Mann/Weib/ Kindern / vnd Gesind / jährlich einen Ducaten geben sollen/hergegen bey jhrer Religion bleiben mögen) nunmehr für einen Glauben führen/ vnd wie man sie beym Christenthumb leben lasse; Vnd daß jhnen fast nichts mehr/ als der blosse Nam der Christen vbrig verbleibe; Davon mag man die/ so vom Jammer vnd Elend der Christen vnter den Türggen geschrieben/ lesen. Vnd ob man auch Endlich Jhme einbilden wolte / es hetten die Türggen noch viel harte Nussen auffzubeissen/ ehe sie so weit/ wie oben angedeut/ kommen solten: So hat man aber hergegen zu bedenken/daß viel vornehme Vestungen in denen dreyen den Alten bekandten Theilen der Welt / so hart nicht gewesen / die sie nicht / vnd mehrertheils durch Vneinigkeit der Christen / auffgebissen/ vnd verschluckt

bet-

hetten. Der Königliche/Französische Gesandter / Franciscus Oliverius, sagte/ in offentlicher Versamblung zu
[Vid. Sleidanus lib. 14. histor. 370.]
Speyer/A0.1542. den 14. Hornung/daß deß Türggen Macht von 300. Jahren her/ allein durch der Christen Vneinigkeit/ vnd Verrätherey/ also gewachsen seye: Wie er dieses in solcher seiner Rede mit Exempeln bewiesen hat / vnd die Historien es vielfältig zu erkenen geben.

[Questo frutto delle discordie de' nostri Principi hebbe l'anno 1521. tollerabile, se almanco l'essempio del danno passato havesse dato documento per lo tempo futuro Fr. Guicciardin. lib. 15. dell' historia d' Italia, f. 413.]

Vnd damit man anderer Königreich / vnd Fürstenthümer / für dißmal geschweige; So dienet allein zu einem Muster/ vnd Exempel / das benachbarte Königreich VNGARN / das weyland so groß / mächtig / vnd gewaltig gewesen / daß sich andere Völker darfür entsetzet / vnd es seines gleichen vnter der Sonnen wenig gehabt: Welches aber meistentheils / durch inner: vnd eusserliche Spaltungen / in einen solchen Stand gerathen / daß heutigs Tags der Türck nicht allein desselben Hauptstatt Ofen vñ viel vernehme Vestungen / vñ Stätte; Son-

dern

dern auch gantze Länder davon in seinem
Gewalt hat. Das aber bey vielen/ sonderlich
jungen Leuten/ (weiln eine geraume
Zeit hero kein offentlicher Türggen
Krieg gewesen) nicht mehr/ wie vor
diesem/ beobachtet wird. Daher dann/
damit dessen nicht gar vergessen werden/
vnd nur bloß das Mittags Gloggenleuten
vbrig verbleiben möchte/ man
nit für vnzeitig erachtet/ den kläglichen
Vngarischen Spiegel wieder herfür zu
suchen/ vnd auß den vornembsten Scribenten/
so/ von den Vngarischen Sachen/
in Teutsch: vnd Lateinischer Sprachen/
geschrieben/ dieses gegenwertige
Büchlein zuverfertigen/ vnd in dasselbe
die Beschreib: Belager: vnd Eroberung
der vornembsten Oerter/ auch die
Schlachten/ Scharmützel/ vnd dergleichen/
sampt andern denckwürdigē Händeln/
vnd Geschichten/ kürtzlich zubringen/
Worinn die angedeute Autores
mit einander vbereinstimen/ oder nit/
anzuzeigen/ vnd was sie nicht haben/
auß Andern/ sonderlich die neue Sachen/
so sich die letztere Jahr/ biß auff gegenwertige
Zeit/ in Vngarn zugetragen

Vorrede.

gen / vnd davon man Bericht haben können / hinzu zu thun? Ob etwan in Durchlesung desselben / vnd Betrachtung / wie es diesem weyland so Edlen Königreich so erbärmlich ergangen; Was der Türgg demselben entzogen / vnd noch der Zeit davon in Handen hat / Theils mehrers bewegt werden möchten / den Mitteln eyfferiger nachzugedencken / durch welche / mit Verleyhung Göttlicher Gnade / in der gantzen werthen Christenheit / man sich wieder auffrecht vereinigen / vnd einen wahren beständigen Frieden treffen möchte; Auff daß man dem Allgemeinen Erbfeinde d Christenheit / wann Er dergleichen / als wie gegen die Venediger geschehen / auch gegen Andere vornehmen wolte / mit gesampter noch obriger Macht / widerstehen / vnd die Schutzwehr an die Hand nehmen; oder auch andern Nothleidenden / mit seiner Maß / zu Hülff kommen könte: Deßwegen man aber diß Orts nichts fürzuschreiben; sondern sich zu erfrewen hat / daß durch den nunmehr gemachten dreyfachen Frieden / zwischen Spanien / Franckreich / Polen / Dännemarck/

marck/ vnd Schweden/hierzu ein guter Grund gelegt worden ist.

Daß aber E. Freyherr. Gn. auch E. E. vnd GroßAchtbarkeit/ Ich dieses geringfüge Wercklein vnderthänig/ vnd gantz dienstlich vbereigne/ geschihet nit ohne Vrsach. Dann E. Freyh. Gn. Gnädiger Herr/ weyland dero Dienern/ meinem Vättern/ Johann Caspar Müntzen/ beeder Rechten Candidato, Seligē/ viel Gnaden erwiesen/ die Er/ in seinen Lebszeiten/ vnderschiedlichen/ durch Schreiben/ gerühmt; Ist auch das von E. Freyh. Gn. Ihme ertheiltes ansehenliches Testimonium mir neulichen allhie eingeliefert worden: E. E. vnd Groß Achtbarkeit aber/ Hochgeehrter Herr/ haben/ neben dero in GOTT ruhendem geliebtem Herrn Schwehr Vattern/ Herren Jacob Ebertzen/ ꝛc. Seliger Gedächtnuß/ Mir selbsten vielfaltige grosse Gunsten erzeigt; Daß Ich daher mich höchstens schuldig erkenne/ solches offentlich zu rühmen/ vnd hiemit allein in etwas mein vnterthänig vnd dienstlich-danckbares Gemüth zu erkennen zu geben; mit gantz vnterthäniger vñ hochfleissiger Bitt/ E. Freyh. Gn. auch E. E. vnd GroßAchtb. geruhen gn. vnd großg. den Willen für das Werck/ anzusehen/ vnd dieses geringe Büchlein desto mehrers in dero gnädigen/ vnd großgünstigen Schutz/ vnd Vertheidigung/ zu nehmen; Weiln E. Freyh. Gn. in dem Hochlöbl. Kö-
nig-

Vorrede.

nigreich Ungarn/ der Zeit/ sich meistentheils
auffhalten: E. E. vnd GroßAchtbarkeit aber
dero HandelsLager/ vnd Vnterweiln Wohnung/ in der durch die gantze Welt berümbten
Statt Venedig haben/ vnd deßwegen dero der
jetzige Zustand/ vnd Türggen-Krieg/ wie zu
erachten/ nicht wenig zu Gemüth/vnd Hertzen
gehen wird. Im vbrigen E. Freyherzl. Gn.
auch E. E. vnd Groß Achtb. der Göttlichen
Obhut zu allem hoch gesegneten Wolstand;
dero Gnaden vnd Hulden; auch fernern beharzlichen Großgunsten aber/ Ich mich bester
massen/ vnterthänig vnd gantz dienstlichen befehlen thue.

E. Freyh. Gn.
Auch E. E. vnd Groß A.

Vnterthäniger vnd
Dienstbeflissener.

Martinus Zeiller.

Neue

Neue Beschreibung
Des Königreichs Vngarn/ und darzu gehöriger Landen/ Städte/ und vornehmster Oerter.

DAS Königreich Vngarn ist vorzeiten sehr groß gewesen/ als welches sich von dem Schwartzen Meer biß auff Oesterreich/ vnd von Polen an/ biß zu dem Adriatischen Meer/ erstreckt vnd etliche Königreich vnter sich gehabt hat: Aber seidhero deß 1396. Jahrs/ ist es/ durch innerliche Zwitracht/ vnd böse Rathschläge/ dahin gebracht worden/ daß es jetzt den grösten Theil dem Türgkischen Joch vnterworffen ist: wiewol solchem noch der alte Titul bleibet/ in welchem/ vnter anderm/ auch der Länder Galatien/ oder Halitien/ vnd Lodomirien/ (so vielleicht

A Vula-

Valadinaria heissen solte) gedacht wird/
von welchem/wie sie an Ungarn/vn wieder
davon/vnd an Polen kommen/ Martinus
Cromerus *lib.7.rer. Polon.p.185.seq.* zu lesen ist. Bey der Crönung K. Maximilian
deß Andern/seynd Jhme/neben deß Königreichs Ungarn/auch der Königreiche Dalmatien/ Croatien/ Slavonien/ Servien/
Bosnen/vnd Bulgarien Fahnen/vorgetragen worden. Albertus Molnar, in seinem
Lexico Latino-Græco Ungarico, vnd
in desselben Andern Theil *pag.353.* schreibet/
vnter andern also. Nomina Regnorum,
latissimæ & florentissimæ olim Hungariæ Regno incorporatorum, Ungaria
Magyar Orssàg, Transilvania, Erdely
Transalpina Ungar. olim Dacia Alpestris, Havas elfölde, Sekelia vulgò Siculorum Comitatus Schekèlyfölde, Valachia Olahsàg, Dalmatia, Croatia Horvat Orssàg, Sclavonia Tòtorssàg, Mysia Mesia Orssàg, Servia Czerkess Orssàg, Bolna Bozna olim Dardania Boznasàg. Es ist aber Dalmatia ein Theil deß
Illyrici, vnd hat zu Gräntzen gegen Abend
Istriam, gegen Mittag dz Adriatische Meer/
vnd

und viel Insulen/gegen Morgen Bosnam oder Bolniam, und geg'n Mitternacht Crabaten Die Städte darinnen/so am Meer gelegen/ seyn den Venedigern unterthan/ außgenomen Zeng/ und S. Veit/ so Oesterreichisch. Und ist unter den Venedischen Städten die vornemste Jadra, oder Jadera, ins gemein Zara genant/sosehr fest ist. Mit welchem Recht aber Sie die Venediger/solche Ort besitzen davon ist Nicolaus Isthuansius *libr. 4 rerum Ungaricarum, fol. 54.* zu sehen. Thue aber/ und lise darzu/ was die Venedischen Scribenten von Zara/ und andern Orten in Dalmatia, und mit welchem Recht sie an Venedig kommen/ berichten. Anno 1649. haben sie den vesten Ort Risani, 2. Meilen von Cataro, Item die Stadt Medun, in diesem Lande den Türcken abgenommen/sihe unden Clissa. Es ist in Dalmatien auch die alte berühmte Stadt Ragus, so für sich/aber gleichwol unter deß Türckischen Keysers Schutz/ wie Er dann viel in Dalmatia besitzet. Croatia, Chrovatia, wird von besagtem Isthuansio, der Mittelländische Theil deß Dalmatien genant/ welches Land der Fluß Huna, der auß dem

dem Dalmatischen Gebürg entspringt/ mit einem gekrumten Lauff durchgehet/ vnd vnter dem Schloß Dubitz mit der Sau sich vermischet/ vnd Croatien von Slavonien absondert. In dem Neuen Ao. 1644. außgangenem Atlante stehet von Crabaten also: Croatia ist ein Stück vnd Theil deß Windischen Landes gegen Vngern. Wird von Rufo vnd Volaterrano Valeria: von Andern aber Liburnia genant. Stöst gegen Orient an Histreich/ vnd den Meerschoß/ Sinus Fanaticus genant. Ligt zwischen der Sau/ vnd Culpa/ vnd Ober-Mœsia, oder Wossen. Seine fürnembste Stadt ist jtzund Bigihon, war vorzeiten etwan Fumium genant/ꝛc. Besagtes Slavoniam gibt man heutiges Tags gantz den Türggen/ vnd zu Gräntzen gegen Mitternacht die Drab/ gegen Mittag die Sau/ gegen Abend die Stadt Garignicza (Al. Gabronitza) vnd gegen Morgen den Theil Vngarn so man Pannoniam Bubaliam nennet. Theils nennen Slavoniam mit dem alten Namen Saviam Pannoniam. Servia lige zwischen Bosnia, vnd Bulgaria, so von Theils Rascia, vnd desselben Inwohner Rascij

Rascij oder Räzen/ genant werden: sihe meine *Collectanea part. 1. pag. 267.* Theils nennen es auch Thraciam, vnd den Theil davon/ darinnen Griechisch Weissenburg gelegen/ Covinium: wiewol Andere einen Vnterschied zwischen Servia, vnd Thracia, oder Romania, dessen Lands Hauptstadt Constantinopel ist/ machen. Seynd gleichwol beede der zeit vnter dem Türggischen Joch. Vnd schreibet Jacobus Meyerus *lib. 16. rer. Flandric. fol. 337.* also: Anno 1459. inter Nostrorum dissidia, seditiones, superbiam, avaritiam, schismata, & hæreses, Epirus, Ætolica, Servia, & clarissima Macidoniæ civitas Thessalonica à Turcis occupata. S. vnten S. Andrè, oder Sendre. So viel ferners Bosnam oder Bosniam, anbelangt/ so ist solches Land ein Theil von Illyrien/ vnd stosset gegen Mitternacht an die Sau/ gegen Morgen ist der Fluß Bosna, davon das Land den Namen hat/ gegen Mittag das Adriatische Meer/ vnd gegen Abend Dalmatia vnd Croatia. Ist ein bergicht/ vnd rauhes Land/ darinn köstliches Silber Bergwerck/ vnd die Stadt Jaicia, als das Haupt/ ist. Salomon Kuselius

lius in Dictionariolo Geographico, sagt/
daß Bosnia nicht sonders verderbt/ auch mit
Einwohnern starck besetzt seye: habe/ neben
dem Mahometischen vielerley Christlichen
Religions-Glaubensgenossen/ darunter der
Römisch-Catholischen am meisten; inmassen denn dieselben noch offene Kirchen darinnen hetten. Im Neuen Atlante stehet also: Das Theil deß Landes Liburniæ, oder
Crabaten gegen Orient wird von den Bessis. als Völckern deß Undern Mœsiæ, oder
Wossen/ Bosnia genant. Die fürnembste
Stadt ist Jaitza. Darnach seyn Schwonika, vnd Warbosayne, welche letzte jhrer viel
für die Hauptstadt halten/ ist mit keinen
Mäuren vmbgeben/ vnd doch nicht gering.
Der Fluß Milliatzca sondert dieses Land in
2 Theil. Biß hieher der Atlas. Es hett der
Türckisch Keyser/ als der Zeit Herr dieses
Landes/ zu Banialuca einen Bassa, so gemeinlich der Bassa in Bosnia genennet wird.
Philippus Cluverius sagt *libr. 1. antiquæ
Italiæ cap. 31.* daß die Römer obangedeutes
Illyricum, alles das Land genant/ so zwischen der Thonau / dem Hadriatischen
Meer/ dem Norico, vnd Mœsia, gelegen/
also

also/daß auch Histria darzu gerechnet wurde. Aber folgender Zeit ward ein gar grosser Theil davon/ von dem Gebürg an/ biß zur Thonau/ Pannonia, das vbrige aber/ zwischen dem Gebürg/ vnd dem Meer/ Illyricum genant/ dessen zween Theil Liburnia, (oder/ wie es Lazius aufleget/ Croatia,) vnd Dalmatia, seyen. Sihe/ von dem Königreich Illyrien/ vnd denen Völckern in demselben/ auch Reinerum Reineccium parte 3. hist. Jul. fol. 357. seqq. Ferners Bulgarian anlangende/ so halten Theils solches Land für das Nidere Mœsiam: gleich wie Theils Bosniam, andere aber Serviam, für das Ober Mœsiam, vnd der Triballer Landschafft erachten. Es ligt aber Bulgarien zwischen Servia, Romania, oder Thracia, vnd der Thonau. Levinus Hulsius, in seiner Chronologia sagt daß Bulgaria gegen Abend mit Servia gegen Mitternacht/ ober die Thonau/ mit der Walachey gegen Morgen mit Thracia, vnd gegen Mittag mit Albania, vnd Macedonia, gräntze. Die Hauptstadt dieses Landes ist Sophia, darnach Nicopolis an der Thonau/ von denen vnden wird zu sagen seyn. Der

Atlas

Atlas referirt auch Serrajum hiher/vnd sagt/sey ein vornehme Stadt dieses Landes; Welches der Zeit alles den Türggen gehört. Was nun endlich anbelangt Vngarn selb-sten/oder den Theil dieses vorzeiten mächti-gen Königreichs/so man aigentlich Vngarn heisset/so hat solches Land jetzt vom Mittag den Fluß Drab/vnd Croatien; vom Mor-gen Sibenbürgen; von Mitternacht das Carpatisch Gebürg/Polen vnd Mähren; vnd vom Abend Oesterreich/vnd Steyer. Seine Länge setzet David Frölichius, ein Vngarischer berümbter Mathematicus, part.2 Viatòrij lib.1.cap. 9.p.285.von 60. Teutscher Meilen/(nemlich von dem Vr-sprung der Teisse/biß zum Außgang der Mur/) vnd ist die Bräite fast der Länge gleich/allda der längste Tag im Sommer von 15½ biß auff 16 Stunden/ist. Wird getheilet/durch die Thonau/in das Ober/ge-gen Mitternacht/vnd in das Vnter Vn-garn/gegen Mittag: wiewol Theils auch solch Land anders theilen/vnd 3.Theil dar-auß machen. Es wird auch in 72. oder 74. Comitatus, oder Spanschafften/Göw/ Vogteyen/Diœceses, Craysse/ Gerichts-

Zwang

Zwang / oder Theil / getheilt / davon noch der Dritte Theil / (oder wie Er. Frölich in deß ersten Theils 3. Buch / am 49. Blat sagt / kaum der halbe Theil /) den Ungarischen König erkennet. Die darüber gesetzt seyn / werden Comites, Ungarisch Ilpan vnd Teutsch Span genennet / die / als Richter / alle Monat den Adel ihres Gebiets zusamen beruffen / vnd in der ersten Instantz erkennen / damit nicht alles gen Hoff gebracht werden müsse. Sie haben vnter ihnen ihre ViceComites, vnd Urthelsprecher. Sonsten nennen die Ungarn ihre vornembste Obrigkeiten: Nadrespanos, Banos, Vajuodas, vnd Capitaneos. Vnd ist der GeneralRichter deß Königreichs / oder Judex Curiæ Regiæ, (so Ao. 1638. Graff Joannes Drugeth de Homonna gewesen /) nach dem Palatino, so den König vertritt / der nächste: Der sonderlich auch in acht zu nehmen / daß nach den Ungarischen Gesätzen / (die Stephanus Verbecius, ein gelehrter Jurist / aber vnruhiger partheyischer Mann / wie ihme Isthuanfius *fol.* 176. das Zeugnuß gibet / auß Befelch Königs Uladislai, zusamen geschriben / vnd solches

Büchlein Decretum Tripartitum genant) gehandelt / vnd geurtheilt werde. Joannes Sambucus hat notat. vber die schwere/ vnd vngewöhnlichere Wörter / die in besagtem deß Verbecij jure Ungarico zu finden/ gemacht / so obgedachter Molnar seinem Dictionario *p. 348. seqq.* angehencket; daselbst Er auch / neben den Vngarischen/ die Lateinische Namen der 74. obangedeuter Spanschafften setzet; so also lauten.

1. Posoniensis, 2. Mosoniensis, 3. Jauriensis, 4. Soproniensis. 5. Castri ferrei. 6. Varasdiensis. 7. Kritniensis. 8. Zagrabiensis. 9. Szaladiensis. 10. Posgainus. 11. Verociensis. 12. Valkoviensis. 13. Sirmiensis. 14. Simegiensis. 15. Boroviensis. 16. Komaromiensis. 17. Strigoniensis 18. Nitrensis. 19. Barsiensis. 20. Trinziniensis. 21. Turotziensis. 22. Liptoviensis. 23. Scepusiensis. 24. Sarosiensis. 25. Gomoriensis. 26. Abauyvariensis. 27. Tornensis. 28. Novigradensis. 29. Pilisiensis. 30. Pestiensis. 31. Albæregalis. 32. Baciensis. 33. Bodrogiensis. 34. Tolnensis. 35. Beregiensis. 36. Ugociensis. 37. Vespriniensis. 38. Zolnensis 39. Ar-

39. Arvensis. 40. Ungensis. 41. Zemliensis. 42. KisHevesiensis 43. NagyHevesiensis. 44. Hontensis. 45. Szatmariensis. (Szakmàr.) 46. Szabolciensis. 47. Kulso Szolnokiensis. 48. Torontalensis. 49. Czanadiensis. 50. Temesiensis. 51 Bereniensis. 52. Bekesiensis. 53. Zereniensis. 54. Solthiensis. 55. Czongradiensis. 56. Haronensis. 57. Maczoviensis. 58. Orbaciensis. 59. Krassoviensis. 60. Koviniensis. 61. Zebernekiensis. 62. Aradiensis. 63. Szarandiensis. 64. Bahoriensis (Bihar.) 65. Kozep Szolnokiensis. 66. Karasnensis. 67. Maramorosiensis. 68. Kolos. 69. Dobocensis. 70. Belsoszolnoc. 71. Albensis. 72. Tordensis. 73. Kikellensis. 74. Huniadiensis. In dem Neuen Atlante Janssonij werden oberhalb der Thonau/gegē dem Anffgang an der Teissa/diese folgende 7. Comitatus, oder Spauschafft/gesetzt/als Vgoghienser/Bihorienser/ Zatmarienser/ Orodienser/ Zobolcienser/ Chanadienser/vñ Temesienser. Es hat Ungarn zween Schiffreiche Flüß/die Thonau/ vnd die Teisse wiewol beeder Vfer mehrertheils von Türggen bewohnet werden. Es

Büchlein Decretum Tripartitum genant) gehandelt/ vnd geurtheilt werde. Joannes Sambucus hat notat. vber die schwere/ vnd vngewöhnlichere Wörter / die in besagtem deß Verbecij jure Ungarico zu finden/ gemacht / so obgedachter Molnar seinem Dictionario p. 348. seqq. angehenckt; daselbst Er auch / neben den Vngarischen/ die Lateinische Namen der 74. obangedeuter Spanschafften setzet; so also lauten. 1. Posoniensis, 2. Mosoniensis. 3. Jaurinensis, 4. Soproniensis. 5. Castri ferrei. 6. Varasdiensis. 7. Krisniensis. 8. Zagrabiensis. 9. Szaladiensis. 10. Posgainus. 11. Verociensis. 12. Valkoviensis. 13. Sirmiensis. 14. Simegiensis. 15. Boroviensis. 16. Komaromiensis. 17. Strigoniensis 18. Nitrensis. 19. Barsiensis. 20. Trinziniensis. 21. Turotziensis. 22. Liptoviensis. 23. Scepusiensis. 24. Sarosiensis. 25. Gomoriensis. 26. Abauyvariensis. 27. Tornensis. 28. Novigradensis. 29. Pilisiensis. 30. Pestiensis. 31 Albæregalis. 32. Baciensis. 33. Bodrogiensis. 34. Tolnensis. 35. Beregiensis. 36 Ugociensis. 37. Vespriniensis. 38. Zolnensis 39. Ar-

39. Arvensis. 40. Ungensis. 41. Zemliensis. 42. KisHevesiensis. 43. NagyHevesiensis. 44. Hontensis. 45. Szatmariensis. (Szakmár.) 46. Szabolciensis. 47. Kulso Szolnokiensis. 48. Torontalensis. 49. Czanadiensis. 50. Temesiensis. 51. Bereniensis. 52. Bekesiensis. 53. Zereniensis. 54. Solthiensis. 55. Czongradiensis. 56. Haronensis. 57. Maczoviensis. 58. Orbaciensis. 59. Krassoviensis. 60. Koviniensis. 61. Zebernekiensis. 62. Aradiensis. 63. Szarandiensis. 64. Bahoriensis (Bihar.) 65. Kozep Szolnokiensis. 66. Karasnensis. 67. Maramorosiensis. 68. Kolos. 69. Dobocensis. 70. Belsoszolnoc. 71. Albensis. 72. Tordensis. 73. Kikellensis. 74. Huniadiensis. Jn dem Newen Atlante Janssonij werden oberhalb der Thonau/gegē dem Anffgang an der Teissa/diese folgende 7. Comitatus, oder Spanschafft/gesetzt/als Vgoghienser/Bihorienser/ Zatmarienser/ Orodienser/ Zobolcienser/ Chanadienser/vñ Temesienser. Es hat Ungarn zween Schiffreiche Flüß/die Thonau/ vnd die Teisse: wiewol beeder Vfer mehrertheils von Türggen bewohnet werden. Es
ste-

stehen zwar auch die Drab/vnd die Sau/in
deß Königreichs Vngarn Wappen/aber sie
gehören nicht so wol zu Vngarn/als zu desselben lehenbare Königreich/ Slavonien/
vnd Croatien/so/wie oben gemeldt/jetzt auch
den grösten Theil den Türggen vnterworffen seyn. Die berümbteste See seyn/der
Platt See/oder Balaton, vnd der Neusidler See/ Peisso,oder Feurtne. Gibt viel
warme/ vnd Gesunde Bäder/ auch viel
Saurbrünne/im Lande/wie bey obgedachtem Herrn Frölich hievon/vnd auch von den
wunderbahren Wassern/die es im Lande hat/
von welchen in gleichem Georgius Wern-
berus geschriben/zu lesen. Auß den Bergen
ist der fürnembste der Carpathus, oder das
Sarmatisch Gebürg/ so die Vngarn von
den Reussen/Polen/Mährern/Schlesiern/
vnd dem Theil Oesterreich/so vber der Tho-
nau/gegen Mähren/ gelegen ist/ absondert.
Welches Gebürg am grausamsten/vñ höch-
sten/ober das Gewölck gehende/in der Graffschafft Zips/bey der Stadt Keßmarckt/ist/von
welcher es auch das Keßmarcker Gebürg/wie
nicht weniger das Schnee Gebürg/ weil es
fast stäts mit Schnee bedeckt/ vnd von den
Win-

Windischen Leuten Tatry, oder Tarczal, gleichsam glantzende/vñ beschorne Berg genennet; die mit ihrer Rauhe vnd Gehe/das Welsche/ Schweitzer/vnd Tyrolisch Gebürg weit vbertreffen; auff welche auch wenig Leute kommen. Daher wol zu lesen/was ehrngedachter Herr Frölich/ so deß Jahrs 1615. im Junio, als er noch ein Jüngling war/ mit zweyen andern/ hinauff gestiegen p. 287. seq. davon schreiben thut. Die nidere Jöcher dieses Gebürges seynd wandel= vnd gangbar/ vnd mit Bäumen besetzt; haben auch ihre unterschidliche Namen/ als der Schewerberg/ der Nater/ die Mutter/ der Gretner/ der Auershorn/ der Ochsenberg/ der Purtzelgrund/ die Höle/ der Milnch/ der Würtzgarten/ die Jablunke/ꝛc. Isthuansius nennet die Berg zwischen Vngarn/Oesterreich/vnd Mähren/Albos. Im obgedachten Carpatischen Gebürg findet man die wilden Pferde/ welche von denen herkommen/ so zun Zeiten Königs Belæ IV. als die Tartarn Vngarn in 3. Jahr lang verwüsteten/ Herrenloß/vnd endlich/ in dem sie frey vmb geloffen/wild worden seyn: wie Bonfinius *decad. 2. lib. 8.* schreibet. Es gibt auch viel

viel Beeren daselbst. Dicke Wäld'r gibt es genug in Ungarn. An Wiesen/ vnd herrlicher Weyde/ hat das Land auch keinen Mangel/ wie dann das Gras ein halbe Manns Länge hat/ vnd theils Orten gar vber die Wägen gehet. Daher dann so viel Ochsen von dannen zu vns gebracht werden Die man tag vnd nacht auf der weide läst/ daher viel so Wetter farb außsehen. So hat es an wilden Thieren/ vnd dergleichen; wie auch an Fischen/ einen Vberfluß. Der Boden ist sehr fruchtbar/ also/ daß man die Aecker nicht düngen darff/ vnd die Kornfrüchten vberflüssig wachsen. Aepffel/ Birn/ Kirschen/ Quitten/ Nusse/ Kästen/ Melonen/ Pfersich/ vnd dergleichen/ seynd da in der Menge. So wird der Wein theils Orten so köstlich gut vñ starck/ daß man jhn mit dem Spanischen/ vñ andern starckē Weinen/ vergleichen kan. An Gold/ so köstlich vñ dem Arabischen/ wo nicht vorzuziehen/ doch gleich zu achten ist; wie auch an Silber/ Kupfer/ vnd Eisen/ findet man da mehr/ als in einigem andern Lande. Es hat auch herrlich vnd reines Saltz/ so/ wie die Stein in den

Stein-

Steingruben gehauen wird. Ist in gleichem nicht ohne Saltzwasser. An schönem rothen/ weissen/ vnd rothen Marmor/ hat es allda einen Vberfluß. So findet man da Crystallen Rubin Jaspis Diamant/ Türkis/ sonderlich Opalen: benebens auch Zinnober/ Spießglaß/ vnd dergleichen; vnd nicht wenig gute Kräuter zur Artzney. Der Lufft ist/ ausser etlich wenig Oerter/ da gesund; aber im Sommer auff der Ebne hitziger/ vnd auff den Bergen küler. Die Inwohner seyn Kriegerisch/ so für die Christenheit wachen/ jhre Freiheit tapfer beschützen/ auff höffliche Sitten/ vnd hohe Künsten/ sich nicht groß legen: gleichwol meistentheils sich der Lateinischen Sprache befleissigen. Die Vngarn gebrauchen sich mit sonderlicher Begird deß Knoblauchs/ als wie die Spanier deß Rettichs. Sie tragen an Fest: vnd Hochzeit-Tagen/ Röck vnd Hüte/ mit köstlichen Beltzwerck gefüttert/ auch mitten im Sommer/ vnd in der grösten Hitze. Davon aber/ nemlich der Vngarn Sitten/ Gewohnheiten, vnd Gesätzen/ (darunter auch dieses/ wann die Vngarische Herren ohne Manns-Erben sterben/ so fallen jhre Güter dem Königsnigreich heim/)wie auch den gelehrten Leuten/ so Ungarn gehabt/den Römischen alten Keysern/ so darauß her kommen/ den ersten/ vnd folgenden Inwohnern dieses Landes/ (als da gewesen die Pannones, so die Römer vnter Augusto erstlich vnter sich gebracht; die Vandali, Gothi, Huni, wider die OstroGothi, die Longobardi, wider die Huni, so endlich die Francken oberwunden/ vnd dann die Hungari, so neben den Teutschen/Slaven oder Winden/den Zäcklern/ oder Ciculis, den Walachen/ vnd Türggen noch jetzt das Land besitzen;)jhren Regenten/ diß dahero; ob es ein Erb:oder Wahl Königreich seye? Vnd wie es der Zeit regirt werde? Den Haidonibus, vnd Haramiis,so freye Fußknechte seyn den Buchdruckereyen/ dem Wappen (so ein zwifach rothes Creutz/vnd 4. Flüsse/) der Vngarn Waffen/ (so sie vmbs Jahr 1572. auff ermahnen Graff Georgen von Serin/ erstlich geändert/ vnd jhre langlechte vnd gebogene Schild hinweg gethan haben;) Der Ordnung/ so bey der Vngarischen Könige Crönung gehalten wird/ dem Vngarischen Adel/ desselben Sitze/ oder Wohnung/ wie

der

Des Königreichs Ungarn/ꝛc.

der Neue Calender Ao. 1587. da eingeführt worden; den Ungarischen Landtägen/oder Rakus/ vnd anderm dergleichen/mit mehrerem/obgedachter Fröelichius, p. 291. das Itinerarium Germaniæ, p. 598. seqq. vnd desselben Continuation. c. 28. p. 373. seqq. Goldastus, in seinem Buch vom Königreich Böheim/ (daselbst auch/ daß Ungarn zu Teutschland gerechnet werde/ vnd vorzeiten eine Stimm/ in Erwöhlung eines Keysers/ solle gehabt haben/so Bethlen Gabor wieder begehrt hat. lib. 2 c. 15. p. 230. zu finden/) Nicolaus Isthuanfius, de rebus Ungaricis, hin vnd wieder/ Martinus Schödel/ auch ein Vngar/ in disquisitione historico-Politica de regno Hungariæ, Bonfinius, vnd Andere mehr zu lesen. Vnd ist denckwürdig/ was wolgedachter Herr Frölich lib. 3. part. 1. Viatorij p. 297. schreibet/ daß die Vngarn/ vnd Siebenbürger/ auff der Hohen Schul zu Franckfurt an der Oder/Ao. 1628. von Churfürst Georg Wilhelmen zu Brandeburg/ diese Freyheit erlangt/ so sie auch vor Jahren zu Heydelberg gehabt/ daß jhnen die Bachanten Hörner/ wie es mit andern Scholarn gehalten wird/

B nicht

nicht abgestossen werden: weiln diese Völcker von den Türggen genugsam deponiret werden. Vnd was den obangedeuten Palatinum anbelangt/so ist/ nach dem Thomas Nadasdius An. 1562. den 2. Junij gestorben/ kein Palatinus in Vngarn/ biß auffs Jahr 1608. vnd gleichwol vnter dessen drey Könige gewesen/vnd erwöhlet worden/als/ Maximilianus II. Rudolphus II. vnd Matthias II. Aber seidhero hat Vngarn beständig Palatinos gehabt/als den Stephan Illieshasi/ Georgen Turzo/ N. Forgatsch/ (so Ao. 1621. gestorben/) Stanißla Turzo/ vnd den Ao. 1645. verstorbenen Nicolaum Esterhasi, so vorhero den Titul Magistri Curiæ, Consiliarij, Supremique Comitis Comitatuum Zoliensis, & Bereghiensis, geführt/ ehe er Ao. 1625. zum Palatino erwöhlet worden. Vnter den besagten seyn Theils der Papistischen/Theils der Evangelischen Religion zugethan gewesen. Von den folgenden sihe meine hieunden angezogene Collectanea. Weil es vmb Vngarn noch wol gestanden so hat zu demselben auch

Sibenbürgen gehört / so ein theil von

Des Königreichs Ungarn/ꝛc.

der Alten Dacia ist/ davon obbesagter Goldastus *lib.* 1.*Boh.c.*12.auß dem Cluverio, schreibt/dz die Quaden/ein teutsches Volck/ biß nach Gran gewohnt/vnd daß das Alte Teutschland durch das Sarmatisch/ oder Vngarisch Gebürg/võ den Jazygern/ oder Sibenbürgern; vnd den Dacis, oder den Zecklern/Zipsern/Moldauern/ vnd Walachen/ seye vnterschieden worden; Vnd beschreibe Martinus Cromerus, im zwölfften Buch von den Polnischen Sachen/ aigentlich das rechte heutige Lager deß alten Daciæ. Nicolaus Isthuanfius sagt *lib.*4. *Vngar.p.*52.also: Superioribus seculis Moldavia, Valachia montana, & Transsilvania, uno Daciæ nomine censebantur, juri & ditioni Ungariæ atributæ. Vnd daß die Moldau/die Walachen jenseit deß Gebürgs/ vnd Sibenbürgen/ von den Alten mit einem Namen Dacia seyen genant worden/ das führet Er im 13. Buch/ am 218. Blat mit mehrerm/ auß: vnd sagt benebens auch/ daß die Sibenbürgische Städte von den Sachsen bewohnet werden/ so die alte Teutsche Sprach behalten/ vnd die König Geysa, deß H. Ladislai Bruder vnd nicht Keyser Karl der Grosse/ wie Etliche vnrecht schreiben/ dahin gesetzt habe; Wie solcher Städte alte Brieffe bezeugen: Die übrige Ort werden von den Wallachen/ vnd Zecklern/ bewohnt/ deren jene sich der Römischen/ diese der Vngarischen Sprach gebrauchen. Im 24. Buch aber sagt/ Er daß in Sibenbürgen (so von Morgen mit der Moldau/ vom Abend mit Vngarn/ von Mitternacht mit Reussen/ vnd von Mittag mit der Walachey gräntzet/) drey Stände seyen/ nemblich der Vngarische Adel/ die Zeckler/ vnd die Sachsen. Im 33. Buch schreibt Er von den Sibenbürgern also: Transsilvani ne Regibus quidem, nisi ex libidine parere soliti sunt. Vnd dieses hat der angezogene Isthuanfius, Georg von Reichersdorff/ ein Sibenbürger/ schreibt in seiner Chorographia Transylvaniæ, daß Sibenbürgen (so allenthalben mit Bergen vmbgeben/ vnd in solches Land hart zukommen ist/) vorzeiten Dacia genant worden/ dessen König der Decebalus gewesen/ vnd darinnen neben den Sachsen/ Zecklern/ vnd Vngarn/ auch Wallachen wohnten. Der Sachsen Sprache

deß Königreichs Ungarn/ꝛc. 21

bekomme nahend mit der Cöllnischen vberein. Die Zäckler/oder Ciculi, wohnen gegen der Moldau/ haben jhre aigene Gesätz/vnd Sitten/vnd theilen die Aempter vnter jhnen auß durchs Loß / vnd ist in den Sitten/ Sprach/. vnd Kleydung/ ein schlechter Vnterschied zwischen jhnen/vnd den Vngarn. Sie werden aber Ciculi genant/weil sie auß Scythia herkommen/ die ältiste auß den Hunnen seyn/vnd in 7. Landschafften/oder Craisse / so sie Sitze nennen / getheilet werden/deren Vngarische Namen seyn/Sepsi, Orbai, Kysdi, Czük, Girgio, Marcus Zeck, vnd Aranyas Zeck, benebens aber auch andere Flecken/oder Städtlein haben/ die aber nicht so gut/als diese seyn. Gleichwol/ so in der Landschafft Marcus Zeck/ an dem Fluß Mariso, ein grosser Marcktfleck/ Zeckelwassarhel/ vnd von den Sachsen Neumarck/ genant/ alda die Zäckler offt zusammen kommen. Die Vngarn / vnd der Adel in Sibenbürgen/ wohnen hin vnd wider vnter den Saxen. Vnd diese drey Völker bringen mehr als 90. tausend Kriegsleute / nach der gemeinen Rechnung / zusammen ins Feld; darunter die Sachsen / so in

B 3   den

den festisten Städten/ vnd Schlössern wohnen/ den Vorzug haben. Das Land ist an Gold/ Silber/ Saltz/ Wein/ Getreyd/ Wayde/ Viehe/ Brünnen/ Flüsse/ in Summa/ an allen Sachen/ so zu deß Lebens Gebrauch/ vnd Versorgung gehört/ gantz reich/ also/ daß nicht vergebens von den Alten das Sibenbürgen der Cron Vngarn Schatz ist genennet worden. Vnd dises sagt gedachter Autor. Samuel Erich, in der Hamelischē Kinder Außgang schreibet auß Athanasio Kirchero, daß die Sibenbürgische Chronick bezeugte/ daß vmb die Zeit/ da der Ratzenfanger so viel Kinder von Hameln/ auß dem Braunschweiger Land hinweg geführt/ gehling / in Sibenbürgen/ Knaben einer vnbekanten Spraach erschienen weren/ die auch daselbst sich gesetzt/ vnd jhre Spraach also außgebraitet hetten/ daß auch auff den heutigen Tag die Sibenbürger der Teutschen Sächsischen Spraach gebrauchten. Was andere von Sibenbürgen/ oder Erdeli, schreiben/ das wird in dem Teutschen Raißbuch/ am 608. vnd folgenden/ vnd in desselben Continuation, am 375. Blättern/ vnd daselbsten ingleichem

von

deß Königreichs Ung.trn/rc.

von den Fürsten dieses Landes (darunter Ludwig Gritti auch gern gewest were / der aber von den Sibenbürgern gefangen/ vnd vmbgebracht wordē ist/) gelesen. Der jetzige Fürst in Sibenbürgen/ der dem Bethlehem Gabor (so nach dem Gabriel Bathori / der mit den Sachsen sehr Tyrañisch/ vnd abscheulich gehauset/ vnd auch die Türggen ins Land gelockt/ wie beym Meterano. *lib.*30. im Jahr 1613. zulesen/ regiert hat/) succedirt / ist Georgius Racozij, von welchem Herr Johann Heinrich Hagelgans/ in seines Torographischen Versuchs/ 179. Blat/ schreibet/ daß er deß Türckischen Keysers (dem er Jährlich/ ohne die Schenkungen/ 60. tausend Thaler zu Tribut geben müsse/) Blutfahnen führe/sich eines Türkischen Puscan/ vnd Säbels/ gebrauche/ vnd an seinem Hoff einen Türkischen Schreiber; zu Constantinopel aber stäts einen Gesandten halte. Sihe aber von den Sibenbürgischen Fürsten meine Collectanea *part. 1. c. 5. p. 259. seq.* Da auch wider etwas vom Vrsprung der Teutschen in Sibenbürgen/ vnd dergleichen zu lesen. Als Ragozij wider auß Polen (alda er im Abzug zimlich eingebüßt bůßt haben solle/) in Sibenbürgen zu seiner Gemahlin/ vnd Sohn/ gelangt/ vnd in deß Türkischen Keysers Vngnad deßwegen gerathen (wie dann die Sibenbürger/ an seine statt den Franciscum Redeij zum Fürsten erwöhlt/ der aber ihme Ragozij wider gewichen/) so hat Er wider die Türggen/ den 4. Junij/ einen statlichen Sig. An. 1658. erhalten. Deßwegen der Primo Vezier wider ihn gezogen/ vnd denselben geschlagē/ auch den Barchay, einen Sibenbürgis. Herrn/ zum Fürstē gemacht hat. Wer ein mehrere dieses Landes (dessen Länge/ vnd Breite/ vom 24. Teutscher Meilen ist/) Beschreibung zu haben begehrt/ der findet solchs/ ausser den obangedeuten Büchern/ auch *lib.* 1. *part.* 2. *Viatorij Davidis Frólichij*, *cap.* 10. so dieser Zeit die neueste vnter alle/ vnd daher wol zu lesen ist. Der/ vnter anderm/ daselbst/ saget/ daß die Sibenbürger/ die fürnembste Gräber/ an state der Grabstein/ mit köstlichen Türkischen/ oder Persischen Decken/ bedecken.

 Ferners gehörte/ vor Jahren/ zum Königreich Vngarn/ auch die Wallachey/ vnd die Moldau. Davon auch in obgedachtem

Raiße

Raißbuch/ vnd deſſelben Continuation, am 611. vnd 613. ſeq vnd 375. Blat/ Bericht geſchihet. Kan auch Chytræus *lib.* 1. *Saxon. fol.* 31. *ſeqq.* von der Wallachey/ vnd von der Moldau obgedachter Georg von Reychersdorff/ Keyſer Ferdinands deß Erſten Secretarius, in Moldaviæ Chorographia, geleſen werden. Wir wollen allhie vernehmen/ was obernanter Iſthuanſius davon ſchreibet. Der ſagt nun im 13. Buch/ daß zwey Valachiæ ſeyen/ deren die Eine heutigs Tags die Moldau/ beede aber/ mit Sibenbürgen/ bey den Alten/ Dacia genant werden: dahin die Römer Neue Inwohner geſetzt/ wie ſolches vnzahlbare Kennzeichen in den Steinfelſen/ vnd Marmolſteinen/ ſo noch verhanden/ anzaigen/ auch die Inwohner ſich der Römiſchen Sprache/ wiewol ſolche verderbt iſt/ gebrauchen/ ſo der Spaniſchen/ Franzöſiſchen/ vnd Italiäniſchē/ ſo gleich ſey/ dz man mit geringer Müh dieſelbe gegen ein ander verſtehen köñe. Die Moldau/ ſo/ wie auch die Walachey/ ihre aigene Fürſten/ die dem Türkiſchen Keyſer jetzt Zinßbar ſeyn/ haben/) ligt beſſer gegen dem Schwartzen Meer/ die Wallachey aber

bey der Thonau/ dadurch sie auch von der
Bulgarey vnterschieden wird. Beede seyen
vorzeiten der Könige in Vngarn/ lange
Jahr/ als Lehen/gewesen: wiewol/wie Er im
29. Buch/am 678. Blat/berichtet/ die Polen auch die Moldau (welche das Aitosische
Gebürg/ von den Zäcklern in Sibenbürgen/
absondert/) angesprochen/vnd solche Strit-
tigkeit/ ob die Moldau zum Königreich Po-
len/ oder aber zur Cron Vngarn gehörig/
noch heutigs Tags nicht erörtert seye. Ein
anderer berichtet/ es werde die Moldau von
der Walachey durch Wälder/ Einöden/vnd
sehr hohe Berg/abgesondert: Die Moldauer
heissen ihre Landherren Bojeros: Zu Su-
chana halte ihr Fürst Hoff. In dem Neuen
Atlante stehet von der Walachey also:
Das Städtlein Ternovizza ist deß Vai-
vodæ beständiger Sitz. Darnach seyn Braila, vnd Trescortum, in welches letzten Nähe eine Art eines Erdschwefels gegraben
wird/ auß welchem man/ wie auß dem
Wax/ die aller besten Kertzen vnd Fackeln zu
machen pflegt. Neben der Thonau/ vnd
Hoina, hat es da den Hierasum, den deß

Lands

deß Königreichs Ungarn/ꝛc.

Lands Inwohner Pruch nennen. Sihe von der Walachen Natur vnsere Collectanea part. 1. p. 268.

Was die Windische Marck anbelangt/ so theils auch dem Ungerland geben/ so geschicht davon Bericht in der Nider Oesterreichischē LänderBeschreibung. Es ist endlich mit Ungarn dahin kommen/ daß die Könige nicht alle Ort wider den Türggen zubeschützen vermöcht haben/ sondern Andern in jhren Schutz vberlassen müssen. Vnd schreibet offtgedachter Ungar/ Nicolaus Isthuanfius, im 7. Buch seiner Ungarischen Histori/ am 101. Blat/ daß Ertzhertzog Ferdinand zu Oesterreich/ noch zuvor/ als er König in Ungarn worden/ auff Bitt seines Schwagern/ König Ludwigs/ Zeng in Dalmatien/ Clissia, Crupa, Lica, Jaitz/ vnd viel andere Schlösser vnd Städte/ Anno. 1522.. in seinen Schutz genommen/ vnd den Besatzungen darinnen jhren Sold freygeblich bezahlt habe. Es ist gleich wol auff dem in den Jahren 1637. vnd 38. gehaltenem Landtag zu Preßburg/ angebracht worden/ daß die Stadt Zeng/ am Adriatischen Meer/

Meer/ zu dem Vngarischen Landtag solte beruffen werden.

Also ist die fürnehme Graffschafft Zips/ Scepusium, oder Sepusium, nicht mehr gantz bey Vngarn/ nach dem Ao.1412. dem König in Poln 13. Städtlein darinn/ die gleichwol keine Mauren haben/versetzt oder verpfändet worden seyn. Offternanter Isthuanfius schreibet lib. 26. daß als König Steffan in Poln von seinem Artzt vbel curirt gestorben/ vnd Ertzhertzog Maximilian zu Ostreich/ von etlichen Polnischen Herren jhme nachgesetzt worden/ die Vngarn/ so jhme zu Hülff gezogen/ das Schloß Lublol oder Lüblaw (darinn der Polnische Capitan der besagten 13. Städtlein wohnet/) mit dem Städtlein Polemitz/ (Al. Pudolin/ oder Pudlein/) vnd dem dahin gehörigen Gebiet/ im durchziehē eingenommen hettē; so aber bey dem darauff folgendē Vergleich restituirt worden. Keyser Sigismund/ der auch König in Vngarn geweßt/hätte solches Schloß/ sampt den gedachten 13. Städtlein dem König Jagelloni in Poln/ vmb 88. tausent Gulden versetzt. Sihe vnten im Buchstaben L. Lublo. Martinus Cromerus schreibt lib.17.

rer.

rer. Pol. dz gantz Zips/nur ein Schloß außgenommen/dem obgedachtē König Jagelloni, oder Wladislao, vom Kayser Sigmūd zum Pfand/für 80. tausend Prager Schock/oder Gulden/so der Keyser entlehnet gehabt/geben worden: vñ/von solcher Zeit an sey Zips biß daher/bey der Cron Polen. Daß aber sich Cromerus irre/vñ/ausser dem Schloß Zipserhauß/noch viel mehrere Ort/vnd darunter die Städte Leutschou/so die Hauptstadt dieses Landes/vñ Käysemarckt/oder Keßmarckt/in Zips ligen/so nicht zu Polen gehören/das beweiset obehrngedachter D. Frölich/in Beschreibung dieses seines Vatterlands/*d. lib. 1. part. 3. Viatorij. p. 296. seqq.* da Er, vnter Anderm, auch saget/daß solches Land bey 7. Teutscher Meilen in der Länge/ vnd auffs meiste 5. Meilen in der Braite habe. Die Inwohner seyen ein vberbliebener Hauffe von den Alten Teutschen Gepidis; daher sie sich noch der Teutschen Sprach/so am nächsten mit der Meißnischen vbereinkomme/gebrauchen/auch in Sitten hösslicher/vnd in der Haußhaltung fleissiger/als Andere Hungarn/seyen. Die meisten Handwercksleute aber köñen/neben der Teutschen Sprach

Sprach/auch die Hungarische/Windische/
vnd zum Theil die Lateinische Sprach. Die
Weiber gehen auff alt Sächsisch bekleidet.
Die Edelleut/ so in Zips auff jhren Hö-
fen bey den Dörffern wohnen/ seyen Hun-
garn/vnd Slaven/oder Winden/ welche in
der Jugend die Teutsche/ vnd Lateinische
Sprach/in den Städten lernen. Es hat sich
vor diesem Johanes de Zapolia, gewester
Königlich Vngarischer Waywod in Si-
benbürgen/vnd hernach wider K. Ferdinan-
den/von Theils Vngarn erwöhlter König/
einen Grafen in Zips geschrieben/ mit dessen
Sohn/ Johañ Sigismunden/ der Ao. 1571.
im 32. Jahr seines Alters/ in seinem Für-
stenthumb Sibenbürgen/ zu Weissenburg/
das Leben geendet/dieses Zapolianische Geschlecht gantz abgangen ist/ welches erstlich
Johannes Hunniades, vnd hernach sein
Sohn/König Matthias Corvinus, so hoch
erhaben/vnd zu solchen Gütern/vnd Reich-
thumb/befördert haben. Folgender Zeit hat
obgedachtes vestes auff einem hohen Berg
vnd Felsen gelegenes Schloß Zipserhauß/
oder Szeppös/ neben andern Gütern in
Zips/ den Vngarischen Graven Turzonen
ge-

gehört/ die aber nun auch gantz abgestorben; deren ligende Güter/ nach altem Vngarischen Brauch/der Cron Vngarn heimgefallen/gleichwol damit seithero zum Theil Andere damit versehen worden seyn sollen. Dieses Landes vnterschiedliche Gebräuch setzet obgedachter Herr Frölich/ vnd sagt/ vnter anderm/ im 3. Buch seines *Viatorij*, am 340. vnd folgenden Blat/daß in den Zipser Städten die Kirchendiener viel höher geehret werden/ als in etlichen Preussischen Handels Städten/da die Politici, vnd fürnembste Kauffleut/den Vorzug haben. Vnd das in Zips etliche Dorff Priester/die Schulmeister/ Cantores, vnd Glöckner/ oder Meßner/wie leibaigene Leute halten/ die allerhand Haußgeschäffte verrichten/ vnd Theils Helffer/ oder Diaconi dem Pfarrer den Tisch decken/ Teller/ vnd Becher/ auffsetzen/ vnd wider hinweg nehmen müssen; Vnd daß etliche Pfarrer in den obermeldtē dem König in Polen versetzten 13. Städtlein/ in Menge ihres Haußgesinds/ vnd an trefflichen Pferden/vielen Edelleuten es bevor thun. Am 359. Blat sagt Er/ daß in den meisten Zipser Flecken/vnd Dörffern/die Eltern/

tern / vnd nechste Befreundten / so wol
Manns / als Weiblichen Geschlechts / in jhren besten rothen / himmelblauen / grünen / ꝛc.
Kleidern / mit der Leiche gehen. Ao. 1645.
waren obgedachte 13. Polnische Städtlein
vnter deß Waywoden Cracouski Gebiet
so aber von der Cron Polen dependirte.
Selbiger Waywod hat in dem auch obge-
melden Städtlein Pudlein ein Closter gebauet / vnd 23. Geistliche hinein gesetzt so sich
Patres piarum Scholarum nennen / damit
die Evangelische Jugend in Zips / sonderlich
den besagten Polnischen Orten / zur Rö-
misch-Catolischen Religion möchte gebracht werdē. Sihe ein mehrers vom Königreich Vngarn insgemein beym Lundor-
pio, Tom. 3. Sleid. cent. 3. p. 178. seqq. 220.
256. seqq. 163. 287. 308. 317. 340. 450. 451. 543.
569. 614. 618. 703. 723. 745. 747. 800. 803. 810.
829. 956.

 Auff diese kurtze Beschreibung deß Vngerlands / vnd was vorzeiten darzu gehöret hat / davon auch vnterschidliches in
meinen Collectaneis, cap. 5. part. 1. p.
241. seqq. wie daselbst zulesen / eingebracht
worden vnd alda auch die Ordnung der
Christ-

deß Königreichs Ungarn/ꝛc.

Christlichen Ungarischen Königen p. 244. seq, wie deßgleichē der letztern Palatinorum, p. 248. von den ersten Königen aber der Ungar/ ein Bericht in meinem Itinerario Germaniæ, part. 1. c. 29. zu findē ist. Folgen nun die Städte/ vñ andere vornehme Ort/ deßwegen insonderheit diese Arbeit vorgenommen worden ist. Es werden aber unter denen Städten/ so noch den Christen gehörig seyn/ für die schönste in Ungarn gehalten/ Caschau/ Preßburg/ Epperies/ Leutsch/ oder Leutschau/ Neusol, Tirnau/ Bartpha/ vnd Keßmarckt.

Abrugbania,

EIne Bergstadt in Sibenbürgen/ 5. Meilen von Weissenburg gelegen/ so wegen deß Goldbergwercks/ berühmbt/ vnd allda auch etwas von alten Römischen Sachen zu sehen. Wird von Sachsen vnd Walachen/ meistentheils bewohnt. Georgius von Reychersdorff/ in seiner Chorographia Transylvaniæ, ist insonderheit von dem besagten Goldbergwerck allhie/ vnd wie reichlich da das Gold gesamlet/ vnd Ducaten darvon geschlagen werden/ zu lesen. Vnd ist solcher Ort mit Bergen vmbgeben.

C   Agria,

Agria, Erla.

DJeweil diese Stadt in dem 6. Theil deß Georg Braunen StädteBuch; wie auch im Anhang deß Bonfinij Historien gar weitläuffig beschriebner zu finden; so wird daher allhie allein angezeigt/ was der Vngarische Scribent/ Nicolaus Isthuanfius, hievon hat/ der ein gelehrter / vnd vieler Sprachen erfahrner Mann / auch der beden Keiser Maximilian deß Andern / vnd Rudolphen deß Andern/ Secretarius, hernach Rath / vnd deß Palatini Leutenampt/ auch vornehmen Adelichen Herkommens/ vnd schier bey 60. Jahren zu Hoff gewesen/ auch in einer Jugend einen Soldaten abgeben: vnd seine Vngarische Historien/ vom Jahr.1490. an /biß auff Keyser Matthiassen / Lateinisch geschrieben hat. Dieser nun meldet von Erla/ oder Agria, im 18. Buch/ daß das Schloß allda in der Hevesiensischen Landschafft/ bey einem Vorgebürg/ so zum Theil von Felsen / zum Theil mit Weinreben / vnd fruchtbaren Bäumen besetzt/ da nemlich solches sich in das Thal herab ziehet/ gelegen seye/ vñ ein gegen Abend darunter ligende Stadt habe/ so mit einem Wall/ von Erden vnd Wasen gemacht/ vmbgeben/ welche das Flüßlein Agrius mitten entzwey theile/ vnd dem Ort/ vnd gedachtem Thal/ den Namen/ (welchen sonst Bonfinius von den Agrianis, einem Jllyrischen Volck/ Andere anderswo herführen/) gebe/ folgends durch etliche Bächer grössert/in die Theissa/oder den Tibiscum, falle. Es seye nicht weit von der Stadt/gegen Mittag/ein warmes Bad/so reichlich herfür brodle/ aber nicht so hitzig/ als die Bäder zu Ofen/ vnd dahero zum Baden bequem; auch solches Wasser viel Getreydmühlen/ so wol im Winter/ als im Sommer/ zum Gebrauch der Stadt/ treibe. Ist eine weitläuffe/ vnd grosse Stadt/ so König Steffan in Vngarn/ zugenant der Heilige/ mehrers zum Lust/ als zur Festung/ erbauet/ hernach aber der Petrus Perenius, ein Vngarischer Herr/ (so am ersten die Lutherische Religion in Vngarn eingeführt hat) als Er in den jnnerlichen Kriegen/ zun Zeiten der beeden mit einander kriegenden Königen/ Ferdinandi, vnd Johannis, diesen Ort einbekommen/ etwas befestiget hat: (so zwar im gedachten

6. Städt-

6. StadtBuch dem Herrn Erasm Teuffel erstlich zugeschriben wird.) Im Jahr 1552. haben die Türcken denselben starck belagert/ als selbiger Zeit Bischoff allhie gewesen/ Nicolaus Olahus, höchstgedachten König Ferdinands Cantzler; der Stadt aber/ Stephanus Dobo, vnd Stephanus Nesqueius, zween tapfere Männer/ (Sambucus sagt/ Stephanus Dobo, Stephanus Mezkeius, Stephanus Soltaius, Stephanus Feketus, Caspar Petejus, vnd Gregorius Bornamissa,) vorgesetzt waren/ welche selbsten die Häuser in der Stadt/ sampt den Mühlen/ Kirchen/ vnd dem DomStifft/ alsobalden abgebrand haben/ damit sich der Feind derselben nicht gebrauchte. Vnd ob woln sie mit zweyen grossen Kriegsheeren deß Achomatis, vnd Alis von Ofen/ belagert waren/ so haben sie doch lange Zeit die Belägerung/ dergleichen berühmbtere biß daher nicht gewesen/ außgestanden/ also daß endlich der Feind/ mit Verlust vieler tausenden der seinigen/ vnd grossem Spott/ wieder hat abziehen müssen. Es haben die Vngarn vber die 12. tausend eiserne sehr schwere Kuglen in solcher Belägerung gesamlet/ vnd zu Hauf-

fegesie gebracht/vngezehlt die kleinere/so auß Falconeten/vnd Feldschlangen/hinein geschossen worden; also/ daß die Belägerte/ weiln sie von Niemands Hülffe hatten/vnd Churfürst Moritz zu Sachsen fast den gantzen Sommer/vnterdessen/zu Rab/wie der Autor am 349. Blat saget/still lage; auch Castaldus vnd Bathorius, in Sibenbürgen/ruheten/diese Errettung billich allein Gott dem Allmächtigen zuzuschreiben hatten. Es hat in dieser Belagerung Georgius Literatus zwey sonderbare Sachen/damit er den Feinden sonderlich Schaden gethan hat/ vnd die der Scribent am 345. Blat setzet / erfunden. Vnd haben auch die Weiber allda den Türggen gewaltigen Widerstand gethan. Aber Ao. 1596. kam der Türckische Keyser Mehemet / den 27. Septembris, selbsten darfür; da dann die Belagerten / nach dem sibenden Tag/ die Stadt angezündet / vnd sich ins Schloß begeben; welches gleichwol die Türggen/als die Teutschen/vnd Wallonen / sich weiters nicht wehren wolten/sondern/wider den Willen jhrer Obristen/(darunter Anfangs Terskius, Niarus Pauli, vnd Kinskius, die vornemste gewesen/ davon

von der Tersky/ vnd Kinsky/ hernach/ wider zugesagten Glauben/ gefänglich angenommen worden/) daſſelbe auffgaben/ am
18. Tag der Beldgerung/ den 14. Octobr.
Neuen Cal. (Al. 13.) einbekommen; auch
die nechſtgelegene Schlöſſer/ Cerepiam,
Saruasconem, vnd Sirocum, ſo die Vnſe-
rige verlaſſen/ occupirt haben. Vnd iſt/ von
ſolcher Zeit an/ Agria Türckiſch geblieben.
Dann ob woln die Stadt von den Vnſern
Ao. 1606. vberrumpelt/ vnd vbel da gehau-
ſet worden/ ſo konten ſie doch dem Schloß
nicht beykommen. Es ligen in der Nachbar-
ſchafft herumb/ im Thal die Städtlein/ oder
Marcktflecken/ Felnemerium, Tallia, vnd
Maclarum: wie auch 3. Welſche Meil da-
von/ der Marckt Gengieſſum.

Altenburgum, Ovarium, Ovvar.

Vgenant Vngariſch Altenburg/ iſt das
Haupt in der Moſſovienſiſchen Provintz/
vnd wegen deß Vngriſchen König Salo-
mons/ vnd deß Hoffnarren Marcolphi, ſo
allda jhren Einkehr/ vnd Wohnung gehabt
haben/ berümbt. Als der Türggiſche Keyſer
Solyman Ao. 1529. vor die Stadt Wien
gezo-

gezogen / so hat die Besatzung dieses Altenburg oder Ovvar (dann der Vngarn O alt bedeutet) selbsten angezündet/ vnd verlassen/ wie Isthuanfius schreibet/ wiewol Boregk in seiner Böhmischen Chronic sagt / daß die Böhmen solchen Ort tapfer defendirt/ die aber fast alle darinn erschlagen worden seyen/ als Solyman Altenburg eingenommen. H. Ortelius meldet/ daß sich allhie die Besatzung willig ergeben. Es seyen 308. Böhmen darinn gelegen/ die Solymann beym Leben gelassen/ vnd dem Lager nachziehen heissen. In dem Boscaischen Auffstand / deß Jahrs 1605. seynd die Vngarn auch hieher kommen/ haben die Stadt angezündet/ aber das Schloß ist von den Teutschen erhalten worden/ welches an einem kleinen Arm der Donau/ vnd dem Fluß Leitha gelegen/ vnd noch darzu mit einem tieffen / vnd braiten Graben / vnd also allenthalben mit Wasser/ vnd Gemös/ vmbgeben ist; es auch keine Gefahr hat/ daß die Wasser abgelaitet/ vnd die Gräben außgetrucknet werden möchten. Vnd gehet vor solches Schloß (so weyland der Königin Mariæ, deß in der Schlacht mit den Türggen vmbkommenen König Ludwigs in

Vngarn Wittib/Leibgeding gewesen/)die ordenliche Straß/auß Vngarn nach Teutschland/auff dieser Seiten/nothwendig vorbey/wann nemlich der ander Weg vber die Pfützen/oder Gemös/so allein den Inwohnern/vnd Bauren bekant ist/verleget wird. Wer ein außführlichere Beschreibung dieses Schlosses zu haben begeret/der findet sie in dem zu Franckfurt Anno 1600. mit diesem Titul/Rerum Hungaricarum Scriptores varij, Historici-Geographici, gedrucktem Buch. Sihe auch Casp. Ens *in delic. apodem. per Germ. p.42.* Die Burger in der Stadt/wie auch die/so zwischen diesem Ort/vnd Bruck/auff der Haiden/biß an Neusidler See/wohnen/ seyn mehrertheils Teutsche. Man findet gleichwol auch etliche/da Teutsche/vnd Vngarn beysamen wohnen. Es wird allhie/zu Altenburg/so der Alten ad Flexum seyn solle/ein Hauptmann/Rentmeister/Dreyssiger/vnd Gegenhandler gehalten. Cuspinianus sagt *in Austria fol. 9.* daß die Vngarn Altenburg Ovar nennen/(Al. Ouvvar,)solte aber Avar heissen/von den Avaribus, deren Fürst zun Zeiten Caroli Magni allhie

ge-

gewohnt habe. Lazius aber sagt *lib 12. Reip. Rom. sect. 3. c. 5. fol. 971.* daß die Ungarn diesen Ort Owar/ das ist Antiquum Burgum, ein Alte Burg nennen/ dieweil darfür zu halten/ daß Altenburg ein Theil seye der Alten Limusæ, so hernach die Hungarn Musum, Andere Musenburg genant/ jetzt Wiselburg/ ein Meil von Altenburg gelegen/ der Zeit ein schlechtes Wesen/ da etlich wenig Häußlein/ vñ ein kleine Kirch/ noch stehe/ in welcher an d' Wand ein alte Schrifft zu sehen. Ao. 1619. hat Bethlen Gabor/ vnd Ao. 1621. General Bucquoy, Altenburg erobert/ nach dem vorher in diesem Jahr der Obrist Preuner solchen Ort vergebens belagert hatte. In dem Büchlein/ *Status particularis, Regim. S. C. M. Eerd. 2.* citulirt/ wird gesagt/ daß Ungarisch Altenburg/ vnd Bruck an der Leita/ Herrn Graff Leonhard Carlen von Harrach/ als Pfandschillinge/ deß Jahrs 1636. gehört haben. Sihe meine Collectanea part. 1. c. 5. p. 249.

Alt Sol/ Vetus Solium,

EIn Ober Ungarische Bergstadt/ so mit Pfälen vmbgeben/ vñ verwahret/ auch

ausser eines alten Schlosses / von schlechtem
Gebäu / ist. So wird auch das Bergwerck
allda nicht mehr sonderlich geachtet / ob es
wol noch etwas von Gold / Silber / Kupffer /
vnd Quecksilber / daselbst hat. Es gibt auch
hierumb wegen deß rauhen Luffts / der auß
dem Carpathischen Gebürg herkommet / keinen Weinwachs. Dargegen hat es allhie einen Brunn / so rohtlecht vnd saur / gar lieb-
lich zu trinken. Vnd wohnen in dieser Stadt
Wendische / Vngrische / vnd Teutsche Leute / vnd fleust das Wasser / die Gran / fürüber.
Man hat von hinnen gen Cärpen 3. auff
die Schemnitz / vnd Cremnitz 3. vnd gen
Neusol / neben jetztgedachtem Wasser /
2. Meilen. In dem Boscaischen Auffstand /
hat der Heyduggen General Redeius, die
Bergstädte zum Theil mit Gewalt / zum
Theil durch Vbergab / vnd mit gewissem
Beding / auff seine Seite gebracht. Ortelius
schreibet / daß der Heyduggen Obrister / der
Humanay Balind / AltenSol / den 7. Au-
gusti, Ao. 1605. beschossen habe. Also hat
Ao. 1645. Georg Ragozi / Fürst in Sibrn-
bürgen / die Bergstätt eingenommen.

G. Ant-

S. André, Ungarisch Sendré.

GEdachter Ortelius sagt/ daß auß Sendre/ Villeck/ vnd Zetschin/ die Vnsern/ dem Türcken / Ao. 1597. grossen Schaden gethan; wie auch auß Palanka/ Lewa/ vnd andern vmbligendē Bergstättischē Gräntzhäusern. David Frölich nennet lib. 1. part. 2. *Viatorij* c. 9. 394. einen Ort Szendre, vnd ein sehr festes Stättlein; aber/ im Register / vnter diesem Namen / wie auch Vnter Sendré ein Schloß. Im Text sagt Er/ daß solcher (noch den Christen gehöriger) Ort/ an einem Pestilenzischen/ vnd vngesunden Lufft gelegen seye/ zwey Schlösser/ eines innerhalb der Mauren / vnd das ander/ Namens Zadvar/ auff dem Berg habe. Isthuansius schreibet/ daß Herr Lazarus von Schwendi/ daß Schloß Sendro/ an dem Wasser Boldua gelegen/ Ao. 1567. eingenommen habe; das Stättlein seye zuvor der Keyserischen gewesen. An einem andern Ort meldet gedachter Ortelius, daß Sendré 8. Meilwegs võ Caschau lige. Betlehen Gabor hat An. 1623. S. André mit Lewentz eingenommen. In den Zeitungē ist einkommen/ daß An. 1626 die Türggen, S. André erobert. Es ist aber solcher Ort noch der Christen/ sihe meine Collect. p. 249.

Arsona,

Eine Stadt eine Tagreiß/ von der Insel Braila, so die Donau machet/ abgelegen/ welche die Vngarische König/ Carolus, vnd Ludovicus, mit Mauren vmbgeben/ vnd die Walachen/ sampt den Vngarn/ vnter jhrem Obristen/ Alberto Quiralio, so den Walachen der Fürst Sigismund in Sibenbürgen/ wider den Türggen/ zu Hülff geschickt/ Ao. 1595. erstiegen/ vnd verbrand haben; wie Isthuanfius *lib. 29.* berichtet.

Babocia, Babotsch/

Ein Schloß/ zwischen Canisa, vnd Siget/ bey der Drab. (Ortelius sagt am Fluß Rymnia, so Isthuanfius Rinniam nennet/ der nicht weit von hinnen in die Drab falle/) gelegen/ so die Türggen erstlich Ao. 1555. das folgende Jahr aber die Vnsern eingenommen/ vnd zerstört/ aber/ auß Befelch K. Ferdinands/ nach dreyen Jahren restaurirt/ vnd besetzt: Vnd dann
Ao.

Des Königreichs Ungarn/ꝛc.

Ao.66. schändlich verlassen; so Ao. 1595. die Türken/ als sie deß Graff Geörgen von Zrin/ vñ Herrn Johann Sigismunds von Herberstein/ mit dem Steyrischen Ertzhertzogs Ferdinanden von Oesterreich Volck / Anzug vernommen / davon fliehende auch verlassen/ vnd solches Schloß angezündet haben. Es hat aber gedachter Graff von Serin / der das Geschütz noch errettet/ daß Alte Babotz/ so in den vorigen Kriegen zerstört worden/ wider auffgerichtet/ vnd befestiget. Daher Ao. 96. solchen Ort der Obriste zu Sigeth/ der kleine Hasanes, vergebens belagert hat. Aber deß Jahrs 1600. haben die Türggen in dem Zug für Canisa dieses Schloß/ darinn Gregorius Peteo Hauptmann war/ durch Vnachtsamkeit der Vnserigen/ eingenommen/ vnd forthin behalten. Ortelius meldet/ daß in Ao 1556. Babotsch/ so Herr Niclas/ Freyherr zu Polweil/ vnd Wilterthal/ belagert/ nicht erobert worden/ wie hie oben/ auß dem Isthuanfio, stehet/ sondern/ weil es an Proviant vnd Pulver gemangelt/ so habe man abziehen müssen / vnd seye das Geschütz in die 2. Meil Weges auff Czorga gebracht worden. Aber Ao. 1594. hetten die Türcken

Türcken selbsten diese Vestung / vnangesehen sie in einem Morast gelegen / vnd viel Wasser herumb habe/verlassen/ die der Graf von Serin besetzt. Aber Ao. 1600. hetten solche Vestung die Vnsern / ohne Noth / den 4. Septembris den Türggen auffgeben.

Baicia.

Zu Außgang deß 1579. Jahrs/haben die Vnsern an dem Ort/ so Baicia genant wird/vñ da der Fluß Canisa ein wenig oberhalb/ ehe Er in die Mur fället/ sich wie ein See außzubraiten pfleget/ ein Castell/ dem heimlichen Außstraiffen / vnd Einfall der Türggen dardurch zu wehren/erbauet; welches so lang vnser verblibẽ/ biß Canisa verlohren worden / vnd selbige gantze Gegend vber der Mur von der Feinde Waffen eingenommen worden ist; wie viel erwehnter Vngarische Scribent Isthuanfius *lib. 25.* berichtet.

Baimocia, Baimocium,

Ein Schloß/vnd Städtlein/ nicht weit von Nitria gelegen/in dessen Nachbarschafft lustige/vnd gesunde Bäder zu finden.

Es

Es wächst alda ein köstlicher Wein / vnd Saffran / vnd entspringt allhie der Fluß Nitria, oder die Neytrach. Ao. 1530. haben die Türggen diesen edlen Ort verbrennt / die Inwohner seynd gleichwol ins Schloß entrunnē. Es seynd damaln / auß dieser Gegend auff die 10. tausend Gefangene / von den Türggen hinweg geführt worden; deren Obrister Mehemetes, Commendant zu Griechisch Weissenburg / gewesen; von deme noch das Land herumb / so vor Jahren / zwischen der Wag vñ Neytrach / Matthiussij geheissen / deß Mehemets Verwüstung genennet wird. Besihe vnten im Anhang Prividia,

Banialuca.

SO Maginus Bagnialucam, Theils Bamaluch, nennen / ist eine Stadt in Bosnia, alda der Türckische Beglerbegus in Bosnia seinen Sitz. Hat ein vestes Schloß / welches / sampt der besagten grossen / vnd in der Länge / bey beeden Vfern deß Flusses Verbani, gelegenen Stadt / Andreas Radatovitz / auß Trägheit / vñ Forcht / vmbs Jahr 1527. angezündet / vnd verlassen

sen hat: wie dañ durch dergleichen Zaghafftigkeit viel mehrere Ort den Türggen zu
Theil worden seyn.

Bartfatt/ Bartpha, Bartfeld.

JSt eine auß den fünff Königlichen Frey-
Städten in Ober Ungarn/ vnd zwar in
der Ordnung die Dritte/ neben 3. Wassern/
Tepla/ Leika vnd Brise/ auff einem Hügel/
in runder Form/ gebauet. Ist an sich selbsten
klein/ aber wol bevestigt/ vnd hat grosse Vor-
städte/ dardurch die gedachte Flüsse lauffen.
Hat 3. Thor/ davon aber alle Tag nur eines/
vnd zwar Umbwechselungs weise/ geöffnet
wird. Das Policey Wesen / wie auch die
Buchdruckerey allda/ werden gelobet. Gibt
an Geflügel/ vnd Früchten/ daselbsten ein
Uberfluß/ vnd wird viel Garn auß dem benachbarten Poln dahin gebracht/ daher fast
ein jeder Burger zu Hauß ein Weber helt/
vnd seinen eigenen Weber Stul hat. Hat
ein wolbestellte Schul/ von der Zeit an/ als
Leonhardus Stöckel die Kirchen in den
besagten fünff Städten reformirt/ fast biß
auff vnsere Zeit gehabt. Die Rathsherren/
vnd Gemeinde/ gebrauchen sich in jhren of-
fent-

öfentlichen Zusammenkunfften der Römischen Röcke. Cl. Dn. D, Frölich. *lib.1.part.2.Viator.n.383 pag. 295.* In denen vmbs Jahr 1619. bey dem Bethlenischen Auffstand außgangenen Schrifften/ stehet in Einer/ daß allhie zu Bartfeld/ wie auch zu Leutschau/ Eperies/ vnd Chremnitz/ die Catholischen keine Kirchen hatten.

Battianium.

So auch Ciquarium genant wird/ vnd nahend Stuelweissenburg gelegen/ ist das rechte Vatterland dieses sehr vornehmē Battianischen Geschlechts/ so man ins gemein Buciani nennet. Ao. 1566. starb Franciscus von Battian/ nahend bey 80. Jahren alt/ der vier Königen lieb vñ angenehm gewesen/ welcher/ weil Er keine Kinder/ seine Schlösser/ vnd ansehenliche Güter/ so Er auß Freygebigkeit der Könige/ bekommen seines Vattern Bruders/ deß Christophori, Sohn Balthasarn/ hinterlassen hat; welcher Balthasar Butiani/ oder Battiani/ Ao. 1589. gestorben ist. Es hat der Herr Graff Adam Battiani auff seinen an den Steyrischen Gräntzen gelegnen vielen/ vnd anse=

ansehenliche Gütern noch immer die Evan=
gelische Religion geduldet/ wie wol Er/ für
seine Person/ zur Römischē sich begeben hat.

Bela,

ISt eines auß den 13. Städtlein/die dem
König in Polen in der Vngrischen
Graffschafft Zips verpfändet worden/ so ein
feisten Boden hat/ vnd dessen Inwohner/
wegen ihrer Vnhöfflichkeit/ vnd lächerli=
chen Einfaltigkeit/ ins gemein Schertzweise
beschreyt seyn; wie wol von dannen viel vor=
nehme Kirchen: vnd Schuldiener/ vnd auch
sinnreiche/ vnd wolgezogene/ oder sittsame
Handwercksleute/ kommen seyn. Es haben
die Inwohner im Brauch/ an statt deß Ich/
im Reden/ das Wir/ zu sagen.

Berislo,

EIn Städtlein/ oder Marcktflecken/ in
Croatien/ das die Türggen zwischē den
Jahren 1535. vnd 37. eingenommen haben.
Vnd bekamen sie damals auch daselbst das
Städtlein Bozcum.

Berthailinum,

EIn Städtlein in Sibenbürgen/ da gu=
ter Wein wächst/ vñ daselbst gemeinlich
der

Des Königreichs Vngarn/ꝛc. 51
der Lutherische Bischoff der Sächsischen
Kirchen in Sibenbürgen seinen Sitz hat.

Bietza,

IN einer Landtaffel/Piesen genant/ ein
Städtlein bey der Wag/oder dem Fluß
Vago, allda die nunmehr/ so viel den Mannsstammen anbelangt/abgestorbene/ vnd der
Augspurgischen Confession weyland eyffe-
rig zugethane Graven Thurzon/ ihre Begräbnus haben.

Binse.

EIn Schloß / so der berühmte Mönch
Georgius Martinusius, Bischoff zu
Wardein/ König Johannis in Vngarn
Schatzmeister/ vnd hernach seines Sohns
Vormund/ vnd endlich Cardinal/ sonsten
ein geborner Crabat/Adelichen aber armen
Geschlechts/ erbauet/darinn Er auch Anno 1551. den 18. Decembris, vmbgebracht
worden; wie besagter H. Ortelius, in seiner
Vngarische Chronick/p. 87. schreibet; wie-
woll Isthuanfius, das Castell/ darinn solches
geschehen/ Alvinck nennet/so aber vielleicht
eines seyn mag. Es liget gemeldtes Binse/
sampt dem Flecken/beym Fluß Sebesso.

Bistri-

Bistricia, Nösen/

JSt eine schöne Statt/vñ zwar die Dritte/vnter den Sieben Teutschen vornehmen Städten in Sibenbürgen / mit Mauren/Thürnen/vnd Wassergräben/wol befestigt, vnd mit feinen Häusern/einer schönen Kirchen/vnd andern Gebäuen / ziemblich gezieret. Die Jnwohner reden da vnter allen Städten am besten Teutsch. Sie können auch fast alle Vngarisch vnd Walachisch; vnd fleust das Wasser Bistritz/ neben sonst einem Bächlein / dardurch. Das Land herumb trägt Wein/so auff den Hügeln/die die Ebne eines sehr weiten Thals/ darauff die Stadt ligt/beederseits vmbgeben/ wachset; aber der Lufft/vnd das Wasser / seynd nicht zum besten; wie dann auch derentwegen es allhie viel kröpfichte/taube/stumme/vnd närrichte Leut/vnter dem gemeinen Volck/gibt. Zwischen den 1538. vnd 1540. Jahren/ hat Fürst Peter in d' Moldau diese Statt Nösen oder Nösenstadt/oder Bistritz/eingenommen. Ao. 1602. habē sie die Keyserischen erobert; davon Nicolaus Isthuanfius *lib. 33. rer. Ungar.* also schreibet: Bistritz ist eine Stadt
in

in Sibenbürgen/welche vorzeiten vom König Ladislao Posthumo, in Vngarn/dem Iohanni Huniadiano, mit dem Titul eines beständigen/ oder immerwehrenden / vnd grössern Gravens / geschenckt/ vnd von dieses Huniads Sohn/ dem König Matthia, zu offentlichem Recht/ vnd Gebiet der Sachsen in Sibenbürgen / vbergeben/ vnd von denselben mit Mauer/ vnd Thürnen/ vmbgeben/ vnd stattlich befestigt worden ist. Lencket sich gegen dem Gebürg / so die Moldau von Sibenbürgen absondert. Diese Stadt als sie noch dem Sigismundo Bathoreo angehangen/ hat Georgius Basta (welcher/ da Er sich seines Glücks nicht erhebt/ noch dem Geitz/ Rauberey/ vnd den Todschlägen ergeben/ als bald hernach/ wie Isthuanfius berichtet/ geschehen/ nicht ein geringer Keyserlicher Obrister gewesen ist) belagert/ vnd selbige durch Vbergab/ erobert/ aber den Accord nicht gehalten/ sondern häßlich/ auch die außziehende Soldaten/ geplündert/ vnd deren/ die sich zu widersetzen vnterstanden/ viel verwundet/vnd getödtet: wiewol/ als Er selbsten darzu kommen/ Er Etliche/ daß sie nicht dieneten/ erlöst hat. Es stunde

Neue Beschreibung

dazumal in Sibenbürgen erbärmlich/ dieweil auff einer Seiten gedachter Basta, vnd sein Kriegsheer/ alles Geist= vnd Weltliches vngestrafft plünderten; auff der andern aber die Türggen/ vñ Tartarn/ so dem gemeldten Sigismundo zu Hülff kommen waren/ was sie antraffen/ greulich verwüsteten. Vnd hat Basta, mit solcher vbermachten Rauberey/ jedermañs Gemüthe von der Teutschen Regiment also abgewendet/ daß es das Ansehen/ daß die Leute der Orten auch noch jetzt erschrecken/ wann sie nur den Namen nennen hören. Zu diesem Vnglück ist bald darauff ein schröcklicher Hunger/ vnd grosser Mangel der Sachen/ in Sibenbürgen erfolget/ ꝛc. Biß hieher der obgedachte Isthuanfius, der hin/ vnd wider/ sonderlich am 760. Blat/ ein mehrers von dem besagten Italiäner/ Basta, der zu Wien/ in der Welschen/ oder Minoriten Kirch/ neben dem Graven Dampier, begraben ligt/ schreiben: Vnd dergleichen harte Reden mehr nit allein vom Basta, sondern auch von Andern/ an mehr Orten seines Buchs/ führen thut/ welches Er in seinem Testament dem Herrn Petro Pazmany, Ertzbischoffen zu Gran/ verschafft/

schafft/ vnd das erst/ nach seinem Tode/ Ao. 1622. zu Cölln in fol. gedruckt worden. Es entschuldiget gleichwol/ an diesem Ort/ daß der Bistrizische Accord nicht gehalten worden/ Gaspar Ens *in rerum Hungar. historia lib. 9. p. 422.* den Bastam, vnd sagt/ das die Anfänger alsobalden am Leben gestrafft/ vñ aller Raub/ so viel man dessen/ in solchem Tumult/ habhafft werden können/ den Burgern wider geben worden/ vnd daß Er Basta deßwegen bey den Sibenbürgern ein grosses Lob der Clementz, vnd Moderation erlangt; bey den Seinigen aber für gerecht/ vnd streng/ gehalten worden seye. So sagt auch Ortelius, Bistritz seye von Basta mit Accord erobert/ solcher aber von den Soldaten nicht gehalten worden/ deren etliche deßwegen von Ihme ihren Lohn bekommen hetten. Vier Meile von der Stadt ist ein Goldbergwerck/ so Georgius á Reychersdorff in Chorographia Transylvaniæ, nennet Aurifodinas Roduenses.

Boza

Ein Vngarisches freyes Bergstädtlein/ allda/ wie auch zu Libeten/ vnd Carpona/vorzeiten/das Bergwerck ergibiger/ als jetzund/ gewesen. Nicht weit davon ligt ein vngeheurer Berg von Vngewitter/ Teuffels Hochzeit genant.

Bozinium,

Ein Illieshazisch Schloß/ vnd Städtlein in Vngarn/ welches/ wie auch das Schloß/ vnd Städtlein S. Georgen in Vngarn/ vnd das Schloß Hodolin in Mähren/ Keyser Rudolff/ dem Stephano Illieshazio, Ao. 1606. wieder zugestelt hat/als Er zwischen Ihme/ vnd dem Botschkay/ Friden helffen machen. Als Er hernach vom Vngarischen Neuen König Matthia, zum Palatino creirt worden/ vnd folgends am Magenwehe zu Wien gestorben/ so hat man ihn von dannen hieher auff Bozin geführt/ vnd in der Capellen/ so er erbaut/ begraben. Er war der Augspurgischen Confession zugethan. An seiner statt haben die Vngarn den Georgium Turzo, auff dem Landtag zu Preßburg/ zum Palatino erwöhlet/ den auch König Matthias bestättiget hat; der ingleichem der Lutherischen Religion gewest ist. S von Bozin/ vnten im Anhang S. Georgen.

Bros

Bros, Proß/

AM Waſſer Maroſch / ſo die Vngarn Zazvvaras nennen/ ein feſte Sibenbürgiſch Sächſiſche Stadt / ſo die Teutſchen/ oder Sachſen/ an ſtatt Clauſenburg/ als ſelbige Arianiſch worden / in die Zahl der Teutſchen Städte daſelbſten genommen haben. Hat einen ſehr fruchtbaren Boden / an Getrayd/ Wein/ vnd allerhand Früchten. Ligt ein Meil Wegs von Keniier. Das Volck allhie iſt gar höfflich/ vnd vergleicht ſich im Eſſen vnd Kleidung/ faſt den Walachen/ ſo hin vnd wider herumb auff dem Lande wohnen. Die Wälder geben Wildprät in groſſer Menge/ vñ das Waſſer herrliche Fiſch/ alſo daß allhie wol zu leben iſt. Wann man von Bros, oder Zazvvaras, vber das Waldächtige Gebürg/ faſt zwo Meilen raiſet/ ſo ſihet man gehling gleichſam ein neues Land/ nemblich ein kleine Landſchafft/ im euſſeriſten Winkel Sibenbürgen / darinn das Städtlein Haczak, Haczas, oder Haczag, gelegen / ſo von Walachen / vnd Vngarn/ bewohnet wird. Vnd hat von ſolchem Städtlein auch das Ländlein den Namen/ welches von dem vbrigen Sibenbürgen ab-

gesondert/ allenthalben mit sehr hohem Ge-
bürg/ sonderlich vom Morgen/ vnd Mittag
(allda ein gar weiter Durchgang nach der
Walachey ist/) vmbgeben. Es erstreckt sich
dieses Ländlein auff die acht Meil/ an dessen
Mittags Seiten/ noch zu deß Georgij von
Reychersdorff/ der dieses in seiner Chorographia Transylvaniæ meldet/. Zeiten/
man einer weyland sehr grossen Stadt Fundamenta, so sich weit erstreckt/ wie auch die
eingefallene Wände von den Gebäuen gesehen hat/ so Varhelum, das ist/ ein Ort einer
Stadt genennet wird. Vnd haben dazumal
fast täglich die Walachen das alte Gemäuer
vntersucht/ vnd die kostbare Stein/ neben den
güldenen vnd silbernen Müntzen/ auch allerhand Antiquitäten/ auß dem jnnersten deß
Erdreichs/ außgegraben.

Bucoresta, Bucorestum,

JN d Walachey. Als Ao. 1595. Fürst Sigismund in Sibenbürgen von den Türggen abgefallen/ hat er auch die beede Fürsten
in der Walachey/ vnd Moldau/ dahin vermögt/ daß Sie/ nach seinem Exempel/ das
Türckische Joch von sich geworffen haben.
Vnd

Und hat sonderlich der Waiwod/ oder Fürst in der Walachey/ Michael/ mit Hülff der Ungarn/ so Jhme von dem Sibenbürger/ unter jhrem Obristen Albrecht Quiraln/ zugesandt worden/ das Städtlein Flocium, zwischen Uroscico, und Nicopoli, in gleicher Weite gelegen/ gantz zerstört/ und alle Türcken entweder umbgebracht/ oder gefangen hinweg geführt; die Stadt Arsona verbrand/ der grossen Kauffmann Stadt Selistriæ, so die Bulgarn/ und Türggen/ Destorum nenen/ und welche Keyser Constantinus, der Grosse/ erbauet haben solle/ fast gleichen Schaden zugefügt: und hat folgends besagter Quiralius uber die zugefrorne Thonau in die Bulgarey gesetzt/ daselbst die Städtlein Vistovam, und Orchovam, außgeplündert/ Cernavodam, Rosgradum, und Obluciciam, zerstöret/ und das gantze Land herumb/ biß zu denen nicht weit von den Außflüssen der Thonau in das Schwartze Meer gelegenen Städten/ Achillea, und Moncastro, mit Feuer/ und Schwert/ verwüstet. Deßwegen dann der Bascha Sinan von Constantinopel geschickt worden/ welcher bey den Gefildern/ so man
Do-

Doburgianos nennet / nicht weit von der
Thonau / sein Lager geschlagen / vnd eine
Bruggen gemacht / vber welche er in die
Walachey gezogen/daselbsten Er obgedachte Stadt Bucorestam, wie auch Tergovistam, allda der Fürst Hof zuhalten pflegt / so
aber damaln lär gestanden / eingenommen
vnd beede Ort zubefestigen befohlen: Der
Walach aber / sampt dem Quiralio, der
wider zu Jhme auß der Bulgarey kommen
war / hat sich zu dem Gebürg Negrevoda,
dahin sehr schwer/ vnd allein durch einen
Weg / so seine Brüggen / vnd doch nicht allenthalben / hat/ zukommen / begeben/ welche
der besagte Türckische General Sinan ver-
folgt/ aber von Jhnen geschlagen vnd in die
Flucht gebracht worden ist. Obgemeldter
Fürst Sigismund ist hernach mit 52. tausend
Kriegsleuten / vber besagtes Gebürg / selbsten in die Walachey gezogen/ vñ hat obgedachtes Tergovistam belagert / dessen
Schloß besagter Sinanus, der Obrist vnter
den Türckischen Baschen/ mit einem Wall
vmbgeben/ vnd besetzt; die Stadt aber/ sampt
20. Kirchen/so in derselben gewesen/ ehe Er/
gleichsam fliehende/ sich/ mit seinem Kriegsheer

Des Königreichs Ungarn/ꝛc.

Heer/ von dannen auff besagtes Bucorestum begeben/ verbrand hatte. Es ist aber/ durch Tapfferheit der Sibenbürgischen Zäckler/ das vorgenante Schloß/ darbey der Fluß Jalounicia lauffet/ vnd in der Nähe Berg herumb seyn/ erobert worden. Als Sinanus vernommen/ daß die Christen von dannen gen Bucorest ziehen theten/ so ist Er schandlich davon geflohen/ nach dem Er zuvor den Ort/ vnd damit auch die grössere Kirch/ so Alexander, der Fürst in der Walachey/ mit grossem Vnkosten erbauet/ angezündet hatte. Die Sibenbürger haben jhme biß nach Girgio nach gesetzt/ dessen Schlosses Lager/ von Natur/ vnd Werken/ fest ist. Dann es in einer sehr schönen Insel/ so die Thonau machet/ gelegen/ vnd welches Keyser Sigismundus, als ein König in Vngarn/ mit Mauren/ vnd andern Gebäuen/ wieder zurichten hat lassen: Endlich ward dieses Schloß von den Christen erobert/ nach dem es lange Jahr vnter den Türggen gewest war. Es hat aber der Sibenbürger keine Besatzung in das Schloß Girgio gelegt/ sondern solches geplündert/ die Bruggen abgeworffen/ vnd verbrand/ vnd sein Kriegsvolck nach

nach Gergicia, einem Walachischen Städtlein/vnter dem Gebürg gelegen/ zuruck gefährt/ vnd ist von dannen wieder in Sibenbürgen kommen. Obbesagter Sinan aber/ der vorhin in Vngarn Rab erobert/ grosse Thaten in Asia, vnd Africa, gethan/ vnd deßwegen sehr hochmütig/ vnd stoltz war/ ist gleichsam fliehend mit Spott wider nach Constantinopel kommen/ daselbst Er nicht gar mehr ein Jahr gelebt/ sondern entweder durch Kranckheit/ vnd Alter (dann Er seine 80. Jahr gehabt haben solle/) oder von Vnmuth/ wegen so vnglückselig in der Walachey verrichter Sachen/ oder wie das Geschrey gieng/durch eingenommenes Gifft/gestorben ist; wie hievon weitläuffig Nicolaus Isthuanfius *lib. 29. rer. Vngar.* schreiben thut.

Canisa,

Dieser Illyrische Ort hat vorhin Frauc Ursulæ Canisiæ, deß Vngarischen Palatini Thomæ Nadasdij Wittib gehört/ darfür Ihr der Keyser Maximilian/ der Ander/ das Closter Borsmonostran geben/ vñ das Schloß sonderlich zu bevestigen/vnd de.

Be-

deß Königreichs Vngarn/ꝛc.

Besatzung darinn/ daß sie so wol für Vngarn/ als das Windische Land/ wachtsam seyn solte/ anbefohlen: wie er dann/ ehe Er auß dem Lager in Vngarn auffgebrochen/ den Franciscum Tahium, mit tausend Reutern/ vnd so viel Fußknechtē/ Ao.1566. nach dem die Türggen Sigeth erobert hatten/ nach Canisa, 21. Meilen von Sigeth/ wie Ortelius sagt/ gelegen/ geschickt/ den außfallenden Türggen auß Sigeth zu widerstehen. Vnd seynd die Türggen noch in diesem Jahr für Canisa kommen/ vnd haben das Städtlein/ so neulich mit einem Wall von harten Eychen/ aber mit Leim vnd Stroh/ nach Art der Vngarischen Vestungen/ noch nicht hart gemacht war/ bey der Nacht mit Aexten/ vnd andern dergleichen Instrumenten/ vbermeistern wollen/ seynd aber von dem gedachten Tähen/ deß tapffern Graff Niclassen võ Serin Schwester Mann/ (ob Er wol damaln sehr grossen Schmertzen am Podagra erlitte/ vnd weder Händ/ noch Füß/ gebrauchen kunte/ gleichwol von den Seinigen geschwind auff ein Pferd gebracht worden/) abgetrieben worden/ also daß sie viel hinterlassen/ vnd vnverrichter

richter Sachen wieder abziehē mußten. Aber
Ao. 1572. hat Alij, der Obriste zu Siegeth/
mit seinen Türggen/ als Caspar Alapianus, Hauptmann zu Canisa, vnachtsam/
vnd die Soldaten voll waren / das Städtlein mit List eingenommen/ vnd einen grossen Raub sampt 2. Stucken/ so auff dem höhern Grad deß Marckts stunden/ vnd vielen
Menschen / vnd Pferden davon geführt.
Das Schloß ist gleichwol erhalten worden /
wie Isthuanfius schreibet. Ortelius hat hievon in besagtem 72. Jahr nichts; aber im
1574. sagt Er/ daß den 20. Hornung die
Türggen bey Nächtlicher Weil/ Canischa/
in noch wehrender Friedenshandlung/ vberfallen/ die Vorstatt/ biß an das Schloß/ geplündert vnd verbrand. Ao. 1581. den
21. Mertzen ist Canisa vom Wetter getroffen / vnd dadurch das Pulver angezündet
worden / darüber ein grosser Theil von der
Mauren eingefallen/ deß Johannis Bornemissæ, Schloß Hauptmanns / Tochter-
Mann vnd Tochter, wie auch sein Eheweib
Potentiana, vnd auff die 90. Personen/
vmbkommen seyn; vnd obwoln die Türggen solches erfahren / so haben sie sich doch
nix-

deß Königreichs Ungarn/ ıc.

nirgends/unwissend warumb/geregt. Gemeldter Ortelius ist abermals dem gedachten Vice Palatino Isthuanfio zu wider/ in dem er schreibt/ daß Ao. 1577. zu Canischa der Donner vom Himmel herab in den Pulver Thurn geschlagen/ vnd sampt demselben bey 300. Menschen/ vnter denen auch den Obristen/ sampt Weib/vnd Kind/auch seinen Eydam/zerschmettert/vnd jämmerlich durch Feuer hingerichtet habe. Ao. 1590. habe Canischa/ an d:n Steyrmärkischen Gräntzen gelegen/ durch Erdbidem auch Schaden erlitten/ also/daß ein gut Theil daran eingefallen vnd zu grund gegangen/ vnd viel Kriegsvolck erschlagen worden. Ao. 1599. hetten die gefangene Türggen den Marckt allhie angesteckt/ daß er/ausser 2. Häuser gantz außgebrand worden. Vnd dieses sagt Ortelius. Ao. 1600. haben die Heyduggen/vñ Haramien/auß Befelch dessen von Herberstein/ beym Städtlein Harsä/vnterhalb Sigeth/vnd Fünffkirchen/gelegen/ den Armen Baueroleuten/ ein grosse Anzahl Ochsen hinweg: vnd nach Babocia, vnd von dannen hieher vff Canisa, vnd gen Capreinitz/ getrieben; welche gedachter Herr

E   Sig=

Sigmund von Herberstein/ der Windisch Obrister/nicht wider h(r)rgeben wollen/ vnd die feistere/ wie zwar Isthuanfius *lib.* 32. *fol.*762.*seq.* hievon berichtet/ Jhme selber behalten. Deßwegen die Türggen/weiln solche Ochsen nicht jhnen/sondern den Bauren gehört/ erzörnet worden/ daß sie den Ibrahim, der von Constantinopel nach Griechisch Weissenburg kommen war/ angetrieben/daß Er/so Gran zu belagern im Sinn hatte/Canisa angreiffen solte. Welcher gleichwol zuvor seine Chausios nach Constantinople/ in solcher schier vnglaublichen Eil geschickt/ daß sie innerhalb zehen Tagen/ von Griechisch Weissenburg dahin vnd wieder zuruck kommen seyn/vnd daß besagter Ibrahim, so fern keine Verhinderung einfallen würde/ Canisa belagern möchte/mitgebracht haben. Daher auch sich Ibrahim von Weissenburg/ mit dem Kriegsheer nach Sigeth erhebt/ vnd von dannen vor Canisa gelegt/ darinn Georg Paradeiser Obrister war/ welchen man nicht allein wegen seiner Kargheit/ sondern auch/weiln Er Vrsacher gewesen/daß man den Türcken die Vestung Clissiam wieder

zu-

deß Königreichs Ungarn/ꝛc. 67

zugestellt / wie Isthuanfius schreibet / gehasset. Dieser hat das Städtlein / so auff einem höhern Hügel gegen dem Schloß gelegen / vnd mit einem einfachen Wall vmbgeben war / abzubrennen befohlen / weilen solches von jhr wenigen nicht verwahret / oder beschätzet werden könte. Den 8. Septembris ist der Anfang zur Belagerung auff der einē Seiten deß Flusses Canisæ, so sich allda weit außbraitet/gemacht;hernach aber seyn die Canisianer auff beeden Seiten deß Flusses eng geschlossen / vnd vmbgeben worden. Das Schloß war mit einem dryfachen dicken Wall / vnd einem weiten vnd tieffen Graben allenthalbē verwahret. Keyser Rudolph hatte vnterdessen/auß Lothringen/den Hertzog Philippen Emanuel von Mercœur, sampt seinem Bruder / dem Graff Heinrichen von Chaligny, beruffen; welcher sampt dem Johann Tilli, gen Wien/vnd von dannen auff Rab kommen;von darauß Er/ mit seinem Kriegsvolck / nach Canisa gezogen ist;daselbsten nahend/die Vnserigen/so auff die 25. tausend Mann starck waren/mit den Türcken/vnd Tartarn / glücklich geschlagen/vnd haben der von Collonitsch/ vnd der

E 2   von

von Herberstein/die Janizern/gleichsam in
jhrem aigenen Lager angegriffen/vnd deren
viel nidergemacht. Obgedachter Tillius hat
300. Curassier genommen/vnd damit/vnge=
fehr 3. tausend Türggen / vnd Tartarn / in
die Flucht geschlagen/ darüber er durch ein
Pfeil/ in einem Schenkel verwundet wor=
den. Endlich wurden die Vnsern/auß Man=
gel Proviant/ gezwungen/ daß sie den 13.
Octobris, jhr Lager auffgehebt/vnd sich an
die Mur begeben. In welchem Abzug der
Hertzog von Mercœur seine sonderbare
Kriegserfahrenheit hat sehen lassen/in dem
Er so viel schwere Sachen / vnd böse vn=
gangbare Wege/überwunden/vnd durch so
viel tausend Feinde/so hin vñ wider herumb
schwebeten/das Kriegsvolck/vnd Geschütz
mit geringem Schaden/ an den bestimpten
Ort/glücklich gebracht hat. Aber der Para=
deiser/vnd die Belagerten zu Canisa, als sie
vermerckt/daß das Kriegsheer/auff welches
sie all jhr Hoffnung gesetzt/ mit geringer
Verrichtung/ wieder abgezogen/ haben sie
acht Tag hernach/vnd am 45. Tag der Be=
lagerung/den 22. Octobris, auß Verzweif=
lung/mit dem Ibrahim, von der Vbergab

zu

deß Königreichs Vngarn/ꝛc.

zu handlen beschlossen. Vnd ist den Außgezogenē Trau vnd Glauben vom Feinde gehalten worden. Aber besagter Obrister ward mit etlichen Andern / auß deß Keysers Befelch / nicht lang hernach geköpfft / weiln sie gar zu vnzeitig diese Vestung auffgeben haben. Der von Mercœur ist erstlich auff Rakerspurg/ hernach durch die Thäler deß Obern Linduæ, vnd das Städtlein S. Gothard / nach Sabaria, geraist/ von dannen er auff Wien kommen: Der Ibrahim aber ist das folgende Jahr entweder zu Ofen/ oder zu Stulweissenburg/ an der Pest gestorben. In welchem 1601. Jahr / den 1. Septembris, Ertzhertzog Ferdinand zu Oesterreich/ hernach Römischer Keyser / dieses Namens der Ander / vnd mit jhme / Johann. Franciscus Aldobrandinus, so deß Papsts Volck geführt; wie auch Hertzog Vincentz zu Mantua, Johannes von Medicis, Gaudentz von Madrutz / vnd andere Obristen / vber die Bruggen/ so vber die Mur geschlagen worden/ gezogen seyn/ vnd das Lager bey dem Städtlein Letenio geschlagen haben/ vor welchem der Graff von Zrin mit seinem Volck hergezogē: besagter

Aldobrandin aber/ist weil Er kranck/zu Warasdin im Schloß verblieben/daselbst Er auch gestorben. Es waren im Lager 22. tausend zu Fuß/8.tausend zu Pferd/(Ortelius sagt vberall 27500)sehr viel Gschütz/ vnd an Proviant ein gar grosse Menge. Man kam vor Canisa den 10. Septembris, vnd ward diese Vestung gleich angegriffen. Es ligt aber solches Schloß (dañ die Stadt/ nach dem sie/wie oben gesagt/von dem Paradeiser verbrand/hernach nicht wider gebauet worden/) an einem kottichten vnd pfützichten Ort/ weiln dz Flüßlein Canisa nit eingefast ist/sondern/ohn Vfer/sich/wie ein See/ergiesset/auch nirgends anderswohin gelaitet werdē mag/vñ wegē deß Rieds/ vielen Erlenbäumen/vnd Röhren/vbel dardurch zu kommen/ vnd die Vestung desto vbler zu belägern: welche in viereckichter langlächter Form/vnd mit Hügeln vmbgeben ist/zwischen welchen der Fluß langsam daher rinnet/ auß welchen Hügeln die/so von Mitternacht herein raichen/höher als die Andern seyn. Ertzhertzog Ferdinand hat das Lager gegen Morgen/nahend einer öden runden Kirchen/in welcher Georgius Thu-

Thurius/ein berühmter Kriegsmann/ vnd Obrister/ begraben worden/ schlagen lassen/ so einen grossen Begriff gehabt. Als Er eines Tags / mit seinem Herrn Brudern Maximiliano, vnd dem Hertzog von Mantua, zu Nacht gessen/ vnd das Gezelt/ wegen der angezündten Liechter/ schimmerte/ habē die Türggen (bey denen sich Wallonen/ vnd Frantzosen/ die vorhin zu Papa von den Christen abgefallen waren/ befunden/ welche den Türggen/ die Vestung nicht auffzugeben/ zugesprochen haben/) so wol darauff gezielet/ daß eine Kugel durch das Gezelt/ vnd zwischen die/ so da auffwarteten/ gienge/ doch keinen Schaden/ ausser an etlichen Schreinen/ so sie zerbrochen/ thate/ vnd letzlich an einem Eck der Kuchel in die Erden gienge. Den 14. Novem. kame d'Roßwurm vom Ertzhertzogē Matthia gesand/ mit 6000 zu Fuß/ vnd 2000. zu Pferd/ ins Lager. Aber/ als den folgendē 15. diß/ bey anfall der Nacht ein vngewohnlichs Gewitter entstunde/ daß nicht allein die Pferde/ sondern auch viel Menschen (Ortelius sagt/ über 1500. Knecht/ vnd 300. Roß/) durch Kälte vmbkamen/ so hat man die Belägerung den

E 4   16. diß

16. diß auffgehebt/vnd die Stuck stehen lassen; den grösten Theil der Gezelt verbrand/ welches auch dem Pulver/vnd dem Plunder begegnet ist. Man hat der Kranken vnd Beschädigten/ so in den Gezelten vnd Betten lagen/nicht geachtet/sondern sie der Barmhertzig: od' Vnbarmhertzkeit der Feinde hinderlassen. Deß Herrn Ertzhertzogen Durchleucht seynd/ mit dero Hern Brudern/ vnd dem von Mantua, den 18. Novembris, so bald es ein wenig Tag wordē/mit dero Leibs-Guardi, auffgebrochen/vnd haben den Weg auff Chactornia (ins gemein Tschakethurn genant/) genommen/dahin sie noch selbigen Tag zukommen vermeynt haben/ welches auch bey besserm Wetter/ vnd Weg/leichlich hette seyn können; aber man hat 3. Tag damit zugebracht. Man war noch nicht weit von Canisa, daß man zu einem Paß vber eine Pfütze kam/ welchen der Ertzhertzog dem von Herberstein/wie abermals Isthuanfius berichtet/ außzubessern/vnd eine Bruggen da legen zu lassen befohlen/ so aber nicht geschehen; daher sehr viel Menschen vnd Pferde/in dem Eise/vnd Wasser/ vmbkommen/ in deme sie vier gantzer Stunden daselbst war-

warten musten/ vnd der Winde Vngestům
nicht außstehen kunten. Die PlunderWä-
gen/ vnd dergleichen/ dieweil entweder die
Fuhrleut/ vnd die Beglaiter/dahin sturben/
oder entlieffen/ oder vmbgebracht wurden/
seynd sampt vielen köstlichen Sachen/ den
Nachstellern zum Raub worden. Man sahe
auch auff dem Weg viel Knaben/Weiber/
vnd dergleichen schwache Leute/ vnd so gar
auch die Soldaten/ von Kälte erstarret/ zu
boden fallen/vñ ohne ainige der vorüber Ziehenden Barmhertzigkeit/oder Hülffe/dahin
sterben. Vnd habē wir/sagt der offt angezogene Vngarische Edelmann/der dieses/was
gesagt/im 32. Buch seiner Vngarischen Histori schreibet/ hierinn ein solche Grausam-
keit der Teutschen Soldaten gesehen/ daß sie
kein einige Erbärmnuß mit denē dahin ster-
benden jhren Spiesgesellen gehabt/ sondern
vielmehr denselben/wann sie nider gefallen/
aber die natürliche Wärme Jhnen nicht
gantz entgangen gewest vnd noch das Hertz
gezittert hat/die Schuch/vñ die Kleider auß-
gezogen/ vnd diese grausamste Art deß Todes denselben befördert habe. Auff diese weise nun ist man weit in die Nacht/nach Decanocia

nocia kommen / welchen Ort der Autor Villam nennet: dadurch theils einen Meyrhoff/ theils ein Dorff verstehen; daselbsten vnd neben den Wegen/ viel nider gefallen/ vnd gestorben seyn. Vnd dieses ist der elende Außgang der Belagerung Canisa gewesen/ davon auch Meteranus, vnd Andere mehr/ geschrieben haben; Allhie aber hat man auß dem gedachten Isthuansio, als der / wie es die Vmbstände seiner Histori geben/ selbsten dabey gewesen/ die Beschreibung entlehnen/ vnd solche Teutsch geben wollen. Vnd ist diese Vestung forthin den Türggen geblieben / dessen seithero das Land Steyer wol entgelten hat müssen: wie sie dann ein Eingang jenseits der Thonau/ zum Vngerland/ Oesterreich/ vnd Steyer/ ist/ welche Ortelius *pag 502.* zu Crabaten referiret. Es hat zwar Herr Seyfried von Collonitsch /Anno 1693. es durch einen Franzosen dahin gebracht / daß er hin vnd wider in der Vestung Feuer eingelegt hat/ davon d$_3$ Schloß/ vnd alles / was darinn gewesen/ im Rauch auffgangen/ die Häuser gegen Mittag/ vnd Abend/ fast alle/ biß an deß Kielmanns Bastey/ grossen Schaden gelitten/ also/ daß diese

deß Königreichs Ungarn/ꝛc.

se Vestung/ wann die obgedachte abtrünnige Wallonen/ welche der Bezahlung halber in Canischa meuterisch worden/ sich wieder zu den Unsern gewendet hetten/ wol wieder zu erobern gewest were. Bald nach solcher erlittenen Brunst/ haben bey 16000. Türggen/ vnd Tartarn/ sich versamlet/ vnd Holtz zugeführt/ die Vestung wider zu bauen; wie besagter Ortelius berichtet: der auch sagt/ das Ao.1604.den 28.Maij, wieder ein grosse Feuersbrunst allhie gewesen/ dardurch der Vestung grosser Schade zugefügt worden/ davon Er im 4. Theil/ am 19. Blat zu lesen. Es ligt in der Nachbarschafft das Schloß Comaria, so die Türggen auß Sigeth Ao.1591. vnversehens vberfallen/ geplündert/ vnd verbrand/ der Graff von Zrin aber wieder gebaut/ vnd besetzt hat.

Caposvarium, Caposvarum, Capoʒvivar.

ES wird das Schloß/ vnd Städtlein Vivaria, in der Simigienser Landschafft von dem Fluß Caposio, so diesen Ort/ wie eine Jnsel vmbfliesset/ Caposvarium genant/ so zun Zeiten Königs Uladislai in Un-

Ungarn / dem Hertzog Laurentio in Syrmio gehöret hat / welchen Ihme / als einem Rebellen / der König Ao. 1493. genommen. Ao. 1555. hat das Schloß allhie / (so von Natur sehr fest / als welches an einem sümpffigen / vnd kottichten Ort / mitten im Wasser / wie gesagt / gelegen /) Petrus Seelus, ein verzagter Mensch / verlassen / vnd solches der Bassa zu Ofen / Toigonus, eingenomen; der ferners auch die Schlösser Corothnam, vnd Babociam, bekommen hat. Es haben aber die Vnsere Ao. 1556. besagtes Schloß Corothna mit Gewalt wieder erobert / in dessen Belagerung Scipio Landenbergus, ein Teutscher Obrister / vmbkommen / als er mit seinen weiten zerschnittenen Hosen / an einem sehr spitzigen Zaunstecken hangen blieben / vnd sich nicht loß machen kunte. Ortelius sagt / als die Vnsern die Vestung Karothna erobert / so hetten die Türggen darüber die vmbligende Gräntzhäuser / als S. Martin / Geretzgal / Selie / S. Lorentzen / vnd den Marckt Kalmanchze / angezündet / vnd verlassen. Obgedachtes festes Schloß Caposvarum, darumb ein doppelter Wall von harten: oder Stein Eychen /

Des Königreichs Vngarn/ ꝛc.   77

chen/ so darzwischen mit einem dicken Wasen/außgefüttert/gehet/ist Ao.1599.von den Vnsern vergebens/ vnd mit Schaden/ belagert worden.

Capreinitz/

COpranitz/oder Capreinitz/ eine Vestung/ oder Stadt/ wie solchen Ort Isthuanfius beschreibet/ vnd Caproncia m nennet. Wird von theils zu Crabaten/ von theils zum Windischen Lande gerechnet/ vnd auß Land Steyer; gleich wie die Vestung Carlstadt/ auß dem Hertzogthumb Crain/ versehen/vnd versorget. Ao. 1591. hat Hasanes/ Bascha in Bosnia/ einen schweren Einfall in die Landschafft zwischen Crisio, vnd Ivanicio, gethan. Aber Herr Steffan Grasban/ Hauptman zu Capreinitz/so an deß Herren Globizers stat kommen/ sampt Herren Michael Zäckler/ oder Siculo, zu Crisio, vnd Alban Graßban zu Ivaniz/vnd die andere Hauptleute der benachbarten Schlösser/haben mit Ihme geschlagen/vnd obgesiget. In den Articulis Poloniensibus Anno 1638.verfast/werden die Besatzungen etlicher Ort hierumb milites Caproncen-
ses

ses, Dörnenses, vnd Szent Geörg Yvariensens, so den Hauptleuten Caproncensi, vnd S. Georgii, vnderworffen/ genant. Wird auch deß Capitanei Crisiensis gedacht. In dem Anno 1637. außgangnem Büchlein / Status particularis Regiminis S. C. Majeſt. Ferdin. II. tituliret, werden am 189. Blat diese Gräntzhäuser gesetzt/ als in Vngarn die vornembste Raab/ Gomorrhen/ Neuheusel/ Papa/ Wesprin. In dem Windischẽ Lande/ Waraßdin/ Creutz/ Dambra/ Cirquena/ Copalentz/ S. Petrus/ Töplitz / Remetinetz / Gradatz/ Copreinitz/ Ternin/ Novigrad / Lubrek / S. Georgii, Ibanitsch/ Weitscha/ Kheresur/ Vitschehossa/ Waitschewar. Vnd in Crabaten/ Zeng/ Carlstadt/ Ogulin/ vnd Touvinskapötsch.

Caransebessum, Karansebes/

SO 5. Meilen von Temeswar gelegen/ hat Moyses Siculus, oder Ciculus, der Zäckler / (den Ihnen die Sibenbürger/ in Abwesenheit deß Georgij Bastæ, Keyserlichen Generals / zu Ihrem Fürsten erwöhlet; derselbige auch allbereit zuvor vom Türckischen Keyser Mehemete, das Land Sibenbürbürgen Jhme/vnd seinen Nachkommen/außgebracht hatte/) Ao. 1603. mit Hülff der Türggen/ Tartarn/ vnd Zäckler/ eingenommen/ dabey auch die treulose Burger/ vnd Soldaten/ wie Istuhanfius schreibet/das jhre gethan haben. Aber das Schloß Vilagosvarum (das Ortelius Somoswivar nennet/) ist dem Keyser getreu verblieben. Es ligt Karansebes, im Grund/ am Wasser Tömös/ an der Bulgarey/ vnd nicht weit von der Thonau. Es werden die Türckischen Gallern/ auß dem schwartzen Meer/ so biß nach Sewrin/ oder Sevrin mit den Türckischen Wahren fahren/ zu besagtem Sevrin außgeladen/ vnd die Wahren auff SaumRossen/ durch Karansebes, vnd Lugos, ferners vber ein hohes scheußliches Gebürg/ gen Proß/ vnd weiters in Sibenbürgen geführt. Daher/ zu besagtem Karansebes, ein grosse Niderlag von Türckischen Waaren ist/ vnd viel Razen/ vnd Griechen da wohnē: vnd deßwegen dieses Karansebes vom Ortelio ein grosse/ vnd VolckreicheStadt genenet wird.

Caranum,

E Jne Stadt/ so/ sampt den Städten Sebesso,

besso, vnd Lugassio, Anno 1552. weiln sie alle drey schwache, vnd alte Mauren gehabt, mit gewissen Conditionen, sich den Türggen ergeben, vnd ihre Freyheit erhalten, die vorhin in die Vogtey, oder das Ampt Severin, gehört haben, als die zwischen selbiger Stadt, vnd Temeswar, gelegen seye. Es hat gleichwol Georgius Basta Ao. 1603. Lugassum wieder erobert, vnd zu Sibenbürgen gebracht. Ortelius schreibet, Graff Dampier habe Lugatsch in gedachtem 1603. Jahr in Brand gesteckt.

Caschau, Cassovia.

Dieser Ort ist nicht allein das Haupt der fünff Königlichen freyen Städte, als da seyn Caschau, Leutsch, Bartfeld, Epperies, vnd Zeben; sondern auch in gantz Ober-Vngarn. Ligt an dem Fluß Hornath, der in den Landtafflen, (auch im 6. Theil deß Theatri Urbium,) vnrecht Hevath, wie Frölichius erinnert, geschriben wird. Die Teutschen nennen solches Wasser Kunnert. Es ist die Stadt mit einer dreyfachẽ Maur, einem Graben, vnd Bollwercken befestiget; allda die Königlich Vngarische Cammer der Graff-

Des Königreichs Ungarn/ꝛc.

Graffschafft Zips; der General Kriegs Obrister/ oder Feld Obrister in Ober Ungarn der Hoffrichter; der Rentmeister/ oder Kriegs Zahlmeister/ vnd andere deß Königreichs Räth/ vnd Kriegs Beampte/ meistentheils sich auffhalten; daher sie dan auch mit schönern/ vnd höhern Gebäuen/ vor andern Ungarischen Städten/ gezieret ist. Die Pfarrkirch ist eines verwunderlichen Baus/ auff deren Gotts Acker/ den Fremden/ ein Loch in deß Tempels Mauer gewiesen wird/ so ein gar grosse Kugel eines Geschützes/ als der Türck die Stadt belagerte/ gemacht hat. Vnd haben die Teutschen vnd Hungarn/ solche Kirch/ Abwechslungsweise/ gemein. Die Windischen haben auff gedachtem Freudhoff jhr absonderliche Kirche. Es ist auch allda noch ein zerstörte Closter Kirch. Hat ein wolversehenes Zeughauß noch neulich gehabt. Es laufft ein Bächlein mitten durch die Stadt/ so sich innerhalb derselben also bald in zween Theil theilet/ vnd beede Kirchen/ zusampt der Schul/ vmbgibet. Die Wein/ so hierumb wachsen/ haben viel Kalchs/ daher sie das Zipperlein verursachen. Vnd weil der Caschauer Wein auch

F schlecht/

schlecht/vnd sauer/so pflegen die Vngarn in jhrer Sprach zu sagen; Vinum de Cassau agebazky azduvverassa; Das ist/ Caschauer Wein ist gantz nicht werth/ daß derselb gebauet werd. So hat es auch zu Caschau kein geschmakes Bier: Ist auch kein Pestilentzischer/ vnd vngesunderer Lufft in gantz Vngarn/ als dieser Orten: daher wenig Frembde/ja auch Vngarn/ so anderswo erzogen/ allda gesund bleiben können. Theils vermeynen/ es habe Caschau von dem Römer Cassio den Namen. Hat zwey Thor/ deren allwegen eines eine Wochen/ vnd das ander die andere offen gehalten/ vnd mit Teutschen/ vnd Vngarischen Knechten bewachet wird/ wann solche Stadt in jhres Königs Händen ist. Obgedachtes Bächlein so auß dem Weingebürg kompt/laufft beym Obern Thor in die Stadt/ vnd weil es also in zweyen Bächlein die Länge der Stadt außfleust/ so gehen 24. Brücklein darüber. Die Kirchen-Gebräuch werden fast auff Bergstädtisch gehalten. Der Rath ist von Teutschen besetzt/ vnd vorhin der Augspurgischen Confession zugethan gewesen/ vnd vielleicht noch. Es wohnen auch viel Vngarn

garn allhie/ so in den Euſſern Rath kommen
koͤnnen. Man redet/ neben der Teutſchen/
vnd Vngariſchen/ auch die Polniſche
Sprach allda/ vnd iſt der meiſte Handel mit
dem Wein/ſo in Polen gefuͤhret wird. Obgedachter FeldObriſter/ſo die Vngarn Ky-
ralKepe nennen/ hat vber alle Schloͤſſer/
Veſtungen/ Graͤntzen/ vnd Caſtell/ darinn
Keyſerlich Kriegsvolck ligt/ ſo wol auch den
Graff: oder Spanſchafften/vnd allen Her-
renins gemein/ in Feindes Noth/ zu gebieten. Dann biß auff 6. Meil von hier iſt alles
dem Tuͤrggen gehuldet. Nicht weit von Caſchau faͤllt der Fluß Tarcia, ſo auff halben
Weg zwiſchen Caſchau/ vnd Eperies riñet/
vnd auß dem Carpathiſchen Gebuͤrg ent-
ſpringt/in den obgedachten bey Caſchau auſſer der Stadt fuͤruͤber lauffenden Fluß. Als
nach deß Koͤnigs Matthiæ Corvini in Vngarn Ao. 1490. erfolgten Tode/deß Koͤnigs
in Poln 2. Soͤhne/ Uladislaus, vnd Albertus, zu Koͤnigen in Vngarn erwoͤhlt worde/
ſo hat Albertus Caſchau/ aber vergebens/
belagert. Ao. 1535. iſt dieſe Stadt von deß
Koͤnig Johannis in Vngarn Volck mit Liſt
eingenommen/ vnd haͤßlich gepluͤndert/ auch

F 2   viel

viel darinn vmbgebracht worden; ob woln
der Anstand zwischen beeden Vngarischen
Königen/ Ferdinanden/ vnd Hansen / noch
wehrete. Ao. 1556. ist durch vnversehenes
Feuer/ die gantze Stadt/ sampt der grössern
Kirchen/ vnd 2. Mönchs Kirchen/ vnd Clö-
stern/ vnd dem Rathhause/ abgebronnen/ vnd
hat die Brunst/ weil die Wind starck wehe-
ten/ mehr als 4. Stunden gewehret/ mit solchem Gewalt/ vnd Vngestüm/ daß keine
Mittel die Flammen zu löschen helffen wolten. Ao. 1604. ist obgedachte grössere Kirch
den Protestirenden genommen / vnd den
Domherren von Erla/ (so/ nach dem Erla/
oder Agria, Türckisch worden/ sich nach
Caschau begeben) auß deß Keysers Befelch/
vberantwortet worden. Daher/ vnd dieweil
Johann Jacob Barbianus, Graff zu Belgioiosa, Commendant allhie / die Prediger
verjagt/ vnd die Burger vmb vngefehr 28
Dörffer/ so sie/ auß der alten Könige Freygeb-
bigkeit / besessen/ beraubet hatte / die Ca-
schauer/ in Abwesenheit deß Belgioiosi
oder Barbiani, zum Steffan Boscai gefallen seyn; welcher einen grossen Auffstand
jenseit der Theissa erregt. Er hatte ausserhal
St-

Sibenbürgen etliche Schlösser vmb Groß-
Wardein. Mit Ihme hielt es Bethlen Ga-
bor/ deme ohne das die Türggen Sibenbürgen anbieten theten; aber weil er seiner
Schwachheit eingedenck war/ so vberliesse
Er solches Land dem Boscai/sonderlich/weil
Er/ sampt seinen Türcken/ vom Dampier/
vnd Ludwig Ragozi/oder Racocio, geschlagen / vnd kaum mit der Flucht entkommen
war; dessen Kleider/ so Er selbigen Tag an-
gehabt/vnd man gefunden/dem Keyserlichen
Fußvolck zum Raub worden / in welchen
man seine/vnd deß Boscai Brieffe bekommen/
dardurch dieser Bund offenbahr worden ist.
Es hat sich/ neben Andern/ damaln auch
Valentinus Homonnianus, mit vielen
Edelleuten/ zum Boscai/ so die Religion zu
seinem Vorhaben vorschutzte/begeben. Der
Stephanus Bathorius ist vorhin schon seines Glaubens gewesen. Lise die weitläuffe
Erzehlung/ wie es Ao. 1604. zu Caschau/ biß
die freye Heyducken allda eingelassen worden
seyn/hergangen/ vñ wie 150. Hussarn/ so die
Keyserliche Commissarien mit dem Tuch/
vnd Geld für die Soldaten/ beglaitet/ selber
geplündert/ den Ortelium *part. 4. Chron.*

F 3 *Ungar.*

Ungar.p.49.seqq.vnd 88. Es hat zwar den 4. Decembris, besagten 1604. Jahrs / der Basta (der den Blasium Nemethi, der Heyduggen fürnembsten Hauptmann / als er gefangen worden / in der Nacht nider hauen lassen /) Caschau / aber vergebens / wieder belagert. Vnd ist Boscains allhie Ao. 1606. den 28. Christmonats / als Er vber 50. Jahr alt worden / ohne Kinder / gestorben. Nach seinem Tod / ist Caschau wieder Keyserisch worden / hergegen aber auch die vorige Freyheiten vnd Religion / behalten: wie hievon / was gesagt / David Frölichius *part. 2. Viatorij, lib. 1. n. 382.* das *Itiner. Germ. fol. 583.* Nicolaus Isthuanfius, an vnderschidlichen Orten seiner Vngarischen Historien / der Sechste Theil deß Georg Braunen Sädt-Buchs vnd Andere mehr / zulesen. Ao. 1619. ergibt sich Caschau an Bethlen Gabor / Fürsten in Sibenbürgen / den 5. Septembris. Anno 1644. hat diese Stadt der jetzige Fürst in Sibenbürgen / Georgius Racocius, (den Theils Ragozium, Theils Racvicium, nennen / vnd dessen Vatter Sigismundus Racocius, wie Jhn gedachter Vngar Isthuanfius heisset / auch Fürst in Sibenbürgen /

bürgen / nach dem besagten Boscai / gewesen /) belagert/ vnd endlich erobert. Sihe ein mehrers von Caschau / in Vnsern Collectaneis *part.1.c.5.p.250.seq.*

Chanadium,

JSt vmbs Jahr 1513. ein grosse Statt/ aber mit keinen Mauren vmbgeben gewesen / als solche Georgius Siculus zugenant Dosa, deren mit dem Creutz / wider den Türggen/ gezeichneten Obrister/ vnd Feinde deß Vngarischen Adels/ außgeplündert/ vnd den Bischoff allda / Joannem Chaquium, eines alten/ vnd Adelichen Geschlechts / jämmerlich gemartert / vnd getödtet hat. Es ligt diese Stadt/ vnd Schloß/ an der Marusch/ oder Maryso, die auß Sibenbürgen herauß lauffet. Vmbs Jahr 1547. oder 48. haben diese Bischöffliche Stadt / vnd Schloß/ so einen berümbten Tempel hat/ durch Vbergab/ vnd Trägheit der Vnserigen/ die Türggen eingenommen/ vnd benebens viel Castell/ deren die meisten in einer anmuthigen/ vnd weiten Ebne/ neben den Wassern gelegen / ohne Schwertstreich/ Ihnen vnterwürffig gemacht. Es muß

muß aber solcher Ort hernach wieder an die Vnsern kommen seyn/ weiln Ao 1552. denselben die Besatzung verlassen/ vnd die Türggen Jhn/ neben vielen Schlössern/ vmb Ofen herumb/ eingenommen haben. Anno 1595. haben die Sibenbürger diesen Ort den Türggen wieder genommen. Aber als folgends grosse Vuruhen/ vmbs Jahr 98. in Sibenbürgen vorgiengen/ so haben die Türggen diese Stadt/ (so sie kurtz zuvor vergebens belagert/) wie auch Aradum, vnd Naglacum wieder erobert. Es ist gleichwol hernach Arad von den Türggen wieder kommen; Aber Bethlen Gabor hat selbigen Ort/ sampt Lippa/ vnd Geneo/ (so vielleicht Gimesch seyn mag/) Ao. 1614. mit Hülff der Türggen/ zu Sibenbürgen gebracht; wie man damaln geschrieben hat. Obgedachtes Naglacum haben sie vormals auch verlohren/ als Stephanus Losoncius, Obrister zu Temeswar/ vmbs Jahr 1548. solches Schloß eingenommen/ vnd angezündet hatte. Ward auch Ao. 1596. vom Fürsten in Sibenbürgen/ Sigismundo Bathorio, erobert. Ortelius nennets Chenad, vnd sagt/ gehöre dem Bistumb Wardein. Der
auch

auch schreibet/ daß Ao. 1565. König Johann in Sibenbürgen Geonea, (so obgedachtes Geneo seyn wird/) vnd Deßme/ die Castell/ nicht weit von Gyula/ benebens seinen Türggen eingenommen habe. Item das Geonea, eine Stadt/ Vestung/ vnd Paß/ auff Gyula/ vnd Temeswar/ Ao. 1595. vom Sibenbürgischen Obristen Barbel Georg / durch der Türggen Vbergab/ erobert worden seye.

Clausenburg/ Colosvaria, Colosvvar, Claudiopolis,

JSt ein berümbte Sibenbürgische grosse Stadt/ da es vornehme Handelsleut/ schöne steinerne Häuser/ ziemlich starke Mauren/ vnd Thürne/ gibet/ vnd rinnet gegen Nidergang das Wasser Samosch/ darüber ein steinern Bruggen gehet. Wein/ Fleisch/ Fisch/ Feder: vnd ander Wildprät/ ist da wolfeil / welches aber alles der schöne Brodtmarckt vbertrifft. Daher auch die Stadt Volckreich / aber mehrertheils dem Photinianismo, oder Arianismo, ergeben ist; bey welchen auch der gröste Gewalt bestehet. Es werden die Vngarn/ so in den andern

Sächsischen oder Teutschen Städten zu Burgern nicht angenommen werden/allhie passirt/also/daß sie auch/neben den Teutschen/im Rath sitzen: vnd haben die Photinianer jhre aigene Buchdruckerey allda. Es werden gemeinlich die Landtäge allhie gehaltē; wie auch fast Jährlich vmb Weyhnachten die Landrechten/zu welcher Zeit der Fürst/sampt seiner gantzen Hoffstatt/drey Tag lang/von der Stadt/frey gehaltē wird. In der Alten Burg ist ein Hauß / darinn Matthias Corvinus, König in Vngarn/ geboren worden/welches vorhin grosse Freyheiten gehabt/die aber nun auffgehebt seyn. Es ist auch deß Stephani Bozkay Hause allda zusehen. An dem Stadthor / Portina genant/ist ein Epigrama, so dem Keyser Trajano zu Ehren gemacht worden; so in dieser Stadt/die in einer lustigen Ebne liget/ Beschreibung/im sechsten Theil deß Georg Braunen Städt Buchs/zu lesen. Sihe/ was von solcher Stadt auch in deß Georgij à Reychersdorff Chorographia Transilvaniæ stehet. Es laufft nicht gar zu weit von der Stadt der Fluß Chrysus, Keres, oder die Kreisch / welcher Vngarn/von

Sig-

Sibenbürgen/wie Er Reychersdorff/ein Sibenbürger/saget/absondert. Ao.1601. wird Clausenburg von Sigismund Bathori vergebens belagert. Als Ao. 1603. der auffgeworffene Fürst Moyses, ein Zäckler/ oder Zäckel/die Stadt Clausenburg belagerte/so ist das eine Lager auff dem Hügel gegen Mittag gelegen/auff welcher Seiten/nahend dem Jesuiter Collegio, so vor Jahren den Dominicanern gehörte/die Stadtmaur keine Gräben hat. Das ander Lager war nahend der Bruggen/ober welche man in die Vorstädte/so grösser als die Stadt/ vnd vmb dieselbe die Weingärten seyn/gehet. Am achten Tag der Belagerung ward die Stadt auffgeben/vnd den außgezogenē Teutschen Soldaten/so man nach Sakmar beglaitet/Glauben gehalten. Als noch in diesem Jahr der Keyserische General/Georgius Basta, Clausenburg wider einbekommen/hat Er die Inwohner/weil sie die Jesuiter auß ihrem Collegio gejagt/vnd solches/ mit der Kirchen in Grund abgebrochē/vnd zerstöret hatten/omb Geld gestrafft/vnd den Jesuitern die grössere Kirch/so die Arianer biß dahin in gehabt/Er aber denselben genom=

nommen/ eingegeben. Hieron. Ortelius schreibet am 608. Blat/ seines 3. Theils/ daß die Jesuiter allhie/ im Octobri, allezeit paar vnd paar/ widerumb eingeführt/ vnd von einer Raths Person/ mit entblöstem Haupt/ biß auff den zerstörten Platz der Kirchen/ vnd jhres Collegij, allda die Rädelführer deß Tumults nach einander auffgehenckt gewesen/ begleitet/ vnd sey Jhnen/ auß Befelch Jhrer Keyserl. Majestat der Arianer Hauß/ so ein vberauß schön Gebäu/ zur Wohnung/ vñ die Thumbkirchen zu jhrem Gottesdienst eingeben worden.

Clissa, Clissia

IN Dalmatia, so Ertzhertzog Ferdinand zu Oesterreich/ auff Bitt seines Schwagern/ König Ludwigs in Vngarn/ Ao. 1522. in seinen Schutz genommen/ zur Zeit/ als Er/ der König ein Gesatz gemacht/ daß deß D. Luthers Lehr von niemand solte angenommen/ vnd derselben Zugethane/ so sie in Vngarn anzutreffen/ verbrand werden. Er hat auch seinen Gesandten/ den Hieronymum Balbum, Probsten zu Preßburg/ hernach Bischoffen zu Triest/ vnd endlichen zu
Gu-

Des Königreichs Vngarn/ꝛc.

Gurck/ auff den Reichstag gen Worms gesand/ der daselbst ein Rede an die Stände gethan. Es ligt aber gemeldtes Schloß Clissia, nahend/ vnd oberhalb der berümbten Venedischen Stadt Salona, zu höchst auff einem sehr hohen Felsen/ vnd an einem mit Gewalt vnüberwindlichen Ort/ allda König Bela, als er von den Tartarn auß Vngarn verjagt worden/ seine Kinder verwahret hat/ vnd welchen Ort man für deß Keysers Diocletiani Vatterland helt. Die Türggen haben denselben Ao. 1537. durch Hunger/ vnd Durst/ nach langwüriger Belager: vnd Erbauung zweyer Castellen/ damit nichts ins Schloß gekönt/ endlich bezwungen. Die vnsern seyn zwar den Belagerten zu Hülff kommen/ aber von den Türggen geschlagen worden/ vnd ist der Hauptmañ vff Clissia, Petrus Crusitius, auch in der Flucht vmbkommen. A. 1596. ist dieses Schloß/ (dabey auch Isthuansius ein Städlein setzet/) durch heimlichen Betrug/ von den Vnsern wieder erobert worden/ als solches fast 60. Jahr in der Türggen Gewalt gewesen. Aber es haben die Vnsern solches kaum 60. Tag behalten/ sondern seyn von den

den Türggen hart wieder belagert worden/ denen sie sich auch ergeben; sonderlich weiln die Benachbarte heimliche Hülff/ wie sie besagter Isthuanfius beschuldiget / dazu gethan habẽ solle. Sihe Lundorp. in Schleidā cont. Tom. 3. p. 100. seqq. Es haben aber Ao. 1648. die Venediger nicht allein in Dalmatia, Dernitz/ so sie verbrant/ It. Stromenitz, Clim, das Stättlein Verlicha, vñ die Statt Sessin, sondern auch diese gewaltige Bergvestung Clissa, (darunter ein Städtlein gelegen/) erobert/ so noch der Zeit ihnen zuständig seyn solle. Es ist vnter deß Commendanten zu Clissia Schutz der Ort Drilo, daselbsten Jährlich ein berümbter Marckt/ oder Meß gehalten wird/ zu welcher ein grosse Anzahl Kauffleute zu kommen pfleget.

Colocza, Colocia,

Dieses ist weyland ein Ertzbischoffliche Stadt in Vngarn gewesen/ so aber der Türgg zeitlich erobert hat. Ao. 1602. Als die Vnsern Ofen belagertẽ/ seynd die Heyduggen die Thonau herabgezogen/ vnd haben neben andern Orten/ auch diese Stadt Colocza, so damals meistentheils von Thraciren

eiern / oder Ratzen/vnd Türggen / bewohnt
gewesen/ eingenommen/ geplündert / vnd verbrand. Hatte einen herrlichen Tempel/ mit
zweyen sehr hohen Thürnen. Den Raub haben sie / die Heyduggen mit sich / ins Lager
vor Ofen gebracht / welches in jhrem / vnd
der Vngarn / Abwesen/ in der Belagerten
Auffällen/ vnter dessen/ nicht geringē Schaden gelitten/

Comora, Comorn / Cumarinum, Comarunium.

Diese Vngarische Vestung / so Keyser
Ferdinand der Erste erbauet/ist/von Nidergang der Sonnen/ mit einem tieffen Wassergraben / von Mittag/ vnd Mitternacht
aber/ mit der Thonau/ vnd dem Fluß Waag/
vmbgeben / daß sie also gleich einem Triangel im Wasser stehet/vnd an der Spitzen gegen Auffgang die Wasser zusammen stossen.
Ausserhalb der Vestung / oder dem Schloß/
so von Teutschen Soldaten verwahrt wird/
gegen Nidergang ist ein Marckt / der allbereit vorzeiten allda gestanden / vnd darinn
eine Anzahl leichte oder Hungarische Pferde
vnd 24. Nassaden/ oder schnelle Streit-
Schiff

Schiff/(darauff hinden vñ vornen/Stück-
lein stehen/vnd mit 30. oder 33. Vngarn besetzt werden/ die alle zugleich die Ruder an-
ziehen/vñ mit einer Copia, oder Rennspieß
vnd mit einem langen Rohr/ vnd Säbel/
versehen/)seyn/vñ an der Thonau auff: vnd
abfahren. Vber die kleine Thonau oder einen Arm derselben/ darein die Waag/ vnd
Neitra/beedes fliessende Wasser/fallen/auff
Neuheusel zu/ist bißweiln eine Schiffbruck/
vnd am Ende derselben ein Block: oder
Wachthauß: vnd vber dem grösten Theil
der Thonau pflegt man allnächtlichen mit
einem Schiff/ auff der Mitte/ Wacht zu
halten/damit bey Nacht der Feind zu Wasser nicht herauff passiren/noch die in der Insel Schütt/ in deren Winkel Comora gele-
gen/vberfallen möge. Die Pasteyen der Vestung seyn von gewaltigen Werckstucken/
von allen Orten herumb/ sampt einem sehr
tieffen Wassergraben: Jnwendig sihet man
nichts/ dann gar nidere rauchige Häußlein
für die Soldaten: die Gegend herumb ist ein
schön eben vnd fruchtbar Land. Vnd hat
diese Vestung biß daher von den Türggen
nicht können erobert werden. Wer ein mehrere

Des Königreichs Vngarn/ꝛc.

rere derselben Beschreibung zu haben begehrt/ der lese den fünfften Theil des Georg Braunen StätBuchs/ Casp. Ens *in delic. apodem. per German. p. m. 9. seq.* Stephanum Pighium, in Hercule Prodico, Salomon Schweigern/ in seiner Orientalischen Raise/ vnd andere mehr. Herr Augustin Freyherr von Mörsperg/ꝛc. beschreibet sie/ in seine Reisen/ also: Die Vestung ist auff einem hohen Stock fast formirt wie ein Stern; hat vornen eine starcke Burg/ darinn der Obrist wohnet; die Vestung ist sehr starck gebauet/ auff einem Spitz Landes / da die Thonau gedoppelt darunter zusammen kömpt/ vor dem Schloß/ wie auch noch ein Wasser auff der lincken Seiten herfleust/ zimlich groß/ die Wag genant. Vff beeden Seiten/ vnd da die Thonau zusammen kömpt/ ligen viel Fusten/ wie kleine Galleern formirt/ welche vff dem Wasser Wacht halten. Auff der hohen Vestung kan man zimlich weit in die Türckey/ vnd viel Türckische Gräntzhäuser sehen. Biß hieher Hochwolgedachter Herr. Ao. 1594. hat der Vezier Sinan den 6. oder 7. Octobris, diese Vestung belagert. Es hat der Obrist darinn/ Herr Erasm Praun/ das

Städtlein/ oder den Marckt/ damit sich der Feind darinn nicht auffhalten möchte/ bey desselben Ankunfft/ auff den Grund abgebrand. Ertzhertzog Matthias hat auff die 40. tausend Mann zusammen gebracht/ damit Er diesem Ort zu Hülff käme/ inmassen Er dañ als Rab belagert ward/ ein grosses Volck bey sich gehabt hat. Als der Feind solches vernommen/ ist Er von Belägerung dieser Vestung Comorn/ den 24. Octobris, wieder abgezogen; Vnd ist gedachter Praun/ so von einem Schuß verwundet worden/ hernach zu Wien gestorben.

  Es ist noch ein Comora, so man Klein Comora nennet/ auch eine Vestung/ nahend dem Blatten: oder Balathon-See/ vnd nicht gar weit von Canischa gelegen/ so Ao. 1591. die Türggen beschossen/ Meztegneu/ vnd Czorga erobert/ vnd alles/ was sie angetroffen/ erwürget haben. Ao. 1593. haben die Türggen diesem kleinen Comorra wieder mit Stürmen hefftig zugesetzt/ aber nichts verrichtet. Ao 1595. haben sich Theils vnserer Soldaten in klein Comorra/ vnd andern Grentz-Orten zusammen geschlagen/ biß vnter Sigeth gestraifft/ vnd

vnd ein Castell/ darinn ein Türggische Hochzeit gehalten ward/ vberfallen. Es meldet Hieron. Ortelius, daß Ao. 1606. die Canischer Türggen sich vmb klein Comorra angenommen/ vnd solche Vestung/ durch Verrätherey/ in jhre Gewalt zu bringen vermeynt; sey jhnen aber nicht angangen: wie sie dann noch der Zeit in der Christen Händen ist; vnd die Inwohner/oder Burger allda/ der sogenanten Reformirten Religion zugethan seyn sollen. Wie An.1647.auß Vngarn berichtet worden/ hatte damals das Generalat/oder Comando allhie/ Herr Graff Adam Battiani, wie selbiger bericht lautet/ de Batchiano.

Costanitz/

Ein festes/ vnd in Crabaten gelegenes Schloß/ welches der Fluß Huna/ oder Vnna/vmbgibet/ vnd das sonsten auch Castanowitz genant wird. Hat vorzeiten zum Priorat Auranæ, der Rhodiser Ritter/gehört: Aber Ao. 1537. ist es der Graven von Zrin gewesen/ als Graff Niclas von Zrin/ oder Serin/ in solchem/ dem gewesten Feld-Obristen/ Johann Cazianern/ der so ein ansehen-
lich

lich Kriegsheer vbel angeführt gehabt/ vnd
auß seiner Wienerischen Gefängnuß hieher
entrunnen war/ dē Kopf hat abschlagen lasse.
Es ist hernach solches Schloß an K. Ferdinanden den Ersten/ vnd Ao. 1557. durch Er-
steigung bey Nachts/ entweder auß Ver-
rätherey/ oder Vbersehen deß abwesenden
Commendanten/ in der Türggen Gewalt
kommen; vnd ist hernach/ auß diesem Schloß
Crabaten/ oder der Mittelländische Theil
von Dalmatia/ vnd alles Land/ so zwischen
der Huna/ vnd Culpa/ gelegen/ in die eusserste Gefahr gesetzt/ vnd in die heutige Wüste/
oder Einöde gebracht worden; wie Isthuanfius meldet: Wiewol im 6. Theil deß
Georg Braunen Stättbuchs gesagt wird/
daß das Schloß Castanovitium, dabey vber
dem Wasser/ ein guter Fleck gelegen/
Ao. 1592. in der Türggen Gewalt/ durch
Verrätherey/ kom̃en; Ao. 94. von den Christen wieder erobert; aber bald hernach abermals den Türggen zu Theil worden seye:
Es hat zwar Ao. 1596. Herr Sigmund von
Herberstein (den gedachtes Stättbuch/ vnd
Ortelius, Hans Sigmunden nennen/) diesen Ort belagert/ den Marckt oder Stättlein
er-

deß Königreichs Ungarn/꼬. 101

erobert/geplündert/ vnd verbrand; aber das
Schloß muste Er / auß Furcht wegen
der anziehenden Türggen/bleiben lassen vnd
ist derselbe noch in Türckischen Handen.
Vber dem besagten Fluß/ so auß dem Dalmatischen Gebürg entspringt/ligt der Berg
Dedus.

Cremnitz.

JSteine auß den Sieben Berg Städten
in Ober Vngarn/ vnd der Andern
Haupt/ nicht sonders groß/ hat aber grosse
Vorstädt. Ligt in einem tieffen Grund
zwischen hohen Bergen / ist windig / vnd
ziemlich kalt allhie. Es hat den mehrertheil
Goldbergwerck allda / vnd eine Cammer/
sampt einem Einnehmer / vnd Buchhalter:
Vnd ist duch die Müntz/ in welcher alles
Gold/ vnd Silber/ deß gantzen Vmbkrais-
ses der Berg Städt vermüntzet/ Ducaten/
Thaler/ vnd kleine Müntz/ geschlagen wird
daselbst. Auff einem Berglein ist ein Schloß/
von welchem die Stadt etlicher massen beschützt werden mag. Der Lufft/ vnd Wasser/
ist nicht gar gesund allda;daher es viel Kröpf-
fichte / Stumme / Taube / Trieff Augenha-

G 3   bende/

bende/vnd Albere/vnder den geringen Arbeitern/vnd Knappen/daselbst gibet. Zwischen Schemnitz/vnd Cremnitz/ist ein Warmbad/die Glaßhütten genant.

Crestesum,

EIn Städtlein/ oder Marckt/ Oppidum Diosgiorgianæ ditionis, so vorzeiten einer Königin in Vngarn gehört hat. Ao. 1596. hat Ertzhertzog Maximilian zu Oestreich/ vnd Fürst Sigismund Bathori in Sibenbürgen/ den 22. Octobris, jhr Kriegsvolck dahin geführt/ vnd hernach daselbst mit dem Türggischen Keyser Mehemete, so selbst zugegen war/ glücklich geschlagen/also/daß Er sich in die Flucht begeben. Aber/ weil die Vnsern dem Plündern nachgehangen/haben sich die Türggen wieder erholt/vnd die Vnsern in die Flucht/mit solchem schrecken/gebracht/ daß man sie nit halten können Es seynd der Christen bey die 10. tausend/vnd vnter denselben nicht wenig vornehme Leute/ sonderlich aber die zween Brüder/Ernestus, vnd Augustus, Hertzoge in Holstein; vnd auß den Feinden/ wie man beständig/ vnd der Warheit ehnlich/außgeben/in dreyen Schlachten 20. tausend

tapf-

des Königreichs Vngarn/ꝛc.

tapferer Soldaten geblieben. Welches
dann die berümbte Crestesianische/ von den
Türggen die Erlauische / oder Agrische ge-
nannte Schlacht ist; auff welche Mehemetes
nach Constantinopel/ Maximilianus gen
Wien/vnd Prag / vnd Sigismundus nach
Hauß/verraist seyn. Vnd haben die Türcken
vnterwegs von den Sibenbürgern/vñ Wa-
lachen/viel Vngemachs außstehen müssen.

Creutz/

Ein schöner Fleck/2. Meilen von Oeden-
burg/ vnd nahend dem Neusidler See/
auff einer schönen Ebne/gelegen/vnd/sampt
dem trefflich schönen Schloß / dem Graven
Neudasdi/ gehörig.

Crisium,

Ein Städtlein/in Jllyrien/so von alters
die Landtäge daselbst zuhalten verordnet
worden/dahin auch der Battiani/ nach König Ludwigs in Vngarn Tode/ die Jllyrische
Stände beruffen/vnd sie/ wenig außgenom-
men/ dahin gebracht/ daß sie Ferdinandum,
Ertzhertzogen von Oesterreich / zu jhrem König angenommen haben/ wie Isthuanfius
schreibet. Mag vielleicht die Vestung im

Windiſchen Lande ſeyn/ ſo die Teutſchen Creutz nennen/ die auß dem Land Steyer verſorget wird; vnd ein anders Creutz/ als obgedachtes in Vngarn iſt. Sihe Capreinitz.

Cronſtadt/ Corona, Stephanopolis, Vngariſch Braſſo,

ISt eine auß den Sächſiſchen Städten in Sibenbürgen/ luſtig/ vnd mit Mauren/ Gräben/ vnd Thürnen/ ziemlich ſtarck vmbfangen. Inwendig hat es feine ſteinerne Häuſer/ groſſe Kirchen/ vnd ein gute Schul/ vnd zu ſolcher ein ſtattliche Biblioteck/ ſo Georgius à Reychersdorff für die Fürnemſte ſeiner Zeit in Vngarn gehalten hat. Iſt der Augſpurgiſchen Confeſſion, wie die andere Teutſche Städte in Sibenbürgen/ zugethan. Wird von lauter Teutſchen bewohnt/ die doch auch die Vngariſche vnd Walachiſche Sprach reden können. Es iſt wolfeil da zu zehren/ hat aber keinē Weinwachs/ das Waſſer iſt dagegen gut. Man machet allhie Tuch/ vnd inſonderheit die ſchöniſten Vngriſche Weiber Stieffel von rothem Carmaſin Leder. Ligt zwiſchen gantz luſtigen Bergen. Die Tächer ſeynd meiſtentheils

theils von Schindeln. Es lauffen durch die Gassen/ die Unsauberkeit dardurch hinweg zunehmen/ Bächlein. Hat drey grosse Vorstädte/ deren eine die Bulgarn/ die andere die Hungarn/ vnd die dritte die Saxen/ vnd Zäckler/ bewohnen. Es hat allhie eine Buchdruckerey/ vnd ist obgedachte Schul Anno Christi 1530. allbereit berümbt worden/ als allda Johannes Honterus, ein vornehmer Theologus, vnd Mathematicus gelehret/ vnd reformirt hat. Man verkaufft da viel Ungarische Waaren/ auch Getraid/ vnd Flachs/ vnd ist diese Stadt gleichsam eine Scheuer/ oder Kornstadel/ der benachbarten Völker: wie sie dann gantz ebene Felder/ mit den besagten Bergen/ vnd sehr hohen Alpen/ so sie von der Walachey abschneiden/ vmbgeben/ hat. Wird vor die Volckreichiste Stadt in Sibenbürgen gehalten/ dahin die Zäckler/ Walachen/ Armenier/ vnd Griechen kommen/ vnd handlen: Sie ist auch nicht leichtlich/ durch Belagerung/ zu eroberen. Die fürnemste Kirch in der Stadt ist zu vnser Frawen/ von Quaderstein/ an deren Wänden/ vnter anderm/ zu lesen/ daß Anno 1143. König Geysa 2. deß König Andreæ

dreæ Ahnherr/ die Sachsen in Sibenbürgen beruffen habe. Ao. 1421. habe Amurathes II. der Türckische Keyser/ ins gemein
Muratbeck genant/ das Land Barczen/
(oder Purzländlein/) mit Schwert/ vnd
Fewer/ verwüstet; den Rath zu Cronstadt hinweg geführt; das vbrige Volck seye
auff dem Schloßberge erhalten worden.
Ao. 1495. seye allhie/ vnd in besagtem Lan-
de/ ein grosse Pest/ vnd Ao. 1516. ein grosser
Erdbidem den 24. Novembris, zu Cronstadt gewesen. Ao. 1529. habe Peter Waywod in der Moldau die Stadt belagert/ vnd
den Tag nach Simonis, vnd Judæ, das
Cronstädter Schloß mit Fewer eroberet/ vnd
geplündert. Ao. 1530. seyen der Türck Ma-
homet/ vnd der Waywod in der Walachey/
mit einem grossen Kriegsheer an Türcken/
vnd Walachen/ diese Stadt zu belagern/
kommen/ vñ haben das Land mit Fewer verwüstet; von dannen sie durch den Zeidner-
Wald in Sibenbürgen gezogen/ vnd der
Edeleut/ so sie beruffen/ Weiber/ Töchter/
Jubagiones, hinweg geführt; vnd habe dazumal ein greulich Pest regiert. Ao. 1531.
seye allhie zu zweyen malen ein Erdbidem

ge-

gewest: wie auch Ao. 1558. den 10. Novembris, vnd Ao. 1570. ingleichem einer Ao. 1559. vnd 1560. habe es etlich mal allda gebronnen. Nicolaus Isthuanfius schreibet im 33. Buch seiner Vngarischen Historien/ daß im Jahr 1603. der Neue von den Sibenbürgern erwöhlte Fürst Moyse, ein Zäckler/auff den Feldern vor der Stadt wo die Papiermühlen/ein dreyfaches Lager geschlagen habe. Es seye aber der Walachische Fürst/ Radulo, der dem vmbgebrachten Fürst Michaelen succedirt/vnd dem Römischen Keyser gehorsam zu seyn zugesagt gehabt/den 22. Julij, bey eiteler Nacht/mit seinen Völckern/die er in Eil in der Walachey auffgebracht/vnversehens kommen/vnd diese Beläger/ so sich dergleichen nicht besorget/vnd halb im Schlaff waren/vberfallen; davon gleichwol die meisten Türggen/vnd Tartarn/mit der Flucht entkommen/die vbrige aber nidergemacht worden; Moyses zwar habe mit den Vngarn/vnd Zäcklern/noch tapfer gefochten/ seye aber endlich von den Walachen/vnd mit Ihme auch Stephanus Toldius, vñ Joannes Jacobinus, ein Clausenburger vñ Arrianer/deß Moyses Cantzler/ wel-

(welcher von deß Fürsten Sigismundi in Sibenbürgen Thaten ein Büchlein geschrieben) vñ in die 4000. Sibenbürger vmbgebracht/ 155. Fähnlein bekommen/ vnd von dem Wallachen dem Keyser gen Prag geschickt worden. Als solches der Keyserliche General Georgius Basta, welcher selbiger Zeit zu Sackmar war/ gehört/ seye Er/ mit seinem Kriegsvolck eilend in Sibenbürgen kommen/ vnd weil Er vernommen/ daß die Türggen/ Tartarn/ vnd Cosacken/ bey Vascapo, oder dem Eisenthor/ oder Porta, (welches ein Ort ist/ zwischen den Sibenbürgischen Gräntzen/ dem Gebürg/ vnd der Temeswarischen Ebne/ da es ein enge Straß/ durch welche man in Sibenbürgen raiset/ vnd daselbst Johannes Hunniades vor Jahren sehr viel Türggen/ in einer namhafften Schlacht/ erlegt hat/) sich zusammen gethan/ hat Er den Heinrich Duuali, Graven zu Dampier/ vnd Ludwigen Racoci, mit vier tausend Vngarn/ wider sie geschickt/ welche den Sieg erlangt/ vnd bey die drey tausend der Feinde erleget haben. Daher Basta das Lob deß wieder eroberten Sibenbürgen ihme zugeschriben/ vnd solches Land

mit

mit seinem gewohnlichen Geitz/ vnd Tyranney/ eine zeitlang/ in deß Keysers Gehorsam erhalten / den hernach der Keyser Ao. 1604. auß Sibenbürgen abgefordert/ vnd jhme/ an statt deß Roßwurms / das Kriegsvolck in Nider Vngarn vbergeben/ vnd hergegen die Versorgung deß Sibenbürgen dem Graven Belgioiosæ, Obristen zu Caschau anbefohlen hat. Obgedachter Zeidner: oder Cronstädter Wald fahet bey dem Teutschen Dorff Sarkany an/ vnd wehret 3. starcker Meil biß zu dem grossen/ vnd reichen Teutschen Flecken Zeiden / so Theils ein Städtlein nennen/ allda ein sehr feste Kirchen/ vnd gutes Weitzen Bier/ anzutreffen ist. Dieser Wald ist von hertzlichen/ schönen/ hohen/ dicken Buchen/ vnd Aichen/ vnd fast der gantze Weg durch den Wald mit gelegten Bäumen/ gleich einer Brucken/ gemacht/ weiln/ deß Lettens halber / sonsten vbel fortzukommen were. Im mitten desselben hats ein schlechtes Wirtshauß/ Herberg Einsidel genant. Es halten die Cronstädter stäts etliche Trabanten darinn/ damit man sicher raisen könne. Zwischen besagtem Dorff Zeiden/ Item Merenburg/ (so ein festes Schloß/ der

Cron-

Cronstadt gehörig/ vnd an der Alt oder Aluta, so das gröste Wasser in Sibenbürgen/ das auß den Gebürgen/ so die Moldau/ vnd das Zäckel Land scheiden/ entspringt/ vnd hernach in die Thonau fällt/ gelegen/) vnd dem besagten Fluß Alt/ ligt das obgedachte Purtzeländlein/ Burzlandia, Burzia, Burcza, so der eusserste Theil von Sibenbürgen/ da das Teutsche Vatter vnser/ wie man insgemein sagt/ ein Ende hat; ein sehr schöne Landschafft/ so von dem vbrigen abgesondert/ daß mans schier das andere Sibenbürgen nennen könte. Ist allenthalbē mit Wadächtigen Hügeln/ vnd sehr hohen Bergen/ vmbgeben/ so Sibenbürgen/ vom Morgen her/ von der Walachey vnterscheiden; von den Zäcklern sondert es der besagte Fluß Alt ab. Es trägt dieses Ländlein Getraid/ vnd Flachs/ in der Menge/ vnd ist die Hauptstadt desselben gedachtes Cronstadt. Es ligen auch viel hertzliche Teutsche Dörffer darinn/ darunter sonderlich Rosenau ist/ allda auch ein vestes Schloß/ auff einer grossen Höhe/ so/ sampt der Clausen/ oder Vestung Tertz/ oder Tertzburg/ Turtzburg/ Turtzfeld/ (wie es vnterschidlich genennet wird/) Tercvara, wel-

deß Königreichs Vngarn/ꝛc. 111

(welches König Ludwig in Vngarn/ zwischen den engen Bergen/ vor Jahren gebauet/ vnd hernach Johannes Hunniades verbessert hat/) den Cronstädtern gehörig; bey welcher Clausen auch der Paß in die Walachey ist/ vnd niemands/ ohne der Cronstädter Erlaubnuß/ daselbsten durchkommen kan. Es ligt von Cronstatt der Teutschen Marckt Felmerium 2. vnd dz Schloß/ vnd Vestung Fogaras, oder Fogarasch/ 4. Meilen/ welche in einem sumpfigen/ vnd ebnen Ort also fest erbauet/ vnd starck ist/ daß man sich allda keines Vntergrabens durchauß zu befürchten hat. Es gehört darzu ein schöne Herrschafft/ von grossem Einkommen. Hier. Ortelius nennets eine Stadt/ vnd sagt/ daß die Türggen selbige belagert/ vnd deß König Ferdinands Waywoden/ Stephan Mailat/ mit List herauß gebracht/ vnd Ao. 1541. gefangen genommen/ darauff die Burger die Stadt vbergeben hetten.

Czakonthurn/ oder Tschakethurn/

Bey der Mur gelegen/ so Isthuanfius Chactorniam Lateinisch nennet/ ist der

Gra-

Grafen von Zrin/ oder Zrinio/ oder Serin/ vnd in Anno 1638. Herrn Gravens Nicolai, vornemstes Schlos/ vnd Residentz/ dabey ein Städtlein liget. Allhie ist deß Graff Niclassen von Zrin/ der sein Leben Ao. 1566. ritterlich zu Sigeth gelassen/ Haupt/ von seinem Sohn Georgio, in das Grab/ in welchem seine/ deß Graven Nicolai erstes Gemahlin/ Graff Ferdinands Frangepan Tochter/ begraben/ gelegt worden; als solches Mustaphas Budensis Socolovicius, deß Obersten Bassa/ oder Veziers/ Mehemetis, der Sigeth erobert/ Vetter/ dem Graven von Salm/ in einem geringen Zwilch eingewickelt/ mit einem Schreiben nach Comorra geschickt/ der solches/ weil es gar häßlich anzusehen/ auch vbel gerochen/ mit Rosenwasser waschen/ wolriechend Gewürtz darzu legen/ auff einen Wagen setzen lassen/ vnd es mit sich/ in Beglaitung deß gantzen Keyserlichen Kriegsvolcks/ gen Rab/ geführt; welches hernach Franciscus Tahius, sein/ deß Graven von Serin/ Schwester Mann/ vnd Balthasar Battiani/ oder Butiani/ sein Aidam/ abermals in Beglaitung deß gantzen Kriegsheers/ biß nach Abdam/ vnd

des Königreichs Ungarn/ꝛc.

vnd ferners hieher vff Czakonthurn / mit sonderbarer Leichbegängnuß / gebracht haben.

Debritz / Debrecenium, Debrecinum,

JSt ein Vornehme Ober Vngarische Stadt/ zwischen Tokey/ vnd Wardein/ gelegen/ von dannen man auff leichten Wägen/ mit 4. Rossen/ so allhier sehr gebräuchig/ gar in kürze kommen kan. Es ist diese Stadt groß/ Volckreich/ in einer Ebne gelegen; hat aber schlechte Häuser/ wenig Wasser/ vnd daher viel Roßmühlen. Die Schul allda wird gelobt. Treibt feines Gewerb/ nach der Türckey/ in Sibenbürgen/ Oesterreich/ vnd Polen/ vnd helt Wochentlich einen Marckt. Die Inwohner seyn Vngarn/ vnd der Calvinischen Religion/ wie auch andere vmbligende Ort (Dann diese drey Religionen/ Römisch-Catholische/ Lutherische/ vnd Calvinische/ offentlich in Vngarn passirt werden/) zugethan. Geben dem Türckischen Keyser/ vnd dem Fürsten in Sibenbürgen/ Tribut. Vorhin waren sie auch dem Römischen Keyser/ vnd ihrem Grundherren/

ren/zinßbar/also/daß sie bißweilen ein Jahr vber 60 tausend Thaler sollen kommen seyn/ vnd doch darneben Tag vnd Nacht in grossen Sorgen vnd Gefahr stehen müssen. Daß diese Stadt/sonach der Länge gebauet/w der Thor/noch Mauren/sondern an etliche Orten Planken/ vnd Gatter/hat dardurch man doch Nachts so wol/als bey tag kommen mag. Theils wollen das sie so groß/als Vlm/seyn solle. Ao. 1564. hat Melchior Balassus diese Kauffmanns Stadt/ so damaln Sibenbürgisch/vberfallen/vnd gar nahe außgebrand. Vnd hat auch das folgende 65. Jahr/Lazarus von Schwendi/ diesen Ort/ allda die Türggen bißweiln jhren Auffenthalt hatten/ plündern/ vnd verbrennen lassen. Ao. 1640. seyn bey 700. Häuser/ allda durch von Mordbrennern eingelegtes Feuer/ abgangen/wie in der Franckfurter Herbst Relation dieses Jahrs stehet. Es hat hierumb ein lautere ebne Heyde/ daß man auff 12. in 16. Meil Wegs brait keinen Berg/ noch Wald/ auch gar selten Dörffer/antrifft. Vnd ist diß die Gegend/in welcher man so viel Viehes aufferziehet/ das Jährlichen herauß bracht/vnd Teutschland/vnd Venedig/mit
ver-

deß Königreichs Ungarn/ꝛc.

versehen wird. Dann diese Heyde sich gar hinab vnter die Razische Dörffer/ bey Griechisch Weissenburg/ erstrecket. Es ist auff gedachter Heyden von Holtz wenig/ daher man/ an Theils Orten/ die Backöfen mit Geröhr heitzet/ vnd die Speisen mit hartem Viehkoth kochet/ vñ das Holtz zu Erbauung der Häuser / an etlichen Orten 10. in 12. Meil Wegs führt. Vnd wird dieser Orten wunderschön groß Brod gebachen: wie dann vor diesem vmb diese Kester der Kern deß besten Lands in Vngarn gewesen/ so aber jetzt mehrertheils in der Türggen Gewalt vnd Beherschung ist. Sihe den ersten Theil deß Teutschen Raißbuchs / cap. 29. fol. 584. seq.

Eysenstatt/

EIne an den Oesterreichischẽ Gräntzen gelegene Statt / von welcher/ in Beschreibung Oesterreich/ weil Sie viel Jahr darzu gehört hat/ gesagt wird. In der Franckfurtischen Frühlings Relation deß 1626. Jahrs/ stehet/ am 84. Blat also: Demnach die Vngarn / auff vnterschiedlichen Landtagen/ die zwo Graffschafften/ Eysenstatt/

vnd Forchtenstein/ so/ vor vnderschidlichen Jahren/ dem Hauß Oesterreich verpfändet worden/ abzulösen/ vnd der Vngarischen Cron widerumb zuzuaignen gebetten; Als ist Jhnen von Jhr Keys. Majest. solches auff dem Oedenburgischē Landtag (Ao. 25) zu vollziehen versprochen/ vnd am 15. Januarij (Ao. 1626.) der Freyherr von Wartenberg/ HoffCantzler/ neben Andern/ als Commissarius, nach Eysenstatt derwegen abgefertigt wordē. Biß hieher die Relation. Vnd zwar so ist es weniger nicht/ daß auff dem besagten Landtag begehrt worden/ die Oesterreicher solten die 6. Schlösser/ als Pernstein/ Gintz/ Eysenstatt/ Hornstein/ Kobelsdorff/ vnd Forchtenstein/ so Sie lange Zeit genossen/ vergebens/ oder doch gegen dem darauff stehenden Gelt wider hergeben. Vnd hat folgendes der Ao. 1645. verstorbene Vngarische Palatinus, Nicolaus Esterhasij, allhie gewohnt/ ist auch/ nach seinem Tode/ von Großhöfflein hieher geführt/ vnd da ein zeitlang nidergesetzt worden. Weil aber auff dem Ao. 1637. vnd 38. zu Preßburg gehaltenem Landtag die Vngarische Stände/ widerumb die restitution

der

deß Königreichs Vngarn/ꝛc.

der Herꝛschafften Pernstein / Ginß/ Eysenstatt/ vnd Hornstein/ an Oesterreich begehrt haben. So erscheinet/ daß erst nach solcher Zeit Eysenstatt völlig an Vngarn wieder gelanget ist. Es gehören jetzt beede Herꝛschafften Eysenstatt / vnd Forchtenstein/ Herꝛen Graven Ladislao Esterhasi/ der auff dem Schloß Forchtenstein wohnet / zu Eisenstat aber seinen Verwalter hat. Nach gedachtem Forchtenstein hat obvermelter Palatinus Esterhasi / Ao. 1645. seine beste Sachen geflehnet. Dann es der Zeit ein gewaltige Bergvestung/ zwischen Eysenstatt/ vnd Oedenburg/ etwas von der Strassen auff der Seiten/ seyn soll/ so Er Palatinus also mehrers beveftigen / vnd in den Steinfelsen außarbeiten lassen. Ao. 1636. ist Herꝛn Leonhard Hellfriden / Graven zu Meggau/ Keyserlichen Obristen Hoffmeister/ noch der Titul eines Præfecti, Hauptmans / oder Pflegers/ der Graffschafften Forchtenstein / vnd Eysenstatt/ geben worden. Daß also damalen solche Ort noch Oesterzeichisch gewesen; vnd Herꝛ Palatinus Esterhasi erst nach solchem Jahr diese Graffschafften erblich müsste bekommen haben;

H 3

vnd zwar entweder/ wegen hergeliehenen Gelts/ oder wie einer meldet/ auß Freygebigkeit/ vnd Geschenck des Röm. Keysers Hertzen Ferdinandi II.

Enied/ Eniedium.

Ein Städtlein in Sibenbürgen/ in dessen Mitte ein Schloß mit Wassergräben vmbgeben ist. Die Inwohner haben Wein/ Ackerbau/ vnd Viehzucht/ vnd fleust nicht gar weit davon das Wasser Marosch. An diesem Ort/ vnd zu Dorenburg/ redet man die Vngarische Sprach in Sibenbürgen/ am zierlichsten/ aber die Arianer sollen daselbst auch sehr eingewurtzelt haben. Es werden viel Römische Müntzen hin vnd wider in den Aeckern/ vnd Gebürgen/ herumb/ gefunden/ so die Walachen zu verkauffen dahin bringen. Vnd wird auff dem Marckt ein altes Epigramma gelesen. Moyses, der Zäckler/ hat diesen Ort Anno 1603. eingenommen:

Epertes/ Epperies/ Eperiessinum. Eperiessium,

Ist die vierdte Königliche Frey Stadt in Ober Vngarn/ an dem Fluß Torissa, ſa, oder Taroza, gelegen/ ſchön/ Volckreich/ der Kauffmanſchafft/ vnd Jahrmärck halber/ berümbt. Hat groſſe Vorſtädte/ ein künſtliches Waſſerwerck; vnd neben jhr Saltzgruben/ darinn Edelgeſtein/ ſonderlich Opalen/ zu finden/ wie auch ein Saurling/ vnd zween tödliche Brünn/ nemlich im Wald bey der Stadt/ davon Vögel/ vnd Vieh/ wann ſie darauß trinken/ ſterben; deßwegen ſie mit Geſträuß bedeckt werden/ daß nichts darzu kommen möge: der Sauerbrunn aber iſt herzlichen Geſchmacks/ vnd geſund/ deſſen einer nit gnug trinken kan. Das Saltzwaſſer/ ſo in dem Dorff Soowar iſt/ wird hin vnd wider verführt. Der Stadt Waſſer iſt Salnitterig. Sie iſt in die Länge gebaut: hat Gräben/ vnd Mauren/ ſampt zweyen Thoren/ allda man Teutſch/ Vngriſch/ vnd Polniſch/ redet/ wie man dann auch in dreyen Sprachen predigen thut. Auß dem hohen Bergſchloß Saroſia, oder Saroſch/ kan man herab in dieſe benachbarte Stadt ſehen. Als nach deß Königs Matthiæ Corvini in Vngarn Tode/ die zween Brüder/ Uladislaus, vnd Albertus, deß Königs in Polen zween Söhne/ vmb das Königreich

Vngarn kriegten/ vnd Albertum das Vnglück traff/ hat Er sich allhie dem Graff Steffan in Zips gefangen geben. In dem Boscainischen Krieg ist Eperies auch an Jhn Ao. 1604. kommen/ welche Stadt aber Georgius Basta, mit Betrohungen/ wieder bald hernach auff deß Keysers Seiten gebracht hat/ deme sie auch/ als jhr Basta versprochen/ daß sie in jhrer Religion/ nach der Augspurgischen Confession, nicht solte angefochten werden/ beständige Treu gelaistet hat; ob sie woln von der andern Parthey viel Vngemach/ durch Feuer/ vñ Schwert/ außstehen muste. Sie hat aber zu jhrer Beschützung ein teutsche Besatzung hinein genommen/ die sich neben den Burgern/ also gewehrt/ daß der Boscai selber/ als Er diese Stadt Ao. 1605. belagerte/ vnverrichter Sachen abziehen muste. Martinus Cromerus, im 21. Buch seiner Polnischen Histori/ am 473. Blat/ saget/ daß die Poln Ao. 1441. Eperies in Vngarn/ so Er Aperiessum nennet/ geplündert/ vnd angezündet hätten. Sihe mehrers davon in Vnsern Collect. *part. 1. cap. 5. p. 252. seqq.* daselbsten auch von vnterschidlichen andern Orten/ so

in

in der Gegend Epperies ligen/ zulesen ist.

Esseck/ Ezeck/ Ezech/
Essecum.

Eine Stadt mit Mauren vmbgeben/ an der Drab/ ein wenig oberhalb/ehe dieselbe in die Thonau fällt/ so Lacius für ein Römische Coloniam helt/ vnd daß sie vorzeiten Mursa geheissen/ vermeynt. Hat dem Priesterlichen Stifft/ so man vor Jahren S. Sigismunds zu Ofen genant/gehört/vnd war auff tausend Schritt davon das Stifft S. Petri Posegani, auch ein Collegium Sacerdotum. Keyser Sulimanus, als Er Ao. 1529. von vergebens vorgenommener Belagerung der Stadt Wien/ zuruck kam/ hat Esseck eingenommen/ vnd weil der Ort so wol gelegen/eine Besatzung hinein gelegt: welche Stadt/ vnd Schloß/ hernach 1537. K. Ferdinands Kriegsvolck vergebens belagert hat. Ao.1566.als der Türggische Keyser Solymann für Sigeth ziehen wolte/ hat Er dem Bascha zu Ofen beym Strang anbefohlen / allhie eine Brugg vber die Drab zu schlagen/ so Er vnter der Stadt angefangen/mit 25.tausend Mann/ vnd in zehen

Tagen vollendet/ war ein viertel Meil lang/ vnd bey 14. Elen/ oder mehr/ brait/ ein vberauß herzlich/ künstlich/ vnd denckwürdig Werck. Hat gleichwol den Kopff hergeben müssen/ weil die Brugg/ zu spat fertig worden: Davon beym Ortelio zu lesen/ p. 141. seq. 150. Wilhelmus Dillichius, in seiner Vngarischen Chronic/ p. 160.b. schreibet von dieser Brugg/ sie seye von 20. tausend Mann in 12 Tagen verfertigt worden; wo das Wasser tieff/ vnd mit den Bäumen nicht zu gründen/ muste die Brügge am selben Ort mit Schiffen/ wie ein Schiffbrücke/ vnterstützt werden G. Ens meldet lib. 6. p. 254. hievon also: Solymannus admirandi operis pontem Drauo imponi jussit; cujus longitudo spacium unius miliaris, latidudo, 14. cubitos explebat. Hic intra 12. diem à 20. mille hominib', sine ulla intermissione opus urgentibus, perfectus fuit. Ao. 1600. habe die vnsern Esseck vnversehens vberfallen/ erobert/ vnd gute Beuten bekommen.

Etsched oder *Echedum*, ein Schloß/ so Ao. 1564. deß Nicolai Batorii gewesen/ als solches Johann Sigismund/ Fürst in Sieben-

benbürgen/belagerte/so mit Wasser allent=
halben vmbgeben/welches auch in der größtē
Winterskälte nicht gefrieren solle/vnd tieff
ist. Gleichwol/damit seiner andern Güter
verschonet wurde / so hat Er/Bathorius/
versprochen/so fern jñerhalb 60. Tagen die
Keyserische Obristē/in freyem Felde/Ihme
nicht zu hülff kommen solten / daß Er sich/
vnd das Schloß/ dem Sibenbürger erge=
ben wolte. Weiln aber derselbe hernach vor
Caschau nichts außrichtete / so hat auch
Bathorius sein versprechen nicht gehalten.
Es wird dieses deß Ißhuanfii Echedum,
Etsched oder Etschied wegen der herumb li=
genden Pfützē/für Vnüberwindlich gehal=
ten/ weiln man zu solcher Vestung nicht
anders als durch Vmbweg/ vnd über viel
Brüggen kommen kan/die noch den Christē/
wie Herr David Frölich schreibet/gehörig.
Der letzte Bathorius/noch ein junger Herr/
soll erst bey Regierung Keysers Ferdinandi
II. gestorbē seyn vñ diese Haupt Vestung dem
Fürsten Ragozi gehörē. Sihe vnden Tokay.

Fileck/Fillekum, Filecum.

Ist ein festes Bergschloß/ darunter in d
Ebne ein Marckt/oder Städlein/sampt

einer wunderlichen Höle; von der Georgius Wernherus, de admirandis Hungariæ aquis, also schreibet: Ad arcem Fileg, in Comitatu Neograd, specus est, in quo supernè destillans aqua, conainuò durescit. Ibi verò videas ceu statuas hominum consistere saxa ex hac destillatione concreta. Albus his color est, nec per se tantùm sunt alba, sed etiam coloris albicantis usum trita pictoribus præbent. Man kan in das Schloß/ wegen der herfür raichenden/ vnd vnwandelbaren Felsen/ nirgends als durch die Thor/ kommen. Es wird in das Obere/ vnd Vntere getheilet/ in dem Vntern hat es ein tieffe Cistern/ darinn das Regenwasser auffbehalten wird; das Obere hat Franciscus Bebecus, deme vorhin dieser Ort gehört/ mit Gebäuen gezieret/ mit Mauren/ vnd Schutzwehren/ befestiget/ vnd in solchem die Proviant/ andere nothwendige Sachen/ vnd das Geschütz/ verwahret. Aber ob er wol der KriegsBaukunst wol erfahren/ so hat Er doch einen Platz ausserhalb der Mauer/ zu höchst auff dem Felsen/ nicht in acht genommen/ von dannen durch ein Fensterlein/ zugleich ein

Ein=

Eingang ins Schloß vnd Außgang war/ wiewol solches Fensterlein bißweilen mit einem nicht gar starken Schloß verschlossen ward. Es ist aber ein gefangener Mohr in dem Obern Schloß gewesen/ welcher/ als ein leibaigener Knecht zu geringen Geschäfften gebraucht worden/ vñ das Kehrkott/ vnd dergleichẽ/ auß dem Schloß/ durch solches Fensterlein hat pflegen hinauß zu werffen; der ist zum Verräther worden/ vnd hat durch solches Fensterlein die Türggen hinein gelassen/ mit welchen zwar die Besatzung deß Untern Schlosses/ als sie von jhrem sauff nüchtern worden/ 15. Tag lang/ tapffer gefochten; haben aber nichts außgericht/ vñ seynd endlich davon gezogen. Der Ungarische Pro-Palatinus Isthuánfius setzet solche Eroberung zwischen den Jahren 1553. vnd 55. Calvisius, vnd Ortelius ins 60. Andere haben gar nichts davon. Es setzt gleichwol Ens lib.5.p.242. das 1558. Jahr/ vnd sagt/ daß in solchem Fileck von den Türken eingenommen worden sey. Auß diesem Schloß haben hernach die Türggen vnglaubliche Außfälle/ Brandschäden/ Todtschläge/ vnd Plünderungen gethan/ viel Lands einge-
nom-

nomen/vnd jhres Keysers Sulimani Reich vmb 800. vnd mehr Städtlein/vnd Dörffer/biß an die Bergstädte/weit vnd brait vermehrt. Ao. 593. haben die Herren Christoff vō Tiffenbach/Obrister zu Caschau/Sigismund Racozi/Simon Forgatsch/Stephanus Bathori/Stephanus Hamonai/zugenant Drugetus, vnd andere Obristen/dieses Fileck wider belagert/vñ dz Städlein/durch Verlierung viel Volcks/endlich erobert. Es war noch vbrig das doppelte Schloß/ davor man viel Zeit hette zubringen müssen / biß mans außgehungert hette: Weilen aber viel der Türggen darinn/zum Theil die hinfallende Seuch/vnd vngewohnlichē Schwindel oder aller Glieder Resolution; zum Theil blöde Augen bekamen/ daß sie jhrem Ampt nicht nachkomen kunten solches auch den Weibern/ Jungfrawen/ vnd Kindern/ die dergleichen vorhin nie gespürt/ zugleich begegnete/so ist jnerhalb deß sechsten Tags/ nemblich den 18. Novembris, die Auffgab deß Schlosses geschehen / vnd den Tärcken der Vergleich gehalten worden.   Darauff haben die Türggen/auß Furcht/viel Schlösser selbstē verlassen/als Plabenstein/Denin/
Bu-

deß Königreichs Ungarn/ꝛc.　127

Bujak/ Ainask/ Somosk/ vnd Raben-Schloß/ in welche der von Tiffenbach Besatzung gelegt hat.　So hat der Palffi die Schlösser Secen/ Dregel/ vnd Palanka/ (welches letzte beym Fluß Hippolo, an einem lustigen/ vnd gelegenen Ort von den Türggen ist erbaut gewesen/) in seinen Gewalt gebracht/ wie Isthuanfius schreibet. Hier. Ortelius sagt/ daß/ nach eroberung Villeck/ Dyvin/ vnd Hamasky/ von den Türken flüchtig verlassen worden; wie auch die 3. Vestungen Zetschin/ so eine Stadt seye/) Blauenstein/ vnd Sallack: Item Dregel/ vnd Palancka: Aber Samoske ein vestes Bergen Hauß/ zwischen Zetschin, vnd Villeck gelegen/ wie auch Aniacko/ Holky, kow/ Hollo Wetske habe Herr Nicol. Palphi dem Türggen abgedrungen. Ao. 1605. hat Stephanus Botcaius, Neuer Fürst in Sibenbürgen/ Filleck belagert/ vnd weil die Besatzung den Durst/ in dem die beede Brünn so in dem Schloß waren/ durch die langwürige Sommers Hitze/ außgeschöpfft/ vnd vertrücknet waren/ nicht länger leiden kunte/ durch Vbergab erobert. Darzu auch kommen/ daß Theils in der Besatzung zuvor

das

das Geld/vnd Tuch/ für die Soldaten/ so sie sicher zu dem Georg Basta haben beglaiten sollē/selbstē geplündert; daher jhme die Soldaten keinen Gehorsam mehr leisten wolten. Ao.1619. hat Bethlen Gabor/vñ Ao. 1621. Setschi Georg/ Filleck erobert/ vnd die Bethlemische Besatzung darin nidermachen lassen. Ao. 1628. war allhie ein grosses Wetter. Ao. 1645. ist diese Königlich Vngarische Vestung / wegen der Ragozischen/ nicht ohne Gefahr gewesen.

Freystadt/Freystädl.
Galgocium,

AN der Wag/auff einem Hügel gelegen/ ein grosse Stadt/ die aber Ao. 1636 gäntzlich abgebronnen ist. Hat ein vestes hohes Schloß. Ist/ wegen deß Ochsenmarckts/ Monatlichen Jahrmarckts/ vnd Verführung deß Weins/ so jhrem Grundherrn ein statlichs erträge/ wie auch wegen deß Weinwachs/vnd benachbarten Gesundbades/ berümbt. Dann zwo Meilen oberhalb dem Freystädtlein zu Pestön/(Al. Pisthen;) daselbst ein Bruck vber die Wag / ein vberauß köstliches warmes Bad ist. Es hat zu Freystadl

deß Königreichs Vngarn/ꝛc.

stadt auch ein feine Bruck über die Waag/ vnd ein Zollhauß. Man redet da Teutsch/ Vngrisch/ vnd Windisch. Ligt 2. Meil von Tirnau/ vnd gantz lustig. König Ludwig in Vngarn hat vmbs Jahr 1523. diesen Ort (der nach deß Hertzogen Laurentij in Sirmio, Tode/ sampt andern ansehnlichen seinen Gütern/ der Cron Vngarn heimgefallen war/) dem Alexio Turzoni, der Bischöffe/ Johannis zu Breßlau/ vnd Stanislai zu Olmütz/ Vatters Brudern/ geschencket. Wer aber jetzt dieses Freystädtlein habe/ nach dem der Graven Turzon Mannlicher Stamm gantz abgangen/ ist vns noch zur Zeit vnbewußt.

Fünff-Kirchen/ Quinque-Ecclesiæ,

Diese Bischoffliche Vngarische Stadt ligt 4. Meil von Soclosia, zwischen der Thoau/ vnd Drab/ fast in gleicher Weite/ vnd ist weder von Werken/ noch der Natur befestiget/ als welche von dem darbey ligenden sehr hohen Berg Mececo leichtlich kan beschossen werden/ es auch da Altfränkische Mäuren/ vnd Thürnen/ vñ dieselbige nit gantz

gantz gehabt hat / als diese Stadt vom Keyser Solymañ deß Jahrs 1543. erobert worder. Ligt sehr lustig / vnd ist reich von gesundem Wasser / Brunnen / vnd Bächlein / auch an allerhand Lebens Mittel / vnd herrlichem Wein. Hat an Schweinen / wegen der benachbarten Wälde / auch anderem Viehe / vnd Fischen / einen Vberfluß / so alles gar wolfeil. Es ist vor Jahren ein berühmbte Hohe Schul allhie gewesen / bey welcher sich etwan in die zwey tausend Studenten auffgehalten haben. Solymañ nahm die Stadt (auß welcher deß K. Ferdinandi Leute / vor der Belagerung hinweg geflohen / denen der Bischoff Stanislaus, die Priester / Mönche / vnd Nonnen / (so vnterwegs von den Vngarn selbstē geplündert / auch zum theil vmbgebracht worden /) gefolget hatten /) den 20. Julij ein / vnd hat die Kirchen / sonderlich die schöne Schloßkirchen zu S. Peter / der alten Könige Werck / zu seinem Aberglauben einweyhen lassen / ausser einer / oder 2. die Er den Christen / so nicht hinweg fliehen kunten / oder wohin sie fliehen solten / nicht gewust / gelassen hat. Vnd von solcher Zeit an ist Fünff-Kirchen Türckisch geblieben.

S. Ge-

des Königreichs Ungarn/ꝛc.

S. Georgen Berg/ Mons Georgij,

Ein kleins Städtlein/ in der Graffschafft Zips/ vnter den 13. Städtlein eines/ so der Cron Polen versetzt seyn/ so wochentlich Marckt helt/ vnd viel Volcks dahin kommet. Hat zwar ein enges/ oder kleines/ aber gar fruchtbares Gebiet/ oder Landschafft.

Sonstē ist ein S. Georgen/ bey 2. meilen von Preßburg/ auff Tirnau zu/ daselbst An. 1648. den 5. Aprilis Neuen Cal. hundert etlich vnd achtzig Häuser abgebronnen seyn. Von mehr Orten dieses Namens sihe vnden im Anhang/ vnd von besagtem S. Georgen vnten im Wort Pösing.

Gissing/ Güssing/ Nemethvivarium,

Ein vestes Schloß/ vnd Städtlein/ oder Marckt/ in Vngarn/ nahend Oesterreich/ vnd der Steyrmarckt/ in einem ebnen weiten Felde/ aber das besagte Schloß auff einem sehr hohen Felsen/ gantz frey/ vnd von andern Bergen herumb/ als ein sonderbar Wunderwerck der Natur/ abgesondert/ gelegen; welcher Ort vorzeiten dem Hertzog Lorenzen in Syrmio, oder Suynigio, gehört; nach dessen Tode / als seine mächtige Güter der Cron Ungarn heim gefallen / es König Ludwig vmbs Jahr 1523. seinem gewesten Cämmerling / Francisco Battianio, damalen Vice-Ré, oder Ban / in Dalmatien / vnd Illyrien / geschenket hat. Daher noch sein Nachkomm / Herr Graff Adam von Batthian / General: ꝛc. den man ins gemein den Buttiani nennet / solchen Ort besitzet / vnd bißweiln im Schloß / so man für vnüberwindlich helt / Hoff hält. Das Städtlein ligt vnten in der Ebne. Lazius sagt *lib. 12. Reip. Rom. sect. 3. c. 3. f. 969.* daß die Graven von Hohenlohe / das Schloß Gussing erbaut hetten. Welches man dahin gestellt seyn läst.

Gjula, Jula,

Ein Türckisches Gräntzhauß / an dem Fluß Chrysio, oder Keres, so Ao. 1566. von den Türggen / ehe sie für Sigeth gezogen / erobert worden / nach dem sie grossen Schaden davor gelitten / aber endlich der Obriste darinn; Ladislaus Querecenius, oder Keretschin / oder Cheretschini / den 2. Septembris, auß Vnvorsichtigkeit / vñ Furcht /
Stadt /

Stadt / vnd Schloß / den Feinden vbergeben / die aber nicht Glauben gehalten / vnd ist Er / Querecenius, nach Constantinopel geführt / vnd daselbst hernach / auff Zulassung deß Türckischen Keysers Selemy, deß Solymanni Nachfolger / erdrosselt worden / wie der Vngar Isthuanfius *lib. 23. fol. 475.* schreibet. Welches wider die ist / so den Handel anderst erzehlen. Wie dann auch Hieron: Ortelius, im 1. Theil seiner Vngarischen Chronic / am 164. Blat / schreibt / Er Keretschin seye zu Constantinopel in ein Faß voll lauter Nägel geschlagen / gethan worden / deren Spitzen hineinwarts giengen / vnd seye das Faß von einem Berg herab gewelkt worden / damit jhme die spitzige Nägel allenthalben in Laib dringē / biß er seinē Geist vnmenschlicher weiß auffgeben / Sein Sohn sey auch elendiglich dahin gefahrē ohne Leibs Erben / vnd seine Schlösser / Flecken / vñ andere stattliche Güter / frembdē Leuten / so jhme nichts verwand / zu Theil worden. Ga. Ens schreibet *in hist. Ung.* auch vom Keretschin / den Dillichius Laßla Zerethsin *p. 163.* nennet / *lib. 6. p. 273.* folgendes: Turcæ dolium clavis acutis introrsus omni ex parte adactis perforatum, in montis fastigium deferunt, inque eo inclusum Seretschinium de monte præcipitant; atque ita clavis toto corpore confixum, crudeli mortis genere necant. Als also Gjula durch eine vnehrliche Vber-gab bekommen worden/ so ist die Besatzung zu Jeneo, oder Geneo, davon geloffen/ daß also die Türggen solchen Ort auch leichtlich hagen einnehmen können/ so im 64. Jahr zuvor/ Lazarus von Schwendi/ wider den Türggen abgenommen/ vnd als einen wolgelegnen Ort/ mit einer Besatzung versehen gehabt.

Gran/Strigonium.

JSt vorzeiten ein vornehme Ertzbischoffliche Stadt in Vnter Vngarn gewesen/ so man für deß Ptolomæi Bregætium helt/ am Wasser Gran/ so gegen vber in die Thonau fällt/ vnd 6. Meilen vnterhalb Comorn/ in einer schönen/ vnd lustigen Gegend/ da alles wolfeil/ auch ein guter Wein wächst/ vnd ein herrlich Bad hat/ neben der Thonau/ das Schloß aber/ darinn S. Adalberti Domkirchen/ vnd ein schöne Cistern/ an statt/ daß man

man vor diesem das Wasser mit dem Trieb der Wasserkunst hinauff gelaitet hat/ auff einem lautern Felsen/ gelegen; in welcher Ertzbischofflichen/ oder Schloßkirchen/ König Stephanus, so sie erbauet/ ruhet; der auch allhie Ao. 909. geboren/ vnd von S. Adalberto, dem Bischoff zu Prag/ getaufft worden ist; wie Bonfinius *decad. 2. rer. Ungar. lib. 1.* berichtet. Salomon Schweigger/ in seiner Orientalischen Raise/ sagt/ daß seiner Zeit allberait Gran schlecht erbaut/ vnd schier alles vber einen Hauffen gelegen/ die Häuser mit Stroh vnd Schindeln bedeckt/ vnd weit von einander gewesen. Der Türckische Beg/ so die Stadt regirt/ vnd dessen Pallast wie ein Heustadel/ habe ausser derselben gewohnt; vnd seye die Straß an allen Orten sehr kothig/ vnd tieff gewesen. Daher es für vnnöthig erachtet wird/ sich mit solcher Stadt Gran/ oder Strigonij, (so so viel/ als gleichsam Istrigranium heissen solle/ weiln/ wie gemeldt/ der Fluß Granus allda in die Thonau/ so auch Ister heisset/ kompt/ als Johannes Martinus Stella de Turcarum Successibus, beym Piccarto *decad. 17. Observat. Historico-Politic. cap. 10. p. 306.*

meldet/) Beschreibung lang auffzuhalten. Der aber gleichwol dieselbe zu haben begehret/der findet sie im fünfften Theil deß Georg Braunen StädtBuchs/ beym Casp. Ens in del. apodem. per Germ. pag. 11. seq. vnd beym Isthuanfio, in seinen Vngrischen Historien lib. 11. da Er sagt/ es lige Gran an dem Vfer der Thonau/ auff einem hohen Berg: seye schwer zu stürmen/ dieweil solche Stadt mit starcken Mauren/ vnd Bollwercken/ vmbgeben; vnd sich vierfach wehren könne. Dann sie habe/ausser deß Schlosses/ vnd der grossen Stadt/ einen andern Berg/ gegen dem Schloß vber/ welcher von der Kirch/ so auff solcher gewesen/ S. Thomas Berg genant werd; vnd vber das auff dem vntersten Theil/ oder Wurtzel deß Bergs/ darauff das Schloß stehet/ den WasserThurn/mit einem sehr festen Städtlein/darfür die Thonau fliesse/ also/ daß ein jede auß diesen Befestigungen/ eine von der andern/ füglich könne beschützt werden. Wie sie dann König Johannes, so wider König Ferdinanden er wöhlt/vergebens belagert: die aber gleichwol hernach Ao. 1543. der Türckische Keyser Solyman/ den 10. Augusti erobert hat.

deß Königreichs Ungarn ꝛc.

hat. Es lagen darinn zween Spanische Obriste/ Martinus Musica zugenant Lucanus, vnd Franciscus Salamanca, so beede vorhin den Feind auffs eusserste verachtet/ vnd offentlich gesagt haben/ daß/ wann gleich besagter Sulymanus, vnd mit Jhme/ Keyser Carl der Fünffte/ das Schloß zugleich belagern solten/ sie sich doch/ wegen der Eroberung desselben/ im geringsten nicht fürchteten. Als nun Gran also das erste mal in der Türggen Hände kam/ so hat der Ertzbischoff Paulus/ die Domherren nach Tirnau versetzt. Ao. 1594. hat Ertzhertzog Matthias Gran mit 50. tausend Mann belagert; vnd sich Hertzog Frantz von Sachsen Lauenburg auff der Andern Seiten der Thonau/ gegen dem Türckischen Schloß Gockern vber/ verschantzt; in welcher Belagerung/ von den Vnsern/ der Thurn der obgedachten S. Adelberti Kirchen/ dem auch Sulymanus solle verschonet haben/ vnd die andere Schloßgebäu/ angezündet worden/ die auch bald mit grossem Krachen/ den 27. Aprilis, verbrannen seyn. Die Vntere/ oder Ratzenstadt gegen dem Weingebürg/ haben den 1. Maij die Traces, oder Ratzen/ so

J 5   Chri-

Christen/ vnd der Griechischen Religion/ dem Palffio, vnd den Vngarn/ verrathen. S. Thomas Berg darauff das Castell/ oder Blockhauß/ davon man die Stadt beschiessen kan/ vnd gegen dem Schloß / auff eines Stuckes Schuß herfür raichet/ ist von den Vnsern den 23. Maij mit Gewalt erobert wordē. Aber die Wasser: oder kleinere Stad/ habense vergebens zu erobern sich vnterstanden. Vnd dieweil/ ohne Eroberung solcher Stadt/dem Schloß/ oder der Vestung nicht beyzukomen/auch der Vnsern viel tausend geblieben/vnd der Ruff gienge/ daß der Bascha Sinan mit einem grossen Kriegsheer/vnd den Tartarn/ von Constantinopel herauß im Anzug were/ so ist die Belagerung auffgehebt worden. Das folgende 95. Jahr (in welchem allhie ein grosses Wetter gewesen/) hat Gran den 22. Junij der Keyserische General/ Fürst vñ Graff Carl von Manßfeld/ wider belagert/vnd auff dem Weingeburg / so nach Jhme der Carlsperg genant worden / ein starke Wacht gesetzt / vnd den 25. Julij, alten Cal. nahend dem Razen-Städtlein/ die Türggen/ so den Granern zu Hülff kommen geschlagen/daß jhrer bey die

14. tau-

14.tausend entweder geblieben/oder gefangen/vnd 37.Fahnen/so viel Feldschlangen/ ein grosse Beut/ mehr als 1500. Gezelt/ so viel Cameelen/vnd nit viel weniger Maul-Esel bekommen worden. Darüber aber sich besagter General so abgemüdet/ daß Er im Durst allerhand frische Aepffel/ Trauben/ Melonen/ vberflüssig gessen/ vnd begierig getrunken/ vnd darüber in ein Fieber gefallen / darzu ein Leibweh/ oder Bauchfluß/ kommen/ den man nicht stellen können; deßwegen man jhn nach Comorn gebracht/ daselbst er auch im 52. Jahr seines Alters gestorbē. Nach seinem Tode ist der Ertzhertzog Matthias alsobalden ins Lager kommen; vnd/ nach dem bald Anfangs die Türcken die Raitzen Stadt verlassen/ die Vnsern den 24. Julij, das Blockhaus auff S. Thomas Berg eingenommen; vnd Gockern/ gegen der Wasser Stadt / vnd dem Schloß Gran vber/ erobert/ so haben den 3. Augusti, alten Cal. mit Sturm sich die Vnsern der Wasser Stadt / vnd endlich auch den 23. Augusti alten, oder 2. Septembris neuen Cal. der Vestung/ oder deß Schlosses mit Accord / oder gewissem Beding / vnd Vbergab/ bemächtiget /

nach

nach dem dieser Ort 52. Jahr in der Türggen Gewalt gewesen. Man hat im Schloß noch eine Cistern voll Wassers gefunden: vnd ist ein schöne Marmorsteinene Capell/ darinn ein Bischoff begraben/ vnverletzt geblieben.   Anno.1604. ward das Türkische Kriegsheer wider vor Gran / solche Stadt zu belagern / geführt / zog gleichwol vnverrichter Sachen ab. Aber das folgende 1605. Jahr/ als der Visier Bascha Mehemetes wieder darfür zog/ haben die Türggen Gran an dreyen Orten angegriffen / nemblich die Wasser Stadt/ oder das Obere Schloß/ darinn der Tempel ist/ vnd das Castell/ oder Schantz auff S. Thomas Berg/ darinn Teutsche lagen.   Obrister war dißmal allhie Graff Wilhelm/ oder wie Jhn Ortelius nennet/ Vlrich von Oettingen/ welcher wie Isthuanfius will nicht mit gnugsamen nutzlichen Rath/ die alte Vngarische Besatzung/ zu sampt jhren Schiffgenossen/ hinweg gelassen/ weil Er Jhnen nicht getraut. Er ist aber da vmbkommen/ vnd hat Jhme Graff Dampier succedirt/ den die Teutschen/ nach dem obgedachte S. Thomas Schantz/ vnd Blockhauß/ den 24. Septem-

ptembris, vnd hernach auch die Wasser-
Stadt in der Türggen Gewalt kommen/ gefangen gesetzt/ vnd in das Schloß den Ali-
Balcha zu Ofen/ gelassen/ mit deme sie von
der Vbergab/ vnd Abzug/ zu handlen angefangen: hernach haben sie den Dampier wieder ledig gelassen/ vnd seyn vngefehr tausend
mit Ihme auß: vnd nach Comora/ mit flie-
genden Fahnen/ gezogen/ mit sich nehmende
ihren Plunder/ welche die Türggen etliche
Meil Wegs beglaitet / auch die verwundte/
vnd Krancke/ auff ihren Schiffen vmb den
Außgang deß Septembris, nach Comora
geführt haben. Fast bey 200. Teutsche Soldaten / welches vorhin niemals geschehen/
seynd mit ihren Fähnlein/ Paucken/ Haupt-
mann/ vnd Rottmeistern/ eben auff die Wei-
se/ wie sie dem Keyser gedient/ zu Gran/ bey
den Türggen geblieben; wie obgedachter
Isthuanfius, deme alle diese Sachen gnugsam bekant gewesen/ schreibet. Hieronymus
Ortelius hergegen sagt/ daß von den Althei-
mischen Knechten / bey 1500. so meineydig
worden/ sampt Weib vnd Kind/ bey den
Türggen in der Vestung blieben seyen Wider die außgezogene Haupt: vnd Befelchs-
leu-

leute auch die Soldaten/ ist hernach Anno 1606. zu Eingang deß Hornungs/ die Execution vorgenommen worden. Vnd also hat der Feind diesen Ort wider bekommen/nach dem Jhn die Vnsere zehen gantze Jahr innen gehabt. Vnd hat es dem Mehemeti Vesirio zu grossen Ehren/vnd Lob gereicht/weil er vor zehen Jahren/ durch Gewalt dahin gebracht/ diese Stadt den Vnsern vbergeben/ solche aber jetzt wieder erobert. Von welcher Zeit an auch dieser Ort den Türggen blieben ist. Vnd hat Ao. 1615. der Ertzbischoff von Gran/ Franciscus Forgacz, den Türggen zugelassen/ daß sie von 60. in der nähe vmb Gran gelegenen Christlichen Dörffern/ Jährlich ein gewissen Tribut erheben möchten/ damit die Christen von diesen Graner Türggen gesichert seyn/ vnd bey dem jhrigen ruhig wohnen möchte. Obgedachter H. Ortelius schreibet/daß das Ertzbistumb allhie Jährlich in die 150. tausend Cronen ertragen habe/ p. 79. part. 1. dessen Vorsteher Ao. 1638. Herr Emericus Losi gewesen. Sihe von Gran auch Lundorpium, in Sleidano continuato, Tom. 3. p. 41. vom Jahr 1595. vnd p. 618. vom Jahr 1605.

Guntz

Guntz/ Gunsium,

Dieser an dem Fluß gleichen Namens in Vngarn gelegner Ort/ wird auff Vngarisch Cusugum, vnd besagtes Wasser Guntz vom Isthuansio Gemmeus genant/ welches auß dem Gebürg/ darüber die/ so auß Oesterreich nach Italia raisen ziehen müssen/ entspringet/ vnd nach dem es die Füßlein so er Isthuansius Lateinisch Aureum, vnd Perennam, heisset/ nahend Sabaria, zu sich genommen/ bey dem Städtlein/ oder Marckt/ Sarvario, in die Rab fällt. Es hat Guntz vorhin jederzeit zum Königreich Hungarn gehört/ Aber in dem Vergleich zwischen Kayser Friederichen dem Vierdten/ vnd König Matthiassen dem Ersten in Vngarn/ wegen Vberlassung der Königlichen Cron gemacht/ ist vnter andern fünff Schlössern/ dieser Ort auch dem Lande Oesterreich zum Vnterpfand gegeben worden; dahin er noch gehört. Es hat der Zeit das Schloß allhie/ sampt zugehöriger Herrschafft/ Herr Setschi/ deme auch neulich/ im 1645. Jahr/ das dabey gelegene/ vnd mit Mauren vmbgebenes kleines Stätlein/ so der Evangelischen Augspurgischen Confession zugethan/ wegen hergeschosschossenen Gelds / als ein Pfandschilling/ eingeraumbt worden seyn solle; wie man von Wien geschriben. Es hat vmb das Schloß einen Vngarischen Wall/ vnd Graben/ vnd ist solches im Städtlein/ vmb welches vmb vnd vmb ein grosse Vorstadt gehet / darinn viel Volcks/ Teutsche/ vnd Vngarn/ zu finden. Ausser deß Städtleins/ auff dem Berg/ ligt Alt Guntz / nemlich noch ein Thurn/ so aber vnbewohnt ist. Vnd solch Alt Guntz helt Lazius für den Ort / allda vorzeiten die Avares jhren Ringum, oder Königliche Hoffstadt gehabt haben. Vnd sagt/ daß vor Jahren Graven diß Orts / die man von Guzzinge genant/ gewest seyen Die Teutsch vnd Vngrische Kirchen stehen neben einander im Städtlein. Wie starck der Türckische Keyser Sulymannus in der Person Anno 1532. diesen Ort belagert/ vnd gleichwol vnverrichter Sachen hat abziehen müssen/ davon seyn/ Jovius *lib 30. histor.* Hubertus Thomas Leodius in vita Friderici II. *Elect. Palat. lib. 8.* Hieronymus Megiserus, in der Kärndterischen Chronick / *lib. 11.* das Teutsche Raißbuch / *cap. 29. fol. 578.* Hieron. Ortelius *part. 1. Chronol. p. 60. seq.*

vnd

vnd Andere mehr zu lesen. Obgedachter Nicolaus Isthuanfius schreibet in dem eylfften Buch / seiner Vngarischen Historien / daß der berümbte Niclas Jurissitz / so damaln allhie zugebieten hatte / von Zeng / einer MeerStadt in Dalmatia, (so Theils zu Slavonien / Theils zu Croatien rechnen / vnd daß solcher auff ebenem Felde bey dem Meer gelegner Ort von den Mitternächtischen Nordwinden gleichsam stätigs bewehet werde / sagen thun /) bürtig / vñ Adelichen Geschlechts gewesen / sonsten aber Nicolizza genant worden seye. Dieses Städtlein Guntz / so keines wegs befestiget / habe Sulimannus auß Betrug seines Ibraimi, welcher Bascha den Christen / sonderlich Keyser Karlen dem V. gar wolgewolt hat / mit Hindansetzung anderer wichtigster Ort / Ao. 1532. aber vergebens / belagert / weiln er keine grosse Stuck / die / wie man sagte / gedachter Ibraim mit Fleiß nicht mitgenommen / bey sich hatte / insonderheit aber GOtt der HERR da seine Hülff erzeigete / vnd die Furcht / wegen deß höchstgedachten Keyser Karls / so mit grossem Volck nach Wien ankam / darzu schlug. Dieses hat gleich wol besagter Obrister Bascha

scha Ibraim, von gemeldtem Nicolizza erhalten/ daß Er einem/ oder dem andern KriegsBefelchshabern/auß den Janizarn/ zur Anzaig deß auffgegebenen/ vnd in den Türckischen Schutz genommenen Städtleins/in dasselbe zu gehn erlaubte. Welche/als sie hinein/vnd auff die Mauren kommen/ vnd mit grossem Geschrey Gott/ auff jhre Weise/ angeruffen/ einen Purpurfarben/ in der Mitte/ mit Arabischen/ von weisser Farb/ mit der Nadel gestickten Buchstaben/ ansehenlichen Fahnen daselbsten gelassen/ vnd sich alsobalden wieder in das Lager begeben haben. Welcher Fahne/ wie dieser Vngarische Scribent weiter meldet/ noch in deß Städtleins Tempel auffbehalten wird; vnd wie ein andere glaubwürdige Person berichtet/ so diesen Fahnen noch neulich allda gesehen/ so ligt auch gemeldter Jurischitz in dieser Kirchen/so die Teutschen inhaben/begraben/ allda auch seine Begräbnus/ sampt andern seinen Sachen/ wol zu besichtigen seyn solle. Ao.1621. haben die Buttianischen vor Guntz auch nichts außgerichtet.

Hat-

deß Königreichs Ungarn/ꝛc.

Hatwan/ Hathuan/ Hathuanum,

Ein Städtlein / vnd Schloß / 6. Meilen von Ofen gelegen. Ao. 1544. haben die Herren dieses Orts / Paulus, vnd Orosius, die Dancij, Gebrüder / auß Furcht vor den Türggen / denselben selbsten angezündet / den aber die Türggen wider gebauet haben. Anno 1594. hat der von Tieffenbach / Obrister zu Caschau / dieses auff halbem Weg fast zwischen Ofen / vnd Agria, oder Erla / gelegenes Hathvan / belagert / vnd durch die Seinige ein herzlichen Sieg wider die Türggen / so den Belagerten von Ofen zu Hülff kamen / vnd damit 25. Fahnen / vnd 17 Stück Geschützes / erhalten: Aber / wegen deß Vezier Baschen Sinans / so von Constantinopel auff Ofen kommen / den Er geförcht / die Belagerung auffgehoben. Ortelius sagt / daß Hatwan / ein starke / nahend dem Wasser Zagiwa / oder Zawiga / in Ober Vngarn gelegene Vestung / Herr Christoff von Teuffenbach vergebens belagert / aber den Türckischen Succurs auß Ofen geschlagen habe; vnd hetten darauff die Türcken dz feste Haus Jasprin / wie auch Zabolon / verlassen. Anno no 1596.den 15. Augusti, ward Hatvahn/ oder Hatwan/ vom Ertzhertzog Maximilian belagert/ vnd hernach Städtlein/ vnd Schloß/ mit Sturm eingenommen/ geschlaifft/ vnd verbrand. Wie die Wallonen damaln allhie mehr als Türggisch gehauset/ das beschreibet gedachter Ortelius *part.2. Chr. Ung. p.325.* Es haben die Türggen diesen Ort/ wegen seines guten Lagers/ Anno 1603. wieder zugericht/ die Gräben gesäubert/ vnd den Wall von Erden gemacht; welches Städtlein aber der Roßwurm wieder belagert/ vnd sampt dem Schloß eingenommen; wie Isthuansius schreibet. Ortelius will/ daß schon vorhero im Jahr 1601.die Vnsern dieses Hatwan vnversehens vberfallen/ vnd eingenommen haben; vnd daß solcher Ort Ao. 1603. wieder in vnsern Gewalt kommen seye. Dergleichen Widerwertigkeiten finden sich zwischen beeden Scribenten mehr. Vnd stehet einem jeden frey/ob Er besagtem gebornen Vngar/vnd der so viel hohe Dienste gehabt/ oder aber dem H. Ortelio von Augspurg/ der selbsten nicht in Vngarn gewesen/ sondern nur auß anderer vberschickten/auch mündlichen Bericht/

richt/ seine Ungarische Historien beschrieben hat/ mehrern Beyfall geben wolle. Es ist aber Ortelius nichts desto weniger zu loben/ daß Er/ was Andere/ sonderlich Dillichius, vnd Ens, von den Ungarischen Kriegen/ vor Jhme/ geschribē/ fortgesetzt/ auch selbiger Historien vermehret hat. Vnd gesetzt/ daß Er an etlichen Orten geirret/ so ist doch solches nicht Jhme/ als einem Abwesenden/ sondern denen zuzuschreiben / die Jhn so wol mündlich/ als schrifftlich/ vngleich berichtet. Es kan auch dieses wol dem Ungarischen Edelmann Isthuanfio selbsten/ wo Er nicht zugegen gewesen/ begegnet seyn; daher beeder Meynung neben einander gesetzt worden/ damit der Leser desto besser der Sachen verständigt werde. Mögen auch wir wol leiden/ wann in etwas von vns geirret worden/ daß man vns solches ingleichem weise. Als hernach Ao. 1604. der Jagenreutter Pest verlassen/ so haben sein Exempel die Jenigen/ so zu Hathvan waren/ gefolgt/ das Schloß angezündet / vnd sich mit der Flucht davon gemacht / welche Brunst aber die Türggen gelöscht/ vnd den Ort behalten; vnd ist deßwegen Execution wider die Auffgeber gehalten worden: Hatwan aber ist den Türggen biß daher verblieben: so 3. Wassergrdben/ vnd 3.gefütterte Pallancken vorhin gehabt/ vnd seidhero noch mehrers befestiget worden seyn mag. Ortelius sagt/daß Wilhelm Radislau damaln Obrister daselbst gewesen. Von Eroberung dieses Orts/ durch den Rußwurm; im gemeldten 1603. Jahr/sihe auch den Lundorp. *Tom. 3. Sleid. cont. p. 457. seq.* da Er auch eines Schwäbischen Weibs gedencket/ so vmb selbige Zeit acht Kinder auff einmal geboren hat.

Hermanstadt/ Cibinium, Szeben.

Dieses ist die Hauptstadt in Sibenbürgen/ auch die vornemste/ grössle/ vnd schöniste vnter den sieben Teutschen/ wie in gleichem allen Städten dieses Lands/ so in einer Ebne/ von den Bergen/ vñ Wäldern abgesondert/ erbaut/ mit starken Mauren/ Bollwerken/ Pasteyen/ Wassergrdben/ Thürn/ vnd dergleichen befestigt/ mit Zeughäusern/ Geschütz/ vnd Munition, wol versehen; (wie sie dann stätigs in ihrer Bestallung tausend Hackenschützen zu Fuß/ so man von der Farb ihrer Röcke/ oder Kleider/ die Schwartzen nennet/ hat/) mit vielen Pfützen/Teichen/ vnd Weyern/ weit vmbgeben; inwendig aber mit schönen Gebäuen/ Brünnen/ vnd lustigen durchfliessenden Bächlein/ gezieret; Hergegen ist der Lufft da vngesund/ vnd gibt es viel contracte Leut. Georgius von Reychersdorff/ in Chorographia Transsylvaniæ, sagt/ sie habe den Namen Cibinium vom Fluß Cibinio, oder Cibin/ daran sie ligt/ vnd der in die Alt rinnet; vnd Hermanstadt/ von Hermanno, jhrem Ersten Erbauer. Sie ist mit Teutschen besetzt/ die weder Vngarn/ noch Walachen/ da in das Burgerrecht einkommen lassen. Im Innern Rath sitzen zwölff Personen/ vn im Eussern hundert/ welche alle/ wann sie zu den Heiligen Weyhnachten/ Neue Richter wöhlen/ gefütterte Füchsene/ oder Wölffene Vngrische Schauben/ oder Röcke/ antragen müssen. Vnd ist da/ neben dem Stadt Richter/ vnd Burgermeister/ auch ein Königs Richter. Es werden hieher die streitige Sachen/ so sonsten nicht erörtert werden können/ von den andern Teutschen Städten/ als Milnbach/ Preß/ Cronstadt/ Medvesch/ Schesburg/

vnd Nösemi/ oder Neesen/ gebracht. So samlet man auch allhie die Teutsche Landsteuer/ die folgends von dar/ durch den Königs Richter/ vñ Burgermeister/ nach Weissenburg geführet wird. Das Wappen dieser Stadt seyn zwey gegen einander stehende blosse Schwerter. Das Getraid/ vnd allerley essende Speise/ ist da wolfeil. So ist auch der Wein/ ob woln er da nicht gebauet wird/ nicht theuer/ aber kalchicht. Herrliches Wasser hat man allhie. Ao. 1590. hat der Sibenbürgische Fürst etliche Italiäner da einkommen/ vnd sie mit Woll/ vnd andern nothwendigen Sachen versehen lassen/ die da herrliches Tuch zu machen angefangen haben. Es wird diese Stadt an Abtheilung/ vnd Weite/ ins gemein der Stadt Wien verglichen. Man macht guten Meth allda: vnd werden daselbst etliche Römische Epigrammata gewiesen. Es hat auch allhie eine Buchdruckerey. In der HauptKirch/ sagt der von Reychersdorff/ seynd seiner Zeit 24. Altär / für so viel Priester/ vnd ihr Vorsteher ein Probst mit der Inful gewesen. Sonsten ist sie/ die Stadt/ jetzt der Augspurgischen Confession zugethan. Hat
10. Kö

10. Königliche / vnd 8. zinßbare Dörffer. Vnd gehören hieher die Sieben Sächsische Sitze / darunter Reußmarck / Olczna/ Schenkerstul / Rupen / ꝛc. seyn / die viel Dörffer vnter sich haben; auch zwischen solchen viel Dörffern/ vnd Güter der Edelleute ligen/ so zu der Anzahl der Sächsischen Sitze nicht gerechnet werden; davon obgedachter von Reychersdorff zu lesen. Ao. 1599. hat Michael Waywod auß der Walachey/ den 28. Octobris, bey dieser Stadt einen stattlichen Sieg wider den Cardinal Bathori erhalten. Darauff sich fast gantz Sibenbürgen/ auch Clausenburg/ dem Walachen/ deme Herr Zaigkel beygestanden / wie auch hernach Huft Ihme / vnd den Keyserischen ergeben. Vivar hat der gefangene Bathori Istuan/ des Cardinals Vetter/ dem Keyserlichen General Georg Basta zu liefern anbefohlen/ dadurch er wieder ledig worden. Vnd haben den gedachten flüchtigen Cardinal/ Andream Bathorium, die Walachen auch bekommen / vnd Ihme den Kopf abgehauen.

Ein Meil Wegs von Hermanstadt ligt das Städtlein/ oder Marckt Wyzagna/ so die Sachsen Saltzburg heissen/daselbsten ein stattliches Saltzbergwerck ist / so Jährlich ein hohes erträgt.

So ligen auch nahend Hermanstadt vnterschiedliche Städtlein/ oder Märckt/ darinn Sachsen/ oder Teutsche/ wohnen/insonderheit Helta/ auff ein Meil Wegs/ gegen Mittag/ so mittelmässiger Grösse/ darin ein Castell/ allda gar gute Sicheln gemacht werden. Ein wenig vnterhalb Helta ist S. Michaels Berg/ auff welchem zu höchst ein ansehnliches Castell von Quaderstucken gar schön auffgeführt/ dahin die herumb Wohnende/zur Kriegszeit/all jhre Sachen/ gleichsam in eine Freyung / flehen.

Zwo Meilen von Hermanstadt ligt der Rothe Thurn/ auff einer sondern Höhe/ nahend dem Wasser Alt/ so ein Wachthauß/ allda die von Hermanstadt/ damit sie/wider Verhoffen/ nicht vberfallen werden/ stätigs Wacht halten / vnd kompt man allda vorüber/ durch einen gar engen Fuß: oder Roßsteig/in Sibenbürgen; daher man die Türggen an diesem Paß auffhalten kan.

Huſt/

deß Königreichs Ungarn/ꝛc.

Hust/Hutz/Hustum,

JSt ein Schloß/ auff einem sehr hohen Felsen / so gegen Polen/ vnd der Moldau/sihet/in Ungarn/ vnd desselben Theil/ so Maramarusium genennet wird/nahend Sibenbürgen/ gelegen/ so von Natur/ vnd Wercken/auff das allerfestiste/ vnd wegen der jmmerwehrenden / vnd vnerschöpfflichen Saltzgruben/ dessen Einkommen sehr groß/ berümbt ist/ vnd dabey der Tibiscus, oder die Teissa/ entspringet. Als Ao. 1556. die Sibenbürger von jhrem König Ferdinando abgefallen/vñ deß gewesten Ungarischen Neben Königs Johannis hinterlassene Wittib Isabellam, deß Königs in Polen Tochter/auß Sarmatia zu sich wieder beruffen/ so hat sie erstlich das Städtlein / oder Marckt/ bey besagtem Schloß gelegen/ weil es keine Mauren / bald eingenommen; aber das Schloß hat sich lang gewehrt/ biß der Königin Obrister/ der Bathorius von Somlio, etliche Castell herumb gebaut/ daß kein Proviant hineinhat kommen können: die Belagerte auch durch vnterschiedliche/ vnd vngewohnte böse Kranckheiten/vnd Wunderzeichen/

chen/ seyn geschröckt worden; vnd König Ferdinandus nicht zu rechter Zeit jhnen Hülff geschickt; (wiewol sie mit dem Somliano vbereinkommen/ Jhme erst innerhalb 50. Tagen/ wann in solcher Zeit Jhnen nicht geholffen würde/ das Schloß auff: zugeben/) vnd noch wenig Soldaten in demselben vbrig waren. Kam also damaln Hust in Sibenbürgen/ allda fast stätigs schwartze Wolken vber dem Schloß zu sehen/ die von der Sonnen Wärme kaum vor Mittag vertrieben werden. Als folgends Ao. 1565. zwischen K. Maximilian dem Andern/ vnd der obgedachten Königin Isabellæ Sohn/ Fürst Johann Sigismunden/ (den Albizius Joannem Jacobum nennet/) Fried gemacht worden/ so ward vnter andern Conditionen/ bedingt/ daß Er Sibenbürger/ dem Keyser/ Muncaz/ vnd selbiges Gebiet/ sampt Hust/ den Saltzgruben/ oder dem Saltzstein Bergwerck/ vnd gantzen Maramarus, dessen Haupt Hust ist/ alsobalden restituiren solte: So Er aber gleichwol nit alsobalden gethan/ vnd deßwegen diesen Ort der von Schwendi/ wiewol vergebens/ wie Ortelius will/ Ao. 1566. belagert hat. Folgends

gends hat der Keyser Rudolff dieses Huſt dem Georgio Baſtæ, ſeinem Generaln in Vngarn/verehrt. Ao. 1605. hat der Stephan Botſchkay/ neuer Fürſt in Sibenbürgen/ dieſes Huſt/ durch Hunger/ in ſeinen Gewalt gebracht. Nach ſeinem Tode bliebe Huſt/ ſo dem Valentino Hommoniano (ins gemein Homonay genant) mit dieſem Beding gegeben worden/daß Er deß Georgij Pallociani Tochter/ von deß Botſchkay Schweſter geboren/ heyrathen ſolte/ in dem vorigen Stande/ zu deß Keyſers Belieben/ vnd Außſpruch. Als aber der Homonay der Heyrahts Abrede nicht nachkame / ſo hat der Neue Fürſt in Sibenbürgen / Sigiſmund Racocij / an den Keyſer begehrt / daß Er Jhme Huſt wieder zu geben anbefehlen ſolte. Iſt aber gleichwol Ao. 1619. noch Keyſeriſch geweſen; wie auch Kovár oder Covarium, ſo beede der Bethlen Gabor Jhme reſtituirt haben wolte. Vnd hat folgends Ao. 1621. Albertus Molnar, dieſes Sibenbürgiſchen Fürſtens Gabrielis Brudern/ Stephano Bethlen von Iktar, deme er ſein Dictionarium Ungarico-Latinum zugeſchrieben/vnter anderm/ dieſen Titul geben:

Co-

Comiti Comitatuum Hunyadienſis, & Maromaroſienſis, Domino in Huszt, Illye, &c. wie dann noch heutigs Tags ſolcher Ort/ wiewol Er auſſer Sibenbürgen gelegen/ zu ſelbigem Lande gerechnet wird.

Jaicz/ Jaicia,

Die Hauptſtadt im Königreich Boſen/ oder Bosnia, auff einem Berg/ ſampt einem Schloß/ ſo man der Zeit für vnüberwindlich helt. Beede hat König Matthias Corvinus Ao. 1463. oder 64. ſampt vngefehr 24. oder 27. Städt/ vnd Flecken/ den Türcken abgenommen/ ſo der Türckiſche Keyſer Mahomet bald darauff/ aber vergebens/ wieder belagert hat/ welcher Mahomet/ oder Muhamed/ zuvor das gantze Königreich Boſnien in ſeinen Gewalt gebracht/ vnd deſſelben Herrn den Stephan/ lebendig hatte ſchinden laſſen. Ao. 1471. belagerten die Türcken das ander mal Jaitz vergebens. Es ligt das Schloß auff einem hohen/ vnd felſichten Berg/ vnd ſagt man/ daß ſolches ein Italiäniſcher Baumeiſter/ dem Schloß zu Neapoli, das vom Ey den Namen hat/ gleichend/ vorzeiten erbauet/ vnd es davon auch den Namen bekommen habe; dieweil Jaitz

bey

bey den Illyriern ein Ey heisse. Man sihet davon herab auff die Stadt / so vnten am Berg gelegen/ vnd wol befestiget ist; allda 2. Schiffreiche Wasser / Verbanus, vnd Pliva, zusammen fliessen / vnd kompt / nicht weit oberhalb deß Schlosses/ auch der dritte Fluß in den Verbanum, Namens Bossuta, den Theils für der Alten Bacuntium halten / in welchem die Vngarische Königin Elisabeth ersäufft worden / davon Bonfinius, (so diesen Fluß *decad.3 Rer. Vngar. lib.1.* Bozotam nennet / von Jaitz aber also schreibet: Jayza urbs in edito monte sita, in mediterranea Illyrici regione, quæ quondam Bossoniensis Regni caput erat, cum inexpugnabili arce ac hostibus inaccessibili,) vnd andere Vngarische Geschichtschreiber/ zu lesen. Diese 3. Wasser fallen hernach/ vnter dem einigen Namen Verbani, so sich in dem ebnen Lande weit außbraiten /bey Gradisca, (so das Türckische Gradisca genant wird /) in die Sau. Ao. 1520. haben die Türcken abermals Jaitz vergebens belagert. Deß Jahrs 1523. haben sie wider diesen Ort/ mit vorigem vnglücklichen Success angegriffen / vnd seynd / mit grossem Verlust/ von Graff Christoff Frangepan hinweg gejaget worden. Aber wenig Jahr hernach hat diese Stadt/ vnd Schloß/ deß Königs Ferdinands Obrister allda Stephanus Gorbonocus, ein verzagter Mensch/ den Türggen auffgeben; welchem Exempel 12. Schlösser/ so hieher gehört/ als Socolum, Levacia, Grebenum, &c. auch gefolget. Es haben zur selben Zeit/ in gleichem deß Johann Carlovitz/ in Crabaten/ Schlösser/ vñ Städt/ Uduinam, Licam, vnd Carbavam, (allda ein Bischöfflicher Sitz war/) auch auß solcher der Vnsern Nachlässigkeit/ die Türggen eingenommen; als eben damaln Er/ Carlovitz/ in seinem Schloß Medvevara, gar schwerlich kranck lage/ an welcher Kranckheit Er auch das folgende Jahr gestorben/ vnd mit Jhme/ weil Er keine Kinder hinterlassen/ das alte/ vnd vornehme der Cyriacorum, oder Carlovitiorum, Geschlecht/ so von den alten Römischen Torquatis seinen Vrsprung herführte/ gantz abgangen ist; vnd kame seine gantze vbrige Verlassenschafft/ an seiner Schwester Söhne Graff Hansen/ vnd Graff Niclassen von Zrin/ oder Serin/ welches auch

Kö

deß Königreichs Ungarn/ ꝛc.

König Ferdinand bestättigte; so vmbs Jahr 1528. geschehen. Vnd von solcher Zeit an/ ist Jaitz den Türggen geblieben.

Jasso/ Iassovia, ein kleines/ aber sehr lustiges Stättlein/ da der Bischoff von Agria/ oder Erla/ mit seinen Domherren/ derZeit wohnet/ welche Domherren aber Ao. 1619. von den Bethlenischen übel tractirt worden seyn. Es ist allhie auch noch ein besonders Stifft.

Keresbania,

EJne Bergstadt in Sibenbürgen/ berümbt wegen der Gold- vnd Silbergruben/ allda auch etliche Antiquität zu sehen. Wird mehrertheils von Sachsen/ vnd Wallachen bewohnt; vnd ist wegen jhr/ der Wallachen/ bißweiln hierumb vnsicher zu raisen gewest. Ligt an einem lustigen Ort/ aber vneben/ vnd Berghängig.

Kaysrmarckt/ ins gemein Keßmarckt/ Cæsareopolis.

DJese Stadt/ so deß Herꝛn Davidis Frölichij, berümbten Mathematici, Vatterland/ ligt in der Graffschafft Zips/
L   bey

bey dem Carpathischen Gebürg/ an den Gräntzen Ungarn/ vnd Polen/ zwischen dem Fluß Poprado, dem Leibitzer Bach/ vnd dem weiß wasser auff einem/ an Korn vnd Flachs/ fruchtbaren boden. Das Rathhauß/ mit dem neuen/ vnd sehr schönen Thurn der Wag/ vnd dem sehr dicken Thurn/ an dem Obern Stadt Thor/ so/ vor Jahren/ auff Verlag/ vnd mit Hülff der gantzen Graffschafft Zips/ wider die Einfälle der Hussiten/ ist erbauen worden/ gibt der Stadt ein sonderliche Zierde. Die Teutsche Kirche/ (in welcher ein gar künstlichs Crucifix zu sehen/) wie auch die Slavonische/ oder Windische/ die erneuerte Schul/ Pfarrhoff/ Schulhauß/ Spital vñ Glockenthurn/ stehen zwar mitten in der Stadt/ aber vmb Pfützen/ vnd die hindere theil der Häuser/ herumb. Hat ein ansehnlich Schloß/ in welchem dieser Stadt Erbherr/ der Herr Toekvel wohnet. Man siedet allhie ein geschmakes Bier/ vnd findet man allda allerhand Lebens Notturfft/ so meistentheils von den benachbarte Bauren/ die zu dem Wochenmarckt häuffig zu kommen pflegen/ zum Verkauff gebracht werden. Es ist diese Stadt nach Leutsch/ die

vor-

deß Königreichs Ungarn/ ꝛc.

vornembste in der Graffschafft Zips. Anno 1436. auff Pfingsten/ seynd allhie die Ungarisch/ vnd Polnische Herren zusammen kommen/ haben die Strittigkeiten auffgehebt/ vnd zwischen ihren Königen Frieden gemacht/ wie Cromerus *lib. 21. rer. Polon. f. 459.* schreibet. Isthuansius *lib. 10. rer. Ung.* sagt/ daß Graff Johann von Zips/ erwöhlter König in Vngarn/ dem Hieronymo Lasco, Polnischen Palatino, zu Siradien/ so seinet wegen nach Constantinopel gerais̈t war/ das Schloß Dunavetz/ an dem Fluß Poprad gelegen/ vnd die Stadt Keßmarck/ in dem Land Zips/ geschenckt/ welche Stadt vorhero König Ferdinand dem Francisco Battianio gegeben/ aber die Burger den Lascum eingelassen/ vnd ihme forthin Gehorsam geleistet hätten. Ao. 1261. ist das Closter zu Neerer, bey Kayssrmarckt/ in Auffnehmen kommen.

Kirchdorff/ wie es Einer oder Kirch drauff/ wie es Herr Frölich/ vnd Lateinisch Varallium nennet/ ist eines auß den 13. der Cron Polen versetzten Städtlein/ in Zips/ zwischen den Bergen/ in seinen von besten Waitzen Fruchtbaren Thal gelegen. Auff dem

dem Hügel/gegen Abend/ist ein Dom Capitel/S. Martins Gottshauß genant/ in welchem alle Königliche Brieff vnd offentliche Handlungen dieser Graffschafft/ vidi, mirt, vnd beglaubt gemacht werden. Bey demselben/auff dem Berg/ist ein Wasser/ so zu Stein wird/daß man s zum Häuser bawen brauchen kan: Daher das Sprichwort/daß die Häuser daselbst mit Wasser gebawet seyen. Die Stein/so vnder der Erden wachsen/ werden für Kalch gebraucht. Wann man von Leutsch nach Eperies / vnd Caschau raiset/kompt man hieher/vnd von hinnen/ neben dem vesten Schloß Zipserhauß (so bey Kirchdrauff/auff dem Felsen / gegen Morgen/gelegen) über den hohen Berg/ vnd Wald/Burtzel grund genant/gen Eperies. Sihe ein mehrers von diesem Kirchdorff oder Kirchdrauff vnd dem besagten Zipser Ländlein in meinen Collectaneis part. 21. c. 5. p. 256. seq.

Königsperg/ Regius mons,

JSt eine auß dē siebē Bergstädten in Ober Vngarn/ 2. Meilen von Puggantz/ vnd 1. von S. Benedict; welches S. Benedict

dict auff dieser Raiß/ zwischen Neytra/ vnd Schemnitz/ gelegen/ allda ein Domcapitel ist/ so in hohen Ehren gehalten/ vnd die Domherren in wichtigen Sachen/ als Zeugen/ gebraucht werden. Nicht weit von besagtem Königsperg hat es auch einen Sauerbronnen/ so/ wie der zu Alt Sol/ für das Miltzwehe/ vnd andere Gebrechen/ sehr nutzlich ist.

Lebentz oder Leventz.

Leventz/ Letava/ oder Litava/ Leva/ LKavla/ setzet Herr Frölich im Jahr 1643. vnter die Castell/ vnd Vestungen/ in Vngarn/ so noch den Christen gehörig seyn. Vnd hat besagtes Leva/ oder Lewa/ dem von Colonitsch/ wegen seiner Gemahlin/ Sophiæ Pereniæ, Ao. 1605. gehört/ deme/ im Boscaischen Krieg/ die Heyduggen das Städtlein gantz abgebrand aber das Schloß/ darinn Er Colonitsch damals selbsten gewesen/ ist erhalten wordē. Isthuanfius gedenket dieses Stättleins Levæ, welches die Türcken von Gran/ vmbs Jahr 1545. eingenommen/ vnd außgeplündert/ als sie den Wall vberstigen; auch solches an etlichen Orten angezündet; wie wol sie vom Schloß mit Schaden abziehen musten.

Sonsten was obgemeldtes Leventz belanget/ so sagt Ortelius, im 4. Theil/ am 15. vnd 28. Blat/daß Leiwātsch/vnd Lebentz/Schloß/ vnd Herrschafft/ Ao. 1604. Herrn Seyfried von Colonitsch gehört hetten Es ist Lebentz noch der Christen/ allda die Türggē Ao. 1655. im straiffen zimlich eingebüßt haben sollen.

Leibitz/

Ist eines auß den 13. Städtlein in Zips/ so d' Cron Polen versetzt seyn. Ist ziemlich groß/ vnd hat ein weites Gebiet. Die Schul allda ist vor etlich vñ viertzig Jahren/ als derselbē deß Herrn David Frölichs Vatter/ Johannes Frölich/ fürgestanden/ mehrers/ als jetzt/ im Wolstand gewesen.

Leutsch/ Leitschau/ Leutschovia, Levocia,

Ist die andere auß den Königlichen Freyen Städten in Ober Vngarn/ vnd zwar die Hauptstadt in Zips auff einem Hägel/ oder ziemblichen Höhe gelegen/ vnd wird doch gegen Mitternacht noch mit einem hohen Berg vberschattet. Ist schön vnd groß/ vnd wegen der Jahrmärckt berühmbt. Die

deß Königreichs Vngarn/ꝛc.

Inwohner seyn Teutsche; wird gleichwol auch die Windische Sprach/wegē der vmbligenden Dörffer/da getrieben. Ist der Augspurgischen Confession. Vnd seyn dieser/ vnd anderer Städte in Zips/ Kirchen Gebräuch/den Bergstädtischen gleich. Es hat ein feine Schul da/ gibt auch freundtliche/ vnd treuhertzige Leute/ so sich sonderlich deß Feldbaues/ vnd Bierbrauens/nehren. Gegen Nidergang ligt Polen/ vnd das hohe Roßnakisch Gebürg/ so sich biß in Polen erstreckt. Gegen Auffgang ligen Schmelnitz/ Roßnau/ vnd Gölnitz/ vnd zwar Schmelnitz ein halbe Tagraise von Leutsch/ vnd Keßmarck zwo Meilen. Auff dem grossen/ vnd gewierdten Marckt zu Leitsch/ist die Kirche mit Grabschrifften/ der Turzonischen Krufft oder Begräbnus/ S. Georgen Bildnuß/ einer verneuerten Orgel/ vnd köstlichem Predigstul/gezieret. Das Tach ist zum Theil mit Kupffer gemacht. Es seyn auch auff solchem Marckt zusehen/ das Rathhauß/ die Schul vnd das Kauffhauß. Hat fruchtbare Gärten/vnd lustige Meyerhöfe/an statt der Vorstädte/ herumb. Das Land aber/oder der Boden/ist nit so fruchtbar

L 4

bar/als der andern Städte in Zips. Das benachbarte Bächlein gibt kaum so viel Wassers/daß man damit mahlen kan. Das Wasser in der Stadt macht bißweiln den WeibsPersonen Kröpffe. Wann die Rathsherren auff daß Rathhauß gehen/so tragē sie Teutsche Mäntel / vber den Vngarischen Röcken. Obwolgedachter Herr David Frölich/ hat in seinem Judicio Astrologo Physico auffs Jahr 1633. vnter anderm folgendes: Anno Christi 374. seyn die Hunnen in Pannonien kommen. Ao. 381. ist Vngerland ein Königreich worden. Ihr erster König ist gewesen Balamber/ein Heyde. Anno 441. haben die Hunnen mit den Römern im Keysmärcker Feld ein gewaltige schlacht gehalten darinn Macrinus, der eine Römische Hauptmann auff dem Platze geblieben; der Ander/ Tetricus, aber verwund davon kommen. Die Hunen haben einen blutigen Sieg davon getragen. Ao. 454. haben sich erstlich die Zipser (welche vorzeiten/Gepidæ genant worden/) in hitzige Gegend deß Carpatischen Schneegebürges niedergelassen. Ao. 1076. hat der Vngarische König Geisa, deß H. Ladislai Bruder/ die Sachsen in

Si-

deß Königreichs Vngarn/ꝛc.

Sibenbürgen gebracht. Ao. 1136. hat König Bela II. die Sachsen/oder Teutschen in Zips eingeführt/die Vngerischen Gräntzen/ wider seine Feinde/damit zubeschützen. Dahero noch biß auff diesen Tag/Zipser Land von den Teutschen bewohnet wird. Jedoch sind die vorigen Jnwohner Gepidæ auch Teutsche gewesen Ao. 1190. hat das Kaysmärcker Nonnen Closter (welches an dem Ort/ wo jetzt das Schloß stehet/ vorzeiten gebauet gewesen/) florirt. Ao. 1245. als die Tartarn auß dem Zipserland gezogen/ vnd die Jnwohner den wüsten/ vnfruchtbaren Kabsdorffer Berg (darauff sie sich wider die Tartarn gantzer drey Jahr lang auffgehalten/) endlich verlassen wolten/konten sie ihre vorige Flecken/ vnd Städte/ nicht wieder bewohnen/weil dieselben von grund auß von dem Feinde ruinirt/ verbrand / oder zerschleifft worden; Musten derohalben einen andern bessern/ vnd fruchtbaren Berg im Lande/ zur sicher/vnd bequemen Wohnung/ außersehen/welchen/ als sie angetroffen. bald gebauet/vnd befestiget haben/jedoch mit solcher Furcht/ daß sie auff dem höchsten Orte deß Berges jmer eine Schildwache hatten/

welche sie/ zur selbẽ Zeit ein Lentschawe'nen
neten/ das nemblich man davon bequem die
Leute schauen/ vnd auff den ankommenden
Feind gute Achtung geben kunte/) welcher
Name auch dem Ort hernach geblieben/ vnd
darauß ein berühmbte Königliche Freystadt
nunmehr worden ist/ Daß aber auff solchem
Berge/ da jetzt die Stadt Leutschau stehet/
ein Eichwald gewesen seye/ bezeugen solches
noch heute zu Tage die Stöcke/ Stämme/
vnd Wurtzeln/ die die Burger daselbsten zu
weilen in jhren Kellern hin vnd wider antref-
fen/ vnd finden. Ao. 1332. ist dieses Leutschau
zum erstenmal außgebrand/ Ao. 1342. ist sie
zum andernmal außgebrand/ da dann viel
vornehme Sachen mit im Rauch auffgangen seynd. In der obgedachten Kirch/ oder
Tempel/ wird/ vnter anderm/ gelesen/ daß im
Jahr 1431. auff Ostern / fast die gantze
Stadt/ wenig Häuser außgenommen/ verbronnen; vnd das Ao. 1494. die Könige Uladislaus in Vngarn/ vnd Böheim; vnd Johann Albrecht/ König in Polen/ allhie zusammen kommen seyn.

Lippa.

Diesen Ort/ so vorhin vnbemauert war/
hat

deß Königreichs Ungarn/ꝛc.

hat Marggraff Georg zu Brandenburg/ als Er deß Ungarischen Königs Matthiæ Sohn/ Johannis Corvini, hinterlassene Wittib/ Beatrix, geheyratet/ vnd mit jhr diesen Ort bekommen/ am ersten mit Mauren/ vñ Bollwercken befestiget/ wie Isthuanfius (der sonsten/ diesem Marggraven nicht gewogen ist/) lib. 17. fol. 301. schreibet. Anno. 1551. hat sich erstlich der Türck vmb diese Vestung angenommen/ welche vom Morgen/ einen Hügel hat/ der daß Schloß/ vnd Städtlein/ vberraichet: gegen Mittag laufft das Wasser Marosch verüber. Im Städtlein war S. Ludwigs Kirche zu sehen. In demselben/ wie auch im Schloß/ hatte Johann Petreo/ zu gebietten/ der mit gnugsamen Soldaten/ vnd anderer Notturfft/ versehen war. Aber Er hat sich von den Seinigen schrecken lassen/ vnd den Ort verlassen; daher den Türggen leicht war/ Städtlein/ vnd Schloß einzunehmen; die aber Castaldus Keyserl: General/ vnd der Mönch Georgius, deß jungen Fürsten in Sibenbürgen Vormund/ nunmehr Cardinal/ (den nicht lang hernach besagter Castaldus vmbbringen lassen/) wieder belagert/ vnd noch in diesem

sem Jahr/ den 6. Novembris, die Stadt mit
stürmeter Hand; daß Schloß aber den 17.
diß mit Accord/erobert/nach dem zuvor/der
Türckisch Obrist allda / die Vorstädte / so
groß waren/ hatte hinweg gebrennet/ Anno
1552. hat Aldana, oder Aldena, ein
Spanier/(deme hernach Keysers Maximiliani
II. Gemahlin/Maria/das Leben außgebetten/)
mit höchster seiner Vnehr/ diesen
Ort/ehe noch der Feind darfür kommen/angezündet/
vnd verlassen. Vnd haben die
Türggen/ als sie solches vernommen/ das
Feuer so viel sie gekönt/ gelöscht/ vnd der
Stadt wieder auffgeholffen. Von welcher
Zeit an/Lippa 44. Jahr lang in der Türcken
Gewalt/ biß auffs 1595. gewesen/ in welchem
solche Vestung die Sibenbürger/ damaln
der Türggen Feind/erobert. Das folgende
Jahr versuchten die Türggen diesen
Ort wieder zubekommen / aber vergebens.
Als hernach die Sibenbürger wieder auff die
Türggische Seiten sich gelenket / so hat der
Keyserliche General/ Georgius Basta, Anno
1603. Lippa eingenommen : aber Anno
1614. der Bethlehem Gabor/ mit Hülff
der Türggen/ wieder zu Sibenbürgen gebracht

bracht: wie wol einer schreibet/ er hette solche Vestungen Türggen vbergeben. Sihe vnten Waitzen am Ende.

Loosen/ ein schöner Marckt-Fleck/ vnd Schloß/ 2. Meilen von Oedenburg gelegen/ vnd Herren Adam viczai gehörig.

Lublo/ Lublovia, Lublau/

Ein Städtlein/ vnd Schloß/ in der Vngarischen Provintz Zips gelegen/ aber der Cron Polen/ als ein Pfandschilling gehörig; Allda auch der Polnische Vice-Capitan/ oder wie Ihn Theils nennen/ Hauptmann der 13. Polnischen Städtlein in diesem Lande/ seine Wohnung hat/ derē Städtlein Gemeinden jede absonderlich ihre Richter/ und mit einander einen Graven Jährlich nach ihrem freyen Belieben/ erwöhlen. Vnd ist der Graff der 13. Richter Obmañ/ der die schwerere Sachen entscheidet. Es seynd gleichwol die Vngarische Stände etlich mal/ vnd noch auff dem Ao. 1637. vnd 38. zu Preßburg gehaltenem Landtag damit vmbgangen/ eine Bottschafft nach Polen zu senden/ und gedachtes Schloß Lublyo/ mit den 13. versetzten Städtlein/ wieder zu lösen. S. oben im Eingang Zips.   S.

S. Martin/ S. Martins Berg/ Arx S. Martini, nahend Rab gelegen/ haben die Türggen Ao. 1594. den andern Tag der Belägerung erobert. Dieses Schloß/ dem H. Martin zu Ehren geweyhet/ ist/ wegen deß reichen Benedictiner Stiffts/ berühmbt/ welches/ vorzeiten/ der Heilige Stephanus/ dieses Namens der Erste/ König in Vngarn/ auff einem hohen/ lustigen/ vnd sich in die Läng: ziehenden Hügel/ von der Beut/ deß daselbst vberwundenen Rebellen/ wiewol seines Blutfreundes deß Cuppani, gebaut/ vnd den Heiligen Vngarischen Berg genennet hat. Dieses Schloß gehörte damaln dem Abbt Paulo Baroniano, von welchem die Vnsern/ gleichsam von einer Wart/ oder Lueg ins Land/ der Stuelweissenburger/ vnd Ofner Türggen/ Straiffen/ vnd Züg/ außzuspähen/ vnd denen zu Rab anzuzaigen pflegten. Dann herumb ein gar grosse/ vnd ebne Haydē/ darauff vor Jahren gar viel Dörffer/ vnd Kirchen/ gestanden seyn. Nunmehr aber ligt fast alles öde. Vnter König Bela, dem Vierten, kunten die Tartarn vor diesem Ort nichts richten; aber die Türcken wusten/ wie gemelt/ anders damit vmb-

zu

deß Königreichs Ungarn/ꝛc.

zugehen. Es haben gleichwol die Unsern Ao. 1597. diesen S. Martins Berg wieder erobert / den sie noch haben. Sihe meine Collectanea part. 1. c. 5. p. 264. in Beschreibung Rab.

Megieß/ Medwesch/ Medveschinum,

Ist eine auß den Teutschen Städten in Sibenbürgen / zwar nicht groß / aber ziemlich vest / an der grossen Kochel / oder Kykellew, gelegen. Ist ein langweiliger Ort/ deren Inwohner Feld: vnd Weinbau haben / wiewol der Wein nicht gar gesund ist. Man halt darfür/ daß diese Stadt mitten in Sibenbürgen gelegen. Die Kirch auff dem Berge/ ist befestiget / nach gewonheit dieses Volcks/ so die Tempel zu befestigen pflegen.

Millenbach/ Sabescus, Zabesus, Zaazsebes.

Ist eine auß den siebē Teutschen Städten in Sibenbürgen/ aber klein/ darnebē gar alt/ mit Wassergräben / vnd Mauren/ vmbfangen / so gar einen guten temperirten Lufft hat. Ligt in einer Ebne/ vnd gar tieffen Thal; vnd ist nicht sonderlich im vbrigen/ fest. Solle vor Jahren der Sachsen fürnem-

ster Sitz gewest seyn. Hat 17. Königliche
Dörffer; vnd ligen nicht weit von dannen
die zween Märckt/ Wyncz/ vnd Barborck.
Die Gebäu zu Millenbach seynd mittelmäs-
sig. Es gibt Dorngesträuch/ Lachen/ Fisch-
weyer/ auff der seiten gegen Abend herumb.

Mohatz/ Mohacium,

Von diesem Ort schreibet Martinus
Boreg/ in seiner Böhmischen Chro-
nick/ am 632. Blat/ also: Das Städtlein
Mohaz/ allda die vnglückselige Schlacht
Ao. 1526. den 29. Augusti, geschach/ ligt
auff halben Weg/ zwischen Ofen/ vnd Griechisch Weissenburg. König Ludwig ist mit
einem einigen Diener/ dem von Zetterig/ einem Schlesier/ geflohen/ vnd an ein klein
Wasser kommen/ das nicht vber 6. zwerch
Hände tieff/ dardurch Er setzen/ vnd seinem
Diener folgen wollen. Weil er aber ein
schweren Gaul/ vnd einen schweren Kürtz/
vnd einen von den Feldflüchtigen durchwü-
leten Furth/ angetroffen/ ist der Gaul im
Koth stecken blieben/ so die fördern Schenkel
auß dem Lethen gezogen/ weil es aber die hin-
dersten auß demselben nicht bringen können/
vnd

vnd Jhme der König die Sporn geben / hat es sich vberschlagen / ist auff den König gefallen / jhn tieff in den Koth gedruckt / das Er also in dem schlechten Wässerlein (oder / wie Andere melden / in einem Sumpf / da die Thonau außtritt /) ersticken müssen. Der von Zetteritz hat jhn auß dem Koth gebracht / aber gleich wie Er jhm sein Helmlein auffgemacht / ist Er verschieden. Vnd weil Er jhm nicht helffen können / hat Er die Stelle wol abgemerckt / vñ auß seinem Bericht hat man den todten König hernach gefunden / vnd zu Stulweissenburg begraben. Nicolaus Isthuanfius sagt hievon / vnter anderm / im 8. Buch seiner Vngarischen Historien / also: Mohaz hat vom Nidergang der Sonnen die berümbte Stadt FünffKirchen / vom Morgen die andere Seiten der Thonau / (dann dieselbe sich nicht weit oberhalb deß Städtleins theilet / vnd eine Insul machet /) von Mittag den Außgang der Drab / vnd den Theil deß Jllyrischen Lands / so man Slavonien nennet; darzwischen ein weite Ebne / darauff kein Wald oder Gesträuß ist; die aber ein Wasser durchlauffet / so die Inwohner Carassum nennen / welches so sümpffig /

M   vnd

vnd außerettend/das man/wann schon fleissige Achtung darauff gegeben wird/nicht erkennen kan/auff welche Seiten er fliesse/darinn es Rohrbüsch/vnd Ried/vnd ein tieffen Letten hat/daß man nit dardurch setzen kan/ausser im Winter/wann er zugefroren ist. Auff den gedachten sehr weiten/vnd braiten/vnter dem Städtlein Mohaz gelegenen Feldern/ein Vngarische Meil vom Städtlein/ein halbe aber von dem Vfer der Thonau/ist die vnglückselige Schlacht/den 29. Augusti, mit den Türggen gehalten werden. König Ludwig wolte in der Flucht/bey finsterer Nacht/durch das besagte Wasser Carassum setzen/ist aber/als sich sein Pferd gestärtzt/in den tieffen Letten dieses kottigen Wassers/gefallen/vnd in demselben/wegen Schwere seiner Waffen/vnd in dem das Pferd sich abgearbeitet/elendiglich erdruckt/vmbkommen/præstantissimæ indolis, atque ingenij Princeps, ac omnibus corporis atque animi dotibus insignis. Es seyn in dieser Schlacht/zum Theil im Treffen/zum Theil/in der Flucht/zehen tausend zu Pferd/vnd vngefehr 12. tausend zu Fuß; vñ auß dem Adel/vber die 500. so vornehm
vnd

vnd berümbt gewesen/ vnd darüber fast alle
Bischöffe/ mit dem Ertzbischoff Ladislao,
zu Gran/vmbkommen. Vnter den Flüchtigen war Emericus Telequessius, welchem
ein vornehmer Türck nachgesetzt/ vnd Jhn
angegriffen/ welchem auch Emerich/ wiewol sein Pferd müd war/ Stand gehalten/
den Türggen erlegt/ vnd vmbgebracht/ vnd
hernach fortraisende davon kommen ist. Der
Königliche Cörper ist durch Anweisung deß
Zeteriz gefunden worden. Als die Türggen
hinweg waren/ so hat deß Vngarischen Palatini, Emerici Perenij, Wittib/ die Dorochea Canisiana, der Christen Cörper/
durch 400. vmb Jhr Gelt bestelte Leute/ in
sehr grosse gemachte Gruben/ begraben lassen. Biß hieher Isthuanfius, Besihe von der
gedachten Schlacht auch Hier. Ortelium,
part.1.Chronol.p.43.seq.

Munkatsch/Munkacz/
Muncacia,

STädtlein/ vnd Schloß/ ausserhalb Sibenbürgen/ auff Polen zu/ in Vngarn/
vnd in desselben Theil/ so Beregiana Provincia genennet wird/ gelegen. Der Fluß

Latorcius laufft zwischen dem Städtelein/ vnd Schloß/ welches bey einem / durch ein sonderlich Kunststück der Natur/ in offenen Feldern/ vnd da keine Berg nahend herumb seyn/ entstandenē Felsen/ gebaut/ so Theodorus Queriatovitius, ein Reussischer Fürst/ als Er auß Zulassung der Vngarischē Könige Caroli, vnd Ludovici, da im Schloß herschete / durch grosse Mühe/ vnd Arbeit/ mit einem tieffen Graben / in dem steinigen Boden/ vmbgeben/ vnd mit Bollwercken befestiget hat; das vor alten Zeiten den Königinen in Vngarn gehörte. Es ligt solcher Ort eine Tagraise von Hust. Hat stattliches Einkommen von Wein/ vnd allen andern Sachen/ so dem menschlichen Leben nöthig/ sonderlich aber von den Schweinen/ die in den grossen Eicheltragenden Wäldern/ auff viel tausend starck Jährlich pflegen gemästet zu werden. Ist eine Zeitlang/ sampt der Landschafft herumb/ in deß Fürsten in Sibenbürgen Gewalt gewesen/ biß Ao. 1567. Lazarus von Schwendi solchen Ort belagert/ vnd wegē d' Besatzung untüchtigkeit/ erobert hat. Hier. Ortelius gedenket einer Stadt vnd Vestung in Sibenbürgen/ so Ao. 1603. die

deß Königreichs Ungarn/ꝛc.

Keyserischen in Brand gesteckt hetten/ die er aber Magatsch nennet. Vnd in Anno 1565. sagt Er/das der von Schwendi Mangatsch/ durch geschwinde Anschläge/ erobert habe; vnd hernach Anno 1567. im Februario, wiederumb. Es wird die besagte Vngarische Vestung Munkatsch jetzt dem Fürsten Ragozi zugeschrieben. Sihe meine Collect. part. 1. c. 5. p. 258.

Muran/ Muranum, ein Schloß 6. Meil von Leutsch/ nahend Rosenau/ auff einem sehr hohen Felsen/ in Ober Vngarn/ gelegen/ von welchem Isthuanfius p. 287. zu lesen. Ist noch in der Christen Händen. Hat vorhin dem Vngarischen Herren/ Setschi Georg/ so der Augspurgischen Confession gewesen/ gehört. Vnd stehet in der Frühlings Relation deß 1629. Jahrs/ p. 31. seq. daß Ao. 1628. deß Herrens Setschi Schatz/ von Gold/ Silber/ ꝛc. im Schloß Muran aller zu Stein worden/ doch sein Gestalt (als ein Müntz/ Pokal/ ꝛc.) behalten habe. Er solle der letzte seines Namens/ vnd Männlichen Stammens/ gewest seyn; hat aber Töchter verlassen/ vnd ist Er von einem Meuchelmörder erschossen worden.

Seine Wittib saß hernach auff Muran/ wie es aber/ nach jhrem Tode/ alhie zugegangen/ davon sihe meine Collectanea *part. 1. c. 5. p. 258 seq.*

Neuheusel/ Arx Nova. Hung. Vyvar,

EIn berühmte Ungarische Vestung/ an einem sümpfigen Ort gelegen/ vnd daher vbel darzu zu komen. Hat 6. erden Pasteyen/ so in schöner/ vñ künstlicher Ordnung stehen/ vnd mit Wassergräben vmbgeben seyn. Es seyn Teutsche/ vnd Vngarische Soldaten allda/ wie auch Razen/ oder Rascij so eines besondern/ vnd fast Griechischen Glaubens/ vnd jhr aigen Kirchlein haben. Es gibt deren Razen viel in Vngarn/ so gar gute Kriegsleut/ aber darneben auch vnbeständig seyn/ als die es gemeiniglich mit dem obsiegenden Theil halten/ vnd also Christen vnd Türggen dienen. Ao. 1581. hat Herz Friederich von Sierotin/ sampt den Ständen in Mähren/ diese Vestung von dem alten Ort ein wenig hinweg/ vnd an den Fluß Neytra gesetzt/ vnd wieder gebauet. In dem Botschkaischen Krieg/ hat seiner Obristen einer/ der

Re-

Redei, diese Vestung Ao. 1605. belagert.
Vnd nach dem die Türggen Gran erobert/
seynd sie den Boscaischen zu Hülff kommen/
daher die Besatzung/ weiln es dero an Proviant/ vnd Pulver gemangelt/ dieselbe/ zwar
nicht den Türggen/ sondern dem Hommoniano, vñ gedachtem Redeio, so deß Christlichen Namens waren/ auffgeben haben. Es
beschreibet diese Belagerung/ so vom 9. Junij, biß auff den 17. Octobris, gewehret/
Hieron. Ortelius, in seinem vierdten Theil/
p. 117. seqq. weitläuffig/ vnd sagt/ vnter anderm/ dz vor der Stadt der Redey Ferentz/ In
derselben aber Herr Hans Reichart Strein/
auff Schwarzenau/ vnd Hirspach/ Obrister
Leutenant/ zu gebieten gehabt. Die 6. obgedachte Pasteyen nennet Er Scherdinerin/
Fridrichin/ Kayserin/ Forgatschin/ Beheemin/ vnd Wienerin: Auß den Thoren/ das
Graner/ vnd Wiener. Den 31. Julij sey ein
vnversehene Feuersbrunst entstanden/ daß
in wenig Stunden/ zu Neuheusel/ bey 400.
Häuser klein vnd groß abgebrunnen; darbey
gleichwol die Teutsche Evangelische/ vnd
die Vngrisch Catholische Kirchen vnversehret geblieben; aber die Vngarisch Calvinische

sche Kirch auff dem Platz seye in Grund abgebrand. Den obgedachten 17. Octobris, habe Herr Strein/ auß Befelch Ertzhertzogs Matthiassen/ dem Humanay, die Vestung eingeantwortet/ so durch vnterhandlung deß Illishasij geschehen/ nach dem die Teutschen Soldaten Hungersnoth/ vnd Armuth erlitten/ vnd neun Wochen lang bey 200. Roß schlachten/ vnd solches Fleisch/ in Manglung Proviant/ vngesaltzen essen müssen. Hernach den 11. Februarij Ao. 1607. seye die Vestung/ dem Vbergabs Vertrage gemäß/ dem Keyser wieder zugestelt worden. Es haben damaln die Rebellen das Castell Schuran/ ein Meil Wegs von hinwen gelegen/ auch erobert. Ao. 1619. hat Bethlen Gabor Neuheusel/ oder Vyvvar, (dann den Vngarn Vy neu vnd War, eine Burg/ oder Hauß/ bedeutet) in seinen Gewalt bekommen/ so Setschi Georg/ der es damaln noch mit Ihm gehalten/ den 27. Septembris eingenommen; Darauff hernach Ao. 1621. dieses Städtlein/ vnd Vestung/ der Keyserliche General/ Graff Bucquoi, belagert/ aber darvor sein Leben den 10 Julij gelassen hat.

Ao.

deß Königreichs Ungarn/ꝛc. 185

Ao.1651.seyn allhie/durch verwarlosung einer Köchin/in die 100. Häuser abgebronnen.

Neu-Sol/Neosolium, Novum, Zolium, Bester czebania.

AN dem Fluß Gran / eine auß den sieben Bergstädten in Ober Ungarn/ist wegen deß grossen Nutz tragenden Kupffer Bergwercks berümbt. Hat viel Schmeltzöfen/ Kupfferhämmer / auch auff dem Gscheid/ oder Berg / wie man auff Chremnitz raiset/Quecksilber Bergwerck. Es ist da auch ein Königliche Cammer/ Einnehmer/ vnd andere Officier. Man kan an keinem Ort in den Bergstädten so leicht/ als allhie/ zehren. Die Stadt helt zu Bewahrung deß Bergs/ vnd Walds/Trabanten/oder Soldaten. Dann die Dörffer biß anff ein viertel Meil hinzu gehuldiget seyn. Die Inwohner seyn der Teutschen/Windischen/ vnd Hungarischen Sprachen kundig. Auff dem Hügel ligt das befestigte Schloß/ darin̄ auch die fürnemste Kirch ist. Gibt einen feinen Wochenmarckt/ ein grosse Glogge/ein gute Orgel/ vnd ansehnliche Burgerhäuser allhie. Ao.1605. ist Neusol von den Botschkaischen/

M 5 auch

auch Türggen/ vnd Tartarn/ angegriffen/ aber denselben auß der Stadt wieder tapffer begegnet worden/ biß die Türggen sie an 6. vnterschiedlichen Orten angestecket haben/ daß darüber sie/ sampt den Schmeltzhütten/ Kupfferhämmern/ rc. biß auff etliche Häuser/ Gewölber/ vnd Kirchen/ (so mit einer Mauer vmbfangen/) in drey Stunden im Rauch auffgangen ist. Isthuanfius schreibet in Ao. 1605. also: Zoliensis quoque arx, & oppidum muro cinctum, fame, & rerum inopiâ adactum Haidonibus deditionem fecit, & multa alia loca. Ob Er nun hierdurch dieses/ oder ein anders Zolium dieser Orten/verstehet/kan man so aigentlich nicht wissen.

Neustadt / Neustädtl / Nagibania, Nagybania, Kapnikbanya, Nova civitas, Rivulus Dominarum,

JV genant Vngerische Neustadt/ an den Sibenbürgischen Gräntzen/ so wegen der stattlichen Gold- vnd Silberbergwerck/ vnd der Müntz-Werckstatt/berühmbt ist. Ligt nur 4. Meilen von Sakmar/ vnd Tasnad/ da der Boden alle Notturfft reichlich herfür bringet/

get/ vnd auff den benachbarten Bergen ein herrlicher Wein / vnd zwar ein besserer / als der Sibenbürgische/ wächst. Diese obgedachte drey Städte/ sampt dem Schloß Detreco, so die Teutschen/ wie Isthuanfius saget/ Plosenstan nennen/ (vnd welches an den Gräntzen Oesterreich / vnd Mähren gelegen/ vnd wieder von den Herren Marxen/ vnd Johann/ den Juggarn zu Augspurg/ deß Antonij Söhnen/ denen es geliehen/ gelöst worden/) hat Keyser Ferdinand der Erste/ dem Melchior Balassio/ als Er zu ihme/ von der Königin Jsabella in Sibenbürgen/ vnd ihrem Sohn/ gefallen/ Ao. 1560. gegeben/ wie abermals Isthuanfius schreibet. An einem andern Ort sagt Er hernach/ daß zwischen den Jahren 72. vnd 76. der Türck deß Johannis Balassij zwey Schlösser/ Queco, von den Teutschen Plaumstan genant/ nahend den Bergstädten/ vnd Divinia, eingenommen hette. Es hat im gedachten Neustädtlein/ im Winkel desselben/ ein Schloß/ welches/ da Ao. 1564. das Städtlein den Sibenbürgischen die Thor eröffnet/ sich etliche Tage gewehrt / aber endlich doch / durch Vbergab/ ihnen zu Theil worden ist. Aber im folgenden 1565. Jahr/ bekam dieses lustige Städtlein der Keyserliche General/ Lazarus von Schwendi: ob wol solches noch dieses Jahr die Sibenbürgischen wieder eroberten. Hernach bekam diesen ein Meil Weges von Cuuaro gelegenen Ort Schwendi abermals/ vñ befestigte gemeldtes im Städtlein/ oder Winkel der Mauren/ gegen Abend/ gelegenes Schloß/ besser/ legte auch tausend Fußknecht zur Besatzung hinein. Daher/ als Ao. 1567. die Türggen/ so dem Sibenbürger halffen/ darvor kamen/ vnd sich die Burger im Städtlein jhnen gleich ergaben/ das Schloß/ (ob es wol nicht von einer Mauer/ vnd Steinen/ sondern von hartem Holtz/ vnd dicken Aichen/ mit Erden sechs Schuch hoch außgefüllt/ vñ mit Thon/ oder Leim/ vberzogen/ bestunde/) sich gewehrt/ biß die Türggen mit grossem jhrem Schaden/ vnd Niderlag/ desselben bemächtigt/ nach dem ohngefehr in dem Schloß das Pulver angegangen/ mehr als 300. vnserer Soldaten hinweg genommen/ vnd daß Schloß an vielen Orten angezündet hatte. Es wurden alle/ sonderlich die Teutsche/ nidergemacht/ dieweil der Feinde auch mehr/ als 2. tausend/

dar-

deß Königreichs Vngarn/ꝛc.

darauff gangen waren. Es ist diese Vestung hernach auff den grund abgebrochen vnd geschlaifft worden. Das Städtlein ist/ sonders Zweiffels/nach deß Sibenbürgers/ Johann Sigismunden / Tode/ wider an den Römischen Keyser/als König in Vngarn/ kommen/weiln/als Ao. 1581. König Stephanus in Polen/vorhin gewester Fürst in Sibenbürgen/die Stadt Sakmar an Keyser Rudolphen begehrte/derselbe Ihm darfür dieses Nagibaniam, oder Lateinisch Rivulum Dominarum,(wie es Isthuanfius, oder Rivulos Dominicorum, wie es Froelichius in descript. Transylvaniæ, nennet/(so besser als Sakmar ist/gegeben/ welchen Ort Er aber nicht zu Polen gezogen/ sondern bey Sibenbürgen gelassen. Sihe vnten Tokay. In den Articulis Posoniensibus de Anno 1638. wird gesagt/ daß die Graffschafft Beregh/ die Stadt Nagybania/ das Schloß Bajor/ der Hanðuggen Städtlein Kaba/ noch Vngarisch/ vnd Christlich seyen. Ao. 1633. hat dieses Neustat dem Ragozij Fürsten in Sibenbürgen gehört/der alda seine Müntzstat hatte.

Es lag nicht weit von hinnen das von
Ma-

Natur vnd Werken fest, gemachte Schloß Erdödi, oder Erdodium, welches vmbs Jahr 1564. Georgius Bathori dem von Schwendi mit gewissem beding vbergeben/ der eine Besatzung hinein gelegt hat. Die Soldaten hatten dazumal den Thiergarten am Schloß erbrochen/ die Hirsch vnd andere Thier darinn/ ohne Straff nieder geschossen. Bald hernach kam der Sibenbürger/ mit den Türggen/ wider darfür/ vnd dieweil die Teutschen Soldaten da meutinirten/ so bekam Er solches Schloß/ wie wol nit ohne grossen Schaden/ in seinen Gewalt; Es ward aber den Vbergebern die Zusag nit gehalten/ auch Erdödi auff den Boden zerstört/ vnd nimmermehr hernach wider gebaut.

Neytra/Nitria,

Ein Bischoffliche Stadt/ sampt einem Bergschloß am Fluß Nitria, in Ober-Vngarn gelegen. Das gedachte Wasser Neytra scheidet gleichsam die gehuldigte/ vñ vngehuldigte Orter/ wie einer berichtet. Allhie aber lauffet es zwischen den beyden Städten, der Obern/ vnd Vntern/ durch.

In dem Boßschkaischen Krieg/ Ao. 1605. haben die Hayducken die Untere Stadt verbrand/ die Obere aber/ so auff einem Hügel gelegen/ vnd Insonderheit das Schloß/ hat Franciscus Forgatsch/ damal Bischoff allhie dem Feinde vberlassen müssen/ als die Seinige von Ihme gewichen seyn. Ao. 1619. hat Bethlen Gabor diese Stadt eingenommen.

Nicopolis,

Eine Stadt/ vnd Schloß/ mit einer Mauer von Zigelsteinen vmbgeben/ wie Isthuansius berichtet. Philippus Calimachus *lib. 3. de rebus gestis à Uladislao Polonor. atq; Hungaror. Rege* nennts der Bulgarer Hauptstadt/ deren ein Theil die Thonau berühret/ der ander auff einem Hügel liget/ da herumb fruchtbare Felder/ vnd Hügel seynd. Hieron. Ortelius, in seiner Historischen Beschreibung aller Kriegs Empörungen/ vnd Belagerungen der Städt vnd Vestungen in Vngarn/ vnd Sibenbürgen/ vom Jahr 1395. biß auff den letzt in Anno 1606. mit dem Türggen gemachten Frieden/ sagt p. 15. daß Nicopolis eine Stadt in

Mysia. hernach aber p. 23. daß es die Hauptstadt iu Bulgaria, (so Theils zu einem Theil Daciæ, Andere zu einem Theil Mœsiæ machen/) seye allda Keyser Sigismund die vnglückhaffte Schlacht mit dem Türckischen Suldan Bajazeth gehalte/ welche Niderlag Andere ins 1396. die Türckische Jahrbücher aber zum Jahr Hegire 794. dz ist/ zum Jahr Christi 1392. rechnen. Ins gemein wird gesagt/ dz solche Schlacht den 28. September geschehen. Ao 1444. wird diese Stadt vom König Uladislao in Vngarn vergeblich gestürmet. Ao. 1598 hat bey dieser Stadt der Weywod in der Wallachey etlich tausend Türggen erlegt.

Nissa/Nissia,

Von Theils Nisch/ vnd Iss genant/ am Fluß Nissa/ oder Nissava, so Serviam von Bulgaria scheidet/ gelegen. Ist vorzeiten die Hauptstadt in Servia gewesen / dahin Salomon Schweigger 8. andere 7. Tagraisen/ von Griechisch Weisenburg/ nach dem man raiset/ rechnē thun. Theils wollen auch/ daß allhie der halbe Weg zwischen Wien/ vñ Constantinopel/ seye. Solle vorzeiten Nessus

sus, oder Nisus, geheissen haben. Wie dann auß der verfallenen alten Stadtmauer/ den Pasteyen/ vnd Gewölbern vnter der Erden abzunehmen/ daß es ein fürnehme Stadt etwan müsse geweßt seyn. Ist auch die Lands Gelegenheit hierumb lustig/ vnd fruchtbar. Salomon Kuselius, in Dictionariolo Geographico, sagt/ daß dieser Ort/ jetzo ein offener Fleck/ so groß als die Reichs Stadt Dinckelspühl in Schwaben seye.

Nogradum, oder Novigradum, ein Schloß/ auff einem nit gar hohen Felsen gelegen / so Ao. 1544. in der Türcken Gewalt kommen. Hat vor Jahren zum Bistumb Waitzen gehört/ daher es auch desselbigen Vorsteher/ Nicolaus Bathorius, mit vielen/ vnd schönē Gebäuen/ durch den Werckmeister/ vnd Bildhauern / Iacobum Tragurinum, verbessern lassen. Hat vom Abend sehr grosse Wälder/ die weit vnd brait nach Fileck vnd Diosgior / sich erstrecken; vnd gegen Mittag die Thonau/ vnd die Statt Waitzen; gegen Morgen aber Hügel vnd Weingebürg/ so aber nicht hoch; daher man auch das Schloß beschiessen kan/ vmb welches ein Graben/ 30. Schuch tieff/

N vnd

vnd weit/in dem Felsen selbsten/mit grosser
Mühe / vnd Vnkosten deß besagten Bischoffs außgehauen/ rings gehet. Hat auch
einen Brunnen / nicht mit weniger Mühe/
vnd Vnkosten/gegraben/vnd einen Thurn
mitten im Schloß / darauff sein/ deß Bischoffs / Namen/ vnd Wappen/ die drey
Wolffszähne/ eingegraben/zusehen. Die
Türcken haben hernach solches Schloß von
aussenher noch mehrers/vnd mit einem doppelten Wall/befestiget. Gleichwol als Ao.
1594. Ertzhertzog Matthias zu Oesterreich/
im Mertzen/solches Schloß zubelagern an-
fienge / So haben die Türcken das Stätt-
lein/ oder Marckt Flecken/vnder demselben/
so nicht klein / auch nicht Wehrloß gewesen/
erstlich auff den Grund abgebrandt; hernach auch den Vnsern das Schloß selbsten
auffgeben/ vnd ist Jhnen glauben gehalten
worden/so geschehen im 42. Jahr/nach dem
die Türcken solches eingenommen haben;
wie Nicolaus Istwanfy/von Kysazzonfal-
va/der Königlichen Thorhütter in Hungern
Meister/Röm.Keys. vnd Königl. Majestatt
Rath/wie jhn Ortelius p. 212. deß vierdten
Theils/ oder Vice Waywoda deß Thorhütter

ter Ampts (Palatinats) im Königreich Vngarn/ wie er jhn vorhero am 200. Blat/ Teutsch tituliret, schreibet. Er Ortelius aber(auß welchem/ sonders zweifels die Autores deß Sechsten Stättbuchs jhre Beschreibung/ so sie vnter dem Titul Palanca eingebracht/ werden genommen haben) meldet von diesem Ort also: Novigrad ist auff einem starcken Felsen erbaut/ die Mauren starck bevestiget/ hat jnnwendig vmb das Schloß ringsweiß einen tieffen in Stein außgehawenen Graben/ außwendig am Berg einen Hohen zwifachen Planckenzaun/ eines Manns dick mit Dörnengeflochten. Als die Vnsern solchen Ort Ao. 1594. belagert/ haben die Türckē das Stättlein/ so vnden in der Vestung gelegen/ in Brand gesteckt/ vnd sich in die Vestung begeben. Den 27. Februarij haben die Türcken das Schloß/ oder Vestung/ Ertzhertzogen Matthiæ auffgeben/ welche sie etlich vñ sechtzig Jahr ingehabt. Ao. 1605. wird Novigrad den 1. Septembris/ im Botzschkaischen Krieg/ weils mit Proviant/ vnd Besatzung/ nicht versehen/ ohn einige Gegenwehr/ von den Türggen eingenomme/ vnd

beſetzt. Biß hieher Ortelius. In den Landtafeln finden ſich zweyerley Novigrad/ nemlich dieſes in OberUngarn/ vnd ein anders
an der Sau/ in Pannonia Bubalia, ſo von
Theils Poſegienſis Comitatus genennet
wird. Herr David Frölich ſchreibet/ daß das
Obere Novigrad/ vmbs Jahr 1643. noch
den Chriſten/ das Vnter aber/ oder Novigrad inferius, den Türggen gehört habe.
Der Bethlen Gabor/ Fürſt in Sibenbürgen hat zwar Ao. 1619. Novigrad in Ober-
Vngarn eingenommen/ wird es aber her-
nach/ bey dem gemachten Frieden/ ſonders
Zweiffels/ der Cron Vngarn wieder geben
haben; weilen Ao. 1626. die Türggen ſolches Novigrad belagert/ der von Walſtein
aber es entſetzt hat.

Oedenburg/Sopronium, Sempronium,

JSt ein Königliche Vngariſche alte
Stadt/ nicht groß an jhr ſelbſtē/ aber mit
einer ſehr groſſen Vorſtadt vmbgeben. Ligt
acht Meil võ Wien/ an den Gräntzē der Länd
Oeſterreich/ vnd Steyer/ vnd von Theils allberait zu NiderVngarn/ von Theils aber
noch

deß Königreichs Ungarn/ꝛc.

noch zu Pannonia superiore, vnd einer absonderlichen Gegend / so weder zum Obern/ oder Vntern Vngarn zu referiren / gesetzt. Wolffgangus Lazius schreibet *lib. 12. Comment. Reip. Rom. in exteris Provinciis bello acquisitis constitutæ sect. 3. cap. 7. fol. 873. & 975.* daß die Vngarische Jahrbücher den Lateinischen Namen von dem Römer Sempronio herführen / sie aber solchen Ort in jhrer Sprach Soppron nennen. Er zwar muthmasset / daß der Name Zoppronum, oder Sopronium, nicht von Sempronio, sondern vom Aproniano, dem Landvogt in Pannonia, zun Zeiten Keysers Valentiniani deß Ersten / dessen Marcellinus *lib. 25.* gedenkt / herkomme. Den Teutschen Namen Oedenburg aber habe solcher Ort erlangt / als er entweder vom Keyser Carl dem Grossen / oder Keyser Heinrichen dem Dritten / zerstöret / vnd geschlaifft / hernach aber wieder gebauen / vnd mit Teutschen Jnwohnern besetzt worden. Vnd daß besagter Keyser Heinrich Oedenburg zerstöret habe / könne man etlicher massen auß dem Urspergensi; auß den Vngarischen Jahrbüchern aber außdruckentlich erkennen / vnd sehen / welche Chronicken

cken auch sagen/ daß diese Stadt jhre Freyheit / vnd Privilegien / zun Zeiten Keyser Heinrichs deß Vierdten bekommen / als sie jhrem König Salomon, bey Griechisch Weissenburg/ wider die Bissenen/ vnd Bulgarer/ tapffern Beystand gethan habe. Seye heutiges Tages wegen jhrer Auffrichtigkeit/ Vermögens/ vnd herrlichen Weinwachs/ berümbt / allda etliche alte Schrifften zu lesen. Vnd dieses sagt Lazius. Cuspinianus will/ daß solchen Ort Theils Erenburg heissen/ weiln er vnter dem Keyser Honorio erbauet worden. Es ist die Stadt schön/volckreich/ vnd ziemlich wieder Feindes Gewalt verwahret/ allda offt die Vngarische Landtäge gehalten werden; wiewol der Begriff darzu eng ist. Die Statt wird von den Teutschen regiret / so der Augspurgischen Confession zugethan seyn. Nach dem Tode Königs Matthiæ Corvini, im Jahr 1490. erfolget/ hat sich diese auff einem fruchtbaren Boden gelegene Stadt dem Keyser Maximiliano I. der König in Vngarn zu seyn vermeynte/ ergeben. Anno 1605. haben sie die Türggen/ Tartarn/ vnd Hayduggen/ vergebens belagert; aber die Vorstädte auff den Grund

deß Königreichs Ungarn/ꝛc.

Grund abgebrand. Ortelius sagt / sey im Junio geschehen. Im nächsten Böhmisch: vnd Oesterreichischen Krieg hat dieser Ort auch viel außstehen müssen; wie Er dann Ao. 1619. vom Bethlen Gabor eingenommen worden ist. Ob es allhie ein Schloß habe/ wie Froelichius will / Andere aber verneinen/ davon sihe meine Collect. p. 1. c. 5. p. 261. seq.

Ofen/Buda.

Dieser Hauptstadt nicht allein in Vnter-Vngarn/ sondern weyland deß gantzen Königreichs / vnd der Vngarischen König. Ordinari Residentz/ Beschreibung/ ist in deß Georg Braunen StattBuchs 1. vnd 6. Theil / zu lesen. Wilhelmus Dillichius beschreibet in seiner Vngarischē Chrōic/ am 14. Blat/ diese Stadt Ofē mit folgenden Wort: Ofen ist zu vnsern Zeiten in sechs besondere Städte/ vnd Oerter/ abgetheilet. Das erste Theil ist das Schloß / das andere die Oberstatt Ofen/ ligt auff einem Hügel in die Länge. Vnter derselben / gegen dem Gebürge/ ist ein lange Vorstadt/ gehet an von der Thonau/ vnd erstreckt sich so lang das

N 4 Schloß/

Schloß / vnd Oberstatt ist; in derselben
liget das Blockhauß auff einem sehr hohen Felsen: An der Thonau aber ist das
grössest Theil / doch mit in die Mauren
eingezogen / vnd wird genennet die Wasser
vnd Judenstatt. Vor derselben / die Thonau auffwarts / ist das fünffte Theil der
Statt / nemblich eine Vorstatt / mit einem
kleinen vierecktichten Pallast / vnd darneben
mit einem Vngarischen Staket vmbzeunet.
Auff dem andern Vfer der Thonau ist
Pest / der sechste Theil dieser grossen Statt /
recht gegen dem Blockhauß vber / vnd wird
mit einer Schiffbrücken an die Judenstatt
angehengt. Biß hieher besagter Dillichius.
Was Andere von Ofen haben / das folget
hernach. Vnd erstlich zwar / was den Namen Buda anbelangt / so wollen Theils / daß
solcher von deß Attilæ Bruder Buda, der sie
entweder erbaut / oder restaurirt / herkommen solle; wiewol Sethus Calvisius, vnd
P. Bertius, mit Anderen wollen / daß
Er Bleda, vnd nicht Buda geheissen habe. Casp. Ens sagt / mit Andern / (Sihe obgedachten 6. Theil deß StattBuchs /) daß solchen Namen Theils von den Budinis, einem

nem Scytischen Volck/ (so mit dem Attila ins Ungerland gezogen seyn solle/) herführen. Theils sagen/ daß Buda so viel/ als Bada, wegen der warmen Bäder allhie/heisse. Theils geben Ihr/ auß dem Ptolomæo, vnd deß Antonini Itinerario, vnterschiedliche alte Namen; so aber vngewiß ist. Theils nennens Sicambriam, vnd wollen/ daß die Sicambri ein Teutsches Volck/ so den Römern in diesem Lande gedienet/ vnd ein Regiment auß jhnen hierumb das Winterlager gehabt/ diese Stadt erbauet haben; Davon Andere vrtheilen mögen. Zwar wollen noch Theils/ das der Alten Sicambria entweder zwischen Alt: vnd Neu Ofen/ oder an dem Ort/ wo jetzt Alt Ofen ist/ gestanden seye. Vnd sagt Isthuanfius also: Suburbana Budensia eo inter veteré & novä Budam loco, qui Sicambriæ nomine appellatur: welches Orts Alt Ofen Christliche Inwohner etlichmal bey den Vnsern angehalten/ sie auß dem Türckischen Joch zuerlösen: daher Ao. 1596. Hertz Palphi/ auß Gran/ jhnen/ den 20. Januarij, etlich hundert Mann zu Hülff geschickt/ mit welchen die Alt Ofner bey der Nacht davon/ vnd auff Gran gezogen/

gen/ allda man sie vbers Wasser gesetzt/ vnd auff Neuheusel geführt. Hieronymus Ortelius, schreibet/ daß den 22. Januarij bey 2160. Seelen/ sampt 175. geladnen Wägen/ vnd einer ansehnlichen Anzahl Viehes/ darzu zwey grosse Schiff/ darauff etliche alte Männer/ Jungfrawen/ vnd die fürnemsten Personen gewesen/ zu Gran glücklich ankommen seyen. Was den Teutschen Namen Ofen anbelangt/ so kompt solcher her von den Kalchöfen/ so vorzeiten zum Kalchbrennen daselbsten gestanden/ wie in deß Nicolai Olahi Attila zu lesen; welcher also sagt: Buda ab Attilæ fratre ædificata, & ab ejus nomine ita vocata, unde à fratre etiam propterea occisus est. Teutones eam, Eczelburg / i. e. arcem Attilæ vocarunt, deinde Ofen/ à furnis calcis, quæ olim, ex lapidibus illic coquebatur: wiewol Salomon Schweigger solchen vom König Ovo, der zun Zeiten Keysers Henrici III. regiret hat/ herführen will. Keyser Sigismund/ König in Vngarn/ hat ansehenliche Gebäu allhie geführt/ sonderlich einen stattlichen Saal/ auff Römische Manier/ im Schloß erbauet/ auch das Schloß mit einer

Mau-

Mauer vmbgeben/ vnd mit schönen Gängen/ vnd Gärten/ gezieret. Vnd seyn an solchen Gärten nit allein zur Gesundheit/ sondern auch zur Lust/ warme Bäder/ dabey heisse Fischweyher seyn/ in welchen Fische geboren werden/ vnd leben/ die aber/ so man in ein kaltes Wasser thut/ sterben; wie Georgius Wernherus, de admirandis Hungariæ Aquis, bezeuget. Nicol. Istuanfius schreibet hievon also: Thermarum fontes vehementi fervore scaturiunt, adeò, ut eorum aquis, anseres, & sues, ejusque modi animalia facilè depilentur; pisces tamen albos palmaris magnitudinis nutriunt, qui illæsi illis innatant, & si fortè capti in proximum Danubium projiciantur, frigidiorem aquam minimè sustinent, & protinus expirant, *pag. 230.* Fast mitten im Schloß hat Er/ der Keyser Sigismund/ einen gar grossen Thurn/ von Quaderstucken/ zu erbauen angefangen/ aber weil Er vom Tode vbereilet/ so ist das Werck nicht vollendet worden. Es ligt diß Schloß / wie auch ein guter Theil von der Stadt/ auff einer Höhe/ der ander aber nider an der Thonau. Sihe von solchem

chem Schloß/vnd auch den obgedachten köstlichen Bädern allhie/den besagten Salomon Schweiggern/in seinem Orientalischen Raißbuch. Es hat die Stadt starck Mauren/vnd Bollwerck; auch schöne wolerbaute steinerne Häuser/also/daß in gantz Vngarn nicht leichtlich jhres gleichen wird zu finden seyn. Ja besagter Wehnerus darff schreiben/daß kein Ort in der Christenheit mit Ofen zuvergleichen seye; Davon aber die/so Ofen gesehen/am besten werden vrtheilen können. Zwar/was das Lager anbelangt/so ist solches schön/vnd bequem/vnd die Gegend herumb fruchbar; wiewol der Wein/so zwischen Alt Ofen/vnd dieser Stadt/wachsen thut/nach Schwefel reuchet/so die warmen Wasser verursachen sollen. Isthuanfius schreibet/daß zu Ofen an dem Ort/wo vorhin die Königliche Ställ gewesen/jetzund Scheuren vnd Frücht Behalter seyen. Die Schiffbrucken/so von hinnen hinüber nach Pest gehet/solle von 65. Schiffen bestehen. Hulsius meldet in Chronol. daß noch viel Christen in der Stadt zu seiner Zeit gewohnt/so der Römisch-Catholischen/vnd Evangelischen Religion zugethan

than gewesen/die jhre Kirchen/vnd Schulen da gehabt. Obgedachter Schweigger sagt/daß die Christen allhie der Evangelischen Religion seiner Zeit gewesen/vnd ein feine Schul gehabt; es hetten sich auch viel Juden da auffgehalten/von denen vnd den Christen Er ein denckwürdige Geschicht setzet. Vnd obgedachter Isthuanfius meldet/daß in der Kirchen zu vnser Frauen/so man die Teutsche nenne/die Teutschen Burger allhie begraben werden. Zwar/wie besagter Hulsius ferners schreibet/so laßt der Türck an vnterschiedenen Orten seines Gebiets/im Königreich Vngarn/zu/daß nicht allein die Römische/neben der Lutherischen/vñ Calvinischen Religion da getrieben werde/sondern es seyn noch Mönche darinnen/so jhre Clöster besitzen. So ist bekant/daß/wann sich Teutsche Kauffleute/oder Diener/an gehuldigten Orten befinden/weñ die Türggen/im durchraisen solcher Orten einen Abstand nehmen/vnd sie/die Teutschen/allein in die Schul lauffen/daß keinem kein Leid zugefüget wird. Theils wollen/daß Ofen fast so groß als Eßlingen seye; welches/sonders Zweiffels/allein von der Obern/vnd rechten

Stadt

Stadt/zu verstehen ist. Hubertus Thomas Leodius rechnet in seinen Annalibus Palatinis, *lib. 7. pag. 209.* von Wien hieher 32. teutsche Meilen. Der S. Georgen Marckt/ oder Platz/ist groß. Es haben sich allhie viel denckwürdige Sachen zugetragen/ davon Bonfinius/ vnd andere zulesen.   Wollen allein zum Beschluß/ der neulichsten gedencken. A. 1438. als ein grosse Vneinigkeit zwischen den Vngarn/ vnd Teutschen/ entstanden/ haben die Vngarn die Teutsche Inwohner geplündert; davon auch M. Johannes de Thvvrocz *in Chron. Ungaror. part. 5. seu Chron. Sigism. c. 25.* zusehen. Als Ao. 1526. nach der Mohaczer Schlacht/ der Türggische Keyser Solymann hieher kommen/ hat Er die Stadt/ darauß die Inwohner geflohen waren/ besichtiget/ vnd solche/ wegen deß weitberümbten/ auch der schönen Gebäu/ Weite/ Lagers/ vnd sehr lustigen Außsehens halber/ herrlichen Schlosses/ gelobet/ vnd solche dißmals lär stehen/ vñ vnbesetzt gelassen: wie offtgedachter Vngarischer hoher Officier Isthuanfius schreibet. Also meldet auch Johannes Sambucus, in brevi appendice ad Bonfinium, daß Solymannus Ofen/
ohn

deß Königreichs Ungarn/ꝛc.

ohn alle Besatzung verlassen gefundē/vñ verbrand/vnd allein das Schloß/mit dem Königlichen Marstall/vñ dem Thiergarten/stehen/aber bey seinem Abzug nach Asia vnbesetzt gelassen habe. Also schreibt auch Caspar Ens *in hist. Ungar. lib. 4. p. 188.* daß Solymanus nach der Mochazer Schlacht/ Ofen ohn alle Besatzung gefunden / vnd daher solche Statt ohn alle Mühe/ eingenommen/ vnd verbrand/ deß Schlosses aber/ wie auch deß Königlichen Marstalls vnd Thiergartens/verschōt habe. Ortelius hergegē berichtet/ dz Solymañ Ofen beschossen/ auch nach 3. Stund gewehrter Widerwehr erobert/ die Teutschen beym Leben gelassen, die Vngarn aber/Mañ/Weib/vñ Kinder/alles erwürgt; das Schloß nach 2. Stürmen/ mit Accord/ auch eingenommen habe. Zwar/ daß damaln die Stadt/ vnd Schloß geplündert/ vnd die köstliche deß Königs Matthiæ Corvini Bibliotheck verbrand worden/das bezeugen Andere ; wird auch solches zur Cronstadt in Sibenbürgen an den Wänden der Kirchen daselbst gelesen. Als darauff von einer Parthey der Vngarischen Ständte / Johannes von Zapolia, Graff in Zips/ vnd Waywod

in

in Sibenbürgen/zum König in Vngarn erwehlet worden/vnd Er/hieher kommende/die Stadt öde/vnd schändlich verstellt gesehen/so hat Er das gedachte Königliche Schloß außsäubern lassen/vnd solches mit seinen Leuten besetzt/auch die Burger/vnd Inwohner/so in Teutschland/vnd andere Länder geflohen waren/wider dahin beruffen. Da aber vmb den Anfang deß 27. Jahrs Ertzhertzog Ferdinand von Oestreich/von dem Gegentheil zu Preßburg auch zum König erwöhlet worden/so hat Er/neben andern Orten/auch Ofen/ohne Blutvergiessen/in seinen Gewalt gebracht/vnd ist darauff eben mit der Cron/mit welcher zuvor gedachter Johannes/zu Stulweissenburg gekrönet worden. Ao. 1529. ist Solymannus, in dessen Schutz obgedachter König Johannes war/wider für Ofen kommen/hat die Stadt bald erobert/das Schloß aber hat sich etliche Tage tapffer gewehrt/biß zween Teutsche Obriste/Christopff Besserer/vnd Johannes Traubinger/wider deß Thomæ Nadasdij, Stadt Obristen/Willen/wie der Vngar Isthuanfius schreibet/es mit Beding den Türggen vbergeben haben/welche ther Accord aber jhnen nicht gehalten worden/ſondern es ſeyn alle/ etlich wenig Jünglinge außgenommen/ vmbgebracht worden; gar wenig ſeyn mit der Flucht davon kom̃en vnter welchen gedachter Commendant Nadaſdi geweſen/ welcher als man Jhn zum Waſſer geführt/ in ein Schiff geſprungen/ ſolches ohne Ruder zu dem gegen vber ligendem Geſtad/ da beſagter K. Johannes ſeyn Lager hatte/ getrieben/ von welchem er Gnad begehrt/ die er auch erlangt hat. Die Stadt/ vnd Schloß Ofen aber hat Solymann Jhme Johanſen wider geben/ vnd den Ludwig Griti/ von Venediſchen Eltern zu Conſtantinopel geboren/ mit 3. tauſend Türggen/ bey jhme gelaſſen / Er aber iſt zur Belägerung Wien gezogen/ vnd da er davor mit Schaden abziehen müſſen/ vnd in der Ruckraiſe wieder auff Ofen kom̃en/ hat er den beſagten König Hanſen beſucht/ Jhme das Königreich beſtättiget/ Jhn ſeinen Bruder genant/ vnd demſelben die Vngariſche Crön/ Scepter/ vnd andere deß Königreichs Kleinodien/ welche Er Solymann/ zuſampt derſelben Verwahrern/ Petro Peremio, in ſeinen Gewalt vorhero auff die Weiſe/ wie ſie vom gedachten Isthuanfio *p. 167.* erzehlet wird/ gebracht/vbergeben. Ao.1530. oder 31. (dann hierinn Isthuanfius nit gar klar ist/ Ortelius aber vnd Andere solche Belagerung gar mit stillschweigen vbergehen/) hat Herr Wilhelm von Rogendorff/ im Namē K. Ferdinands/ den ersten Novembris, Ofen zu belagern angefangen; zu welcher Zeit in der Stadt viel von Hunger gestorbē/ vñ die noch vbrig waren/ musten jhr Leben mit Roßfleisch erhalten. Vnd were kein Zweiffel gewest/ wan Rogendorff zeitlicher darfür kommen/ vnd nicht so viel Zeit dem K. Johansen/ den Ort mehrers zubefestigen gelassen/ daß Er solchen einbekommen hette. Aber/ weil Mehemet/ der Bascha zu Griechisch Weissenburg/ den Belagerten zu Hülff kame/ hat Rogendorff die Belagerung/ ehe die Türggen angelangt/ auffgehebt/ viel Kriegszeug/ vnd Soldaten/ so entweder kranck/ oder verwund/ in den Gezelten gelegen/ dahinden gelassen/ so die Feind jämerlich hernach vmbgebracht haben. Ao.1540. hat Herr Leonhard von Fels/ Ofen/ bey den obern Bädern/ nahend der Thonau/ vnd nicht weit von der Stadt/ vnd dem Tempel zur H. Dreyfaltigkeit

deß Königreichs Ungarn/ꝛc.

keit/gegen Abend/ belagert/aber vergebens. Das folgende 1541. Jahr ist obgedachter Herr Wilhelm von Rogendorff wieder darfür kommen/aber den Ort mehrers befestigter gefunden/ als Er jhn vor zehen Jahren verlassen; daher auch die Unsern grossen Schaden davor gelitten/ dessen Schuld Isthuanfius Jhme dem von Rogendorff/ zumisset. Der Türckische Keyser Solymann ist selbsten zum Entsatz da ankommen/vnd hat darauff deß Königs Johansen Wittib/ vnd jhrem Söhnlein/Geschenck ins Schloß geschickt/vnd solches Kind Jhme ins Lager zu senden begehrt. Als Er dieses erhalten/hat Er die Seinigen in die Stadt gesand/ welche dieselbe beträglich eingenommen/vnd in sein Gewalt gebracht haben. Es hat gleichwol Solymann das Kind der Mutter wieder vberschickt/vnd Jhr anzaigen lassen/daß Er die Stadt/ vnd Schloß Ofen behalten wolle/biß jhr Söhnlein erwachse. Dann Er nicht alle Jahr jhr zu Hülff/wider die Teutschen/herauß kommē könne. Wolle jhr aber Sibenbürgen/mit einem Theil/von Unter-Ungarn/ auch das Lippische/vnd Temeswarische Gebiet/sampt den Saltz: vñ Goldbergbergwerken/die Ihr Gemahl/König Johannes/bey seinen Lebszeiten gehabt/vnd die an den Polnischen Gräntzen/in der Landschafft Maramarus gelegen/vñ jhrem Herrn Vatter/König Sigismunden/(welches Ihr nicht zu geringem Trost seyn könne/) benachbart weren/lassen. Der Mönch Georgius, wie es König Johannes vor seinem Absterden geordnet/soll Vormund/vnd deß Königreichs Verwalter; vnd der alte Verbecius, Vngarischer Richter zu Ofen/seyn; die vbrigen Landherren aber bey jhrem Stande vngeschmälert verbleiben. Er wolle auch/daß alles Geschütz/Kriegsberaitschafft/vnd Proviant/zu Ofen bleiben solle / vnd hierüber Schrifftliche Versicherung thun / daß Er der Königin (welche/Namens Isabella vmbs Jahr 1539. zum gedachten König Johann geheyrathet/vnd Ihme Ao. 40. den 7. Julij besagten Sohn/den Theils Johann Theils Johann Jacob/Isthuanfius aber beständig Johann Sigismund nennen/zu Ofe gebohren hat/als Er/König Johannes/damals in Sibenbürgen war / daselbsten Er auch bald darauff/nemblich den 21. Julij im 53. Jahr seines Alters / gestorben/ vnd auß

Si-

deß Königreichs Ungarn/ꝛc.   213

Sibenbürgen nach Stulweissenburg / zur Begräbnuß/geführt worden ist/)obgedachtem Sohn/die Stadt Ofen/ wann Er zum tauglichen Alter/das Königreich zu administriren/durch Gottes Gnad / gelangen werde/wider geben wolle. Als die Königin solches vernommen/ist sie mit grossem Seufftzen vnd vielen Zähren/als von der Noth gezwungen/von dannen in Sibenbürgen gezogen: Er Solyman aber hat sich bald darauff nach Constantinopel wieder begeben/vnd ist besagter Verbecius, fast alles Vnglücks in Vngarn Verursacher/allhie zu Ofen / gestorben. Ortelius sagt/ daß im folgenden 1542. Jahr Ofen/ wiewol vergebens/ von den Christen seye belagert worden. Der auch sagt/daß Ao. 1577. Ofen grossen Schaden vom Wetter gelitten. Ao. 1598. ist Ofen abermals von den Vnsern vergebens belagert worden; ob woln sie die hindere Vorstadt/ wie auch die Obere Vorstadt im Zwinger/ mit stürmeter Hand erobert / vnd in die Juden: oder Wasserstadt hinein gedrungt; vn̄ hat die Belagerung den 4. Octobris angefangen / vnd sich den 2. oder 3. Novembris geendet; vnd seyn die eingenommene

O 3   Vor=

Vorstädt abgebrand worden; wie gedachter Ortelius sagt. Isthuansius schreibet/ daß die Vnsern damaln ihr Lager zwischen Alt Ofen/ vñ dem öden Ort/ so man Sicambriam nennet/ langst der Thonau her/ geschlagen/ die Hügel/ vnd bequemere Ort; das Vngarische Fußvolck aber die Bäder/ so man vor Jahren die Vntere/ jetzt die Mustaphanische nenne/ wie auch die Obere/ so man etwan zur H. Dreyfaltigkeit heisse/ eingenommen. Besagte Vntere Bäder hat zu seinen/ deß Isthuans/ Zeiten/ Mustaphas, Bascha zu Ofen gar köstlich/ von Quadersteinen/ mit Bley/ vnd Glaßwerck/ erneueren/ bedecken/ vñ zieren; an den Obern aber bey 30. Mühlen vngefehr/ zum Pulvermachen vnd Getrayd mahlen/ durch einen Werckmeister auß Asia, schön bauen/ vnd mit einer Mauer vmbgeben lassen. Damaln haben die Vnsern auch/ meldet Er ferners/ die Eussere Vorstadt/ in welcher deß Bassa Hauß/ Stallungen/ vnd Gefängnussen/ seyn/ eingenommen/ wiewol solche mit einem Wall/ vnd in andere Weg wol verwahret gewesen. Hernach seye auch die Vntere Stadt eingenommen werden/ so vor Alters keine Mauren gehabt;

habt; aber nach dem Solymann Ofen eingenommen/vom Arslane, dem Bascha/auff seinen Befelch/mit einer/zwar nicht gar starcken Mauer vmbgeben worden. Hernach haben die Vnsern die Obere Stad angegriffen/darinn auch die Juden Gassen: aber wegen bösen Wetters muste die Belagerung auffgehoben werden. Vnd dieses sagt gemeldter Vngar. Ortelius will/daß das folgende 99. Jahr/Ofen von den Vnsern wieder/wie wol abermals vergebens/tentirt worden. Ao.1602. den 2. Octobris, oder wie Isthuanfius will/den 29. Septembris, haben die Vnsern wiederumb Ofen vergebens zu belagern angefangen. Sie nahmen das Blochhauß auff dem Gerharts Berg/ wie auch die Wasser: oder Judenstadt/ vnd das Ober Vorstädtlein (dann es allhie 3. Vorstädte/ die Hinder/ Ober/ vnd Vnter/ hat/) ein/vnd ruinirten die Schiffbruck/ so hinüber nach Pest gienge. Aber der Obern/ oder Hauptstadt/vnd dem Schloß Ofen/kunten sie nichts angewinnen; musten sich auch/ mit jhrem Schaden/mit dem Türggischen Bassa von Griechisch Weissenburg/ so Ofen zu Hülff kommen/schlagen. Vnd ob woln Ertz-

O 4   her-

hertzog Matthias selbsten die Belagerung wieder vor die Hand genommen/ so wehreten sich doch die Türggen/ sonderlich/ nach dem besagter Hasanes 2. tausend Mañ/ bey dem Wasserthurn in die Stadt gebracht / also hefftig/das die Vnsern/ den 15. Novembris, mit Einbüssung etlich tausend Mann/ wieder allda abzogen. Ao. 1603. ist Hauptmann Lehner auß der Stadt Pest herüber in die warme Bäder bey Ofen gefallen/als die Thonau vberfroren war/ vnd hat die nackete Männer/ die nicht so geschwind zu jhren Wehren kommen kunten/ausser einen/ oder zween Knaben/ alle nidergemacht: aber die Türggische Weibs Personen/ die auch ohne Kleider im Bade gewesen/ haben sich geschwind mit Tüchlein bedeckt/ vnd in deme die Männer gefochten/ vber das Eyß/ im Schrecken/mit Heulen/ kaum in die Stadt Ofen errettet. Ao. 1606. den letzten Maij, hat das Wetter zu Ofen eingeschlagen/vnd wurden der Türggen/ sampt Weib / vnd Kindern/ bey 800. Personen/ durch das zersprengte Gemäuer / erschlagen. Ao. 1625. seyn allhier vber die tausend Häuser abgebronnen. Ao. 1635. zu Anfang deß Septembris,

deß Königreichs Vngarn/ꝛc.

bris, ist diese Stadt/durch ein vnversehene Feuersbrunst/gantz in die Aschen gelegt worden/so gar/daß nicht allein zwey Stadtthor/ sondern auch die Lavetten an den Geschützen auff den Pasteyen/verbronnen seyn;wie in deß Latomi Franckfurtischen Herbst Relation dieses Jahrs/am 101.Blat/stehet.

Es ligt ein wenig oberhalb Ofen/in der Thonau/S.Margreten Insel/ so Cepelia genant wird/viel Dörffer/vnd den Marcktflecken Couin, sampt Kirchen / vnd allerhand Gebäu/begreiffet/vnd sich fast auff 8. Vngarische Meilen erstreckt. Es wird diese Insel auch die Hasen Insel genant. Den rechten Namen S. Margarethen aber hat sie von deß Königs Belæ deß I. in Vngarn Tochter Margarita, die in solcher ein Closter Jungfrau oder Nonne gewesen/vnd hernach in die Zahl der Heiligen ist versetzt worden. Sihe/was von Ofen/vnd der geweste Blbliothec allhie/in dē Collectaneis p.262. einkommen ist vnd auch noch ein mehrers von dieser Stadt beym Lundorpio in Sleid. Contin. Tom 3.p.207. 235. seqq. 239. 857.

Palo-

Palota/

Eine Vestung in Ober Vngarn/auff einem Berge/2. oder 3. Meilen von Stulweissenburg gelegen/welche Ao. 1565. Arslanes, Bassa zu Ofen/belagert/ aber Georgius Thurius, tapffer beschützt hat/ deßwegen auch hernach der Arslanes, auß Befelch deß Türggischen Keysers Solymanni vmbgebracht worden ist. Ortelius, der diese Belagerung ins 66. Jahr referirt/nennts eine Stadt/vnd Schloß. Andere/vnd darunter auch der Isthuanfius, nur ein Schloß/welcher sagt daß es 2. Meilen von Wesprin gelegen / vnd vom Nicolao Vilaquio vor der Zeit zu einem Lusthause mehrers in einem Thal/als Ebne/ erbauet/ vnd von seinem Sohn Laurentio, mit Gewölben/Schwibbögen/vnd Saal vermehret worden/ daher es auch seinen Namen bekommen. Hat einen weiten Graben mit hohen Mauren allenthalben vmbgeben/ darinn beständigs/ vnd gesundes Wasser quillet/so den Theil gegen Morgen vnd Stulweissenburg/ gleichsam wie mit einem See befestiget/ da der Obere Theil gegen Mitternacht hergegen dürr vnd

ohne

ohne Wasser seye. Ao. 1593. hat Sinanus, der Türggische General/ durch Zaghafftigkeit der Unsern/ diesen Ort/ mit Vertrag/ den Er aber nicht gehalten/ erobert. Anno 1598 haben die Türggen den Unsern Palota freywillig auffgebē. Sihe Lundorp, in Sleidano Contin. *Tom. 3. p. 193.* welcher sagt/ daß damalen auch Velprinium, Sambucum/ vnd andere Castell/ den Unserigen zu Theil worden seyen. Ao. 1603. haben die Türggen diesen Ort vergebens wieder zuerobern sich vnterstanden. Daher Palota noch den Christen zugeaignet wird.

Papa/ Pappa,

Stadt vnd Schloß/ in Nider Ungarn/ nicht weit vom grossen Wald Bakon, vnd 5. Meil von Rab gelegen/ dahin man/ neben schönem Weingebürg/ Schiltberg/ vnd Sokro genant/ raisen thut. Es ist kein Brunn vnd Trinckwasser in der Stadt/ sondern man muß sich Sommer vnd Winterszeit/ so wol fürs Vieh/ als Menschen/ deß Teichwassers/ so die Länge der Stadt gegen Mitternacht bewahret/ gebrauchen. Ist sonsten ein gutes Land herumb/ aber gefährlich der

der Türggen halber/ so daselbsten zustraiffen pflegen/ vnd seyn die Inwohner zu Papa offt auff ihren Feldern/ vnd in ihren Weinbergen/ vor jhnē/ nit sicher. In dem 6. Theil deß Georg Braunen StädtBuchs/ wird dieser Ort auch beschriebener gefunden. Daher allhie allein zumelden/ was der Teutsche Ortelius, vnd der Vngar Isthuanfius, von solchem schreiben. Dieser Letztere nun berichtet/ daß die Mühlen allhie durch das Wasser/ so man auß dem Teich laitet/ getrieben werden. Der Stadtgraben seye voll tieffes Wassers/ vnd die Stadt mit einem doppelten Wall vmbgeben. Zwischen jhr/ vnd dem Schloß/ seye ein neuer Graben/ 10. Schuch tieff/ vnd noch so viel breit. Ao. 1594. seye Papa / zur Zeit der Belager: vnd Eroberung Rab/ von den Vnsern verlassen worden/ (Ortelius sagt/ daß vorhero in Anno 1593. durch Vbergebung/ so aber nicht gehalten/ den 30. Septembris, Papa in der Türggen Hände kommen/ besagtes StädtBuch setzt das 92. Jahr/) welchen Ort Ao. 1597. Ertzhertzog Maximilian wieder belagert/ die Stadt mit Sturm/ das Schloß aber mit Accord/ erobert habe. Ortelius sagt/

seye

sche den 19. Augusti geschehen/ vnd bald
darauff ins Schloß Feuer kommen/darüber
es im Rauch auffgangen. Ao. 1600.versuch-
ten die Türggen solchen Ort wieder / aber
vergebens/zueroberen. Darauff die Frantzo-
sen/vnd Wallonen/so in der Besatzung allhie gelegen / eine Auffruhr erregt / vnd den
Türggen zu Stulweissenburg Stadt / vnd
Schloß/für jhre vorgegebene außstandige
Besoldung/verkaufft. Die Türggen haben
jhnen zwar einen MonatSold geschickt/vñ
sie an:aber Papa nicht eingenommen. Deßwegen der von Schwartzenberg den Ort be-
lägert/ die Frantzosen sich tapffer gewehrt/
vñ in einem Außfall/Jhn/den von Schwar-
tzenberg/selbsten erschossen. An seine Statt
käm Melchior von Redern/ ein Schlesier/
vnd vortrefflicher Obrister/ der aber im Lager schwerlich erkrancke / vnd hernach zu
Teutschen Brod in Böheim gestorben ist;
Als er bey seinem Abraisen auß dem Lager
die Auffsicht vber das Kriegsheer/dem Na-
dasdio/(dañ Nicolaus Palffius dieses Jahrs
zuvor auch gestorben war/) anbefohlen hatte. Als in wehrender Belagerung d'Hunger
zu Papa also vberhand genommen/daß nichts
mehr

mehr als die Gefangene zu essē vbrig war/sie aber/die Frantzosen dafür einen Grauen vñ Ekel hattē/so seyn sie durch einē Fußsteig der zwischen dem Wall/vnd dem Teich/gleichwol an vielen Orten/Wassers vnd Koths halber/vngangbar/aber bey der Nacht von jhnen mit Stroh/vnd Brettern außgefällt worden/mit jhren Weibern/vnd Kindern/ auß der Stadt/den 10. Augusti, auff Weissenburg zugezogen. Sie wurden aber auff dem Weg/von den Vngarn/)deren Nächstbefreundte/vnd Verwandte/sie gar vbel tractirt hatten/) vnd den Teutschen/erdappt/der gröste Theil von jhnen erlegt/vnd greulich vmbgebracht/also/daß auch der Kinder/vnd Weiber/nicht verschont worden. Bey 90. vngefehr hat man gefangen/vnd mit grausamer Marter hernach hingerichtet. Es sind auch in dem Treffen mit jhnen der Vnsern viel geblieben/vnd viel verwundet worden. Auß den 800. Frantzosen/so in Papa gelegen/seynd kaum 200. zu den Türggen auff Stulweissenburg kommen. Vnd ist also Papa wieder vnser worden/vnd bißdaher auch geblieben.

Pesth/

deß Königreichs Ungarn/ꝛc.   223

Pesth/ Pesthum, Pestum,

Diſe Stadt ligt gegen Ofen vber/ von der C. Ens *in deliciis apodem. per Germaniam, p. 13.* ſagt/ daß ſie vielleicht von den Peſtanis militibus, zur Zeit der Römiſchen Regierung / möge ſeyn erbauet worden; der auch meldet / daß Keyſer Sigiſmund von dem Schloß zu Ofen hinüber nach Peſt/ (allda Er auch einen ſolchen Bau / wie das vorgedachte Schloß/ angefangen/) eine Bruggen habe machen/ vñ dardurch beede Schlöſſer zuſammen richten wollen / welches aber/ wegen ſeines eingefallenen Todtes/ verblieben / ſo ſonſten/ ohne Zweiffel / deß Keyſers Trajani Brugge/ die Er vorzeiten in dem Obern Myſia vber die Thonau hatte ſchlagen laſſen/ vbertroffen hette. Es gehet gleichwol eine Schiffbrugge von Ofen hinüber nach Peſt/ dahin man in einer halben Stund ſolle gelangen können. Salomon Schweigzer in ſeinem Orientaliſchen Raißbuch/ meldet/ daß Peſt kleiner/ als Ofen in einem ebenen weiten Felde gelegen/ ziemlich hohe/ vnd dicke ſtarcke Mauren habe. Inwendig ſeyen ſchlechte nidertrechtige Gebäu/ vñ liederliche Häußlein/ auch ſehr kottige/ vnd wüſte Gaſsen/ darinn seiner Zeit/ etliche Christen gewohnt/ die ein eigene Kirchen/ vnd Pfaffer/ so der Evangelischen Lehr hat seyn solle/ aber keine Glocken/ noch Schlaguhr/ gehabt/ welche Vhren man damaln noch zu Gran/ vnd Ofen/ sonsten aber in der Türckey deren nicht mehr/ wie Er sagt/ gefunden hat. Isthuanfius berichtet/ daß Pest viereckicht gebauet/ in der Ebne/ vnd nidriger/ als Ofen/ gelegen/ seye. Das Feld herumb/ darauff man auß Ofen vnverhindert sehen/ vnd schiessen kan/ werde von einem Bach dieses Namens/ Racosius campus genant. Nach der Schlacht bey Mohacz im Jahr 1526. hat der Türckische Keyser Solymann Pest gleich erobert/ vnd alles Volck/ was noch da gewesen/ erwürget. Ao. 1540. hat K. Ferdinandi I. General/ Leonard von Fels/ Pest eingenommen/ so gleichwol/ wie Ortelius schreibet/ die Inwohner verlassen hatten. Ao. 1541. haben die Türggen diesen Ort erstlich vergebens belagert/ hernach aber/ als die Vnsern davon geflohen/ vnd die Stadt gleichsam lär gelassen/ leichtlich einbekommen. Ao. 1542. hat Herr Joachim/ Marggraff von Brandenburg/ dieses Pest vergebens belagert/ vn-

an-

angesehen er ein ansehnliches grosses Kriegsheer bey sich gehabt hat: deßwegen auch der Teutschen Vornehmen/ so sie nun das dritte mal/ Ofen wieder zu erobern/ gehabt/ vergebens gewest ist. Ao. 1600. haben etliche auß der Besatzung von Gran/ zu Fuß/ unversehens dieses Pest vberfallen/ die so sich zur Wehr gestellt/ nidergemacht/ vnd seyn zween Tag/ biß sie jhren Raub zu Schiff/ vnd nach Waitzen gebracht/ in der Stadt geblieben. Ao. 1602. haben die Unsern diesen Ort wiederumb/ aber mit grossem Gewalt/ eingenommen/ vnd dißmal behalten/ vnd besetzt. Vnd ob woln der Türckische General Halanes, nach der Schlacht mit den Vnsern glücklich vff den Feldern vor Pest gehalten/ diese Stadt wieder belagert/ so hat Er doch nichts außgericht. Ao. 1604. ist Hasanes mit seinen Türcken/ wieder auff die Pestische Felder kommen: dessen der Obriste zu Pest/ ein Jagenreutter/ so sehr erschrocken/ daß Er vnerwartet seiner Ankunfft/ vnd Belagerung mit der Besatzung/ auff Gran geflohen/ die Stuck/ sampt vieler Zugehörde vnd Proviant/ hinterlassen/ die Stadt aber zuvor angezündet hat/ so den 5. Septembr.

P   als-

alten Cal. solle geschehen seyn/ wie Ortelius will. Isthuanfius sagt/ Hasanes seye den 10. diß/ neuen Cal. vff selbigen Feldern ankommen.

Pösing / ein Vngarischer Marcktfleck zwischen Modern/ vnd S. Georgen/ von Preßburg/ auff Tyrnau zu / gelegen / welches Pœsinga, wie auch gedachtes Stättlein/ oder Marcktfleck/ S. Georgen/ wegen deß köstlichen Weins / berümbt. Ao. 1619. nahm Pösing/ vnd S. Georgen/ der Bethlen Gabor ein. Ao. 1621. hat Bucquoi/ Keyserlicher Feldmarschall/ Pösing/ vnd S. Georgen außblündern/ vnd in Brand stecken lassen. Anno 1648. war zu Pösing eine grosse Brunst/ vnd solle solcher Ort Anno 1655. von 2. Türckischen Außspehern fast halb abgebrand worden seyn.

Petrinia/ Petrina, ein Schloß/ dessen Abbild: vnd Beschreibung/ in dem 6. Theil deß Georg Braunen Stättbuch/ zu finden ist. Ao. 1592. hat Hasanes, Bassa in Bosnia, dieses Schloß bey dem Ort erbauet/ da das Wasser Petrina in die Culp fält/ ein Meil Wegs von Sisseck in Crabaten/ damit Er dieselbe lustige/ weite/ vnd Volckreiche

che Gegend/ so von der Kulp/ oder Colapi, biß zur Sau/ vnd Zagrabia/ sich erstreckt/ Ihme vnterwerffen möchte: welchen Baw auch die Türggen/ als Herr Steffan Graßbain/ Hauptmann zu Capronitz/ oder Caproncia, dem Herrn Erdodi (oder Thomæ Erdodo, Slavoniæ Bano) nicht bey zeiten/ wie Isthuanfius redet/ zu Hülff kommen/ vollendet/ vnd deß Erdodi Volck noch dazu angegriffen/ viel erlegt/ vnd die vbrigen in die Flucht geschlagen. Ortelius sagt also: Petrinia/ ein new mit Holtzwerck in einander geschlossen/ vnd wol verwahret Blockhauß/ an der Culpa/ wird deß Jahrs 1592. sampt einer Brucken darbey/ erbawt. Anno 1593. wolte besagter Erdodi dieses Petrinia belagern/ aber Herr Ruprecht von Eggenberg wolte nicht darein willigen/ sondern zoge mit seinen Teutschen nach erhaltenem Sieg wider die Türcken bey Syseeg/ ab. Es ist gleichwol hernach/ noch dieses Jahr/ von den Vnsern/ die Belagerung vorgenommen/ aber/ als die Türggen zum entsatz herbey kommen/ nichts außgerichtet worden. Das folgende 94. Jahr hat Ertzhertzog Maximilian dieses Petrinia wieder belagert/

gert, vnd nach dem die Türckische Besatzung davon geloffen / vnd das Schloß angezündet / solches auff den Grund abbrechen lassen: welches aber die Türggen wieder müssen erbauet haben / weiln die Vnsern/ im folgenden 95. Jahr solches abermals erobert/ vnd besetzt haben. Ao. 96. haben die Türggen diesen Ort belagert; der ist aber von den Christen Mannlich entsetzt / vnd der Türggen grosses Kriegsheer/ von wenig der Vnsern / geschlagen worden. Sie haben zwar noch in diesem Jahr Petrinia wieder / aber doch abermals vergebens belagert. Vnd gehört solche Vestung noch/ wie Ao. 1640. von einem vornehmen Herrn berichtet worden/ den Christen: Wie dann denselben auch solche im Jahr 1617. in obgedachtem Stättbuch/ zugeaignet wird. In den Ao. 1638. zu Preßburg gemachten Articuln stehet/ daß die Nedelizentes, vnd Colapiani milites in Croatia, vnd Slavonia, Christen seyen.

Posega/ ein Schloß/ davon ein gantze Landschafft in Vngarn/ nahend dem Illyrischen Lande/ zwischen den zweyen Wassern/ Sau/ vnd Drab/ fast gleich innen gelegen/ den Namen / vnd selbige von Mitternacht die Drab/

des Königreichs Ungarn/ꝛc.

Drab/vnd von Mittag die Sau hat; von Slavonien aber durch den Berg Garawitz abgesondert wird. S. Nogradum, oder Novigrad.

Preßburg/Pisonium, Posonium, Pausonum, Hungar.

SO heutigs Tags für die Christl. Hauptstadt in gantz Vngarn/od' doch wenigst in Nider Vngarn gehaltē wird. Aventinus will/ daß dieser Ort zu der Zeit/ da die Mehter noch allhie Herren waren/ Uratislaburgum geheissen habe/ darauß hernach die Teutschen Preßburg gemacht hetten. Lazius sagt *lib. 12. Comment. Reip. Rom. sect. 3. c. 7. fol. 973.* daß die Teutschen diesen Ort/ Breßburg/ von deß alten Bregetionis versetztem Gemäuer/ vnd einem wüst ligenden alten Marcktflecken/ oder Burg/ genant. Er muthmasset auch/ daß dz Vngarische Wort Pauson, dardurch Preßburg verstanden wird/ nicht von dem Römer Pisone, wie die Vngarische Jahrbücher wollen/ sondern von einem See/ so Peiso genennet wird/herkomme/ dessen Plinius, in der Nachbarschafft deß Norici, vnd Pannoniæ, gedencket/ Ihn

Lacum Peisonis, Antoninus aber Lacum Felicis, vnd heutigs Tags die Vngarn Ferταum, vñ die Teutschen von dem vornemen Flecken Neusidel/ den Neusidler See heissen. Ist ein fischreicher See an den Vngarischen/ vnd Oesterreichischen Gräntzen/ fast bey vier Meilen von Preßburg gelegen/ daran vnterschiedliche Ort/ ausser besagtem Neusidel/ als S. Wolffgang/ ein Dorff/ vnd Schwefelbad/ Rust/ vnd andere mehr/ ligen/ so mit Fischwerck/ Wein/ vnd Ackerbau/ ihre Nahrung suchen. Das Wasser ist nicht hart/ vnd wird Winterszeit ein grosser Vberfluß vom Gerohr da abgestossen/ welches nicht allein zu Bedeckung der Häuser/ sondern auch zu Decken/ vnd dergleichen/ Item zum Brennen/ vnd Brodbachen/ in den vmbligenden Orten gebrauchet wird. Vnd daß vor zeiten Breßburg von den Lateinern nit Pisonium, sondern Bauzonum, genant worden/ das bezeuget Otto Frisingensis *lib. 7. Chron. cap. 13. & lib. de. reb. gest. à Frider. 1. cap. 30.* zwischen obgedachtem See/ der Raab/ dem Calenberg/ vnd der Muer/ vmb Sarwar/ Seapring/ vnd selbigen Orten herumb/ vermeynt Phillippus Cluverius, in antiqua

Ger-

Germania, seyen die Deserta Bojorum gewesen/ deren Strabo, vnd Plinius gedencken; deme gleichwol Marcus Velserus, vnd Andreas Brunnerus, in jhren Boischen/ oder Bayerischen/ Historien/ zu wider seyn. Sihe von disen der Bojorum Desertis auch oberwehnten Lazium, am 1094. Bl. die Er mitten im Lande/von der Ens an/biß an den Calenberg/ da die sehr alte Graffschafft Boilstain/ oder Boelstein/ vnd Boidhofen/ so man jetzt Bayerisch Waydhofen nennet/ in Oesterreich/ gelegen/ setzet; Item von Preßburg den 4. Theil deß Georgen Braunen StättBuchs. Es ist Preßburg ein alte/ vnd schöne Stadt/ allda man Vngarisch/ vnd Teutsch/ redet; wie dann Vngarn ausser: vnd in der Stadt/ bey den Teutschen/ wohnen/ aber das Regiment führen die Teutschen/ auß welchen auch der Rath besetzt wird/ so dero Jährlichen Wahltag den 24. Aprilis halten thut. Die Inwohner seynd guten Theils der Augspurgischen Confession zugethan/ die jhre Nahrung mehrertheils vom Acker: vnd Weinbau/ auch dem Viehhandel/ haben/ den sie nach Oesterreich/ so nicht weit davon bey einem natürlichen/

vnd truckenen Graben/ sich anfahet/ treiben.
Wann man von Wien (so bey 9. oder 10.
Meil Wegs von Preßburg ligt/) zu Lande
kompt/ muß man sich auff einer Bletten/ so
ein Art von Schiffen/ vber die Thonau/ so
sich bey dieser Stadt in 2. Aerm theilet/ führen lassen/ weil keine Brugge da ist; damit
man dann wol eine Stunde zubringet. Es
ist die Stadt an jhr selbsten nicht gar groß/
auch nicht sonderlich vest: aber das Schloß/
ausser S. Lorenzen Thor/ auff dem Berg/ ist
sehr fest/ vnd schön/ viereckicht erbauet/ daran vier Thürne seyn/ in deren einem/ auff
Oesterreich zu/ die Königlich Vngarische
Cron gemeinlich verwahret wird; darzu/ wie
Einer berichtet/ sieben Vngarische Herren/
ein jeder einen absonderlichen Schlüssel/ damit keiner/ ohn den Andern/ hinein gehen könne/ haben.   Vnd ist neulich dieses
Schlosses Hauptmann/ Herr Graff Paulus Palffi gewesen/ vnd vielleicht noch/ dessen Bruder Stephanus Palffi/ deß Königreichs Vngarn Cantzler/ vnten am Berge
gewohnet hat. Die Stadt selbsten hat drey
Thor/ als das besagte Laurenzer/ das Mi-
chaeler/ vnd das Widritzer Thor.   Darzu
man

deß Königreichs Ungarn/

man das Fischer Thörlein/ dabey die
ihre Wohnungen herumb haben/ thut.
Auff dem Thurn deß Michaeler Thors we=
den diese Wort gelesen; Omne Regnum
in se ipsum divisum desolabitur. Bey
dem Widritzer Thor ist nahend die schöne
Kirch/ Collegium, vnd Seminarium S.
Emerici Ducis, der Jesuiter/ welche Georgius Druget de Homonna am ersten in
seinem Gebiet in Ungarn eingeführet hat.
Die Franciscaner haben auch ein feinen Tempel/in dessen Vmbgang das Leben/ vnd die
Wunderwerck/ deß H. Francisci; in der Kirchen aber drinnen der Höllen/ vnd deß Fegfeuers Pein zu sehen. Es ist sonsten noch ein
Closter allhie/ welches/ weil es vom Alter
schadhafft worden/ Petrus Pazmani, der
Römischen Kirchen Cardinal/ vnd Ertzbischoff zu Gran/ der Ao. 1637. gestorben/abbrechen/ vnd von Grund auff wieder hat er
bauen lassen; wiewol Er das Ende daran
nicht erlebt/ sondern sein Nachfahr/vñ Ertzbischoff zu Gran/ Emericus Losi, solches
vollendet/ vnd Jungfrauen S. Claræ Ordens/ Ao. 1640. hinein gesetzt hat. Es ist
auch S. Martini Stiffts kirchen allhie/ deren

Vorsteher / oder Probst / vmbs Jahr 1522. Hieronymus Balbus, hernach Bischoff zu Triest / vnd endlich zu Gurck / gewesen ist / vnd in welcher die Königliche Crönungen zu geschehen pflegen. Die Evangelisch Lutherischen haben vor wenig Jahren ein gantz neue Kirchen in der Statt / auff dem Marckt / nicht weit vom Rathhause / erbauet. Von welcher ein günstiger guter Freund vnlangsten also geschrieben: Diese Kirch ist zwar so brait / als das Münster zu Vlm / aber nicht so lang / vnd nicht so hoch / hat aber auff drey Seiten sehr braite Vorkirchen / oder Lettner; auff der vierten Seiten die Orgel / allda die Studenten sich befinden / also / daß oben schier so viel Personen Platz haben / als herunden; Sonsten aber ein vberauß helle / vnd schöne Kirch. Sie knien nider / brennen Wachsliechter / singen das Vatter vnser / vnd den Segen / gehen mit dem Creutz / vnd Gesang. Halten drey Prediger / vnd einen Seniorem, Mitten in der Kirchen stehet oben geschrieben.

Sancta Trias, Domus hæc tibi sacra est
Numine nomen;
Et tua conserva dogmata Sancta Trias!

Vnd

Vnd so viel sagt dieser. In dem Jahr 1640. in 4. von gedachter Kirchen zur H. D. eysaltigkeit genant/ außgangenem Tractat/ wird gemeldet/ daß solche an dem Ort/wo die alte abgebrochne Kirch gestanden / wieder erbauen; aber erweitert worden. Man habe vber dritthalb Jahr an solcher gebauet; die Einweyhung seye den 20. vnd 21 Christmonats/ deß 1638. Jahrs/ geschehen: vnd werden alle Sonn: vnd Feyertag die Liechter auff dem Altar/ bey der Communion, angezündet: auch die Prediger der Augspurgischen Confession darinnen ordiniret. Es hat allhie auch ein wolbestellte Evangelische Lateinische Schul/oder Gymnasium; Item 4. Apotecken. So seyn auch gemeinlich 4. bestellte Doctores der Artzney allda. Nahend dem Fischer Thörlein hat es ein ansehnliches Bad. Wie sonsten die Stadt lustig liget/ also hat sie auch vor vielen andern Vngarischen Städten einen guten gesunden Lufft. Die in der nähe herumb gelegens Berglein seynd fruchtbar an Wein/ geben auch gnugsam Holtz. Die Vorstadt ist groß; welches auch von nöthen / weiln offt die Vngarische Landtäge allhie gehal-

ten werden. So wohnen auch bißweilen all-
da/ der Ertzbischoff von Gran/ vnd andere
grosse Vngarische Herren/ wegen der Königlichen Cammer/ so daselbst ist.   Es gibt
auch grosse Viehwenden bey der Thonau
herumb. Auff dem Marckt/ oder Platz/ ste-
het/ wie gesagt/ das Rathhauß/ sampt einem
Thurn/ vnd ein schöner Röhrbrunn. Das
Schloß verwachen Vngarische Hanydug-
gen. Vnd sagt Salomon Schweigger/ in
seinem Orientalischen Raißbuch/ daß Preßburg eins Theils am Berg/ eins Theils
auff der Ebne lige/ vnd sehe die Gelegenheit
der Stadt/ vnd deß Schlosses/ der Stadt/
vnd Schloß Tübingen gar ehnlich.

Nun wollen wir auch etliche Geschich-
ten/ so sich allhie zugetragen/ erzehlen; als
daß vnter Keyser Ludwigen / König in
Bayern/ Keyser Arnulffs Sohn / die
Bayern/ zu Preßburg/ geschlagen worden/
in welcher Schlacht/ Hertzog Luitpold/ oder
Leopold/ Obrister Hauptmann/ mit 3. Bi-
schöffen/ 3 Aebten/ 19. Bayerischen Graven/
geblieben ist/ wie hievon Aventinus *libr. 4.*
Annal. Bojor. zu lesen. Ao. 1108 ward Preßburg von den Teutschen/ wiewol vergebens/
be-

deß Königreichs Ungarn/ꝛc.

belagert. Aber folgender Zeit haben bey Regierung Hertzog Heinrichs deß Ailfften in Bayern/Theils Teutsche/Preßburg vberfallen/vnd sich für deß Borichij Soldaten/welcher deß Colomanni, so der vierdte König vor dem Geisa, zu dessen Zeiten dieses geschehen/gewesen/Sohn seyn wolte/außgeben. König Ottocarus/auß Böheim eroberte das Schloß/vñ die Stadt Preßburg auch/ vnd bekam im Schloß einen grossen Schatz; wie/ neben den Vngarischen Scribenten/ Andreas Brunner/*part. 3. Annal. Boicorum, p. 223. & 350.* vnd von der dritten Martinus Boregk/ in der Böhmischen Chronick *p. 232.* zu lesen. Als Ao. 1515. allhie sich die zween Könige/Gebrüder/Uladislaus in Vngarn/vnd Böheim/vnd Sigismundus, König in Polen/beysammen auffgehalten; so ist vnversehens ein schwere/ vnd grosse Brunst entstanden/ welche den grösten Theil der Stadt Preßburg hinweg genommen; vnd hat es/ vnter andern in deß Uladislai Herberg gebronnen/ darüber viel Sachen/ die man in der Eil nicht retten können/ auff gangen seyn. Ao. 1563. ist wieder ein grosse Brunst allhie gewesen. Ao. 1590.

in welchem zuvor allda ein Erdbidem war/ ist in dem Gäßlein/in welchem die Schmid/ nicht weit von dem Obern Thor jhre Werckstatten haben/vmb den Mittag/vngefehr ein Feuer entstanden / vnd hat dermassen vberhand genommen/daß nicht allein obgedachtes NonnenCloster/ vnd Kirchen zu S. Clara/ sondern fast die gantze Stadt / wenig Häuser außgenommen/ verbronnen. Es iß gleich wol die grössere S. Martini Kirch/ mit dem Franciscaner Closter vnd Kirchen / wie auch deß ErtzbischoffsHoff/ sampt deß Heil. Königs Ladislai Capell / vnd das Rathhauß/stehen blieben. Bald darauff/als ein Wind gangen / so hat das Feuer auch die Häuser vor der Stadt/vnten am Berg/darauff das Schloß gebauet/wie auch die gegen dem Auffgang der Sonnen angräntzende Häuser ergriffen / vnd in einem Augenblick gleichsam kläglich zu Boden gelegt. In dem Botschkaischen Krieg/als die Insel Schütt an die Rebellen kommen/so haben sie die Türggen/ vnd Tartarn zu sich genommen/vnd seyn zu Preßburg Ao.1605.eingefallen/vnd mit den Keyserischen allda einen harten Scharmützel gehalten;endlich seynd sie doch
wider

deß Königreichs Ungarn/ꝛc.

wider nach Tirnau abgezogen. Als in dem Böhmischen nächsten Krieg/ vmb die Böhmische Cron/ zwischen Keyser Ferdinanden dem Anderen/ vnd Churfürst Friederichen/ Pfaltzgraven/ der Bethlehem Gabor/ Fürst in Sibenbürggen / Ao. 1619. diese Stadt/ sampt dem Schloß/ eingenommen / so hat Ao. 1620. Graff Dampier solches Schloß wieder zuerobern vermeynt; ward aber von der Besatzung erkant/ vnd mit einer Kugel durchschossen. Gleichwol hat Graff Bucquoy das folgende 21. Jahr den 2. Maij, die Stadt/ vnd den 7. das Schloß/ eingenommen; so beede darauff im Augusto der Bethlen vergebens wieder belagert hat. Ao. 1642. den 28. May, ist allhie/ auß Nachlässigkeit eines Töpffers/ oder Haffners/ deß Nachmittags vmb 2. Uhr ein grosses Feuer entstanden/ daß da von etlich vñ achtzig Häuser abgebronnen seyn. Von mehr Brünsten vnd andern Sachē/ sihe vnsere Collectanea. part. 1. c. 5. p 262 seq. Ao. 1655. den 6. Junii, N. Cal. ward die Römische Keyserin allhie zur Vngarische Königin gecrönt/ hernach den 16. diß Herr Leopoldus Ertzhertzog zu Oestersstereich zum König in Vngarn erwöhlet/vnd den 27. darauff auch gecrönet.

Pribitz/

EIn Städtlein in Ober Vngarn/ auff der Strassen von der Freystatt auß nach Caschau/ so von Slavonischem/ oder Windischem Völck/ das noch neulich/ als es den Herren Grafen Turson/ deren Mannlicher Stamm nun abgestorben gehörte/ der Augspurgischen Confeßion zugethan gewesen/ bewohnt wird. Nahend dabey hat es zwey warme vnd nutzliche Schwefelbäder/ Voinitz/ vñ Stuben/ genant. Von diesem Städtlein/hat der hohe Pribitzer Berg vnd Wald/ in welchem viel Leute vmbgebracht/ vnd beraubet werden/ den Namen.

Pudolin/ von den Zipsern Pudlein insgemein genant/ ein Städtlein mit einer Ringmauer/ wird zu den 13. dem König in Poln/ in der Vngarischen Graffschafft Zips gehörigen Städtlein/mit Lublau ihren Schlössern/ vnd Dörffern/ (vnder welchen/ das Ober Rauschenbach/ wegen der Gesundbäder/ vnd das vndere wegen der Papyrmühle/berühmt) gerechnet. Sihe vnsere

deß Königreichs Ungarn/ꝛc.

sere Collectanea *part.1.p.263.* vom Sprichwort/ das es lauter Bader zu Pudlein habe.

Puggantz/

Eine auß den sieben Ober Ungarischen Bergstädten/ so aber wegen der stätigen Türggischen Einfälle/ nunmehr für gering gehalten wird.

Quermendia, Kerment/

Ein Städtlein wie es Gerhardus de Roo, *lib. 6. Austr. fol. 259.* nennet / in Ungarn / an dem Fluß Rab darein da die Pinck/ oder Bynca, fällt/gelegen / vnd dem Herrn von Battian / oder Buttiani/gehörig / wie der Vngarische Vice Palatinus, Isthuansius, bezeuget. Vnd sich daher Philippus Cluverius, der diesen Ort zum Land Steyer / vnd die / so solchen in die Graffschafft Eisenstadt referiren/irren thun. Ligt zwar bey den Steyrisch: vñ Oesterreichischē Gräntzen. Gedachter Isthuansius sagt / daß viel darfür halten/es seye diese Stadt/so Er Quermendianam Civitatem nennet/ von den Alten Scarbantia geheissen wordē. Andere wollen/ dz Scapring/ Scarbantia, oder

Sca-

Scarabantia seye. A⁰. 1582. hat der Türckisch
Obrister zu Sigeth/bey Chacania, nit weit
von Kerment gelegē/vber den besagten Fluß
Rab gesetzt/vnd in dieser Gegend grossen
Schaden gethan. In dem Botschkaischen
Krieg A. 1605. ist das Schloß allhie/ auß
Mangel Lebens Mittel/ vnd Hungers we-
gen/auffgeben; bald wieder erobert vnd dañ
abermals verlohren worden; wie obgemeld-
ter Isthuanfius berichtet Hier. Ortelius sa-
get/ daß das Schloß Kerment/ weil die
Stadt/ sampt der Vorstad/in Brand ge-
steckt/auß Mangel Proviant/ vnd Muni-
tion/ auffgeben worden seye.   Vnd solche
Brunst mögen wol die Soldaten selbsten
verursacht haben. Di:weil kurtz vorhero der
Georg Nemethi / einer auß der Heydugge̅
Obristen/die sehr lustige Gegend deß Sees
Balathon so mit schönen Flecken/ wie grosse Städte / vmbgeben / mit Brennen vnd
Plündern verwüstet/ vn̄ biß auff Schepreg/
oder Chebregium , gestraiffet hat ; allda
Thomas Nadasdius , Melchior Racqui/
vnd die Soldaten von Kerment/zu jhme ge-
fallē seyn; wie abermals Isthuanfius schreibet : auch sagt/ daß/ nach Eroberung Ker-
mens

deß Königreichs Ungarn/ꝛc.

ment/ gedachter Nemethi Georg/ die Gegend/ welche zwischen den Flüssen Raab vnd Laita/ gegen Wien/ vnd Neustadt ist/ mit Brennen vnd Plündern/ingleichem verwüstet habe. Von der letzten Eroberung Kerments schreibet besagter Ortelius also: Die bey Canischa/ vnter Nemethi Georgen/ gelegene Türggen/ vnd Tartarn/ haben Anno 1606. einen Straiff auff Kerment zugenommen/ dasselbe mit stürmender Hand erobert. Ao. 1621. hat diese Festung Herꝛ Battiani, von den Teutschen ins gemein Butiani genant/ wieder einbekommen/ wie die Franckfurtische Relation setzet; vnd darauß abzunehmen/ daß solcher Ort vorher von den Keyserischen/ weil Er Budiani es mit dem Bethlehem Gabor gehalten/ eingenommen worden seyn müsse. Er/ Herꝛ/ Battiani, ist Ao. 25. hernach gestorben.

Raab/ Jaurinum, Jaurium, Jauera, Hung. Gyor.

Dieses ist ein gewaltige Vestung in Vngarn/ noch den Christen gehörig/ welche im 5. Theil deß Georg Braunen Stättbuchs, beym Casp. Ens *in deliciis a-*
po-

podem. per Germaniam pag. 42. seq. Stephano Vin. Pigio, in Hercule prodicio, vnd bey Andern mehren beschriebener zu finden. Wird daher allhie die kürtze / vnd was Andere/ die nicht in jedermans Handen/ davon haben/ beobachtet / vnd erzehlet. Die sagen nun / daß Raab 14. oder 15. Meilen von Wien/ 5. von Comora / vnd 5. von Vngarisch Altenburg gelegen/ ein sehr starcke Vestung/ fast in die Runde gebauen; allda vff der einen Seiten die Thonau doppelt/ vnd auff der andern die Rab / vnd Rabnitz/ oder Rabsa: auch zimbliche Pfützen herumb seyen; vnd habe von der Rab die Vestung den Nahmen. Vnd solcher Fluß Arrabo thue die gehuldigte / vnd Vngehuldigte Dörffer. das ist welche den Türcken tributbar/ oder denselben noch nicht vnterworffen/ vnterscheiden. Es ist Raab mit Pasteyen/ Gräben / Bolwercken / Geschütz/ vnd Munition, also vor diesem versehen gewesen/ vnd vielleicht noch / daß im Fall der Noth/ andern Vestungen in vnter Vngarn/ auß dieser hat können geholffen werden: Wie dann auch der Obriste allhie allen andern Haupt: vnd Befelchsleuten in vnder Vngarn

garn zu gebieten hat. Ist zimlich fein allda zu leben; sonderlich gibt es viel Krebse / vnd gute Fisch: Hat auch Korn: vnd Provianthäuser. Vnd haben sonderlich die beede Keyser Ferdinand I. vnd Maximilian II. bey Bevestigung dieser Statt / vnd Schlosses / auch Auffrichtung eines ansehnlichen Zeughauses viel gethan. Ab dem hohen Thurn daselbst / kan man der Statt Lager / der Thonau Lauff / die herumb ligende Landschafft / vnd Oerther / schön sehen. Es seyn auch vnterschiedliche antiquiteten noch allda / darauß man das Alter dieser Statt / vnd daß vor Zeiten die Römer da jhr Winter Lager gehabt / verspüren kan; Von welchen angezogene Autores zu lesen. Es ligen stätigs zwo starcke Besatzungen darinn / nemblich Vngarische Reuter / vnd Teutsche Fußknecht: gibt aber benebens / wegen deß bequemen Lagers / ein feine Handthierung allhie. Es ist auch da ein Bistumb / vnd Capitel / deme in gleichem der Platz / darauff Raab erbawet / zuständig. Man hat gleichwol / neben der Römisch-Catholischen Religion / auch die Evangelisch-Augspurgische Confession, biß auff den Todt Keysers Rudolffen/ zugelassen. Als Ao.1529. der Türgischen Sultan Solymann für Wien ziehen wollen / vnd Rab noch nicht also bevestigt gewesen/ so hat der Hauptmann allda/ Christoph Lamberg das Schloß angezündet/ vnd sich mit der Besatzung davon gemacht. Anno.1566. ist ein vnversehen geschwindes Fewer allhie an S. Michaelis Tag/ gar frühe/ entstanden / dardurch die Statt gantz vnd gar abgebronnen/ vnd sehr viel Leute damit auffgangen seyn. Das Schloß/ sampt einer alten Capellen/ seyn schwerlich erhalten worden. Anno 1594. haben die Türcken / vnter jhrem General Sinan, diese Vestung den 21. Julij zu belagern angefangen / denen Sie auch den 29. Septembris zutheil worden ist. Es sind damaln ins Türckische Lager vor Raab auff die 25. tausend Tartarn/ die man Precopitas vnd Quereios, nennet/ zu Pferde/ mit jhrem Fürsten Cazis ankommen: Aber es ist Graff Ferdinand von Hardegg/ gewester Obrister allhie/ wie auch Nicolaus Perlin/ von Vrbin/ ein Baumaister/ vnd in Stürm: vnd Beschützung der Städte/ ein Kunstreicher Mann/ (welche den Türcken Raab /

ent-

Des Königreichs Ungarn/ꝛc.

entweder auß Forcht / vnd Zaghafftigkeit; oder mit Verrätherey (dann solches vngewiß/vnd man bedes ins gemein/wie Isthuanfius, am 655. Blat meldet / außgeben hat / vbergeben hatten) zu Wien/ im folgenden 95. Jahr den 16. Junij, geköpfft worden; davon beym Ortelio p. 260. seqq. vmbständlich / vnd dabey auch dieses / am 263. Blat / zu lesen / daß Er / der Graff / ehe Er gerichtet worden / sich / wegen der bezüchtigten Verrätherey / weil solches das Vrtheil nicht vermögt / hoch entschuldiget. Iulius Cæsar Bulengerus berichtet *lib. 9. histor. sui temporis, fol. 288.* daß damaln auff die hundert tausend Türcken / in Belägerung Raab / geblieben seyen. Welches aber einem jeden zu glauben frey stehet. Ao. 1597. hat Ertzhertzog Maximilian diese Vestung wider zu erobern versucht; als Er aber vernommen / daß der Bascha Mehemet / mit dem Entsatz / von Griechisch Weissenburg im Anzug / hat er die Belägerung wider auffgehebt. Im folgenden 98. Jahr / den 28. Mertzen (Ortelius hat den 29.) ward Raab vom Herrn Adolphen Graven zu Schwartzenberg / vnd Herrn auff Hohen Landsperg /

Q 4 durch

durch einen sonderlichen Kriegslist/ vnd einer Petardē/ jedoch nicht ohne grosse Mühe/ erobert. Dann sich die Türcken in der Statt tapffer gewehrt / daß jhrer darüber 1400. vmbkommen/ 300. ohne die Kinder / vnd Weiber/ sambt 188. grossen Stucken/ seyn gefangen/ vnd erobert worden. Auß den Vnsern seynd mehr als 500. geblieben/ vnd sehr viel beschädigt worden. Die Türcken verachteten die Christen so sehr/ daß Sie einen Hanen von Metall/ oder Eysen/ gemacht/ auff die spitzen deß Thurns am Wasserthor gestelt/ vnd gesagt/ wann dieser Han krae/ so würden die Christen Raab widerumb bekommen; wie gedachter Isthuanfius, vnd Ortelius, berichten. Das Schloß haben die Vnsern durch Vbergab erobert. Gedachter Graff von Schwartzenberg hat hernach allhie / den Michael Lopes, einen Rittmeister / der Jhme / in Eroberung der Statt sehr behülfflich gewesen/ deßwegen köpffen lassen/ weiln Er einen Frantzosen / der in der Plünderung nicht wenig Goldes bekommen / heimlich tödten / vnd vnder einen Misthauffen hat verbergen lassen; wie besagter Vngar Isthuanfius, am 722. Blatt

deß Königreichs Ungarn/ꝛc. 249
722. Blat schreibet. Anno 1625. a's der
Frieden mit dem Türcken erneuert worden/
hat man zu Raab Frewdenschüß gethan/
darüber die newerbaute Pasten Schaden ge-
litten/ auch 70. Personen erschlagen/ vnd
verwund worden seyn: so vielleicht bedeu-
tet/ daß es kein beständiger Fried/ wie dan
erst An. 27. im Septembri solcher völlig
geschlossen worden. Sihe ein mehrers von
dieser Vestung in vnsern Collectaneis part.
1. c. 5. p. 264. theils wollen das Ao. 1656. nicht
nur das Schloß sondern auch 200. Häuser
verbronnen seyen. Der Zeit soll Graff Eßle
Oberster allhie seyn.

Satmar/Sacmarium.

EJn Stättlein/ welches/ sampt dem
Stättlein Nemethio, deß K. Ferdinandi I. Volck/ vmbs Jahr 1534. oder 35.
bey eiteler Nacht/vberfall/ erobert/geplün-
dert/vnd angezündet/darüber viel Innwohner in der Flucht zum theil in den Fluß Sa-
mos/ so zwischen den zweyen Stätten flies-
set/ zum theil im Fewer vmbkommen seyn.
Besagter Fluß Samosius, oder Samos/
hat in dem Sibenbürgischen Gebürg einen
dop-

doppelten Vrsprung. Vnd zwar die kleinere oberhalb deß Schlosses Gjalu / so bey Clausenburg sitzbey / vnd gegen der Statt Dees / so deß Saltzbergwercks halber berümbt ist / rinnet / vnd daselbsten mit der grössern Samos sich vereiniget / vnd nicht weit davon hernach den Fluß Lapessum zu sich nimmet / vnd bey Sackmar in zween Aerm sich theilet / vnd eine Insel machet / vnd entlich beym Dorff Samossego, zwischen Eched. vnd Varda / mit der Teissa vermischet wird. In der besagten Insel nun ligt das Stättlein Seckmar / vnd in demselben ein Castell / oder Schloß / welches die Bathorij von Somlio, als welchen dieser Orth vor Zeiten gehörte / von Holtz erbauet. Die Türcken haben Anno 1562. als Sie dem Fürsten Johann Sigismund in Sibenbürgen / der sich einen König nante / wider K. Ferdinanden zu hülff kommen / dieses Sackmar beldgert / in welcher Zeit das obgedachte vnd gegen über gelegene Stättlein Nemechium Sie angezündet / vnd dieweil solches von Holtz gebauet / vnd zugleich ein starcker Wind gienge / so ist es nicht allein also balden abgebronnen / sondern es seyn auch

auch vom Winde brennende Strohbüschlein/ vñ Stück von den Tachschindeln übers Wasser in Sackmar getrieben worden/ daß auch selbigen Städtleins Tächer geschwind zu brinnen angefangen. Und dieweil der Wind starck zugeblasen/ so seynd Häuser/ Ställ/ vnd Städel/ wiewol weit von den Häusern gelegen/ vnd darinn die Soldaten mit jhren Pferdten/vnd andern Sachen jhren Auffenthalt hatten/gleichsam in einem Augenblick verbronnen/ weiln weder Soldaten noch Burger da retten kunten; darüber viel Pferde/ mit andern Sachen/ auffgangen/ das Gelt zerschmoltzen/ vnd gleichwol die Vnsern sich tapffer wider die Türcken gewehret haben; vnd seyn die Türcken/ vnd Sibenbürger/ von der Belagerung Sackmar abgezogen/ als Mangel an nothwendigen Sachen für sie/ vnd an Futter für die Pferde erschiene; wie Isthuanfius, deme alle diese Sachen wolbekant/ vnd der zur selbigen Zeit in Vngarn gelebt hat/ schreibet. Ortelius sagt/ daß König Johannes in Sibenbürgen Ao 1564. in der Stille für Sackmar kom̃en/ vnd es mit einem Kriegslist/ vnd im Schrecken auch das Schloß erobert/

obert / welches Städtlein der Keyser dem Melchior Balaß/ wegen seiner Ritterlichen Thaten/eingegeben hatte. Das folgende 65. Jahr hernach habe gedachter König Johannes Zackmar angesteckt / vnd verlassen; Schwendi aber habs/ ohn einige Mühe/ vnd Blutvergiessen / vnverhoffe einbekommen/ vnd was durchs Fewer verderbt/ alsbalden/ wiederumb bauen/ vnd bevestigen lassen. Ao. 67. hab Er Schwendi Zackmar abermals / durch Ergebung / den 14. Januarij eingenommen. Zwar sagt gedachter Isthuanfius auch / daß Sackmar im Jahr 1564. von den Burgern/ in Abwesenheit jhres Erbherrn / Stephani Bathorij von Somlio, dem Fürsten in Sibenbürgen / vbergeben worden; welcher Bathori es mit dem Sibenbürger gehalten / vnd das Castell Ao. 65. allhie abgebrand/ vn sich darauff gen Wardein begeben; Schwendi aber diesen Ort eingenommen / ein neues Schloß in der Insel erbauet/ vnd mit 1500. Teutschen Soldaten/ vnd vielem Geschütz/besetzt/vnd versehen habe. Welche Geschichten dann Ortelius, als einer hieroben im Reich weit abgesessener/ zum Theil / auß empfangenen vngleichen

Be-

deß Königreichs Ungarn/ ꝛc.

Bericht / etwas geendert haben wird. Anno 1605. hat Stephanus Botschkay Sackmar / fast nach vier Monatlicher Belagerung / durch Hunger / zur Vbergab bezwungen: allda vmbs Jahr 1600. Herr Zickel Keyserlicher Obrister gewest ist. Ob es hernach wieder an die Cron Vngarn kommen / oder bey Sibenbürgen verblieben / haben wir noch zur Zeit nicht wissen können. Zwar stehet in den Articulis Posoniensibus de dato 26. Martij, An. 1638. in dem 67. Articulo, vnter andern / also: Oppida Nemethi, & Zattmar, veluti ad statum Colonicalem redacta, ad omnes contributiones Comitatus, &c. compellantur. Idem intelligitur etiam de Cumanis & Philistæis, villa Szent, Myklos, Teglas, aliis. Welches Zattmar dann vielleicht dieses Zakmar seyn mag.

Scalitz / Skalitz /

EIn feste Stadt in Vngarn / an den Mährischen Gräntzen / beym Fluß Morava, gelegen / davon in der Franckfurter Relation also stehet: Von Tyrnau ist Bethlehem vber den Weissenberg nach Mähren ge-

zogen/ da dann der in Stalitz gelegene Keyserliche Hauptmann Rauber Ihme entgegen gezogen/ vnd diese Vestung/ vnd Paß/
auff Mähren/ vnd Schlesien/ Ihm vbergeben. Sihe ein mehrers/ von disem Ort/ in
meinem Collectaneis, part. 1 pag. 266.

Schemnitz/ Selmiczbania,

JSt eine auß den 7. Königlichen Bergstädten in OberVngarn/ so zwar mit
keiner rechten Stadtmauer/ aber wol mit
hohen Bergen/ darauff sie auch zum Theil
gebauet/ vmbfangen/ auff welcher Höhe/ gegen Mittag/ vnd Auffgang/ zwey starcke
Schlösser/ an statt der Mauren/ vnd Boll-
werke/ so wol an mehr Orten kleine Wacht-
häuser/ stehen. Es werden auch/ wegen der
straiffendē Türcken zwey hundert Teutsche/
vñ Vngrische Knechte da gehalten. Vnd diß
ist die Silberreichste Bergstadt/ allda herrliche grosse Schmeltz: vnd Brennöfen/ dergleichen nicht bald zu finden seyn. Vnd wird
solche Officina metallica, der Scheid Ga-
den genant/ weiln darin/ durchs Feur/ Gold/
vnd Silber gereiniget werden. Es ist da die
Königliche Cammer/ dabey ein Cammer-
Gra-

Grave/ Einnehmer/ vnd andere Officier/ welche/ wie auch die meisten Burger/ auß Teutschland bürtig/ vnd mehrertheils der Augspurgischen Confession zugethan seyn/ die aber noch die Meßgewand/ Liechter/ vnd dergleichen/ haben/ wie dann in allen Berg-städten gebräuchig. Ist sonsten ein rauher/ vnd kalter Ort/ vnd theuer da zu leben/ weiln man fast alles dahin von and'n Orte bringen muß. Der Wein ist gleichwol in einē ziemlichen Geld/ der von Frauenmarckt/ einem gehuldigten Dorff/ dahin gebracht wird. Es ist auch das Bier nicht böß. Es seyn nicht weit davon die Gesundbäder/ die man die Eisenbachische/ Roselinische/ vnd Seubnensische/ in der benachbarten Liptou/ nennet.

Schinta/ oder Schempta/ Schloß/ vnd Dorff/ in Vngarn/ so vor diesem den Herren Graven Turson gehört hat/ die allda hundert Trabanten gehatten. Es hat das Schloß einen Wassergraben/ vnd grosses Einkommen: gehet auch da ein Bruck über die Waag. Gehört der Zeit Ladislao Esterhasij, nach Abgang deß Tursonischen mannlichen Geschlechts. Sehet wer die Tursonische

Güter jetzt habe/ in den Collectaneis, *part.*
p. 265. im Wort Schempta/ oder Schinta.

Schmölnitz/ Smölnitz/

EIn Bergstädtlein in der Ober Ungarischen Graffschafft Zips / oder Sepu-
sio, gelegen/ vnd wie Georgius wernherus de admirandis Hungariæ Aquis, be-
richtet/ zum Hauptschloß derselben/oder Zipser Hauß gehörig / so wegen der hohen Ga-
ben die es von der Natur hat / sonderlich vor
andern berümbt ist; vnd daher für nicht vne-
ben gehalten wird/ allhie einzubringen/ was
Herr David Frölich *lib. 1. part. 2. Viatorij.
num. 389. pag. 298. seq.* hievon Lateinisch
schreibet: Smölnizij è montibus extrahi-
tur aqua, quam canales & alvei exci-
piunt. In hos ferrum sive vetus, sive novum, imponitur, quod cùm per aliquot
dies aquæ immersum jacuerit, obduci-
tur limo, qui minutis scopis abstersus,
ignique impositus, in cuprum trans-
mutatur. Hanc veram metamorpho-
sin, qui, ceu fabulam rident, fabulæ illi
ipsi. Aqua etiam intra montes destillans pyramidatim in modum stiriæ cu-
bi-

deß Königreichs Ungarn/ꝛc.

bitalis, concrescit. Et hoc vitriolum nativum in Chymia præstantissimum, ideoque per Europam celeberrimum est, Ibidem & aliud vitriolum bacillis ligneis studiosè illic locatis, concrescit, qeod factitium & coctum appellatur. Man sehe/ was Er auch in diesem 9 Capitel / num. 370. pag. 286. Vnd obgedachter Wernherus, hievon schreiben. Ein guter Freund/ so auch allhie gewesen/ den Augenschein eingenommen/ vnd/ was Er gesehen/ auffgezeichnet / vnd gutwillig mitgetheilet hat / berichtet folgendes: A̅o. 1634. den 2. Aprill/ hab ich auff der Schmölniz/ die grosse Wasserkunst gesehen / wie nemlich das süsse Wasser das herbe / durch grosse Pumpen/ herauß in Rinnen hebet/ in welche/ wañ man neu vnd alt Eisen etlich hundert Centner leget / so wird dasselbe vom herben Wasser verzehret/ vnd innerhalb 4. oder 5. Wochen zu Kupffer: hernach wird es mit Besen abgewaschen / vnd das Eisen wieder hinein gelegt/ biß es endlich gantz von dem herben Wasser verzehret wird. Wann ein Stuck Eisen von etlich Pfunden etwa auff 4. Wochen darinn gelegen / so durchfrists diß

R Was-

Waſſer / daß es gleichſam eine Rinden bekompt / welche man / wie eine Baumrinden / kan abnehmen. Dieſe Rinden aber / oder Ciment / (ſo wie ein ſandiger Leimen ſihet) wird von den Bergleuten mit Beſen abgewaſchen / vnd hernach in die Schmeltzhütten geführt / in den Ofen eingeſetzt / vnd geſchmeltzt / vnd laufft alsdann wie Waſſer klar Kupffer herauß / wird doch hernach im Hammer wiederumb geſchmeltzt / vnd in kleine eiſerne Form gegoſſen / hernach zu Blech geſchmidet / vnd im Waſſer abgekühlt. Von ſolchem Kühlwaſſer wird ein Bad zugerichtet für contracte Glieder / vnd andere LeibsGebrechen / ſo auch wol eſſen machet. Es wächſet auch ſchön Kupfferwaſſer allda / eines halben Arms lang / in Geſtalt der Eißzapffen / jedoch grün / welches viel beſſer iſt / als das geſottene Kupfferwaſſer. Item wird da das Antimonium gemacht. Biß hieher gedachter Bericht ; auß deſſen Worten / auch die obgeſetzte Lateiniſche können verſtanden werden. Hieron. Ortelius ſchreibet im 4. Theil ſeiner Vngariſchen Geſchichten / daß Jo. 1605. den 1. Januarij, dem Botſchkay zu Caſchau Zeitung kommen / daß ſich Setſchin /

schin/ Divin/ Blobenstein/ Jarmat/ vnd andere Ort/ an den Bergstädtischen Gräntzen/ Jhme ergeben. Den 2. Hornung were das arme Bergvolck zu Schmölnitz von den Botzschkaischen auß Caschau beraubt/ vnd weils Teutsche/ sampt Weib vnd Kind/ vnverschuldter Weiß jämmerlich nidergehauen worden. Den 15. April hetten die Rebellischen Heydugen Bartfeld/ Zabin (Zeben) das Städtlein Schmältz/ vnd Kelmitz/ so sich gutwillig ergeben/ einbekommen. Dieses sagt Ortelius. Der Vngarische Scribent Isthuanfius schreibet/ daß noch im December deß 1604. Jahrs/ dieses/ was oben von Schmölnitz/ so Er Somolnocum nennet/ geschehē/ als die Rebellen deß Graven Christoff Turzons Dörffer verbrand/ vnd sagt also: Quo incendio Oppidum quoque Somolnocum, & Machinæ, quibus admirabilis naturæ aquæ, ferrum omne paucarum horarum spacio in cuprum convertentes, siphonibus hauriri, & per diversa incilia derivari solebant, magno operarum detrimento, Turzonisque damno, concremarunt.

Segedin/ Segedinum,

Ein grosse Stadt in Ungarn an der Teissa/ so berümbt/ daherumb zwischen der Thonau/ vnd Teissa/ ein grosse weite Ebene ist/ darauff sehr viel Viehes erzogen wird. Es kompt die Marosch/ oder Marusus, allda in die Teissa. Ist vor Jahren für eine Freystadt gehalten worden/ die sehr Volckreich gewesen/ wiewol Sie noch vmbs Jahr 1513. keine Mauren/ aber einen Graben herumb/ vnd einen Wall hatte. Folgender Zeit hat der Türckische Keyser Solymann/ als jhme dieser Ort vnterthan worden/ in der Statt ein Schloß von Ziegelstein bawen lassen. Es haben aber die Vnsern Ao. 1552. auß einem Hinterhalt/ vnd Verrätherey der Burger/ die Statt eingenommen/ vnd einen sehr grossen Raub bekommen. Dem Schloß kunten Sie nichts angewinnen. Vnd da sie sich in dieser sehr reichen Kauffmans Statt auff das Wolleben begaben/ so ist der Bascha von Ofen/ der dessen vom Obersten zu Segedin Bericht empfangen/ nemblich Halys, ein Verschnittener/ über sie kommen/ deme zwar Vnsere Reutter entgegen gezogen/ aber die Heyduggen

gen seyn in den Wirtshäusern geblieben/vnd
sich doch entlich auch ins Feld begeben / mit
welchen der besagte Halys oder Aly, auff
den nächstgelegenen Feldern vor der Statt
geschlagen/ vnd Sie vberwunden/ daß die
Heyduggen/ so man freye Fußknecht nennet/
zum theil erschlagen worden / zum theil er=
soffen/ von der Reutterey aber jhr viel mit
der Flucht davon kommen seyn. Die Tür=
cken haben alle Fahnen/ vnd Stuck/ vnd da=
rauff auch wieder die Statt/ jedoch nicht oh=
ne jhr grosse Niderlag/ bekommen. Daher
Sie auch / weilen die Anzahl der gebliebenen
beederseits für gleich gehalten wurde / keine
Anzaigungen einiger Frewde von sich gege=
ben. Als der Aly die Statt wider in seinen
Handen / so ist der Obrist im Schloß / der
Hederbeg / auß demselben/ zu Jhme kommen;
vnd wurden alle die/ so man finden können/
ohn einigen Vnderscheid deß Geschlechts/
vnd Alters/ vnd darunter eine grosse Anzahl
der Burger/ erwürgt. Vnd schickte der A-
ly bald hernach fünff tausend Nasen/ so Er
von den todten Cörpern der Vnsern schnei=
den lassen / mit 40. Fahnen / vnd etli=
chen Gefangenen / auff Constantinopel;

Vnd bliebe forthin diese herrliche Landesgelegenheit in Vngarn/ darauß man vnzahlbar groß/vnd kleines Vieh/in vnderschiedliche Länder Europæ zu schicken pflegte/dem Türcken/ dessen man dann der Heydüggen Vermessenheit zu dancken hat.

Segeswar/Scheßburg/Segesvarum, Segesvaria.

Eine auß den sieben Teutschen Stätten in Sibenbürgen/ sampt einem auff einer Höhe ligendem Schloß/ so der Statt Ofen/ vnd selbigem Schloß/ gleichen solle. Vnter der Statt fleusset die grosse Kochel. Die Vntere/ oder rechte Statt/ist nicht sonderlich fest. Die Obere aber/ so das Schloß genennet wird/ vnd dessen Gestalt gibet/ ist fester. Isthuanfius nennts Sespergum, allda Ao. 1562. ein Sibenbürgischer Landtag gehalten/vnd die Zeckel/ oder Ciculi, wegen ihrer stätigen Widersetzlichkeit/ ihrer Freyheiten beraubet worden/ ausser deß Sitzes/ oder Landschafft Aurea, so sich der andern 6. Sitzen rebellion nicht theilhafftig gemacht. Wegen dieser Schmach/ haben Sie/ die Zäckler/ hernach viel Vnruhe erweckt

deß Königreichs Ungarn/ꝛc.

t / deßwegen Sie jhr vorige Freyheit /
auff ein ungewisses / wider erlangt; biß-
en aber musten Sie wider unter das
h kriechen / und schwere Dienstbarkeit
n. Es hält Scheßburg 3. Märckt
1. auff Invocavit, den 2. am 2. Son-
nach Trinitat. den 3. den 4. Novem-
/ wie David Frôlichus, in der Ver-
nus der Jahrmärckt / so in Ungarn /
Sibenbürgen gehalten werden / bey sei-
Calender über das 1633. Jahr / bericht-

Senderovia,

Oder Sinderovia, welchen an der Tho-
gelegenen Platz / Maginus zu deß Lan-
Serviæ Hauptstatt machet / die Theils
nderoben / Theils Simandriam, oder
endriam, die Türggen Semender,
die Ungarn Zendreuu, nennen / so der
ck Ao. 1438. wie Theils wollen / einge-
men hat. Gemeldter Ortelius schreibet
Theil / am 17. Blat / daß die Statt /
Vestung / Zenderin / oder Sinderovia
Despotæ, oder Landherrn in Rascia,
rgio, zugehörig gewesen / so der Türck
o 1439. belagert / auch im Augusto,

Statt

Stadt/vnd Schloß/mit Gewalt erobert habe: Ao. 1476. hetten diesen Ort die Vngarn/ aber vergebens/belagert. In dem Neuen Ao. 1644. außgangenem Atlante Jansonij stehet also: Servia wird bey dem Lazio Mœsia superior, das ist/die Ober Sirfn genant. Ligt zwischen Bosnia, oder Wossen/ vnd Bulgaria. Wird von vielen für die alte Landschafft der Triballorum gehaltē. Cuspinianus, vñ Volaterranus, bezeugen/daß die Dardani das Land Serviam, vnd Rasciam, bewohnt. Die fürnembste vnd Königliche Statt dieses Lands ist gewesen Sinderovia, &c. ligt vnfern von Belgrad/ an dem Vfer der Thonau. Ward im Jahr 1438. von dem Türggischen Keyser Amurathe gewonnen. Die andere fürnehme Stättlein seyn/ Vidina, von den Türggen Kiratovum genant/ an dem Berg Argentaro Novogradum, oder Neugrad/ an den Gräntzen dieses Landes gelegen/hat ein vnüberwindlich Schloß. Die andere heisse Samandria, Pristena, da der Keyser Justinus geboren/ Stonibrigadum vnd Belgrad/ so zuvor Tauronum ward genant. Vnd so viel saget der Atlas. Martinus Cromęmerus *libr. 21. rerum Polon. fol. 464.* meldet/ daß Amurathes, der Türckische König Singidunum, oder Sinderoviam, oder Smideroviam, wie es seine Polaken nennen/ eine Statt am Ufer der Thonau/ nicht gar weit unter Griechisch Weissenburg gelegen/ Ao. 1438. belagert/ gestürmet/ und auch erobert habe. Sethus Calvisius hat das 1439. Jahr.

Sigeth.

Ein dreyfache Statt/ und doppeltes Schloß/ zwischen zweyen Wassern/ zu einer Vestung gar wol gelegen/ und mit Pfützen/ sonderlich das Schloß/ allenthalben umbgeben: wie dann das Wort Sigeth in der Ungerischen Sprach ein Insel heisset. Osvaldus Anthemius hat in der Insel/ so der Bach Almus, der sich ergiesset/ und sumpffig ist/ machet/ vor Jahren/ einen runden Thurn erbauet/ und nach solcher Insel genennet. Diesen haben seine Nachkommen mit gebäuen/ und Schutzwehren vermehret; Und als Ao. 1530. deß König Johannis in Ungarn Soldaten/ Statt/ und Schloß/ auff der Abendseiten/

alle

allda der Wald Haserd von lauter Linden-
bäumen gelegen/ belagerten/ so hat Valentinus Enningius, zugenant der Türgg / so
diese Belagerung außgestanden/ den Orth
noch mehrers bevestiget/ ohnangesehen Er
damaln allberait tieffe/vnd braite/ mit Koth/
Ried / vnd Wasser angefüllte Gräben gehabt hat. Als Er/ Valentin / dem Türckischen Keyser Sulyman zu theil/ vnd von
Ihme nach Constantinopel geführet worden: so haben seine Kinder diesen Orth dem
K. Ferdinando I. vberlassen. Das Schloß
liget in der Ebne/darum in dryfacher Ordnung die Gräben voll Wassers / vnd fünff
Bolwerck gehen. Gegen Abendt ligt die
Statt mit 2. Wällen/vnd einem Graben/
vmbgeben / so alles von Holtz/ vnd Wasen
ist / außgenommen der gedachte alte runde
Thurn/ so von Zigelsteinen / aber so eng ist/
daß Er von niemands bewohnet/ gleichwol
das Pulver/ vnd andere nothwendige Sachen darin verwahret/ vnd fleissige Wacht
als auff einer Wart/von der man weit herumb sehen kan/ gehalten/ vnd deß Feindes
Ankunfft/ mit einem außgestecktem Fahnen/
vnd einem Geläut/ angezeiget wird. Man

kan

kan sich allhie wegen deß Wassers/deß Untergrabens nicht wol gebrauchen; aber hergegen seynd auch die Tämme/ durch welche das Wasser in den Gräben behalten wird/ also beschaffen/ daß man Sie mit geringer Arbeit durchstechen / vnd das Wasser anderswohin laiten kan. Ao. 1555. thaten die Türcken erstlich/ aber nicht ernstlich/ einen Versuch an diese Vestung: darauff Sie solche das folgende 56. Jahr mit Ernst belagerten / aber wider den Obristen darinn/ Marcum Stansitium, mit dem Zunahmen Chrouatum, nichts außrichteten. Anno 1566. kam obgedachter Sulyman/ den 1. Augusti / selbsten hieher/ vnd fienge deß andern Tags die Belagerung an/ in welcher Zeit Er auch/von Kranckheit/ vnd Alter abgemattet/im 56. Jahr/vnd vngefehr 46. seiner Regierung/an einem Bauchfluß gestorben ist. In der Stadt war Obrister Herr Nicolaus Graff von Zrin/oder Serin/welcher die Newe Statt angezündet; aber die Alte/auff Vorbitt der Soldaten stehen lassen/ welche doch entlich die Türggen mit Sturm erobert/vnd hat der Graff die vberbliebene Soldaten zu sich ins Schloß genomnommen / dessen eusser Theil gleichwol hernach verbronnen, vnd entlich die Flamm auch in das innere Schloß kommen / die man nicht löschen können. Daher der Graff von Serin die Seinige das letzte mal angeredet / vnd darauff mit 600. vberbliebenen Soldaten / durch das eröffnete Thor / herauß / vnd in die Türggen gefallen / auch sambt denselben allen / ausser 3. oder 4. so erhalten / vnd gefangen / vnd hernach von deß Graven Sohn / Georgio, gelöst worden seyn / vmbkommen ist. Die Kinder / vnd Weiber haben die Türggen beym Leben gelassen. Dem Graffen haben Sie den Kopff abgehauen / vnd solchen zum Spectacul auff eine Stangen gesteckt / den Córper aber hat ein Rittmeister / Namens Mustapha Vilichus, von Banialuca, der zuvor deß Graven Gefangener gewesen / begraben. Es sollen der Türcken in der gantzen Belagerung auff die 20. tausend vmbkommen seyn / vnd zwar drey tausend / oder mehrere / nach dem Tode deß Gravens von Serin / als das Fewer zu dem steinern Thurn / in welchem viel Pulver lage / kommen / vnd solches die vndere Gewolber / mit dem gantzen Gebäu / vnd den alten

Häu-

Häusern/ so in dem alten Schlosse waren/ in einem Augenblick über einen hauffen wurff/ vnd die Türggen/ sonderlich die Janizarn/ so alles fleissig durchsuchten/ erschluge. Vnd diese Eroberung ist erst ein gutes nach deß Sulymans Tode/ den der Oberste Bascha Mehemet/ (eines Bulgarischen Christlichen Priesters Sohn/ den man junger dem Vatter genommen/ vnd der hernach in deß Sulymans Cammer vfferzogen worden/ vnd grosse Thaten gethan) verborgen hat/ erfolget. Obgedachtes deß Graven Haupt hat man dem Graven võ Salm/ mit einem Schreiben/ nach Comorn geschickt. Vnd von solcher Zeit an ist Sigeth dem Türggen verblieben/ darauß Er der Christenheit grossen Schaden zugefüget hat. Sihe von dieser Belager: vnd Eroberung/ auch Hieron. Ortelium im 1. Theil seiner Vngarischen Geschichten/ am 150. vnd folgenden Blättern.

Siseck/Sisseck/Sisacum, Sciscia,

Wolfg. Lazius schreibet *lib. 12. Reip. Rom. sect. 5. cap. 1.* daß dieser bey der

Sau/vnd an den Gräntzen deß Windischen
Landes/Crain/ vnd Vngarn/ bey der Insel
Segestica, vnderhalb dem Außfluß der Colapis, oder Culp/vnd der Bischoffl. Vnga-
rischen Stadt Sagrabia gelegener Ort/von
den Inwohnern Sisabum genennt werde; all-
da/ wie Er gäntzlich darfür halte/Sciscia, ein
Römische Colonia, vnd ein vhralter Bi-
schofflicher Sitz gestanden / vnd gewest seye.
Es komme aber gedachter Fluß Culpa in die
Sau/nicht weit von Sagrabia, in Vngarn.
Zu Sciscia habe den Vngarn S. Quirinus
das Evangelium geprediget/daselbst er auch
gefangen / vnd hernach bey Sabaria, einer
Stadt in Ober Vngarn/ ersäuffet worden.
Der Bischöffliche Sitz seye / nach vielhun-
dert Jahren von hinnen entweder vom König Stephano, oder vom Geisa, an den
nächsten Ort/ nemblich besagt Sagrabiam,
das ist / deß Ptolomæi Sorogam, versetzet
worden. Vnd dieses sagt Lazius. Vom
Hier. Ortelio wird dieser Ort Sisect / ein
Schloß/oder Vestung zwischen den zweyen
Wassern Culpa, vnd Sau/erstlich/hernach
aber ein Schloß / vnd Closter / dem Capitel
zu Zagrabia gehörig vnd in Crabaten gelegen

gen / genant; allda / neben der Culpa, auch
die Odra, lauffe. Isthuanfius sagt/ daß Sciscia, ein dreyeckichte Schloß von Ziegelstei-
nen erbaut / eben bey dem Einfluß der Kulp
in die Sau / gelegen seye. Das Capitel zu
Zagrabien/deme dieser Ort/durch Geschenck
der alten Könige gehört/habe solches Schloß
vorzeiten bauen lassen/ so den alten Namen
noch behalte/ allda ein alte/ Römische Bur-
gerschafft gewesen/ vnd/ durch welchen Ort
man/auß Italia, nach Sirmio, vnd Pannonia secunda, geraiset seye; wie solches die
meiste Marmolstein / mit alten Lateinischen
Schrifften/allda; wie auch deß Dionis, Zo-
simi, Herodiani, vnd anderer Alten Mo-
numenta, bezeugen. Diesen Ort haben die
Türggen Ao. 1591. 92. vnd 93. dreymal
vergebens belagert; vnd ist / das drittemal/
zwischen Ihnen / vnd den Christen / eine
Schlacht bey Sisegk gehalten worden / in
welcher die Vnsern obgesieget/ der Türggen
General Hasanes, Bassa in Bosnia, den
22. Junij, in der Kulp/ vielseiner Fußknecht
in der Oder ersoffen; ins gemein aber der
Türggen vber die 12. tausend/vnd vnter denselben viel vornehme Leut / vmbkommen seyn;
ein

ein grosser Raub / sampt 8. Mauerbrecherin/ vnd das grosse Stuck / die Kazianerin genant / das man hernach gen Grätz auffs Schloß gebracht/ erlangt worden. Der Vnsern Obristen waren / wie Ortelius sagt/ Herr Andre von Auersperg / Herr Ruprecht von Eggenberg/ vnd Herr Melchior von Rödern; Denen Isthuanfius den Erdödi zu: vnd voransetzet. Aber die Türggen seyn noch in disem 93. Jahr wieder für die Vestung Siseck kommen/ vnd haben / durch ein betrügliches Gespräch sich deß Schlosses bemächtigt/darüber die Besatzung zum Theil vmbgebracht/ zum Theil gefängen worden/ also/daß jhrer wenig / mit Schwimmen durch die Sau/davon kommen seyn; wie gedachter Isthuansi schreibet. Ortelius sagt / es seyt dieser Ort den 24. Augusti mit Gewalt erobert worden. Im Closter hetten die Türggen noch einen Mönch angetroffen / den sie lebendig geschunden/alsdann zu kleinen Stucken gehaut/vnd verbrand / die Vestung geplündert/verwüst vnd zerstört. Das folgende 94. Jahr haben sie den Ort gar verbrant, den Ertzhertzog Maximilian/dem Dom Capitel zu Zagrabia wieder zugestellt / welches

jhn

deß Königreichs Ungarn/ꝛc.

ihn bald wieder erbauet/ vnd besetzt hat/ dahero solcher noch den Christen/ wie Ao.1640. von einem vornehmen Herrn berichtet worden/ gehörig ist. Sihe die Collectanea part. 1. p. 266.

Sixo/ Sixovia,

EJn Vngarisches Städtlein/ so wegen seiner Jahrmärckt/ vnd deß herrlichen Siegs/ den die Vnsern Ao. 1588. wider die Türggen/ nahend solchem/ erhalten/ vnd daß sie dreymal/ zu vnderschiedlichen Zeiten allda seynd vberwunden worden/ vnd also dieser Jhnen ein vnglückseliger Ort zu seyn scheinen thut/ berümbt ist. Vmbs Jahr 1559. oder 60 ward Sixo von den Filecker Türggen mit Feuer/ vnd Schwert/ verwüstet; aber/ als die Vnsern den Nothleidenden zu Hälff kamen/ so seyn von 5. tausend kaum 400. Türggen entrunnen. Ao. 1577. am Tag Martini, vberfiel der Beeg zu Fileck/ zu wider deß gemachten Stillstands/ diß Städtlein Sixo/ in werendem Jahrmarckt/ vnversehens/ brauchte grosse Tyranney/ plündert/ vndsäbelt die armen vnbewehrten Christen/ vnd führete in die 2.tausend/ so Er/

wie das vnvernünfftige Viehe / zusammen
kuppeln lassen / mit Ihme hinweg. Aber vnser Kriegsvolck / so in der Besatzung lag /
saumete sich nicht lang / vnd trachtet / wie sie
die armen Gefangenen wiederumb auß der
Feinde Hand errettete / eilete jhm starck
nach / hat auch / durch die Vngerischen Bauren / vnd zuförderst Gottes Hülff / die Gefangne alle widerumb vom Feind loß / vnd ledig
gemacht / reiche Beut bekommen / viel fürnehme Türcken gefangen / ein Theils nidergehaut / vnd die vbrigen in die Flucht gejagt.
Das drittemal / nemblich in obgedachtem
1588. Jahr / waren der Feinde vber 12. tausend / vnd ihr Heerführer Ferhates, Bascha
zu Ofen; der Vnsern aber nur bey 2559.
vnd jhre Obristen / Sigismund Racoci / Michael Sereni / Thomas Seci / oder Setschi /
Johann Rottall / Albrecht Raibiz / Steffan
Drugeti Homonniani; zum Theil Vngar /
zum Theil Teutsche. Die Türggen seyn vff
Sixo / den 11. Octobris, kommen / vnd haben das Städtlein meistentheils lär gefunden / außgenommen die Kirchen / auff Mitten deß Marckts / so einen hohen Thurn / vnd
Mauren / hat / in die sich etliche junge Bursch
be-

begeben/ vnd daselbst gewehrt haben. Deßwegen die Türggen das Kirchen Tach/ auch
das Städtlein/ an etlichen Orten/ angezün-
det/ vnd sich darauff in die nächste Ebne/
durch welche die Flüsse Purpureus, vnd
Hernatus, lauffen/ vnd nach dem sie in die
Saionem fallen/ zugleich bey dem Städtlein S. Peter mit der Teissa vermischet wer-
den/ begeben/ vnd daselbsten in die Schlacht
gestellt; welche darauff bey der Nacht an-
gangen/ darzu dann der Glantz von der angezündten Stadt geholffen hat. Es seynd
der Türggen mehr als 2. tausend vmbkom-
men/ 376. sampt allen Fahnen/ vnd Feld-
schlangen/ 482. Pferde/ vnd 121. Kärten mit
allerhand Sachen/ gefangen vnd bekommen
worden. Von Vnsern Teutschen seynd 220.
von den Vngarn 410. vnd vnter denselben
Georg Petei/ vnd Friderich Raibiz/ geblieben.

Solnock/ Solnocum, Zolnock/

Ein Städtlein/ vnd Schloß/ zwischen
den Wassern Teissa/ vnd Sagiva/ Sagia, oder Zagiwa/ wo sie zusammen fliessen/

vnd 20. Vngarische Meilen von Segedin/ gelegen. Vmbs Jahr 1548. hat Graff Niclas von Salm/ K. Ferdinandi Obrister/ in dem Städtlein Solnock/ ein neues Schloß zu bauen angefangen/ damit auß solchem OberVngarn daselbst herumb möchte beschützt werden/ vnd ist nicht langhernach/ durch der Italianischen Baumeister Kunst/ vnd der Bauersleut embsige Arbeit/ solche Vestung/ wie ein grosses Städtlein/ vnd zwar starck/ vnd vbel zu gewinnen/ dreyeckicht/ von Grund auff/ von Erdschollen/ Wasen/ vnd Weidenbäumen/ erbauen worden. Hat von Mittag ein braiten/ vnd tieffen außgearbeiten/ vnd mit fliessendem Wasser vollen Graben/ vnd drey weite vnd wol verwahrte Bollwerck/ an 3. Seiten/ in solcher Höhe/ daß man die Tächer/ vnd Spitzen der Häuser/ so darinnen seyn/ von aussen nicht sehen kan. Ao. 1552. nach dem diese Vestung vier Jahr gestanden/ seyn die Türggen darfür kommen. Der Hauptmann darinn/ Laurentius Niarius, ein schwacher/ vnd verzagter Mann/ wie auch seine Soldaten gleicher Natur/ seynd davon geloffen. Daher das von Natur/ vnd Wercken sehr veste/

mit

mit 28. grossen Stucken / ausser der kleinen Falkonetlen / 3.tausend Moßqueten; andern Instrumenten / Pulver / vnd Proviant in grosser Menge / versehenes Schloß / so fester als Erla / oder Agria, zusampt dem Städtlein / leichtlich in der Türggen Gewalt kommen ist. Ao. 1596. hat Ertzhertzog Maximilian dieses Solnock gegen dem Ende deß Octobris, zu beschiessen angefangen / aber wegen deß einfallenden Winters nichts verrichtet. Vnd dieses schreibet der in Vngarischen hohen Diensten lang gebrauchte alte Nicolaus Isthuanfius. Was in deß G. Braunen StädtBuch 6. Theil hievon stehet / mag man selber daselbsten lesen. Wollen allhie allein noch vornehmen / was Hier. Ortelius von diesem Ort / vnd seiner Eroberung / in besagtem 52. Jahr / der obern deß Isthuanfij Erzehlung zu wider / aber dem besagten StädtBuch gleichförmig / schreibet. Der sagt nun also: Zolnock / ein vberauß vestes Schloß an der Teyß / vnd so groß / vnd weit / daß sich 4000. Mann darinnen auffhalten können / belagern die Türggen. Die Besatzung von Teutschen / Vngarn / vnd Spaniern / verlassen ihren Obersten allein im

Schloß / vnd nehmen die Flucht. Die Teutschen werden mehrertheils von den Türggen nidergemacht / als die die Erste gewesen / so die Flucht zu nehmen getrachtet. Dem Obristen wird grosse Ehr erzeiget. Es ist zwischen dem Schloß / vnd der Stadt / ein grosser Wassergraben. Der Fluß Zagywa kompt da in die Teyß. Vnd so viel dieser. Heutigs Tags wird dieser schöner / vñ von den Türggen in wesentlichem Bau gehaltener / auch mit Gärten / Weinwachs / vnd Obstbäumen lustig vmbgebner Ort / vnter die fürnemste Türggische Vestungen in Vngarn gezehlet.

Sophia /

EIn berümbte Kauffmanstatt / vnd das Haubt in Bulgarien / an einem lustigen Orth / vnd dem Fluß Ischia, gelegen. Solle vor Zeiten der Triballorum Hauptstatt gewest / vnd Tibisca, genant worden seyn. Hat keine Ringmauren / seyn auch die Gassen nicht gepflästert. Es wohnen da viel Juden / wie auch der Beglerbeg in Griechenland / vnter welchem / als General / viel Sangiaci, auch die gantze Türckische Reu-

deß Königreichs Vngarn/ꝛc.

terey in Europa, ist; weiln dieser Orth fast mitten zwischen den Türckischen Provintzen in Europa ligt/ wie C. Ens *in del. apodem.* schreibet. Vnd kombt man hieher/ wann man von Griechisch Weissenburg nach Adrianopel / vnd Constantinopel raiset. Jst durchauß von Holtz/ vnd mit hohen Schindeltächern erbauet. Salomon Kuselius, in Dictionariolo Geographico, schreibet / es seye Sophia eine grosse offene Statt/ ohne Mauren / so weit als Wormbs die Reichsstatt am Rhein vmbfangen. Die Heyde herumb könte nicht schöner gemahlet werden/ vnd übertrifft weit das Lechfeld bey Augspurg / wie Salomon Schweigger berichtet. Es werden in dieser Statt die besten Türckischen Filtzmäntel gemacht / wie in Herrn Melchior von Seydlitz Raise stehet. Martinus Cromerus machet nicht diese/ sondern Nicopolim ; zu der Bulgarer Haubtstatt/ vnd sagt *lib. 21. rer. Polon. pag.* 474. daß/ vor der vnglückhafften Schlacht bey Varna Ao. 1444. mit den Türggen gehalten/ König Wladislaus in Poln / vnd Vngarn/ diese Statt Sophiam eingenommen habe. Ortelius meldet/ daß dieser Ort

S 4 Ao.

Ao. 1595. von den Heyduggen / vnd Ratzen / im Martio, überfallen / vnd geplündert worden seye. Andere schreiben solches den Wallachen / vnd Sibenbürgern zu / die diese Statt auch damaln verbrant haben sollen.

Stein am Anger/

AM Wasser Guntz / wird von den Vngarn Sambathe, oder Szombath hely, von den Lateinern ins gemein Sabaria, genant: davon aber im Wort Sabaria vnden im Anhang ein andere Mainung auch zu lesen. War vor Zeiten ein grosse Statt / wie das alte Gemäuer bezeuget. Wird auch noch offt alte Müntz allda auff den Aeckern gefunden. Es schreibet Wolfg. Lazius *sect. 3. lib. 12. Reip. Rom. cap. 2. fol. 967.* daß ihme von einem glaubwürdigen alten Matt erzehlet worden / daß zu deß Keysers Friderichs deß Dritten / (den andere den Vierdten nennen) Zeiten / ein Grab / mit Beinern / außgegraben worden / an dessen Steinen deß P. Ovidij Nasonis Namen geschrieben gestanden: welche der Bischoff zu Raab / als vnter dessen Geistliches Gebieth dieser Orth gehörig / hinwegk genommen habe. Daß daher zuglauben / daß der Poët Ovidius, als die Gnad erlangt / auß Ponto, allda Er Exul gewesen / wider nach Rom sich zu [b]eben / zu Sabaria gestorben / vnd begra[ben] worden seye.   Aber diese Meinung wil [bey] andern nicht passirt werden / wie in der [1.] Epistel angezaigt worden ist.   Es wird [s]in am Anger / wie von den meisten / also [auch] von Culpiniano in Austria fol. 60. [für] deß H. Martini Vatterland gehalten.

Tata / Thata, Dotis, Totisa,

[D]Iese Vestung / vnd altes Castell / so 2. Meilen von Comorn / vñ 5. von Raab [lig]en / ist nicht groß / hat einen Teich / vnd [u]mb gute Brunnquellen von kalt / vnd [war]nen Wassern / vñ stehet daher gleichsam [im] Wasser / vnd Pfützen.   Die alte Könige [in] Ungarn haben da jhre Lustgärten ge[habt]: Vnd hat sonderlich Matthias Cor[vinu]s dieses Schloß sehr prächtig gezieret [und st]attlich bevestiget / daß Bonfinius das[selbe] zum höchsten preysen thut.   Es hat da[be]nen zimblich hohen Hügel / so wegen [w]eissen vnd rothen Marmolsteins / der [ge]brochen wird / berühmbt ist ; der aber

S 5   auch

auch einem Feinde gute Gelegenheit / das Schloß davon zubeschiessen / gibet. Man sehe/was in dem 6. Theil deß Georg Braunen Stättbuchs / von selbigem stehet. Es solle vor Jahren an diesem Orth ein grosse Statt/von den Alten ad Statuas, oder wie Isthuanfius wil/ Theodata, genant / gestanden seyn. Heutigs Tags ist nichts mehr von der Stadt verhanden / vnd das jetzige Schloß auß den vberbliebenen Stücken deß alten/ wider erbauet worden. König Ludwig in Vngarn/von den Seinigen/weil Er noch jung/darzu beredet / hat den Türggischen Tschausen/oder Chausium, den Berhamum, (der / vor der Belagerung Griechisch Weissenburg/als ein Gesandter/ wegen deß Anstandes/ aber mehrers seyn / deß Königs/Macht außzuspehen/ vom Keyser Suliman in Vngarn geschickt worden) nach Tata führen/daselbsten/mit allen den Seinigen/ heimblich vmbringen/ vnd in den sehr grossen obgedachten Teich/ so gegen Morgen an deß Schlosses Mauren stosset/ vnd dessen Thamm von Quadersteinen gemacht ist/ damit keine Merckzeichen davon vbrig blieben/werffen lassen; welchen Todtschlag

deß Königreichs Ungarn/ꝛc.

schlag zurechen/ Er Solymanus Ao. 1526. in Ungarn selber kommen ist. Ao. 1543. hat Er auch dieses der alten Könige Lusthauß eingenommen / vnd zu verbrennen befohlen / dardurch die Bäder / Gärten / vnd andere künstliche Sachen / darauff gangen seyn. Ist hernach wider / wie gesagt / etwas reparirt, vnd von den Unsern besetzt worden: Daher / weiln es den Türggen / wann sie von Ofen nach Stuelweissenburg wolten / im Weeglag / so ist vmbs Jahr 1557. oder 58. den 1. Maij / solches vom Hamsa, den Beegen zu Gran / vnd seinen Türggen/ in Abwesenheit deß Hauptmans / mit List eingenommen worden; welches Schloß der Graff Egk von Salm Ao. 1565. (Boregk setzt das 66. Jahr / der diesen Ort eine Statt / vnd Schloß nennet: vnd setzet auch beedes Stättbuch das 66. Jahr) wider erobert; aber Ao. 94. den 13. Junij, die Türcken / durch vbergab / abermals bekommen; vnd Anno 1597. mit einem Petarden / die Unsern / auff ein Newes erdapt; aber die Türcken noch in diesem Jahr / wider erobert / nachdem es 6. Monat lang in der Türcken Gewalt / gewest ist. Darauff in dem

fol=

folgenden 98. Jahr / den 1. Augusti, der Graff Adolph von Schwartzenberg solche Vestung Dottis / oder Tata / mit Sturm den Türcken abermals abgenommen. Von welcher Zeit an Sie den Christen geblieben seyn solle; wiewol in dem besagten 6. Anno 1617. außgangenem Stattbuch / dieselbe den Türgen zugeaignet wird. Sihe Lundorp. in Sleid. Contin. *Tom 3. p. 116. 131. und p. 193.* an welchem letzten Orth Er sagt / als der von Schwartzenberg Ao. 1598. dieses Totis wider erobert / Er auch das Schloß Gastesium eingenommen habe.

Temeßwar / Temesvarum.

EIn von Natur / vnd Wercken wolbefestigte in Sibenbürgen gelegene Statt / vnd Schloß / so von dem daselbst lauffendem Fluß Temeso, oder Temesso, der in den Wallachischen Gebürgen / so nahend der Statt Severin ligen / entspringet / den Namen hat. Ao. 1551. haben die Türcken Temeßwar / aber vergebens / belagert. Der Obriste darinn / Stephanus Losoncius, hat die abgezogene Türcken noch darzu verfolgt / vnd das Schloß Naglacum erobert /

vnd

vnd angezündet. Aber das folgende 1552.
Jahr/ist diese berümbte Statt/so die alte
Vngarische König/wider die Bulgarer/so
allein durch die Thonau von Vngarn ab-
geschieden werden/ehe Sie noch Christen
waren/vnd der Cumaner/oder Cuner/oder
Cunen/so die Polen Poloucios, die Vngarn aber jetzt Tartarn nennen/össtere Einfäll zuverhüten/ erbauet; vnd hernach/ als
die Türcken vberhand genommen / stätigs
mit einer Besatzung versehen hatten / von
den Türcken/zwar nicht ohne jhren grossen
Schaden/ durch übergab/ erobert worden.
Den Soldaten ist nicht Glauben gehalten/
sondern auch dem gedachten Losůncio,
der auff der Kriegsleute begehren den Orth
auffgeben müssen/ der Kopff abgeschlagen:
Aber den Burgern vnd Innwohnern/ daß
sie wider in die Stadt sich begeben/jhre Häuser bewohnen/ vnd nach jhren Gesätzen leben solten / anbefohlen worden. Es seyn
2. Stätte beysammen/ deren die eine gegen
Morgen die Insel; die ander aber gegen
Mitternacht eigentlich Temeßwar genennet wird; so alle beede / sampt dem Schloß/
einen tieffen Wassergraben/vnd die grössere
Stadt

Statt 3. Thor hat/ deren die zwo mit dicken Bollwercken von Erden vnd Holtz/ auß Befelch deß Keyserlichen Generals Castaldi, von den Spaniern/ vor Jahren seyn bevestigt worden; vnd ligt zwischen der Statt vnd dem Schloß/ der Wasserthurn/ so gar fest ist. Von Mittag hat es eine Ebne/ vnd weite Felder/ auff welchen die Türggen in langer Ordnung/ damals ihr Lager geschlagen haben. Es hat auch 5. Meilen von der Statt grosse Felder/ vnder Somlionio, welche weil niemands drauff wohnet/ die wüste Felder genennet werden. Ao. 1577. ist vnversehens Fewer in das Pulver kommen/ so das Schloß/ Statt/ vnd Mauren in grund verderbt/ zersprengt/ vnd zerrissen/ wie Ortelius schreibet. Ao. 1596. haben die Sibenbürger diese Vestung vergebens zu erobern versucht/ gleichwol die Türcken/ vnd Tartarn dabey geschlagen/ vnd die Vorstatt geplündert/ vnd verbrandt. Ao. 1597. haben sie/ die Sibenbürger/ als damals Feinde der Türcken / sich wider vergebens daran gemacht. Ao. 1603. haben die Heyduggen die Temeßwarische Vorstatt 2. mal abgebrandt;

brandt; aber die Statt vnd Schloß musten sie den Türcken lassen; deren sie auch noch ist.

Tirnau/ Tirnavia,

EIn schöne Königliche Freystatt in Vngarn/ auff der ebne gelegen/ allda ein Stifft/ vnd deß Ertzbischofflichen Granerischen Domcapitels der Zeit Residentz/ deme etliche Häuser allda / für der Capitularn Wohnung / zu erkauffen vergunt worden; wie auch ein Jesuiter Collegium, vnd eine Evangelische Kirch / der Augspurgischen Confession, vnd viel Handelsleute seyn. Ist deß berümbtem Mathematici, Poëtæ, vnd Historici, Iohannis Sambuci, Vatterland. Ligt gegen Mähren/ 10. Meilen von Comorra/ 16. von Wien/ 6. Meilen von Preßburg/ vnd 2. vom Freystättlein. Die Inwohner sein Teutsche/ Slovaken/ vnd Vngarn. Die Evangelischen lassen jhre Kirchendiener zu Preßburg/ als welchem Kirchen Convent diese Evangelische Gemeind einverleibt ist/ ordiniren, inmassen Ao. 1638. den 21. Decembris, mit Herrn M. Hieronymo Beyern/ von Augspurg/

geschehen ist. Martinus Boregk schreibet in seiner Böhmischen Chronic / am 207. Blat / daß deß Königs in Böheim / Wenceslai Ottocari Lusci Mutter / Constantia, des Königlichen Vngarischen Stammens / vmb Tirnau / in Vngarn / so zuvor ein geringer Flecken war / Mauren geführt / vnd sonst dasselbe gebaut / daß es ein ansehen einer feinen Statt überkam. Ao. 1547. wurde auff dem Landtag allhie gehalten / auff Vorbitt K. Ferdinandi, den Bauren / die Freyheit an andere Orth sich zu begeben / so Sie in dem Creutzer Krieg / vnter König Uladislao verlohren / wider gegeben. Ao. 1590. war ein Erdbidem allhie. Anno 1605. im Botschkaischen Krieg / hat Redejus, der Heyduggen General / Tirnau durch übergab in seinen Gewalt gebracht. Vnd haben sich hernach dieselbe / wie auch jhre Gesellen / Türcken / vnd Tartarn / da auffgehalten / vnd seyn einsmals mit einander nach Preßburg gezogen / vnd haben vnder wegs die Marcktflecken / oder Stättlein / Sempcium, Bozinium, vnd S. Georgii, verbrant. Anno 1619. bekam Bethlen Gabor Tirnau / so sich aber Ao. 1621. den Keyserischen

deß Königreichs Ungarn/ ꝛc.

schen ergeben; wiewol noch in disem Jahr/ den ersten Augusti diese Statt dem Bethlehem wider worden ist; die Er auch/ als der Krieg Anno 23. auff ein neues angangen/ hernach abermals einbekommen. Also hat sein Nachfahr/ Georgius Ragozi / sie Ao. 1645. durch den Jhme zugeschickten Schwedischen Obersten Duglas/ vnd etliche Vngarn/mit accord auch erobert.Als der nechste Palatinus, Herr Nicolaus Esterhasi im gedachten Jahr 1645. vmb die Mitternacht/ zu Außgang deß $\frac{11}{1}$. Septembris, zu Großhöfflein gestorben/hat man denselben erstlich nach Eysenstatt gebracht/vnd da hindersetzt/ hernach auff Puerbach / vnd hieher auff Tirnau/ geführt/ vnd allda in der Jesuiter Kirchen/ so Er/ der Herr Palatinus, neulich von Grund auff/ mit grossem Vnkosten erbaut/ vnd solche zu seinem/ vnd der Seinigen/ Begräbnus erwöhlet/ begraben. Man raiset von hinnen nach Mähren über den Weissenberg. Sihe meine Collectanea c.ꝛ. part.1.p.266.

Lokay/Tokainum,

EIn geringes Städtlein / aber ziemblich ve-

Neue Beschreibung
vestes Schloß / an der Teiß / vnd
wo sie zusammen kommen / gele[g]
auch die Stadt bißweilen vo[r]
Schaden leidet. Es ist dieser [L]
deß herrlichen Weins / den Theil[s]
Malvasier vorziehen / vnd deß
dici, berümbt. Es hat einen h[o]
nur eines Büchsenschusses vo[n]
vnter welchem das Städtlein / o[b]
liget / so der Vestung / die [f]
Wasser allenthalben vmbgeben
seyn solle. Auß der besagten Teiß
bisco, hat Tokay viel Fische / vn[d]
die Stier. Wie dann dieses grosse
Fischreich / daß man sagt es 2. [J]
ser / vnd ein Theil Fisch führe. [S]
Vberfluß bißweilen so groß / da[s]
Lufft davon angesteckt / vnd vnr[e]
wird / vnd Theils Orten man di[e]
mit Fischen mästet. Die Bodrog[k]
ein das Wasser / Ungus kompt) is[t]
vnd trübes Wasser / so auß dem
schen Gebürg entspringt. A[n]o.
Herr Leonhart von Fels / K. F[e]
General / wider König Johansen /
geringer Mühe eingenommen / w[ie]

her vmbs Jahr 1527. von den Ferdinandischen auch beschehen. A°. 1565. hat Lazarus von Schwendi/ neben Andrea Batohrio, Tokey belagert/ das Städtlein gleich bekommen/ auch das Schloß/ ob es sich wol Anfangs gewehrt/ durch Vbergab erobert/ als das Wasser hart gefroren war/ vnd also jhnen zu Nutzen kam/ daß sie es innerhalb acht Tagen einnahmen; sonderlich weiln auch deß Fürsten in Sibenbürgen Obrister Nemethi darin erschossen ward. Man sand im Schloß fast bey 4000. Faß voll deß allerköstlichsten Weins, vnd andern Vorrath. Das folgende 66. Jahr/ hat der Sibenbürgische Fürst/ Johann Sigismund/ Tokay/ mit seinen Leuten/ vnd den Tartarn/ aber vergebens/ belagert. A°. 1598. den 10. Maij, ist allhie/ durch Verwarlosung eines jungen Knaben/ von 12. Jahren alt/ ein schröckliche Brunst außkommen. A°. 1605. im Botschkayschen Krieg/ ist dieser Ort vom Steffan Boskaio/ Fürsten in Sibenbürgen/ selbsten belagert worden; vnd hat die Belagerung übers Jahr gewehret. Der Obriste darinn war ein Rüeber/ den Isthuansius Georgium, Ortelius aber Carolum nennten. Die belagerten Teutschen haben alle Roß geschlachtet/ vnd vngesaltzen auffgezehrt/ auch letzlichen/ da nichts mehr verhandē/ jhre Hosen/ vnd Goller zerschnitten/ dieselbe/ sampt andern abscheulichen Sachen/ genossen: biß sie endlich die Vestung/ nach viel außgestandener Arbeit/ Durst/ Hunger/ vnd anderer Vngelegenheit/ dem Botschkay auffgeben haben: nach dessen Tod/ Tocajum wieder sich zu dem Keyser Rudolffen gewendet hat/ welcher das Schloß allda dem Georgio Turzoni, für die hingelegte Vnruhe./ hernach/ mit diesem Beding/ geschenckt/ daß/ wann jhme 70. tausend Thaler bezahlt werden/ Er dasselbe wieder abtretten solte. Dieses Gräffliche Geschlecht ist nunmehr/ was den Mannsstammen anbelangt/ gantz abgestorben/ vnd hat vnlangsten der Fürst in Siebenbürgen/ Georg Racozi/ Tokay (so vermög deß 68. Preßburgischen Articels/ im Jahr 1638. dem Königreich Vngarn gefallen hat) in seinen Gewalt/ durch Waffen/ gebracht. Darauß zu sehen/ daß bißweilen bald bißweilen gar langsam/ dieser Ort vbergehen/ nach dem es die Beschaffenheit gibt/ vnd es eben an obgedachtem Berg nicht ge-

gentlich gelegen ist. In dem Ao. 1621. zwischen dem Keyser/ vnd Bethlen Gabor/ zu Niclausburg gemachten Frieden seynd Jhme 7. Spanschafften/ sampt der Stadt Caschau/ auff sein Lebenlang/ Item die Vestungen Monchats/ Tokay/ Zakmar/ vnd Eschet/ vmb ein gewisse Summa Gelds (jedoch/ daß die Besatzung dem Keyser/ vnd Bethlehem/ schweren solle) gelassen worden: Aber in dem letzten Ao. 1624. auffgerichten Vertrag/ seyn Jhme die 7. Spanschafften/ vnd darunter Sackmar/ mit dem Schloß Zabatoh; Item die Abavivarientsische Spanschafft/ mit der Stadt Caschau/ auff sein Lebenlang: das Schloß Minkas/ mit allen denselben Zugehörungen/ vmb 300. tausend Gulden Vngarisch/ so erstkünfftig bey seinen Erben/ gegen Erlegung deß Gelds/ abzulösen/ verblieben: das Schloß Tokay/ mit seiner Zugehör/ möchte Er Pfandsweise/ wie die vorige Besitzer/ innen haben/ jedoch/ daß Er deß Georg Turso Wittib/ an der Summa noch etwas zu bezahlen hette. Das Schloß Echyet (so eben das obere Eschet/ oder Etschied, oder Echedum, davon vnten im Anhang/ seyn wird) soll Jhme/ vnd seinen Nachkommen / auff ewig geschenkt seyn / wie auch die Stadt Nagybania, mit sampt Possobanien / allermassen es das Bathorische Geschlecht innen gehabt / vnd solle / nach seinem Tode / beym Bethlemischen Geschlechte verbleiben; wie in der Franckfurtischen Relation stehet. Sihe aber oben Neustadt. Sihe von Tokay / vnd dem Fluß Teissa / auch meine Collectanea part. 2. p. 267.

Torenburg / Dorenburg / Torda, ligt zwischen 2. Bergen / vnd ist mehrertheils von den außgegrabnen Steinen der Heydnischen alten Statt / so auff dem Berg gegen Mittag daselbst vor Jahren gestanden / auch groß / vnd gewaltig solle geweßt seyn / erbauen worden / deren Anzaigungen / auch allerley Römisches Geld / noch verhanden. In der Höhe stehet ein altes Römisches Portal von Quaderstucken. So ist auch da zu sehen ein grosse Steinklufft / darüber König Ladislaus mit einem Pferd solle gesprengt haben. Auff dem andern Berg gegen Mitternacht seyn Saltzbergwerck / so das schöneste Saltz haben / vnd wol außgeben / vnd seyn solche Bergwerck vnter der Erden mit Verwunderder ung zu besichtigen. Im obgedachten/ vn/ in Sibenbürgen gelegenen Marcktflecken/ so die Scribenten ins gemein Lateinisch Oppidum, Georgius von Reychersdorff aber/ Civitatem nennen/ seyn wunderliche gebachene Stein zum Pflastern/ vnd dann hole 2. Spannen brait/ vnd 3. lang/ zum Dachdecken zugerichtet/ zu sehen. Ausserhalb Torenburg fleust das Wasser Aranias, dessen Sand Goldreich/ der auch wol kleine Goldkörnlein flözet. Man bachet allhie sehr schönes weisses Brod: Aber die Photinianer haben auch Nester da gemacht. Es ist dieser vnbemaurte Ort/ im vbrigen/ groß/ vnd reich/ da man allerley Gewerb treibet/ die Viehzucht/ Wayde/ Ackerbau/ vnd Weinwachs/ gut/ vnd herrlich ist; wie besagter Reychersdorff bezeuget/ vnd schreibet/ daß/ das Saltz/ von hier nach Ofen/ vnd viel andere Ort geführet/ vnd schier gantz Sibenbürgen damit versehen werde/ An. 1603. hat Moyses Siculus, der auffgeworffene Sibenbürgische Fürst/ dieses Tordam, wie auch Eniedium, Sassebessum, vnd andere Stätt/ vnd Flecken/ in seinen Gewalt gebracht.

Trentschin/ Trincinium.

AN dem Fluß Wag/ein schöne Freystatt/ in Ober Vngarn/gegen Mähren/ mit grossen Vorstädten/vnd einem festen/Herrn Graven Illieshazi gehörigem/Schloß; dabey in der Nachbarschafft ein warmes Bad ist. Hat vor Jahren dem Johanni Zapoliano, Graffen in Zips/ so hernach König in Vngarn worden/gehört/ da Er auch/ehe er in Polen geflohen/ gemeinlich sich auffgehalten. Man vermeynt/daß vorzeiten allda ein Römisch Lager gewesen/ oder doch die Römer neue Burger hieher gesetzt hetten/ dieweil man in den Steinen noch grosse Römische Buchstaben findet. Es liget das Schloß auff einem hohen Felsen/ vber dem besagten Fluß Wag/ welcher nicht weit von dem Dorff Vasecio entspringt/ vnd auß dem höchstē Gebürg/darauff stätigs Schnee/ auch im Sommer/ etliche kleine Bächlein zu sich nimbt/vnd bald nach seinem Vrsprung/ Schiffreich wird; vnd nach deme sich die Neytra/ vnd Sithua/ vnd andere Wasser/ darein ergiessen / nahend Comorn / in die Thonau kompt. Es ist sonderlich denckwürdig / daß bey diesem Fluß man im warmen

Was-

Waſſer baden kan: welches 2. Well Wegs oberhalb dem Freyſtädtlein / zu Peſton / geſchihet / daher dann auch ſolch köſtlich warmes Bad Thermæ Peſteniæ genant wird. Welches aber nicht eingefaſſt iſt; ſondern es werden nur Gruben in die Erde gemacht / die man mit Däcken / oder Brettern / wann man will auß füttern / vnd in denſelben baden kan. Vnd ſolche Gruben müſſen offt verändert / vnd nach deß Fluſſes der Waag Ab: oder Zunehmen / gerichtet / vnd ſo der Fluß im Wachſen / mit den Gruben gegen Berg gewichen; wann er aber fället / hinnach gerückt werden. Dann je näher man dem Fluß gräbet / je heiſſer das Waſſer auffquillet. Vnd kan Einer jhme ſeine Gruben alſo machen laſſen / daß er mit dem Leib im warmen / mit den Händen vnd Füſſen aber im kalten Waſſer / nemblich im Fluß / ligen thut. Man kan nicht alſo bald ein ſitzen / oder baden / ſondern man muß das Waſſer zuvor laulecht werden laſſen. Will es einem zu kalt werden / ſo darff Er nur mit den Fingern / oder Zehen / in dem Sand grüblen / ſo wird bald heiſſts gnug auffgehen. Iſt ein gutes Bad wider den Sand / Krätze / friſch: vnd

alte Schäden/vnd Wehetagen der Glieder.
Vnd erzeigen sich die Kranckheiten bald/ob
sie zum Tode/oder ob der Kranke genesen
werde. Nicolaus Isthuanfius (der auch
p. 744. von besagtem Bade zu lesen)schrei=
bet im 31. Buch/daß Anno 1599. ein gros=
se Anzahl kranker/vnd gesunder Leute/sich
in solches/im Herbst/begeben/die allda von
den Türggen/vnd Tartarn/vnversehens
vberfallen/derselben Theils in Dienstbarkeit hinweg geführt; Theils/die man
Schwachheit halber/nicht fortbringen kön=
nen/nidergemacht worden. Es seynd damaln von Ihnen viel Flecken/Dörffer/vnd
Adeliche Sitz/vmb die Wag herumb/ver-
brand/verwüstet/ein grosser Raub/vnd/mit
demselben/in die 13000. Menschen gefangen
hinweg geführt worden; vñ hat sich der Ge-
neral/Graff von Schwarzenberg/auff An-
halten der Vngarn/darwider nicht auffgemacht. Aber nach dem der Feind hinweg
war/so haben die Vnsern etliche Castell/als
Laccum, Bolondvariam, Coppanum,
Dombenem, Uforam, welche von dem
Fluß Capasso bevestiget werden/eingenom=
men. Vnd dieses dem Fluß Wag/oder Vago.

Des Königreichs Ungarn/ ꝛc.   299

lieb. Belangende obgedachtes Trent-
/ so mag / auß deß besagten Flusses der
z/ (off welchem/ vnd den Flössen/ aller-
Sachen gantz gelegen geführt werden)
en / wegen deß Felsen / das Schloß/
kein Gewalt / vnd Geschoß / erobert
en. Vom Abend aber/ auff welcher Sei-
köne Lustgärten vorzeiten gestanden/
/ gegen ober/ einen Berg/ daselbst Ste-
us von Zapolia, deß obgemeldten Kö-
Johannis Vatter / ein starke doppelte
er/ wie auch einen tiefferen außgefüreer-
raben / hat machen lassen ; daß auch
dieser Seiten es eine lange Belagerung
der/ wann man das Schloß gewinnen
Vnd gleichwol/ als deß K. Ferdinands
gevolck vmbs Jahr 1528. diesen Ort
erte/ vnd feurige Kuglen einwarff/ dar-
das Schloß angangen/ vnd gantz ver-
d / so ist dasselbe/ sampt der Stadt/ den
inandischen vbergeben worden Es war
Schloß folgender Zeit deß Herrn Stef-
Illieshazi; wie Er aber vmb solches
men / das erzehlet Isthuanfius *libr. 33.*
at sich gleichwol Ao. 1605. anfangs die
dt/ vnd / nach einer Belagerung/ auch
da

das Schloß dem Steffan Botschkay ergeben/ der den gedachten Illieshazi/ auß Polen/ dahin Er in das Exilium gezogen/ wieder in Vngarn beruffen; von dem Ihme dieses sein Schloß/ vnd vom Keyser/ weil Er Frieden zwischen Ihrer Majestät/ vnd dem Botschkay/ hat machen helffen/ auch seine andere Güter/ seyn restituirt worden. Vnd hat ihn hernach K. Matthias gar zum Vngarischen Palatino gemacht; wiewol Er der Augspurgischen Confession zugethan war. Sihe vnten im Anhang Bozinum. In den Relationen stehet/ daß nicht weit von Trentschin/ Neustättel/ ein beschlossener Marckt/ in Vngarn/ lige/ allda die Keyserische Cossaggen Ao. 1624. sehr erbärmlich gehauset. In einer andern wird gesagt/ daß Trentschin vier Meilen von der Vngarischen Neustadt gelegen seye.

Tyhan/ zwischen Wesprin/ vnd Sarwar/ ein kleines Schloß/ vnd darinn eine Besatzung von Christen/ in 50 oder 60. Personen bestehende. Ligt/ auff einem schönen/ vnd hohen Ort/ in einer Insel deß Plattensee. Hat nur ein Thor/ vnd kein Gebäu/ oder Meyerhoff/ heraussen. Es komen auch
die

deß Königreichs Vngarn/ꝛc.

die Soldaten nicht auß solchem/ wann es neblicht/ vnd dunckel ist. Sonst haben sie dan der Insel jhren Ackerbau/ Fischreiche Teich/ schönes Holtz/ vnd allerley Gewild; vnd ausserhalb/ in der Nähe/ hertzliche Weinebürg/ die aber/ durch die gehuldigte Bauren/ gebauet/ vnd gelesen werden müssen. Ein Büchsenschuß vom Schloß/ ist ein guter Brunquell/ vnd darneben ein Antiquität/ in einem felsigen Berg/ nemblich/ Stuben/ Kammern/ Kuchen/ Keller/ Capell/ Tisch/ vnd Bette/ alles in Stein eingehauen/ so vor Jahren/ bewohnt worden. Von weme/ aber diese Arbeit/ vnd die Bänck vmb den felsigen Berg/ in Felsen gemacht worden/ hat man keinen gewissen Grund. Man helt gleichwol darfür/ daß die Einsidler/ die da gewohnt/ solches gethan haben. König Andreas zu Vngern hat sonders gerne an diesem Ort sich auffgehalten; wie Er dann eine Kirch darinn sampt einer Capellen von Marmolsteinen Säulen/ erbauet/ darinn Er begraben/ vnd mit einem rothen Marmolstein/ Knie hoch/ bedecket worden. Aber die Kirch ward letzlich zum Roßstall/ vnd die Capellen zur Behaltnuß Häu/ vnd Stroh/ gemacht. Welcher

jhrr König Andreas aber/ nemblich/ ob es
der Erste/oder der Ander diß Namens gewe-
sen/ (dann der Dritte zu Ofen begraben
worden seyn solle) wird nit aigentlich vermeldet. Anno 1589. ist dieses Schloß dem
Obristen zu Wesprin. zugeaignet worden/
damit Er die darinn ligende Knecht/ von
dem Einkommen/ vnterhalten solte.

Betangende aber obgedachten Platten-
see/ so sonsten Balaton genant wird/so wohnen Vngar/ vñ Türcken/vmb denselben herumb: vnd ligen gegen Mitternacht/ vnd Ni-
dergang/Vngarische; gegen Auffgang/ vnd
Mittag/ aber Türckische Castell. Es hat dieser See/ so an allerley Fischen reich ist/in der
Länge 12. vnd in der Braite/ an etlichen
Orten 5. bey Tyhan aber nur 2. Vngrische
Meilen. Es seynd an vielen Orten hohe Ge-
stad/ an etlichen Enden aber ist er mit Ge-
rörich gar verwachsen.   Man findet auch
viel Otter/ Biber/ vnd dergleichen/ darinn/
so in einem rechten Preiß zubekommen; wie
dieses ein vornehme Person/ so der Orten
wol erfahren/ berichtet hat. Wilhelmus Dil-
lich im 1. Theil seiner Vngarischen Chronic sagt/ daß der Plattsee/ so Er Volceas palu-
lu-

deß Königreichs Ungarn/ꝛc.   303

…es nennet/ sich in die Länge/ nach dem
…sser Drab/ bey 10. Ungarischen Mei-
…iche/ aber doch vber 2. nicht brait seye.

Vicegradum, Plindenburg/ Vissegradum,

Jeses weyland Gewaltigen/ vnd schö-
nen/ zwischen Gran/ vnd Ofen/ bey der
…nau gelegenen Orths Beschreibung/
…t man im 5. Theil deß Georg Braunen
…tebuchs; wie auch in deß C. Ens
…iis Apodemicis per Germaniam p. 12.
vnd bey andern mehrern/ daselbst man
…r hievon lesen kan.   Das Schloß/ da-
…weyland die Vngarische Cron ver-
…ret/ vnd auffbehalten worden/ ligt sehr
…/ vnd ist fest; Vnten aber an der Tho-
…ist die Statt/ allda vor Zeiten die Vn-
…the Könige/ wann sie Ruhe vnd Er-
…ichkeit gesucht/ wegen deß guten Lufftes/
…den Lustbarkeit/ schönen Gärten/
…ngewächs/ herrlicher Weide/ vnd der-
…hen erwünschten Gelegenheiten/ sich
…e auffgehalten haben; wie dann noch
…m grossen Gemäuer der Königlichen
…du/ vnd schönen grossen Marstall/ so

von

von Marmol/vnd gehawenen Steinen/gar zierlich gebauet/zu sehen; welche Statt aber durch stätige der Türcken Vberfäll/ vnd Brünsten/ übel zugerichtet/ vnd verstält worden. Gegen über der Thonau ligt der Marcktflecken Maros, darinn Christen/ so dem Türcken tributbar/ wohnen. Es hat sich das Schloß/ nach dem Ao. 1526. der Türckische Keyser Ofen eingenommen/ tapffer gewehrt/ vñ ist damaln auch von etlichen Eremitaner Mönchen/die auß dem Collegio Nostræo dahin geflohen waren/mit etlich wenig Bauersleuten/erhalten worden. Ortelius wil/daß Solymann Anno 1529. dieses Plindenburg/sampt Komara/ als Er für Wien gezogen/ eingenommen/welches wol seyn kan; weiln Ao.1530/ als das Jahr hernach/K. Ferdinands General/Wilhelm von Rogendorff/ dieses Vicegrad, oder Plindenburg/ wider/aber vergebens/ belagert hat. Aber Anno 1540. hat sein deß K. Ferdinands Feldmarschall/ Leonhard von Fels/die Statt vnd Wasserthurn mit Gewalt/vnd hernach auch das Schloß mit accord,erobert. Anno 1544. haben die Türcken/diesen Orth wider belagert/ vnd das

vnuntere/oder kleinere Schloß/ beym Wasser/ bälder/ aber das obere/ oder grössere/ vnd die rechte Vestung/ erst dann erobert/ als die Soldaten darinn vom Durst schier gar auß gemergelt/ vnd halb todt waren; denen aber der accord nit gehalten/ sondern alle/ auß genommen den Hauptmann/ nidergemacht worden seyn. Als die Vnsern Anno 1595. Gran eroberten/ so haben die Türcken erstlich das Stättlein/ vnden am Berg/ alsbald verlassen/ solches in Brand gesteckt/ vnd sich hinauff in die Vestung begeben/ welche Sie hernach den 12. Septembris dem Ertzhertzog Matthix auch auffgeben/ als man mit grosser mühe 12. Stuck auff einen hohen Berg gegen über gebracht hat. Ist hernach wider an die Türcken kommen; aber mit was weise/ durch Fridens Tractaten/ oder aber/ als Pesth/ vnd Gran/ die Vnsern letzt lich wider verlohren/ das wil sich noch zur Zeit nicht finden lassen. Aber daß Vissegrad/ oder Plindenburg jetzt Türckisch sey/ das wird für gewiß bestättigt.

Villach/ Villacum,

Die Hauptstatt deß Hertzogthumbs Sirmii in Vngarn/ so wie Ofen/ auff einem

nem Hügel bey der Thonau gelegen/darinn vor Zeiten sehr schöne / vnd wolgebawte Weingärten gewesen/in welchen sehr köstlicher Wein gewachsen; aber jetzt achten sich die Türcken deß bawens/vnd pflantzens nichts mehr; daß alles darnider liget. Hat ein dopeltes Schloß/so in das Ober / vnd Vndere getheilet wird. Dieses Villach hat König Uladislaus belagert/ dieweil Ihme Hertzog Lorentz in Sirmio Rebellisch war/ solche Statt auch/sampt dem mit doppelter Mauer wolverwahrtem Schloß/Ao. 1494. eingenommen. Mitten in der Statt war S. Stephans Kirchen. Es soll diese Statt an dem Orth ligen/wo der Alten berümbtes Sirmium gestanden/wie theils beym Isthuanfio vermeinen. Die Landtaflen aber setzen solches Vetus Sirmium an einem andern Orth. Ao. 1526. hat der Türckische Keyser Solymannus dieses Villach durch Vbergab eingenommen. M. Iohannes de Thwrocz, schreibet / in seinem Vngarischen Chronico, *p. 5. cap. 57.* vom Bruder Johann von Capistran/ daß Er im Closter der Fratrum minorum de Obſervantia, vnder dern Habit Er auch das Leben deß H.

Vat-

deß Königreichs Vngarn/ꝛc.

Vatters Francisci nachgefolgt/ in der Statt Wylak/seye begraben worden/ vnd vnzahlbar viel Wunderwerck gethan habe/ vnd noch nicht auffhöre biß auff diesen Tag; nemblich vmb die Zeit/ da Er der Turocz geschrieben hat. Aber Nicolaus Isthuanfius, ein eysseriger Catholischer Mann/ schreibet lib. 20. p. 384. daß/ als die Türcken das Sirmium eingenommen/ vnd die Mönch den Leichnam deß H. Capistrani, in dem Zolosianischen Closter/ wider begraben/ Franciscus Perenius solches Closter geplündert/ die Mönch entweder verjagt/ oder vmbgebracht/ deß Capistrani Leichnam zerstümmelt/ hönisch gehalten/ vnd in einen tieffen Brunnen zu werffen befohlen habe. Er seye aber hernach/ als das Castell Zolosium, von deß K. Ferdinands Volck/ vmbs Jahr 1558. mit Sturm erobert/ gefangen worden; weilen Er mit andern/ von dem K. Ferdinando ab: vnd zu der Königin Isabella in Sibenbürgen gefallen war.

Waitzen/ Vacia, Vaczium.

SAlomon Kuselius, in Dictionariolo Geographico, schreibt/ d;an diesem Ort zuvorn ein grosser Wald soll gestanden seyn/ darinn der Einsidler Vacius seinen Auffenthalt gehabt/ nach dessen Tode derselbe vor heilig geschätzet/ vnd groß Wallfahrt darauß entstanden / folgends demselbigen zu Ehren ein schöne Statt/ Closter/ Schloß/ vnd Kirchen erbauet/ so man nach dem Einsidler Vaciam genennt; vnd folgends in solcher Statt die Vngarn eine Hohe Schulen/ vnd Collegium, auffgerichtet hetten/ so aber nunmehr (vmbs Jahr 1632.) gar in einen Hauffen gangen / vnd verwüstet worden/ außgenommen das Closter / vnd Bischofflichen Sitz/ so noch/ biß auff diesen Tag/ mit Besatzung vnd Munition, als eine Vestung/ versehen/ vnd behalten werde. Vnd so viel sagt Kuselius. Was die Geschichten / vnd letztere Kriegshändel allhie/ anbelangt/ so hat diese Bischoffliche Statt/ K. Ferdinandus Anno 1527. oder 28. bald einbekommen / die aber dem Neben König Iohanni hernach zu Theil worden/ daher Ao. 1530. die Ferdinandischen solche wider / aber vergebens / belagert. Ao. 40. nambs der Feldmarschall Leonhart von Fels/ vnd das folgende 41. Jahr / die

Tür-

deß Königreichs Ungarn/ꝛc.

ürcken: dann Ao. 42. die Christen wider
/ so aber die Türcken zuvor in die Aschen
legt hatten.   Welches doch weyland ein
nemme Statt gewesen/ deren Tempel
isa, ein grosser/ mächtiger König in Un-
rn /   von Grund auff gantz prächtig er-
wet hatte.   Es müssen solche Statt her-
ch die Christen entweder selber verlassen/
r verlohren haben; weiln Ao. 1595. nach
oberung Gran/ durch die Unsere; die
rcken diesen Orth verlassen/ vnd nach
en geflohen seyn; welche Haubtstatt wie
n darfür hält/ die Christen / in solchem
hrecken/ auch hetten bekommen können/
i sie Stuck darfür gebracht hetten. Daß
Türcken ihre Weiber/ kleine Kinder/ vnd
Sachen/ von Ofen nach Griechisch-
issenburg/ Samandria / vnd an andere
h/ schicken wolten; seind auch viel in
Länder über Meer gewichen ; wie
uanfius schreibet. Ortelius hergegen be-
et/ die Christen hetten mitten im Janua-
besagten 95. Jahrs/ ehe man für Gran
men/ Waitzen berent / vnd mit gewehr-
and erobert/ hernach wider verlohren.
Jahr 96. sagt er/ hetten die Statt Wai-

V 3   tzen

zen die Heyduggen/bey Nächtlicher weil er-
stigen/vnd übel darinn gehaust: aber dem
Schloß nichts angewonnen. Nachmals
seye widerumb das Stättlein Waitzen über-
fallen/ geplündert/ vnd biß an das Closter
außgebrant worden; das Schloß seye wider blieben; Aber/ als gegen dem Ende deß
Julij, dieses 96. Jahrs/Ertzhertzogs Maxi-
milians gantzes Kriegsheer hieher kommen/
hetten die Inwohner Statt vnd Schloß/
in den Brand gesteckt/ vnd seyen auff Pest
gewichē/ das Schloß zu Waitzen seye gleichwol etlichermassen von den Vnsern errettet worden/ vnd daß noch in diesem 96. Jahr
Waitzen die Türcken vergebens belagert
hetten. Gemelter Isthuanfi sagt/ daß die
Vnsern Vaciam, so die Türcken verlassen/
in gedachtem 96. Jahr angriffen: Anno
97. hetten die Vnsere Waitzen läer gelassen/
vnd verbrant; aber als die Türcken wider
gewichen/restaurirt, vnd besetzt. Ortelius
schreibet widerumm/daß in solchem 97. Jahr
die Türcken Waitzen abermals vergebens
erstlich belagert/ aber da sie das andermal
starck darfür kommen/ so hetten die Vnsern
all jhre Sachen/ sampt dem Geschütz/ vn-
ver-

vermerckt/auff der Thonau/auffwerts gantz sicher in das Ertzhertzoglich Lager nit weit davon gebracht/hernach die Vestung an allen Orthen mit Fewer angesteckt/ vnd den 9. Novembris verlassen: Aber/ nach der Türcken Abzug/ wider mit Volck besetzt. Ao. 98. hetten die Türcken Waitzen vergebens belagert. Als Ao. 1602. Stuelweissenburg verlohren gangen/ hetten die Vnsern das Geschütz/ vnd Munition, auß Waitzen genommen/ die Vestung in Brand gesteckt/ vnd zersprengt/ vnd sich nach Raab begeben. Isthuanfi meldet ferner/ daß der Feldmarschalck Roßwurm/Waitzen/ weil es Ihme auff dem Weg von Gran/ nach Ofen/so Er belagern wollen/ ob schon auff dem andern Lande)gelegen/ so die Vnsern auß Forcht verlassen hatten/ reparirt habe. Ao.1605. ward Waitzē dem Botschkay vbergeben. In den Fridens Puncten Ao. 1606. mit dem Türggen auffgericht/ war versehen/daß die Keyserischen Waitzen wieder erbauen/erweitern/vnd behalten möchten. In den Relationen stehet/ daß Bethlen Gabor Ao. 1619. Waitzen eingenommen/ so Anno 20. hernach/ auff Anstifftung sein/ deß

Bethlehns/die Ungarn/dem Türcken übergeben/ das Städtlein aber die Keyserischen Anno: 24. geplündert/ und Ao. 26. der von Walstein den Türggen abgenommen hetten. Es schreibt aber Herr Frölich/im Jahr 1643. daß umb selbige Zeit dieser Ort Türckisch gewesen; der/sonders Zweiffels/ in folgenden Friedens Tractaten den Türcken wird seyn gelassen/ oder von den Unsern/als in Feindes Lande gelegen/nit mehr seyn besetzt worden. Was obgedachte Ubergab/durch die Bethlenische Ungarn/den Türggen beschehen/ anbelanget/ so berichtet Einer in einer Schrifft/ so Er umb selbige Zeit von dem Ungarischen Auffstand/ in Lateinischer Sprach/ herfür gebē/also: Quemadmodú in Transylvania valida Christianarum ditionú Propugnacula sub Sigismundo Bathoreo à Turcis recuperata, videlic. Lyppam, Solymos, Totvaradgya, Margita, Monostor, Arad, Syri, & Facsath, vi & armis occupata; Bethlen Turcis tradidit, ita nunc in Hungaria, limitanea præsidia iisdem Turcis consignare coepit; tradiditq́;, nuper Vaczium, Episcopalem sedem, inter Budam, & Strigonium

nium, opportuno loco situm, magnis olim Hungariæ sacriq; Imperij impensis recuperatum, atq; defensum.

Wardein/ oder Groſswardein/ Varadinum.

VNd von den Vngarn Warad genant/ ligt an den Vngariſchen Gräntzen gegen Sibenbürgen/ vnd iſt ein Schlüſſel zu Vngarn/ vnd Sibenbürgen/ Es hat dieſe Stadt einen groſſen Vmbfang/ vnd drey Neben: oder Vorſtädtlein. Hat vor dieſem ein Biſtumb/ auch viel Kirchen/ vnd Clöſter/ gehabt/ ſo nunmehr faſt alle nidergeriſſen/ vnd in die Paſteyen vermauret worden ſeyn: wie dann in der Statt kein ainige gemaurete Kirch mehr: ſondern die Burger/ ſo der Calviniſchen Religion/ haben zu jhren Predigten ein groß auffgericht ſchindeltach/ gleich einer groſſen Scheuren. Innerhalb deß Schloſſes war vor etlichen Jahren noch ein zuriſſener Tempel mit zween Kirchthüren/ ſo die Biſchoffliche Kirch war/ darinn Keyſer Sigiſmund/ vñ der H. König Ladislaus in Vngarn (deſſen Bildnuß in Mañs-Gröſſe/ ſampt ſeinem Roß/ vnd den H. drey-

Königen von Metall gegossen/ zu sehen vorhin geweßt/vñ vielleicht noch)begraben worden. Aber vor wenig Jahren hat man/auff
Befelch deß Gabrielis Bethleni, Fürstens
in Siebenbürgen/(als dahin diese Stadt ge-
hörig/) solchen Tempel abgebrochen/ vnd zu
Bollwercken gemacht. Besagtes Schloß
ist schön/wolgebaut/vñ fest: aber die Stadt/
ob sie wol groß/ hat viel schlechte Häuser;
vnd dörffen auch die Burger keine hohe Gebäu von Steinen auffführen/damit die an-
kom̃ende Türggen nicht jhren Vnterschlaiff
da haben. Es ist gleichwol ein feine Schul/
vñ Geißlich Consistorium allda/vnd kommen Jährlich alle vmbligende Calvinische
Prediger daselbst zusam̃en/vnd werden die
Neue vom Superintendenten Ordinirt. Es
werden auch allhie drey Recht besessen / das
Stadt Gericht/das Adels Gericht/vñ Hoff-
Gericht: deren man vor diesem keines hoch
loben wollen.   Die Jnwohner haben jhre
meiste Nahrung von Handlungen/ Teutschen: vnd Türckischen Wahren/ Acker/ vnd
Weinbau. Die Viehzucht ist gering. Es
gibt auch da viel Zigeuner/ so aigene Häuser
haben; deren theils mit Roßtauschen / theils
mit

deß Königreichs Ungarn/ꝛc. 315

mit Smidwerck/vnd theils mit Stehlen/ sich ernehren. Vnd diese Leute lassen sich auch hin vnd wider in Vngarn/vnd Sibenbürgen/für Hencker/ oder Scharpffrichter/ gebrauchen. Der Ehebruch ist vorhin/ vnd vielleicht noch/ allhie vnd zu Döbritz/ vnd anderen Orten hierum̃ in Vngarn/am Lebē gestrafft worden. Es wird zu Beschützung der Stadt/deß Schlosses/vnd der vmbligenden Flecken/ein starcke Besatzung vom Sibenbürgischen Fürsten allhie gehalten. Ein Meil Wegs von der Stadt ist ein herrlich warm Bad/so in zwey Theil für Manns: vnd Weibs Personen/ eingefangen; aber weilen es vor diesem keine Doctores (weiß nicht/wie jetzt) da gehabt/so hat man nur für den Lust gebadet:vnd zwar vnsicher darzu: weiln die Türggen zun zeiten eingefallen/ vnd die Badleute vnsauber außgetrieben/vnd gefangen hinweggeführet haben. Es laufft bey Wardein das Wasser Kőrősch/ oder die Kreysch/vorbey. In der Franckfurtischen FrühlingsRelation deß 1639. Jahrs/ stehet am 99. Blat/daß/als die Kirch allhie gantz abgebrochen worden/ man im December, Anno 1638. im durchgraben eine Crufft/

vnd darinn einen Königlichen Sarck / vnd in solchem ein vberaußköstliche gülden / vnd mit Edelsteinen versetzte Cron / ein Scepter / Monstranzen / vnd andere Meß: oder Kirchen-Ornat / darunter auch ein helleuchtenden Diamant / so groß als ein Hüner Ey / beneben silbern Bänck / vnd Stangen / gefunden habe; darüber Strit zwischen Keyserl. Majestät / weil groß Wardein auff Vngarischem Boden gelegen / vnd dem Fürsten in Sibenbürgen / deme die Stadt gehörig entstanden seye. Ob nun solcher Königl. Sarck deß H. Ladislai, oder deß K. Sigismundi gewesen / wird gezweiffelt. Sönsten seyn auff deß Keysers Sigismundi Grab folgende Verß / wie Hieron. Megiser lib. 9. Chron. Carinth. c. 51. fol. 1076. berichtet / gestanden:

Cæsar, & Imperium, tuus enego, Roma
sacratum
Rexi, non ense, sed pietatis ope.
Pontificem Summum feci, spretis tribus,
unum:
Lustravi Mundum, schisma negando
malum.

Dieses Orths Beschreibung findet der Leser auch im 6. Theil deß Georg Braunen Städt-

deß Königreichs Vngarn/ꝛc.

Stattbuchs. Georgius à Reycherßdorff in Chorographia Transylvaniæ, beschreibet Großwardein/ wie sie zu seiner Zeit gewesen/ also: Varadiensis Civitas Episcopalis est amplissima, & nullis mœnibus circumducta, in planitie existens; insignem habet arcem, magnis sumptibus extructam, & optime munitam, ubi Divus olim Ladislaus Rex Hungariæ, suam habet sepulturam, marmore eleganter excusam. Illic populus est Hungaricus partim Teutonicis Commixtus. Ao. 1242. wurden allhie von den Tartern alle Menschen vmbgebracht / die Statt greulich geplündert/ verwüstet vnd zerstöret; so ein Canonicus allda/ so damals gelebt/ beschrieben hat; vnd diese erbärmliche Histori inter varios Rerū Hungaricarum scriptores, so Iohannes Sambucus herauß geben/ zu finden ist. Vmbs Jahr 1556. wurde dieser Ort von den Sibenbürgern belagert/ vnd von den Vnsern tapffer defendirt. Weilen aber Keyser Ferdinand anderer gestalt Frieden/ oder Anstand/ vom Sulymann nicht erlangen kunte/ Er übergebe dann der Königin Isabell
in

in Vngarn/ das Land Sibenbürgen/ so hat er dem Forgatsch geschrieben/ daß er einen billichen accord annemmen/ das Volck abführen/ vnd Statt vnd Schloß/ auffgeben solt. Ao.1598. als dieser Orth wider Keyserisch gewesen: haben jhn die Türcken den 29. Septembris zu belagern angefangen. Melchior von Redern/ Obrister darinn/ hat die Statt in Brand stecken lassen/ vnd sich in die Vestung begeben/ dariñ Kyral Georg Oberster gewesen. Den 3. Novembris ist der Feind vnverrichter Sachen wider abgezogen/ nach dem er in die 13. tausend Mann darvor verlohren. War erstlich 60. tausent/ die Vnsern anfangs nur 2000. starck/ davon viel vmbkommen/ vnd gedachter Kyral Georg von einem Schuß gestorben. Sie hatten keinen Entsatz/ sondern Gott hat den Belagerten geholffen; wie Ortelius schreibet. Isthuanfius meldet/ daß die zu Wardein deß Fürsten Sigismundi Bathorii, deme die Türcken geholffen/ Verheissungen nicht angesehen/ sondern dem Keyser zugesagten Glauben gehalten: daher sie in gedachtem 98. Jahr eben auff dem Tag/ da die Vnsern Ofen zubelagern angefangen/ bela-

deß Königreichs Ungarn/ꝛc.

belagert; seyen auch beede Belagerungen/ auff einem Tag/wider auffgehebt worden/ nach dem solche 30. Tag vergebens gewehret. Die zu Wardein hettē Statt vnd Vorstätte/selbsten abgebrant/vñ sich ins Schloß begeben. Das seye etwas wunderlichs/daß bey so vielen vnd grossen vnzahlbarn Kugeln/so bey Tag vnd Nacht/ohne auffhören/ hin vnd her geflogen/deß H. Ladislai, dieses Nahmens deß Ersten Königs in Vngarn/ Bildnus zu Pferdte / so beym Eingang der grössern Kirchen / mit wundersamen vnd schönen Kunst auß Metall gegossen/vnd auff einem Marmolstein gestanden/vnverletzt vnd vngetroffen verblieben; wiewol die Wände herumb/auch oben vnd vnden/ mit vielen Schüssen hin vnd wider durchschossen wurden. Sihe von dieser denckwürdigen Belagerung/was Lundorp. in *cont. Sleid. Tom. 3. p. 194. & seqq.* weitläuffig schreibet. Ao.1603. war allhie ein grosser Erdbidem. In gleichem auch in folgendem 1604. Jahr/ ein erschröcklicher/ so der Vestung grossen Schaden zugefüget hat: die ohne zweiffel/ Vorbotten deß darauff erfolgten Botschkaischen Auffstands gewesen/in welchem Groß-

War-

wardein auch hefftig belagert / aber von den Kyserischen Obristen Baptista Poczio vnd Cypriano Concinio, beständig / vnd tapffer beschützt worden: wiewol sie viel / vnd schwere Vngemach darüber außstehn müssen / biß entlich Ao. 1606. vermög deß mit dem Steffan Boscaio getroffenen Friedens/ dieser Orth dem Fürstenthum Sibenbürgen wider eingeantwortet worden ist.

Petriwaradin/ oder Petrivaradinum, ein Schloß auff einem hohen Berg / oberhalb Griechisch Weissenburg/ an der Thonau sampt einem Flecken / vnten am Berg gelegen / da herumb das Gelänz sehr schön ist. Ao. 1526. hat der Türggische Keyser Solyman dieses Varadinum Petri belagert/ vnd mit Gewalt erobert.

Warasdin/ Warasin/ Varaſdinum,

VOn Theils auch Varatinum vnd Waradein / Item Varatinus minus, od'klein Wardein / genant. Ist vom König Andrea II. vnd seinem Sohn Bela IV. in Vngarn / erbawet / vnd mit Freyheit begabet worden. Ligt in einer weiten vnd lusti-

deß Königreichs Ungarn/ꝛc.

stigen Ebne/ vnd hat zur Rechten/ gegen Mitternacht/ den kleinern Arm von der Drab/ welcher Fluß ein wenig oberhalb der Statt in 2. Theil getheilet wird; vff der lincken Seiten/ so gegen dem winterlichen Sonnen auffgang sihet/ ist ein hohes Gebürg/ so die Landschafft Saguriam (welche zwischen den Bergen gelegen/ vnd sich biß nach Somseduara erstrecket) von den offnen Feldern absondert/ vnd nach der Länge sich herziehet; zwischē welches Gebürgs Jöchern/ vnd der Stadt Waraßdin/ ein Bad ist/ so bey den Alten/ wie eine Schrifft in Marmor bezeuget/ aquæ Iasæ, hernach aber Thermæ Constantinianæ genant worden/ welches Wasser heiß/ in grosser Menge herfür quellet/ vnd gar gesund ist; über solchem aber auff den Hügeln ein hertzlicher Wein wächst. Nach dem Tode König Ludwigs in Ungarn/ als zween Könige erwöhlt worden/ nemblich Ferdinandus Ertzhertzog zu Oesterreich/ vnd Johannes von Zapolia/ Graff in Zips/ vnd Waywod in Sibenbürgen/ haben die Burger zu Waraßdein sich alsobalden an Franciscum Frangepanum, so es mit König Johanne

ge-

gehalten/ ergebē: der aber auß dem Schloß/ so deß Ungarischen Palatini Leuth innen hatten/ mit einer Kugel tödtlich geschossen worden/ daß er bald hernach gestorben/ vnd zu Modrusia begraben worden/ verlassende alle seine Güter seinem Bruder Ferdinando; Darauff auch die Belagerung deß Schlosses ein Ende nam/ vnd dieser.Orth an K. Ferdinanden kam. Wird heutigs Tags auß Land Steyer versehen; allda auch gemeinlich/ der Windisch Obrister/ oder/ wie man jhn jetzt nennet/ General/ seinen Sitz hat: daß also dieser Windische/ oder Jllyrische Orth jetzt zum Hertzogthumb Steyer gerechnet wird; wiewol er auff deß Königreichs Ungarn Boden liget. Nicol. Isthuanfius schreibet *lib.11.rer.Ungar.p.183. seqq.* daß der Türckische Keyser Sulyman/ Ao. 1532. bey Grätz über die Mauer gesetzt/ von dannen auff Marpurg kommen. Von dar hab Er gar einen rauhen / vnd engen Weg/ zwischen dem Gebürg/ vnd der Drgb/ biß zum Dorff Sauritz gehabt/ von welchem Er in die offene vnd weite Felder Viniciæ, vnd Varasdini, oder Warasin/ biß nach Rasinia, gelangt/ vnd keinen Schaden gethan;

aber

deß Königreichs Ungarn/ꝛc.

aber weilen auß dem gedachten 3. Meilen vnder Warasin gelegnem Schloß/Rasinia, ein Schuß geschehen/ so seye Schloß/ vnd Stättlein/ angezündet von den Janitzarn worden. Allhie hab sich das Kriegsvolck getheilet/vnd sey der Obrist Bascha Ibrahim [o]ff Herbarciam, ein Schloß/ Crisium, [I]udocium, Chasmam, Montem Clauium, Velicam, vnd entlich auff Zapo[s]am, Königs Iohannis in Ungarn Vat[e]rland/zukommen: Er/ der Keyser Sulian/ aber/ hab sich auff die lincke Hand geplagen/ vnd seye von Rasinia erstlich auff [S]pronciam oder Capreinitz/ vnd Veru[n]um, hernach durch das Land Poseba, [zw]ischen den Wassern Sau vnd Drab/in [S]rmium, vnd von dannen nach Griechisch [W]eissenburg gelangt. Anno 1603. als die [W]asser überfroren waren/ so haben die Tar[ter]n biß zu dieser Vestung Warasin ge[stre]ifft. Es seind aber gleichwol die Vor[stet]te vor jhnen erhalten worden. Diser Zeit Einer von dem Fürstlichen Hause [Er]tzaga allhie Oberster seyn.

X 2

Weiß

Weissenburg/

ES seyn 3. Vornemme Stätt dieses Namens/ welche Weyland alle dem Königreich Ungarn gehört haben. Vnd

I. so ist Stuel Weissenburg/ Alba Regalis, auff Vngarisch Szekes Feyervvar, (dann/ bey den Vngarn Feyer Weiß/ vnd War ein Burg/ bedeutet/) welche Statt/ vnd Schloß in vnter-Vngarn/ an einem sumpfigen Orth gelegen ist; allda vor disem die Könige in Vngarn gekrönt/ auch gemeinlich begraben worden: wie dann dergleichen herrliche Kirch in gantz Vngarn nicht solle zusehen gewest seyn. Vnd deßwegen hat dieser Orth auch den gedachten Lateinischen Namen bekommen/ wie C. Ens *in delic. epodem. pag. 43.* schreibet. Vnd solche Crön: vnd Begräbnus ist allda in Vnser Frawen/ zugenant der Teutschen Kirche/ geschehen. Es macht diese Statt mit Ofen/ vnd Gran/ einen Triangel/ fast in gleicher Weite/ vnd ansehen. Die obgedachte Sümpff/ oder Pfützen/ (deren zwo gar tieff seyn/ also daß Pferd/ vnd Menschen/ wann sie dardurch wollen/ Mühe haben) mache der kottichte Fluß Sarvisius, so auß dem Plattensee kompt

deß Königreichs Ungarn/ꝛc.

kein rechtes Gestatte hat/sondern sich ergies=
set/ vnd daher Weissenburg von Natur fest
ist. Es gehn von d'Statt drey gar braite Täm=
me/ darzwischen Kirchen/ vnd andere Ge=
bäw/ Häuser/ Gärten/ vnd Wisen/ ligen/
vnd daselbst/ als in Vorstätten/mehr Leute/
als in der Statt/da obgedachter Tempel ste=
het/ wohnen; vmb welche Statt ein starcke
Mauer/ vnd ein tieffer Wasserreicher Gra=
ben zusehen; vnd daher es kommen/ daß
König Bela dem IV. allein diese Statt/ Item
das Schloß zu Gran/ vnd S. Martins Clo=
ster/ in Ungarn/ vor den Tartarn errettet
worden; wie Bonfinius *decad.2.rer.Ungar.
lib.8.* schreibet. Ao.1490. ist diese Statt vom
K. Maximilian belagert/ eingenommen/ ge=
plündert/vnd viel vmbgebracht worden; wie
Isthuanfius schreibet. Er hat aber solche/
nach dem Ers fast 11. Monat ingehabt/ dem
neu erwehlten Vngarischen König Uladislao, mit gewissem Beding vberlassen; wie=
wol gedachter Bonfinius *decad.5.lib.2.* sa=
get/ daß König Uladislaus, durch Stephanum Bathoreum, Stulweissenburg/
Stein am Anger/ vnd andere Ort in Vn=
garn/ so die Teutschen eingenommen/ wie=

X 3   den

der erobert habe / als K. Maximilian seinen Soldaten / nicht Geld geben kunte. Anno 1540. nahm diesen Ort deß K. Ferdinandi I. Feldmarschall / Leonhard von Fels / ein. Ao. 1543. hat Keyser Sulymann sein Lager bey dem nächsten grossen See Sostone geschlagen. Die Belagerten haben / zu ihrem Schaden / die obgedachte Vorstädte nit abgebrochen / sondern den Gebäuen zum beste befestigt / daher / als die Türken die Vorstätte eingenomemn / sie auch die Stadt selbst mit Accord / der den Soldaten gehalten worden / den 4. Septembris, erobert habē; als der Obrist / vnd Gebietiger der Stadt / Georgius Varcocius, ein Schlesier / in der Vorstadt / als das Stadthor nicht offen / von den Türggen vbereilet / vmbgebracht / dz Haupt / vnd rechte Hand / daran viel guldene Ring gesteckt / so die Türcken sonsten nicht herab ziehen kunten / abgehauen worden; welches auch dem Francisco Capolnaio, von den Tartarn begegnet ist. Ao. 1593. haben die Vnsern / auff Antrieb deß Graffen von Hardegg / Weissenburg angegriffen. Hasanes, Bassa zu Ofen / ist den Belagerten zu Hülff kommen / der aber von den Vnsern / den 24. Octo-

Octobris, alten Calenders/ geschlagen worden/ vnd auff die zehen tausend Mann verlohren hat; da hergegen der Vnsern kaum 40. vmbkommen/ etlich wenig auch verwundt worden seyn. Vnd so die Vnsern die Stadt mit dem Geschütz angegriffen/ so hätten sie solche/ ohne Zweiffel/ erobert: Aber die Obristen seyn anders/ vnd vbel zu Rath worden/ vnd den 26. wieder abgezogen/ vnd haben nach Hause geeilet/ A0. 1598. versuchten die Vnsern abermals/ aber vergebens/ Weissenburg wieder zu erobern. So griff Anno 1599. der Graff von Schwarzenberg Stulweissenburg auch vergebens an/ eroberte gleichwol zwo Vorstädte/ vnd verbrandte sie. Aber A0. 1601. ward diese Stadt vom Hertzogen von Mercœur, vnd Herman Christoffen Rußwurm/ FeldMarschallen/ wieder eingenommen; davon/ vnter andern/ Hier. Ortelius also schreibet: Es seyn da zu sehen die Stadt selbsten/ die Domkirchen/ die Burg/ die Ranzenstatt/ die Inselstatt/ oder Vorstatt Sigeth genant: (dahin/wegen deß tieffen Morasts/schwer zu kommen/ vnd gleichwol Rußwurm die gantze Nacht durch 9. Stunden lang biß zur be-

sagten Vorstatt gelangt / ein Stund vor
Tag / vnd also balden solche Vorstadt ange-
fallen / vnd erobert) der Hertzog hat auff der
andern Seiten die Gemös- oder Sümpff-
statt / vnd die zwo jnnern Vorstätt / auch
erobert / daß die Türggen nicht gewust / wo sie
wehren sollen. Nicht weit von der Statt
laufft der Fluß Sarewitz. Alle besagte fünff
Vorstätte / als die 3. eussere / vnd die 2. jnne-
re / seyn mit einem tieffen Wassergraben /
vnd mit einem starken außgeschütten Zaun
vmbfangen / vnd nicht schwächer als Hatwan / oder Papa. Den 20. Septembris
ward die Stadt mit Ernst beschossen / vnd
selbe mit stürmeter Hand erobert. Die Türken haben hin vnd wider Pulver gelegt / vnd
angezündet / also / daß die Kirchen / Burgk /
sampt noch andern 3. Thürnen / so nahend
der Ringmauer / neben vielen schönen Gebäuen / vnd Häusern der Stadt / darauff
gangen. Darauff haben die Vnsern die Häuser Simonthorna / Kopan / Adom / Feldwar /
vnd Paa / herumb eingenommen / auch die
Türggen / so die Stadt wieder einzunehmen
vermeynt / darvor 2. mal geschlagen. Tscha-
kabin / vnd Tscheckwar / Türckische Ort / nahend

hend Stulweissenburg/haben sich auch ergeben/ Vnd dieses sagt Ortelius. Isthuanfius meldet/ der Mercurianus hette die Belagerung den 9. Septembris angefangen/Rosburmius aber 2. Vorstätte bey der Nacht erobert. Den folgenden 17. Septembris, neuen Calenders/ were die Statt starck beschossen/ vñ nach 3. Tagen solche mit Sturm erobert/vn geplündert wordē; vñ were durch das von den Türken gelegte Pulver das Feur außkomen/ darüber nicht allein der herzliche Tempel/ so in der gantzen Welt/ wegen der Königlichen Begräbnussen/ berümbt/ sondern auch die gantze Statt darauffgangen/ vnd gleichwol von den Vnsern besetzt worden. Hernach hetten die Türggen vnser Läger zweymal/ aber vergebens/ angegriffen; biß es zu einer rechten Schlacht gerathen/ dabey der Ertzhertzog Matthias selbsten gewesen/ vnd einen herzlichen Sieg erhalten; welchen die Türggen den Teutschen zugeschriebē/ mit dergleichen sie noch nie biß daher geschlagen hättē. Der Hertzog võ Mercœur ist/ zu Eingang deß folgenden 1602. Jahrs/ zu Nürnberg/ auff seiner Heimraise/ an einem hitzigen Fieber/gestorben; vnd der Rußwurm

wurm / weil Er Ao. 1605. Franciscum
Barbianum, deß Graven Johannis Jacobi von Belgiojosa Brudern/zu Prag vmbgebracht / in selbigem Jahr daselbsten mit
dem Schwert gerichtet worden/vnd hat Römisch Catholisch sein Leben beschlossen.
Schadæus schreibet *part. 3. Sleidani Continuati lib. 27.* daß dazumal die Christen/ in
der Plünderung/auch der Königlichen Gräber nicht geschont/die doch vorhero die Türcken vnbelaidigt gelassen hetten. Das folgende 1602. Jahr haben die Türggen / als diese
Stadt noch nicht gar ein Jahr wieder in der
Christen Hände gewesen / sie den 12. Augusti belagert/ vnd den 29. selbiges Monats/so
die Türggen jhnen für glückselig halten/wieder erobert/ als die Teutschen/ ohne Vorwissen deß Obristen/ vñ der Befelchshaber/mit
den Türggen/ wegen der Vbergab / tractirt/
vnd die Janizern alsobalden in die Stadt gefallen / vnd was sie angetroffen / entweder
vmbgebracht/oder gefangen. Die Officierer/
weil sie sagten / die Vbergab were ohn jhren
Willen geschehen/hat man nach Constantinopel geführt / davõ der Ingenieur Johannes Marcus Insulanus, vnd Herr Georg
von

deß Königreichs Ungarn/ꝛc. 331

von Herberstein / deß Feliciani Sohn / in der Gefängnuß gestorben seyn: Die gemeine Soldaten hat man frey lauffen lassen: von welcher Zeit an dieser Ort den Türggen geblieben ist: wiewol Ao. 1603. die Unsern die neu erbaute Vorstatt allhie vberfallen/geplündert/vnd verbrand haben.

II. Griechisch Weissenburg/ Alba Græca, Belgradum, Taurunum, vnd auff Ungarisch Nandoralba; ist ingleichem ein berühmbte Statt weyland gewesen; deren Plinius, vnd Antoninus, gedenken. Ligt an der Spitzen/ da die Sau in die Thonau fällt. Ist ein ziemblich grosse Stadt/ deren ein Theil/ wie auch das Castell/ oder Schloß/auff einer Höhe ligt. Auff der einen Seiten fleust die Thonau vorüber/ vnd auff der andern die Sau. Es hat da ein schönes/ vnd wolerbautes Kauffhauß/ mit hertzlichen Gewölbten weiten Gängen/ darinn die Krämer feil haben: so gantz vnd gar mit Bley bedeckt/ wie auch das Schloß/ vnd die Moßkeen/oder Kirchen. Es gibt da viel Büffel Ochsen: Das Gemäuer an besagtem Schloß ist vnzerbrochen/ vnd von schönen hohen/ starken/ vnd wehrlichen/ mi-

Qua

Quadersteinen erbauten Thürnen/ so aber/ ausser Feindes Gefahr / nicht besetzt wird/ sondern lär stehet. Die Ringmauren vmb die Statt seynd alle zerfallen / daß sie nur wie ein offener Marckt da liget. So seyn die Häuser gar schlecht/ vnd die Gassen vnsauber; wie in denen nach Constantinopel verrichten Raisen zu lesen. Es mögen aber solche Stattmauren seithero, wieder seyn reparirt worden; weil H. Frölich vmbs Jahr 1643. schreibet/ daß diese Stadt mit vielen Thürnen vnd einer doppelten Mauer/ befestigt sey/(so auch Isthuanfius sagt)vñ grosse Vorstätt habe/darinn Türcken/ Griechen/ Juden/ Hungar/ vnd Dalmater/wohnen. Ao.1440. haben die Türcken diese weyland der Christen Vormauer/ erstlich aber vergebens belagert Ao.1456. nahmen sie abermals eine Belagerung vor/ wurden aber vom Johanne Hunniade tapffer wieder abgetrieben; daß sie mit grossem Schaden abziehen musten, wie davon auch Cromerus *lib. 23. rer. Polon.* zu lesen. Er Hunniad starb hernach den 10. Septembris, dieses Jahrs. Ao.1493 oder wie Einer will / 92. versuchte der Türck/ sonderlich das Schloß

deß Königreichs Ungarn/ ꝛc.

allhie durch Verrätherey/einzubekommen/ gieng aber auch nit an/vnd ließ Paulus Quinisius, der Obriste zu Temeswar/die Verräther/wie die Hämling Braten/so die andern/ die darumb Wissenschafft gehabt/fressen musten. Ao. 1494. versuchte der Türck/ gleichwol abermals vergebens/ Weissenburg zu gewinnen. Als Ao. 1521. der Türckische Keyser Solymann darfür kam/vnd jhme ein abgefallner vom Christenthumb Anlaitung gabe/die Vestung zu vntergrabē auch die Thraces oder Raizen/heimlich mit dem Feinde von Vbergebung der Statt tractirten/ so hat Er diese fürtreffliche damals vbel darzu versehne vnd versorgte/ in dem Theil Thraciæ, so man Couinium nennet/ gelegene/ vnd vom Keyser Sigismund/ durch Tausch/ vom Georgio, Despoten in Thracia wie Isthuanfius schreibt/ (Ortelius sagt/ daß K. Sigismund solchen Ort mit Stephano, der Raizen Despoten/(den theils der Servianer Fürsten nenen/vnd daß Servia ausser Weissenburg anfahe/sagen/) durch etlicher Vngrischer Grätte Verwechselung/erkaufft/)zu seinem Königreich Vngarn gebrachte Vestung/ durch Vbergab/

die Er gleichwol nicht gehalten/sondern die Besatzung nider machen lassen/den 29. Augusti: (Ortelius sagt den 12. Septembris,) erobert. Johannes Dubravius schreibet im 33. Buch seiner Böhmischen Chronic/ daß diese Vestung/so der Feind den 21. Augusti bekommen/ wie die meisten wusten/ hette erhalten werden können/wann König Ludwig in Ungarn nur hundert Gulden zum Sold hergeben hette. Welches auch Martinus Boregk in der Böhmischen Chronic/ am 623. Blat schreibet/ vnd eben den besagten 21. Augusti auch setzet. Darauß zu sehen/ daß die Historici, auch in wichtigen Sachen/ selten mit einander vbereintreffen.

III. Alba Julia, oder Sibenbürgisch Weissenburg/ Vngerisch Feyerwar/ist eine Statt in Sibenbürgen an dem Fluß Marusio, allda der Fürst in Sibenbürgen sein Ordinari Hoffhaltung hat/ vnd ein stattliches Gymnasium ist / welches neulicher Zeit Iohan. Henricus Alstedius (so vorhin zu Herborn im Nassauischen Professor gewesen / vnd wegen seiner vielfältigen Schrifften weit vnd brait bekant) beruffen gemacht hat. Im Schloß seyn viel Antiquiquitteten zu sehen; deren doch die meisten in deß Fürsten Marstall/ vnd das Bathorianische Hauß/ kommen/ darinn auch die Buchtruckerey / vnd Müntz vorhin gewesen/ jetzt aber die Professores da wohnen. An dem Statt-Thor sein Romulus, vnd Remus, wie sie an der Wölffin saugen/ in Stein gehawen. Die grössere Kirch ist mit vieler Fürsten Monumenten geziehret. Ausser der Statt seyn noch vnterschiedliche Anzaigungen/ wie groß dieser Orth/ als der Könige in Dacia Hoffstatt/ vorzeiten gewest seye/ so Zarmizegethusa geheissen/ vnd im Vmbkraiß 5. teutsche Meilen solle gehabt haben. Vnd dieses sagt Herr Frölich in seinem Viatorio. Sihe was hievon weitläuffig in dem Ersten Theil deß Itinerarij Germaniæ fol. 587. geschrieben stehet. In der Statt wohnen Vngarn/ vnd gehet vber das obgedachte Wasser Marosch (welches auß dem Gebürg / so Moldau / vnd Sibenbürgen schaidet/ entspringt/ vnd bey Segedin in die Teissa fleusset/) allhie ein schöne höltzerne Bruck/ mit einem Schindeltach. Hat vorhin ein Bistumb allda gehabt/ so die Königin Isabella, König Iohannis I. in Vngarn Wittib/

tib/abgethan/wie Georgius à Raithersdorff, so zu jhrer Zeit gelebt/in Chorographia Transylvaniæ berichtet/der auch diesen Ort vnd sein Lager/wie auch die obgedachte alte Statt Zarmis, vmbständlich beschreibet/vnd den Namen von der Iulia Augusta, deß Keysers M. Aurelii Antonini, Mutter/vermög einer Grabschrifft in einem sehr alten Marmolstein der S. Michaels Kirchen/herführet/vnd saget/daß von hinnen gegen Abend sehr hohe Berg seyen/darauff man gar hart kommen könne/in welchen die Bergstätte gelegen/so reich von Gold vnd Silber seyn. Es ligt diß Weissenburg auff einem thalhangenden Hügel/ darumb allenthalben fast auff zwey tausent Schritt ein Ebne ist. Auff der einen Seiten laufft der Fluß Ompay. Der offtgedachte Mönch Georgius ligt in besagter Hauptkirchen zu S. Michael begraben. Ao. 1603. hat der auffgeworffene Sibebürgische Fürst Zäckel Moyses diesen Ort 3. Wochen lang belagert/vnd durch vbergab so er nicht gehalten/erobert/wie Ortelius schreibet. Isthuanfius saget/habs leicht in seinen Gewalt gebracht/ vnd seye mit dem allhie gefundenen

des Königreichs Ungarn/ ꝛc.

nen Geschütz für Clausenburg gerucke. Es hat in diesem Jahr hernach ein Graff von Solms mit den Keyserischen diesen Orth überfallen/ vnd eingenommen; der aber gleich wider von den Türcken erobert/ vnd der Graff gefangener nach Constantinopel geschickt worden. Der Stephanus Bolcaius, Fürst in Sibenbürgen/ der Ao. 1606. den 28. Decembris zu Caschau gestorben/ ligt auch in der obgedachten S. Michaels Kirchen/ nahend seiner Schwester/ deß Fürsten Christophori Bathorii Gemahlin/ begraben. Die Lateinische Grabschrifft hat 14. Vers; darunder diese folgende:

Fida tuo, postquàm pro nomine prælia gessi,
   Armaque pro Patria digna salute tuli:
Te Duce jam victor Patriamque tuenti-
      bus armis
Supspendi adversis tristia bella manus,
   &c.
Christe mihi Christe, salus mea, Christe,
   voluptas,
Cujus eram unius munere quidquid
   eram, &c.

So ist auch Marggraff Hanß Georg von Brandenburg/ Hertzog zu Jägerndorff/ als er Anno 1624. im Martio in Vngarn gestorben/hieher geführt/vnd in dieser Kirchen Fürstlich begraben worden. So wird sonders zweifels/Bethlehem Gabor/so den 15. Novembris Anno 1629. verschieden / auch allhie begraben ligen.

Gedachter Ortelius setzet noch ein Weissenburg/so ein Fleck vnderhalb Altenburg/ der Ao. 1594. von den Türcken in Brand gesteckt worden seye.

Wesprin/ Weißbrunn/ Vesprimiũ, Wesprimium, Besprimium,

Drey Meilen von Palota/ vnd so viel auch von Papa/ gelegen/ ein Schloß/ auff einem hohen Berg/ der auff allen Seiten/ besonders gegen Nidergang/ einer gähen Höhen ist/alte Mauren/vnd keinen starcken Wall hat. Die Bischoffliche Kirch darinn so gar schön geweßt/ haben die Türcken zu einem Roßstall gemacht. An der Seiten deß Schloßberges/ gegen Mitternacht/ seyn tieffe Hölin/ oder Steinklüfften/ darinnen Wilde Hund/ welche Sommerszeit vom vmbgefallenen Vieh/ vnd deme/ so durch die Fleischhacker gemetzelt wird / ihre Speiß suchen

des Königreichs Vngarn/ꝛc.

chen: zu Winterszeit aber / auß dem Bischofflichen Einkommen / vnderhalten / vnd daher Chaſſar Ebei, deß Keyſers / oder Keyſeriſche Hund / genennet werden. Seyn zimblich groß / eines theils zottend; zureiſſen andere haimiſche Hund; bewachen vnd hüten Nachts dieſen Schloßberg / alſo ſorgfältig / daß ſich herauſſen niemands hören kan laſſen / ſo durch jhr Bellen nicht verrathē würde. Wann jhre Jungen jhnen geſtohlen / vnd in die Stätt oder Dörffer / gethan werden / ſo ſeyn ſie nicht zu erhalten / ſondern ligen todt. Vnder dem Berg / wie auch in der Gegend herumb / ſeyn vor Jahren viel Clöſter, Kirchen vnd Capellen gewest: deßgleichē ſein im Grunde viel hertzlicher Brüstlein / vnd lebendige Waſſer / vnder welchen eins ſo der weiſſe Brünn genant worden / von welchem dieſes Schloß den Namen behalten haben ſolle. Es werden offt allhie bym Schloß / zwiſchen den Vngarn / vnd Türckē, Duell, Copi brechen / vñ Scharpffrennen gehalten. Vnden hat es vor Jahren ein Statt gehabt / ist jetzt ein schlechtes thun / vnd ligen die Häuſer hin vñ wider zerſtrewt in den Thälern / vmb die Hügel vnd

Y 2 Ber-

Berge herumb/ vnd darzwischen die ruinirten vor Zeiten schöne Kirchen. Dann allhie solle der Vngarisch/ vnd Mährische König Suatopluck/ oder Suatepolugus, Hoff gehalten haben/ ehe die Vngarn/ das ander mal/ auß Scythia, in dieses Lande kommen/ vnd durch List/ von jhme/ Erden/ Wasser/ vnd Wasen/ erlangt/ vnd demselben entlich das Leben/ sampt dem Königreich/ im Krieg genommen haben. Zwischen den Felsen erstreckt sich ein langlechtes Thal/ so mit gar lustigen Gärten/ vnd Weiden vmbgeben/ so die Innwohner der Abbtissin Thal nennen. Es ist Wesprin/ nach deß Königs Matthiæ Corvini Tode/ in Anno 1490. erfolgt/ von den Teutschen eingenomen worden. So ist dieser Orth/ insonderheit das Schloß/ vmbs Jahr 1551. von den Türcken belagert/ **vnd** erobert/ als zuvor die Heyduggen/ so ein theil der Besatzung gewesen/ zu den Türcken vbergeloffen/ die aber von denselben alle sämmentlich ermordet/ vnd die übrige von der Besatzung/ so sich ergeben/ wider zugesagten Glauben/ entweder vmbgebracht/ oder in die Dienstbarkeit gesetzt worden seyn. Ao. 1565. (Ortelius sagt 66.) hat Graff Eck oder Eggo,

Eggo, Ecchius, von Salm/ diß Vesprim belagert/ vnd gleich im ersten Anfall erobert/ als er Fewer hinein geworffen/ darüber die obgedachte sehr schöne Kirch/ vnd die Grufft vnder der Erden/ deß H. Stephani, dieses Namens deß Ersten in Vngarn/ Werck/ vnd der hohe Glockenthurn in einem Augenblick gleichsam verbronnen/ so die Türcken viel Jahr hero vnversehrt erhalten hatten. Ao. 1593. hat der Türckische General Sinanus diesen Orth 4. Tag lang belagert/ vnd/ als die Vnsern davon geflohen/ erobert. Ao. 1598. haben der Graff von Schwartzenberg vnd Palvi/ Wesprim wider eingenommen. Weme dieser Orth der Zeit gehörig/ wird gezweiffelt; dieweil theils berichten/ daß er mit Vngrischen Soldaten zu Roß vnd Fuß/ vnd mit Teutschen Büchsenmaistern/ besetzt seye; D. Frölich, ein Vngar/ aber/ *lib. 1. part. 2. Viator pag. 304.* Wesprin vnder die dem Türcken gehörige Orth/ in Anno 1643. referiret. Es stehet gleichwol in dem Ao. 1637. außgegangenem Büchlein/ Status particularis Regiminis S. C. Majest. Ferdinandi II. titulirt/ *p. 189.* daß im Jahr 1636. Wesprim

noch den Vngarn gehört habe. Wie dann
Ao 1655. die Türcken diesen Ort mit ihrem
schaden angegriffen habe/daß Er also noch
der Christen seyn muß.

Wihitsch/Bihigium,

Jst ein Städtlein in Crabaten/ wie I-
sthuanfius schreibet. Hieronimus Me-
gilerus lib. 12. der Kårndterischen Chro-
nic/setzet sie an den Crabatischen Gråntzen/
allda Ao. 1587. wie er oder 86. wie gemelter Isthuanfi, berichten/ ein grosse menge
Gånß/vn Enten/vnd wie Megiserus sagt/
über die hundert tausend sich nidergelassen.
so bey Nacht ein greuliches Geschrey ange-
fangen/vnd mit einander gekämpfft haben/
darüber die meisten tod blieben / welche die
Soldaten vnd Burger/in die Vestung ab-
geholt/ eingesaltzen/gerduchert/vnd gessen.
Darauff haben Ao. 1592. die Türcken diese
mit dem Fluß Huna, wie ein Insel/vmbge-
bene Vormauer der Christenheit/(so Bela,
IV. der König in Vngarn/ vor Jahren als
Er von den Tartarn verjagt/ in Dalmatia sich auffhielte/ an diesem gelegenen Ort
erbawet/vnd diesem Städtlein die Freyheit/
so

deß Königreichs Ungarn/c.

so andere vmbmaurete Stätt haben/ geben hat) belagert ; welche Christophorus Lambergus, der Obriste darinn/ (degeneri metu perculsus, wie Isthuanfius redet) denselben mit accord übergeben hat. Vnd ist der gestalt dieser an einem lustigen Orth gelegener/ mit Mauren vnd Thürnen versehener; vn wegen seiner Priesterschafft/ vnd Franciscaner Closters/ auch der alten Soldaten/ vnd Obristen Gräber/ berümbter Orth/ der so viel Schweiß vnd Blut/ die alten Innwohner solchen zu erhalten / von ätlich hundert Jahren her/ gekostet/ entlich auch in der Türcken Gewalt kommen/ vnd denselben biß daher verblieben: wiewol Ortelius sagt/ daß Ao.1594. die Statt Wyhitsch/ an den Crabatischen Gräntzen (so er anderswo in Crabaten gesetzt hat) vom Herren von Lenckowitz/ Obersten zu Carlstatt/ den 6. Novembris/ Morgens/ ersigen/ geplündert/ vnd in Brand gesteckt worden; das Schloß aber die Türcken behalten hetten. Vnd hernach/ daß im Jahr 1595. Wihitsch in Crabaten / vom Obristen in der Carlstatt/ überfallen/ beraubt/ vnd verbrant worden ; aber daß Schloß hab Er bleiben lassen

laſſen muͤſſen. Der offtangezogene Ungariſche Scribent Iſthuanfius gedencket dieſer beedē letzten Geſchichten nicht/ſagt auch/ in Beſchreibung dieſes Orths / nichts vom Schloß welches allhie ſeyn ſolte.

Wiſelburg/ein offener Marckt zwiſchē Ungriſch Altenburg/ vnd Raab / an einem ſchoͤnen/luſtigen/ebnen Orth/vnd kruͤmme eines Arms von der Thonau / gelegen: allda/vnd biß zum Waſſer Raab/mehrertheils Ungarn wohnen. Solle der Alten Quadrata ſeyn. Sihe aber/ was Lazius *lib. 12. Reip. Rom. ſect. 3. c. 5.* von der Alten Limuſa, oder der Ungarn Muſo, Muſenburg/ jetzt Wiſelburg/ ein Meil von Altenburg/ an den Oeſterreichiſchen Graͤntzen (allda ſeiner Zeit noch ein kleine Kirch/ vnd nur etlich wenig Haͤußlein übrig geweſen) ſchreibent hut. Ortelius meldet/ als Ao. 1595. Fuͤrſt/ vnd Graff Carl von Mansfeld/ fuͤr Gran ziehen wollen/ hab Er / im Mayen/ vnder Wiſelburg/ein Feldlager geſchlagen/ vnd ſelbſt die Schauffel in die Hand genommen/ vnd den anfang/ zwiſchen der Thonau/ vnd Gemoͤß/ darein das Waſſer Leytha fleuſt/ zu graben gemacht.

Za-

Zagrabia/Sagrabia, Zagram/Sagram/Agram.

Wolffgangus Lazius *lib. 12. Reip. Romanæ in Exteris Provinciis, Bello acquisitis, Constitutæ, Commentariorum, sect. 5. cap. 1.* helt diesen Orth für deß Ptolemæi Soroga, vnd sagt daß entweder König Stephanus, oder Geisa, den alten Bischofflichen Sitz/der vorhin zu Siscia, oder Siseck/ gewesen hieher auff Sagrabia, transferirt habe; so nit weit davon / vnd nahend der Sau/ in welche vnderhalb ein zimblichen Weg/ die Kulp fället/ gelegen ist. Er Lazius referiret diese Bischoffliche Statt Zagrabiam zu Vngarn / Isthuansius aber sagt/ Sie lige in dem Theil deß Illyrici, so man jetzt Sclavoniam, oder das Windische Land nennet / vnd sey in dem Schloß daselbst ein Tempel S. Steffan / dem König in Vngarn/ zu Ehren erbawt/ein herrliches Werck. Auff dem Hügel/ oberhalb Zagrabiæ, lige das Stättlein Mons Græcus. Weiter findet sich nichts von diesem Ort/auch nicht/ daß Er einmal were vom Türcken eingenommen worden: aber wol/

daß diese Stadt sich/ nach dem Tode deß Königs Matthiæ Corvini, an Keyser Maximilian den Ersten ergeben; die aber die Ungar wider bekommen haben. Auß mündlicher Relation, von Einem/ so dieser Orten gewesen/ hat man so viel/ daß es zwo Städte/ darzwischen ein Wasser/ wie ein Bach/ lauffe/ die Eine/ so Sommerszeiten in den Graben kein Wasser habe/ werde Zagrabia, oder Zagram/ vnd auff Teutsch Agram/ vnd die andere/ darinn der Bischoffliche Hoff/ vnd der Domherrn Häuser/ das Capitel (so vielleicht obgedachtes Städtlein Mons Græcus seyn wird/) genant. Die Sau lauffe einen Büchsenschuß von Agram. Ein Anderer berichtet/ daß Ao 1644. beede Städte abgebronnen seyen.

Zeben/ Czeben/ Cibinium minus,

IST die kleineste vnter den fünff Königlichen Stätten in Ober Vngarn/ die da seyn/ Caschau/ Leutschau/ Bartfeld/ Epperies/ vnd dieses Zeben/ allda es offt Feuersbrünsten gibt. Der Boden hat vorzeiten köstlichen Saffran getragen/ hat noch an Früchten

deß Königreichs Vngarn/ꝛc.

len/sonderlich den Pflaumen/einen Vberfluß. Ao. 1604. hat sich diese Stadt auch an die Botschkaische ergeben.

Zipserhauß / Szeppós/ Scepusium, Sepusium, ein vestes Schloß/ auff einem hohen Berg/vnd Felsen/ zwischen Leitschau/ vnd Eperies/ gelegen; davõ/ als dem Haupt-Schloß/ die gantze berümbte/vnd grosse Vngarische Graffschafft Zips/ oder Sepusium ihren Nahmen; welche aber nit völlig darzu/ sondern viel davon/ als ein Pfandtschilling der Cron Poln; theils Orth auch für sich/ vnd andern Herrn gehörig seyn. Es werden gleichwol diesem Schloß 11. Flecken so man Oppida, gleichsam Städtlein nennet/ gegeben; auß welchen Kabsdorff das fürnembste ist. Vmbs Jahr 1528. hat Königs Ferdinandi I. Kriegsvolck dieses veste Schloß/davon sich der Wider-König in Vngarn Iohannes geschrieben/ sampt den andern seinen Schlössern/ Licava vnd Hadreco, in seinen Gewalt gebracht. Die letztere Zeiten hero / hat solches den Herren Graven Turzon gehört; die aber / was den Mañsstamm anbelangt/ nun abgestorbẽ seyn; wie offt erinnert worden ist. In dem Botschkaikaischen Krieg / hat Herr Graff Christoff Turzo/ es mit dem Keyser gehalten; bey deme sich auff diesem Hauße/ Johannes Jacobus Barbianus, Graff von Belgioiosa, (so ein Ort in Italia/ an dem Fluß Abdua gelegen/) gewester Obrister zu Caschau; wie auch der Dampier/ vnd andere Keyserische Befelchshaber/ befundē: daher die Botschkaischen dieses Schloß / wiewol vergebens/ belagert haben; vñ/ als sie nach dem 22 Tag der Belagerung/ den 1. Christmonats/ Anno 1604. von dannen/ vber den Berg Braniscam, nach Siroca, vnd weiters gen Caschau/ abgezogen/ haben sie hin vñ wider allenthalben die Turzonische Dörffer greulich verbrand; wie Isthuanfius berichtet. Georgius Wernherus schreibet/ de admirandis Hungariæ aquis, daß vff dem Berge bey diesem Schloß/ innerhalb einer Hölin / ein Wasser seye/ so im Winter fliesse / aber im Sommer also gefriere/ daß man von dannen das Eyß / die Trinck Geschirr damit zu kühlen/ holen thue.

Zrinium, ein Stättlein/ oder Marcktfleck/ in Crabaten/ so die Türcken Ao. 1540. vergebens belagert haben. Dann dabey ein dop-

deß Königreichs Ungarn/ꝛc.

doppeltes Schloß/ mit einer doppelten Mauer vmbgeben/ ligt; davon/ als jhrem Vatterland/ die Graven von Zrin/ so man insgemein Serin nennet/ den Namen führen; welchen Ort aber endlich die Türcken im Jahr 1576. erobert; nach dem sie zuvor der Crainer LandObristen/ Herrn Herwart von Aursperg/ vnter wärendem Stillstand/ vberwunden/ vnd jhme den Kopff abgeschlagen haben. Es bekamen zwar die Vnsern disen Ort im Jahr 1579. wieder; aber sie verluhren jhn auch bald widerumb. Es haben aber die Graven von Zrin andere gute Ort, darunter Leyrath in der Insel ist.

Anhang.

Dieses seind nun also die fürnembste vñ bekantiste Ort/deß weiland mächtign Königreichs Vngarn. Weiln aber auch andre in den Schrifften gefunden werden: So hat man solche in gleichem allhie verzeichnen wollen; ob woln von Theils/wie es der Zeit damit beschaffen/ vñ weme sie jetzt aigentlich gehörig/nichts in Erfahrung gebracht worden; vñ bey Theils noch darzu gezweiffelt wird/ob sie nicht allberait/ in dem vorgehenden/ vnter andern Namen/ einkommen seyn; dieweil die Oerter anders auff Lateinisch / anders auff Teutsch/ anders auff Vngarisch/ anders auff Windisch / anders auff Walackisch/ (als welche Sprachen in diesen Landen gängig seyn/) genennet werden. Es seynd aber diese folgende.

Adom/ein Türggisch Castell/4 Meilen vnterhalb Ofen/an der Thonau gelegen/ so der Türcken Proviant-Hauß gewesen/
vnd

vnd von den Vnsern Ao. 1602. bekommen/
vnd besetzt; aber im folgenden 1603. Jahr/
im Häumonat/ ohne Noth/ wieder verlas-
sen/vnd in Brand gesteckt worden.

Agneten/ in Sibenbürgen/ ein Städt-
lein/ so viel Handwercksleute/ sonderlich gute
Schmid/ hat; aber der Boden sauren Wein
trägt.

Almasium, weyland ein Städtlein/ oder
Fleck/ an dem rechten Gestad der Thonau/
allda ein Gesundbad/ auff einer Seiten deß
weyland sehr schönen Mönchs Closters/ in
die Thonau rinnet/ so Ao. 1606. als man
nahend dabey/zwischen Gran/vnd Comorn/
den Friden/ zwischen den Christen/ vnd
Türggen/ auff 20. Jahr gemacht hat/ (von
dessen Conditionen Isthuanfius *lib. 34.
rer. Ungar. fol. 845. seq.* zu lesen/) öd/ vnd
ohne Inwohner/gelegen ist.

Anivatsch/ ein Stättlein/ so/ wie Hier.
Ortelius sagt/ Ao. 1566. von den Türggen
vberfallen worden.

Aranagasch/ 1½. Meilen von Onod/
in Ober Vngarn/ gelegen/ wie abermals
Ortelius berichtet.

Arva,ein von Natur/vnd Wercken/sehr
festes

vestes Castell / so noch den Christen gehören solle.

Athivar / sagt Ortelius, habe König Johann (Fürst Johannes Sigismundus) in Sibenbürgen / Ao. 1564. mit Accord eingenommen.

Aurana, in Illyrien / ein ansehnliche Commendatur deß S. Johann Ordens.

Banhida, ein Städtlein / zwischen Ofen / vnd Stuelweissenburg.

Bania, eine Statt in der Walachey / allda Ao. 1464. König Matthias auß Vngarn in Lebens Gefahr kommen.

Bathorium, ein Städtlein / so Ao. 1564. Johann Sigismund / Fürst in Sibenbürgen / zusampt der Schantz S. Martini, jenseit der Teissa gelegen / erobert hat.

Bechea, ein Schloß / welches / sampt dem von Natur wolverwahrten Ort Besquereco, der Türckische Beglerbeg erstlich eingenommen / ehe Er sich nach Chanad / Lippa / vnd Temeswar / gewendet hat. Hier. Ortelius schreibet / daß die Türcken Ao. 1551. das Schloß Becche an der Teiß / wie auch Beczkereck / oder Beczkerck / 12. Meilen von Lippa / belagert / vnd eingenommen; wie auch
Cho-

deß Königreichs Ungarn/rc.

Chonad/vñ darauff für Lippa gezogen seyen: Item daß Ao. 1594. die abtrünnige Raizen/ den Flecken Beretzka/ 4. Meilen von Griechisch Weissenburg gelegen/ wie auch das Castell Ohat/ vnd andere Schlösser/ den Türggen abgenommen haben.

Ber Kissenina/ ein festes Castell in Vngarn/ so noch den Christen gehörig seyn solle. In den Articulis Poloniensibus wird deß Orts Berkissevina in Crabaten gedacht/ dessen/ wie auch deß baufälligen Schlosses Dios Györ (od' Gyeor) wieder Erbauung/ vnd Befestigung/ im Jahr 1638. ist gesucht worden.

Bethlehem/ ein Schloß in Sibenbürgen/ so Ao. 1553. belagert worden.

Biczk/ ein Türggisch Castell/ so von den Comorrern/ vnd andern Freybeutern/ Ao. 1599. erobert worden.

Bochcia, ein Türckischer Ort/ den Anno 1595. mit Variocio, Georgius Barbelius, deß Fürsten Sigismundi in Sibenbürgen Obrister/ von Carasebesso auß/ vnversehens vberfallen/ vnd alle Türggen/ so in beeden Orten waren/ vmbgebracht hat: Hergegen die Gränitzer Türcken etliche Christen

sten Dörffer/nicht weit vom Stättlein Josseo verbrand; Hinwiederumb die Sibenbürger das Volckreiche Türckische Stättlein Totvardiam in die Aschen gelegt/ das Schloß erstiegen/ vnd bey 200. Türggen in demselben nidergemacht: auch Fadsatum, Eperiessum, vnd Solmosum, wieder zur Christenheit gebracht haben. Gedachtes Solmosum wird deß Ortelij Solmoz/ 1½ Meilen von Lippa gelegen/ sonders Zweiffels/ seyn/ so die Türggen Ao. 1551. vergebens belägert/ aber Ao. 1552. als die Christen solches kleines/ aber sehr vestes Schloß/ auß Zagheit verlassen/ eingenommen haben. Er Ortelius sagt ferner/ daß solches an den Sibenbürgischen Gräntzen auff einem hohen Berg gelegenes/ vnd mit einem tieffen Graben vmbfangenes Schloß/ Solmoz/ Ao. 1602. der Zäckel Moyses innen gehabt; vnd als Er zu den Türggen gefallen/ solches denselben vbergeben; die Vnsern aber im November dieses Jahrs/ es durch Auffgab/ wieder bekommen haben. Isthuanfius schreibet/ daß das Schloß Solmosia ein wenig oberhalb Lippa auff einem hohen Berg gelegen/ vnd vbel zu gewinnen/ Anno

deß Königreichs Ungarn/ꝛc.

no 1552. von den Spaniern / vnd Vngarn/ deß Spanischen Obristen Aldanæ Besatzung/ verlassen worden seye. Gedachter Ortelius nennet obgemeldtes Bockcia/ Bockia / vnd sagt/ daß diese nicht weit vom Thonaustrom gelegene Türkische Vestung/ wie auch Vastat / mitten im Raitzenland/ vier Meiln von Griechisch Weissenburg/ vnd 5. von Temeswar; so wol die Vestung Fagiet / der obernante Barbel Georg / oder Georgius Barbelius erobert habe.

Bodonhel, ein festes Schloß in Vngarn/ so noch den Christen gehörig seyn solle.

Bolonduarium, an dem Neusidler See/ haben Ao. 1603. der Nadasdy / vnd Collonitsch / durch Vbergab eingenommen / vnd eine Besatzung wider die Räuber / so stätigs mit Raubschiffen außzufahren pflegten/ hinein gelegt.

Boretscho/ eine Vestung an den Sibenbürg: vnd Vngarischen Gräntzen/ dabey nahend der Fürst in Sibenbürgen Sigismundus Bathori, Ao. 1601. vom Keyserl. General Georg Basta/ geschlagē wordē ist.

Brinia/ ein Schloß/ sampt darunter gelegenem alten Städtlein / nicht weit vom

Meer/vnd Zeng/ so vmbs Jahr 1492. oder 93. dem Herrn Bernhard Frangepan gehört hat.

Budacoſſi/ vnd Budaorſſi/ zween gehuldigte Flecken/ vnter Ofen/ so die Vnſern Ao. 1596. geplündert/ viel Chriſten erledigt/ vnd nach Gran gebracht haben.

Budnoch/ ein weyland Chriſtlicher Marckt/ so Ao. 1599. von den Türggen auß Erlau zerſtört/ vnd verbrandt worden; wie Ortelius berichtet.

Butſchin/ ein namhaffter Türggiſche Fleck/ ein Meilwegs von Poſega/ vnd auch so weit von Carlſtat gelegen/ ward den 12. Novembris, von den Carlſtättern vberfallen/ geplündert/ vnd verbrand.

Calo/ oder Callo, ein veſtes Caſtell in Vngarn/ noch den Chriſten gehörig/ welches/ im Namen deß Keyſers/ Ao.1604. Michael Catajus in ſeiner Verwaltung hatte/ aber ſolches dem Steffan Boſcai/ Fürſten in Sibenbürgen/ vbergeben/ dardurch Er/ weilen Er der Lateiniſchen Sprach etwas beſſers/ als Andere/ erfahren/ ſein Cantzler worden iſt. In den Vngariſchen Hiſtorien wird auch deß Schloſſes Challiæ gedacht/ so

zur

deß Königreichs Ungarn/ ꝛc.

zur Zeit / als der Keyserliche General Castaldus in OberUngarn das Regiment geführt/ von den Unserigen erstiegen / außgeplündert/ vnd verbrand worden ist. Ortelius nennet besagtes Calo eine Statt/ vnd meldet / das sie Ao. 1599. bald vberumpelt worden were. Hagelgans schreibet im Jahr 1644. daß diese Vestung der Zeit dem Sibenbürger gehörig seye.

Camengradum, ein Schloß/ vñ Stättlein / so Ao. 1540. die Graven von Zrin/ sampt dem Schloß / vnd Stättlein Dubitz/ erobert / die Schlösser behalten / die Stättlein aber zerstört haben. In deß Herrn Josephs von Lamberg Raise nach Constantinopel/ wird deß Schlosses Camergrad gedacht/ vñ gesagt/ daß es zum Königreich Bosnia gehörig sey. Sonsten/ was besagtes Dubitz anbelangt/ so referirt dasselbe Isthuanfius zu Crabaten/ so vor Jahren den Rhodiser Rittern / vnd dem Prior zu Aurana; hernach aber den Graven Johann / vnd Niclassen von Zrin / oder Serin / gehört hat / als die Türggen vmbs Jahr 1538. solchen Ort eingenommen. Ligt gar wol bey dem Einfluß der Huna/ oder Una/ in die Sau.

Carlowitz / ein grosser Fleck / zwischen Scherwich / vnd Griechisch Weissenburg / an der Thonau / allda guter Wein wächst / vñ die Inwohner mehrertheils Christen seyn sollen.

Carolium, ein Stättlein vber der Teissa / darauß Michael / zugenant der Eiserne / bürtig gewesen / der die Statt vnd Schloß Soclosiam so schandlich den Türggen vbergeben hat.

Carlstad in Crabaten / davon aber / weil solche Vestung vom Hauß Oesterreich erbaut worden / in Beschreibung der Nider-Oesterreichischen Landen zu lesen.

Chrastowitz / im Atlante Hrastowitz genant / ein gar vester Ort in Crabaten / welchen die Türggen Ao. 1592. durch Verrätherey etlicher Windischer Kriegsleute / erobert. Ao. 1693. haben die Türggen hierumb / vnd vmb Sannober / in Duropolia, alles verheeret / vnd verbrant / Trentschin belagert / vnd bekommen / vnd seyn darauff für Siseck geruckt. Ao. 94. zu Ende deß Julij, bekamen Chrastowitz die Vnsern wieder. Müssen es aber wieder verlohren haben / weil Er Ortelius schreibet / daß Ao. 95. die Tür-

Türcken/solchen Ort verlassen/ vnd die Vnsern wieder eingenommen hetten.

S. Clement/ ein Stättlein an der Sau/ oder Savo, allda Paulus Quinisius, oder/ Kinisius, Obrister zu Temeswar/ Ao. 1493. gestorben/ der gleichsam sein Lebenlang beym Kriegswesen/ vnd darzu so glückselig gewesen/ daß Er nie kein Vnglück darinn gehabt hat.

Copan/ Coppanium, in der Gegend Comorn/ ein Türggisch Stättlein/ oder Marckt/ so Ao. 1587. von den Vnsern vberfallen/ vnd geplündert worden/ weil solcher Ort mit einem schlechten Wall verwahret gewesen. Es wurden auch ein hundert Häuser da abgebrand/ vnd ein grosser Raub hinweg gebracht. Aber als die Vngarn/ vnter dem Nadaßdi/ vnd Palst/ ferners auff den Raub außlieffen/ seynd sie von den Ofner Türcken vbel empfangen worden. Ao. 1599. haben die Türcken Coppan/ vnd das Castell Carat/ verlassen.

Covazo, ein Schloß nahend Tokay gelegen/ so Ao. 1564. Johann Sigismund/ Fürst in Sibenbürgen/ auff den Boden zu schlaiffen befohlen. Von dannen hat Er sich

2. Meil

2. Meil Wegs zum Schloß Achia, dem Michael Bidio gehörig/ begeben/ so Er/ durch Vbergab/ bekommen/ vnd zerbrochen hat.

Craponack/ so Ao. 1601. von den Türcken auß Canischa in den Brand gesteckt worden ist.

Crasnahorka, ein festes Castell in Ober Vngarn.

Crupa/ oder Cruppa/ Schloß vnd Marckt in Crabaten/ zwischen den Schlössern Novigrad/ vnd Camergrad/ gelegen. Es laufft allda der Fluß Vna/ oder Huna. Hat vorhin den Rhodiser Rittern/ hernach Graff Niclassen von Zrin gehört/ als solcher Ort Ao. 1565. von den Türggen belagert/ vnd erobert worden; nach dem sich die Besatzung/ vnter dem Matthia Basquitio, tapffer gewehrt/ vnd/ sampt jhren Weibern/ vnd Kindern/ alle vmbkommen; dieweil die Hülff vnter dem Herrn Herwarten von Auersperg aussen blieben/ davon Isthuanfius lib. 22. vnd deß von Auersperg Vertheidigung/ beym Megisero, in der Kärndterischen Chronic/ zu lesen.

Cuvarum, oder Cuvarium, ein doppelt Schloß

deß Königreichs Ungarn/ꝛc.

Schloß/auff einem hohen Berg/beym Fluß Laposso, in der Provintz Craina, so an Sibenbürgen stosset/ vnd zuhinderst im Gebirg gelegen/ vnd auff alte Manier erbauet. Anno 1565. hat Fürst Johann Sigismund in Sibenbürgen/ solchen Ort vergebens zu erobern versucht. Aber Ao. 1567. nach dem die Keyserischen/ so sich erstlich wol gehalten/ schlechte Wacht angestellt/ hat Er solche Vestung/ am 13. Tag der Belagerung/ eingenommen. Hieher hat folgends Fürst Sigismund Bathorius in Sibenbürgen/ seine mit lieblichen Sitten/ vnd sonderbarer Keusch- vnd Schönheit begabte Gemahlin/ ein geborne Ertzhertzogin zu Oesterreich/ ohn all jhr Verschulden/ verschickt.

Czeenik/ ein Marckt/ oder Stättlein/ in Zipß/ allda Eysenbergwerck: hat auch Gold- vnd Silber Gruben; werden aber nicht gebawet.

Czonad/ ein Stättlein in Vngarn/ so aber jetzt Türckisch ist.

Damasche/ ein Vngarisches festes Castell/ so noch den Christen gehörig seyn solle.

Sancti Demetrij Oppidum, ein grosse Statt in Sirmio, an der Sau/ so den Namen vom H. Demetrio hat/ darauß man das Jllyrische/ vnd Sirmische Land/ wol beschützen kan.

Dees, Desium, eine/ wegen deß Saltzbergwercks berümbte Statt in Sibenbürgen/an dem Fluß Samosio, oder Somosch/ allda die kleiner/ vnd grössere Somosch/zusamen kommen.

Deva/ein Schloß in Sibenbürgen/auff einem hohen Berge gelegen/so vest ist.

Devetsser/ ein vestes Castell in Vngarn/so noch/wie auch Diolgior,in der Christen Gewalt seyn solle.

Dombro in Vngarn / deß Bischoffs von Zagrabrien Stättlein/so Ao. 1553. von den Türcken geplündert/ vnd verbrant worden.

Dorogh/ ein Razisch gehuldigt Dorff/ davō die Heide dort herumb Deroghi Puzta genant wird. Ligt zwischen Tokey/vnd Debriz 2.Meilen vom grossen gehuldigten vnd vorhin den Bathorischen gehörigen Dorff Bessermim/vnd ist der Syrvisch:oder Walachischen Religion.

Dregelum,ein Schloß in Vngarn/auff einem hohen Berg gelegē/vñ noch den Christen

sten gehörig. Als Ao. 1552. die Gegend vmb Ofen herumb/ von den Türcken/ eingenommen worden/ so hat sich dieses Schloß/ dessen Hauptmann Georgius Zondius gewesen/ gewehrt/ welcher auch Maülich kämpffende da vmbkommen/ nach dem Er zuvor seine Sachen verbrandt/ vnd die Pferdt durchstochen hatte. Vnd ist der Orth darauff den Türcken zutheil worden/ die aber denselben Ao. 1593. auß Forcht vor den anziehenden Christen/ verlassen/ also daß jhn der Palffi damals leichtlich einemmen hat können/ wie Isthuansius berichtet. Hieronymus Ortelius schreibet/ daß König Ferdinand/ im obgedachten 1552. Jahr/ dem Marggraven Sforziæ Palavicino, vnd andern/ Befelch geben/ für diese auff dem kürtzern Weg auß Vngarn in Sibenbürgen gelegene Vestung/ oder Schloß/ zu ziehen/ so sie gethan/ seyen aber darvor/ von den Türcken/ häßlich geschlagen/ Palavicin/ vnd Erasmus Teuffel/ gefangen worden. Hergegen sagt gemelter Isthuansi, daß solche Niderlag deß Herren Teuffels/ auff den Feldern beym Städtlein Plessovick/ so die Vngarn Palastum nennen/ den 11. Augusti

sti deß besagten 52. Jahrs / geschehen seye. Und dieses meldet dieser vielerfahrne Ungar / wieder den gedachten Teutschen.

Einsiedel / oder Einsedel / ein Zipserisch Bergstättlein / da man viel Eysen gräbt vnd schmidet.

Erczegulvar / ein vestes / noch den Christen gehöriges / Castell in Vngarn.

Erdewdi / ein Türckisches Schloß / dabey der Fluß Drab in die Thonau fällt. Ortelius hat auch ein Erdewdi / so er ein Stättlein / vnd Vestung nent / vnd sagt / daß der von Schwendi Ao. 1565. solchen Ort / als die Teiß / so nicht gar weit davon laufft / gantz überfroren gewesen / in einem dicken Nebel vnversehens eingenommen / vnd welches Keys. Ferdinand / wegen deß Landes Fruchtbarkeit / offt / aber vergebens / zu bekommen gewünscht habe. Es hetten sich darauff Cabor Bathor / Vhibania / vnd Zenderew / oder S. Andre auch ergeben: Die Türcken aber / vnd Sibenbürger / hetten Erdewti wider belagert / vnd entlich den 4. Augusti / mit accord, den sie nicht gehalten / erobert / gleichwol zuvor grossen Schaden da gelitten.

Feketerho / ein berühmbtes / nach Sibenbürbürgen gehöriges/ vnd zwischen Wardein vnd Clausenburg/auff der Landstrassen/ gelegenes Dorff/so von armen Walachen bewohnet wird/ die sich zwischen lauter kalten Gebürgen/ neben der Keres/ oder Kreisch/ auffhalten/ vnd weder Wein/noch Ackerbau/ haben sondern sich allein vom Häu/ Eyern Fischen Krebsen/vnd dergleichen/so sie den Raisenden verkauffen/vnd dann vom Tauffgeld nehren/ so sie von den Frembden bekommen. Dann ein gar altes Herkommen ist/daß wer zuvor daselbsten nie gewest/ von jhnen gehänslet wird ;also/ daß sie von Einem ein vierteil/oder halben/ auch wol einen gantzen Thaler bekommen.   Es hat auch Steffan Bathori/erstlich Fürst dieses Landes/ hernach König in Polen/sich nicht gewaigert/mit seinem aignen Exempel/ solch jhr altes Herkommen zu bestättigen. Welcher sich aber von Jhnen nicht gutwillig ablöset/ der wird in das obgedachte Wasser Kreisch/so sie den Jordan neüen/gesetzt. Der Nam Feketetho ist so viel/als ein schwarze Pfütze/ wie der von Reychersdorff sagt.

Feniesch/ ein schöner langer Sibenbürgischer Flecken/dessen Jnwohner / so Teutsche

sche seyn/ sich mit dem Acker: vnd Weinbau/ ernehren. Es hat auch ein Gebürg dieses Namens/ darüber man raiset/ wann man von Clausenburg gen Dorenburg/ oder Torda, will/ vnd welches sich gleich vnter der Stadt Clausenburg anhebt/ auff welchem ein seltzame Art von Steinen wächst/ so rundlecht/ vnd den Kugeln zu den grossen Geschützen gleich seyn/ die auch zu 2.3.6. in 9. Centner/ wägen thun.

Ferolack/ ein Castell/ 3. Meilen von Lippa/ ward Ao. 1596. durch den Sibenbürger/ dem Türcken abgenommen. Ortelius zwar sagt/ daß die Türcken Ao. 1597. Ferolack/ vnd Tschanat/ auß Furcht verlassen hetten.

Forwar/ ein Castell vnterhalb Ofen/ darvor Ao. 1599. die Heydüggen Schaden gelitten.

Garro/ beym Fluß Bodrogh/ wie Ortelius, aber nicht/ was es seye/ saget.

S. Georg/ zwischen S. Niclaus/ vnd Waska/ haben die Türggen Ao. 1592. den 28. Septembris, mit 18. Fähnlein Jußvolck/ zu Mitternacht/ vberfallen/ vnd eingenommen/ dieses Castell zerschleifft/ vnd in Grund

Grund verbrennt / wie Ortelius abermals
sagt. Aber nicht vermeldet / wo gedachte beede Orth / S. Niclaus / vnd Waska / gelegen.
Sonsten ist ein S. Georgen nahend Canischa / davon vnten bey Preseniß: Item eins
bey 2. Meilen von Preßburg / auff Türnau
zu / so ein Städtlein / vnd Schloß / genant /
vñ für ein Illieshazisch Gut / gehalten wird;
davon oben / Item bey Pösing ein mehrers.
So hat offternäler Ortelius eine Türckische
Vestung / an der Wallachischen Gräntze /
bey der Thonau / so der Sibenbürger Anno 1595. den 28. Octobris, mit Sturm erobert hat / die Er Georgio nennet. Auff dem
Ao. 1638. zu Preßburg gehaltenem Landtag / haben die Stände jhren König gebetten daß Jhre Majestät hinfort / durch Königliche Schreiben / die Stätte S. Gör-
gen / vnd Bozin / zu den Vngarischen Land-
tägen beruffen wolte.

 Gesthes / Göstesch / Gestesia, ein
Schloß / nahend Raab / vnd Pappa / so die
Vnsern den Türggen Ao. 1588. genommen /
aber / auff jhr Bedrohen / weil der Anstand
noch gewehret / jhnen wider geben haben.
Vmbs Jahr 1599. haben der von Schwar-
zell-

zenberg/vnd Palffi/dieses/ wie auch andere Schlösser dort herumb / als Vitaniam, Besprimium, Palotam, Ticonium, Vasonium, vnd Monedulam, innerhalb. 8. Tagen eingenommen; wie Isthuanfius berichtet. Ortelius sagt/als Ao. 1566. die Christen Tata/oder Dottis/ eingenommen/so hetten die Türcken die Castell/ Gesthes/ Vitha/ Tschökifu. vnd Sambock/ auß Furcht verlassen: Aber die Stuelweissenburger Türggen hetten Gesthes/vnd Vithan/wider eingenommen: Ao. 1588. hernach/ seyen Gesthes/vñ Blowenstein/von den Keyserischen/ dem Feind abgenoṁen/vnd zersprengt worden: A.1598. hette der Graff von Schwarzenberg die Vestung Gesthes/so auff einem hohen Gebürg / mit einem Wald vmbgeben/vnd viel stärker/als Tottis/gewest seye/ wie ingleichem Wesprin / Tschambock/ Tschackocko/vnd Tihan / welche Castell die Türcken alle verlassen / wieder besetzt: Anno 1605. hetten die zu Gestes/ vnd Todes/ als gezwungene Leute/ den Botschkaischen/ vnd Türcken/gehuldet/darauß sie dz Geschütz zü theil genoṁen. Dieses sagt Ortelius. Der Zeit solle Gestes noch den Christen gehören.

Gier-

Giermat, Jármath/ Gyarmath, eine Vestung in Ober Ungarn / so Ao. 1619. Bethlen Gabor eingenommen. Es hat aber im Jahr 1638. vermög deß 70. Preßburgischen Articuls/ Gyarmath wieder dem Königreich Ungarn; wie auch Leva, Neograd, Palanka, Tihan, Sarvar, Rapuvar, Somlyo, vnd Szalauar, gehört. Wie man berichtet/ solle einsmals/ nemblich im Jahr 1552. diese Vestung Gyarmath, sampt Setschin/ von den Türggen eingenommen worden seyn. Es ist Ao. 1627. nicht fern von diesem Castell/ ein Wundergesicht/ von etlichen Hauffen Vngarischen vnd Teutschen Kriegsvolck/ erschienen.

Gochard. Georg von Reychersdorff in Chorographia Transsylvaniæ sagt/ d; zwischen Thorda, od' Dorenburg/ vñ Hermanstatt in Sibenbürgen/ so 12. Meilen von einander ligē/ 2. Oppida, Stättlein od' Märkt/ nemblich Gochard, vnd Monera, seyen.

Gölniz/ ein Bergstättlein in Zips/ allda viel Eisen gegraben/ vnd geschmeltzt wird.

Gora/ ein Castell/ wie auch Rastovitz/ nahend Petrinia beede gelegen/ hat der Obrister Lenkovitz/ mit seinen Crabatischen/ vnd

Crainerischen Völckern/Ao. 1594. den Türcken abgenommen; So sie hernach wieder bekommen: Aber das folgende 95. Jahr/ als die Unsern Petrinia einnahmen/ beede Schlösser verlassē haben; in welchem Schrecken vielleicht auch Jaitz/ vnd Banialuck hetten erobert werden können/ wañ die Unsern fortgesetzt hetten.

Gosdanscum, ein Bergstättlein in Crabaten/ den Graven von Zrin/ oder Serin/ damaln gehörig/ als solches die Türggen Ao. 1577. auß Vnvorsichtig: vnd Faulkeit der Besatzung erobert haben. Das Silberbergwerck bey diesem Städtlein hat vorhin grossen Nutzen getragen/ welches aber/ so bald es in der Türggen Gewalt kommen/ als die Bergknappen davon geloffen/ vnnützlich/ vnd verlassen worden.

S. Gothard/ wird vom Isthuanfio ein Oppidum, Stättlein oder Marckt/ zwischen Rakelsburg/ vnd Sabaria gelegen/ genant/ vnd gesagt/ daß Ao. 1605. der Commendant allhie den sehr schönen/ vnd gantz köstlichen Tempel/ so der alten Königin Vngarn Werck gewesen/ vntergraben/ Pulver darunter thun/ vnd solchen sprengen las-

deß Königreichs Vngarn/ꝛc.

laſſen / darüber alſo balden der Theil gegen Mitternacht nidergeworffen worden/ vnd das gantze ſchönſte Gebäu eingefallen / vnd gleichwol der Ort verlaſſen worden ſeye; wie Er hievon *lib.34.p.831.* mit mehrerm zu leſen. Iſt im Botſchkajiſchen Krieg geſchehen. Den Landtafeln nach / ligt dieſer Ort bey Kermendt.

Gradeń/ ein Caſtell / für welches Anno 1606. den 20. Auguſti, die Türckne vber die Culp geruckt / daſſelbe eingenommen/ vnd in Brand geſteckt: aber das Caſtell Licanovitz/muſten ſie den Chriſten laſſen.

Guta/ ein Stättlein/oder Maurckt/ zwiſchen Neuheuſel/vnd Combrin/deſſen beſagter Iſthuanfius *lib.28.rer.Vngar.* gedencket:

Hadadum, od' Haduwar/ ein Schloß ſo Fürſt Johann Sigiſmund in Sibenbürgen Ao.1564. mit Gewalt erobert hat.

Heniczida/ein Dorff/daran ein Caſtell vnd ein guter Paß/ zwiſchen Döbritz / vnd Wardein in Vngarn gelegen / aber dem Fürſten in Sibenbürgen gehörig.

Herman. Vmbs Jahr 1551. oder 52. iſt Elias/Fürſt in der Moldau/durch die Enge deß Aitoſſiſchen Gebärgs/ ſo die Moldauer/ vnd Zäckler/ von einander scheidet/ mit vielem seinem/ vnd auch Türckischem Volck/ in Sibenbürgen eingefallen/ vnd sein Lager bey Toriano geschlagen; darauß Er geschwind die Freybeuter zu Pferde mit den Türcken vermischt/ gegen Shepsio, Orbaio, vnd Quisdio (in welchen Orten/ vnd Stättlein/ oder Märcklen/ die Zäckler jhre Zusammenkünffte zu halten pflegen) geschickt; auch Herman/ vnd Prasman/ Sächsische Märckt/ verbrandt; wiewol ein grosser theil von Jhnen/ durch die Vnsern/ vmbgebracht/ vnd jhnen aller Raub wider abgenommen worden ist. Hieron. Ortelius setzet einen Orth/ den er Hermand nennet 10. Meilen von Ezech: vnd Isthuanfius heisset obgedacht Prasman/ an einem Orth Prasmavum, so vmbs Jahr 1539. Petrus, Fürst in der Moldau erobert/ vnd verbrandt habe.

Vielen/ sagt gemelter Ortelius, sey ein Hauß/ vnd zimbliche Vestung/ so Ao. 1602. Georg Basta/ wie auch das Castell Almas in Sibenbürgen gegen Ober Vngarn/ eingenommen: die drey vornembste Vestungen in Sibenbürgen/ gegen den Türckischē

als

deß Königreichs Vngarn/ꝛc.

als Lippa/ Geonea vnd Fogares/ wie auch Deve/ seyen noch in besagtem Jahr/ da Zickel Moyses Vnruhe in Sibenbürgen angerichtet/ von deß Sigmund Bathori Volck besetzt gewesen/ denen Basta Gelt/ hergegen sie jhme solche Vestung geben hetten.

Hunniad/ ein Marckt/ auff der Strassen von Groß Wardein/ nach Sibenbürgen/ gelegen/ von dannen man zum Dorff Körösfw kommet/ allda ein Schritt von der Straß/ vnter einem braiten Stein/ die Körös/ oder Kreisch/ so vnderhalb Giula den Namen der schwartzen vnd weissen Kreisch bekombt/ vñ bey Bekyn in die Marosch fält/ entspringet.

Es ist noch ein anders Hunniad/ so Hunniad Veyda/ oder Weyda Hunniad/ genant wird/ vnd ein Gräntzhauß/ gegen der Walachey werts/ ist/ vnd mehrertheils von Walachen bewohnt werden solle. David Frölich sagt/ daß Vaida Huñiad zwischen dem Berg Vulcani, vnd der Enge Orlæ, nahend dem alten Gemäur Vlpiæ Trajanæ, oder Sarmisgethusæ, einer weyland gantz Edlen/ vnd grossen Statt/ gebawet seye/ vnd Eysen Bergwerck habe.

S. Hydwig/ oder Hedwig/ oder Hydwigs/ ein Castell/ am Balotter/ oder Blatten See/ so Ao. 1593. von den Türcken überfallen/ vnd in grund abgebrand worden. Sie haben auch Ischa/ nicht gar weit davon/ vnd zwischen S. Georgen/ vnd klein Comorra/ gelegen/ zugleich erobert.

Jadogna/ ein schöner Marckt/ oder offnes Stättlein/ auff der Strassen von Wien nach Constantinopel/ zwischen Griechisch Weissenburg/ vnd Nissa/ gelegen/ allda etliche Herbergen von Stein/ vnd zwo schöne mit Bley gedeckte Kirchen/ Item ein schönes Bad von Marmolstein; vnd allda noch/ in vorigen Zeiten/ ein schlagende Vhr anzutreffen geweßt seyn solle/ deren man sich sonsten in der Türckey nicht gebraucht.

Iasenocium, ein Schloß an der Sau/ so die Türcken Ao. 1538. als die Vnsern davon geloffen/ eingenommen/ das aber Thomas Nadaßdi gleich wider erobert/ vnd geschlaifft hat.

Iglo/ oder Neocomium, Teutsch Neudorff/ ist eines auß den 13. der Cron Poln versetzten Stättlein in Zips/ an dem Wasser Kunnert/ so die Vngarn Hornath nennen/

nach

deß Königreichs Ungarn/ꝛc. 375

nach der Länge gelegen. Ist bekandt/wegen deß Eysen Ertz/vnd Schmidten/auch allerley Kuchen-Speisen/vnd deß Collegii Musici, so die Burger allda haben. Nicht weit von hinnen/gegen Marcivilla werts/wird auß einem Berg/ Erden gegraben/ so zur Artzney dienet.

S. Job/ein Schloß/weyland dem Stefan Botzschkay gehörig/so Ao. 1604. den 6. Octobris, der Graff von Belgioiosa erobert/ vnd geplündert; welches/vnder andern/ dem besagten Botschkay Vrsach geben/sich wider den Keyser auffzulainen.

Rabsdorff / Villa Compositi, ist einer auß den ailff Flecken/so man Städtlein nennet/vñ die zum Haupt Schloß der Graffschafft Zips/oder Zipserhauß/ gehörig seyn. Ist berümbt/wegen deß Biers/Sihe Frölichen part. 2. Viatorii lib. 1. p. 297.

Kalatscha/ ein Türckisch Castell / nahend Tolna/vnder Ofen/wird von den Vnsern/Ao.1603. eingenommen/verbrent/vnd zerstört; wie Ortelius schreibet.

Kanibor/ ein grosser Marckt/wird von den Vnsern/Anno 1600. geplündert; aber

Aa 4   das

daß Castell musten sie bleiben lassen/ vnd seyn darauff für Esseck geruckt.

Kayst/ Kisdenum, ein zimblich grosses Städtlein/ sampt einem hohen Schloß/ in Sibenbürgen/ allda saurer Wein wächst.

Kerestur/ Liska/ Thalia/ vñ Szanto/ so gute Wein herfür bringen/ werden von wolgedachtem Herren Frölich/ vnder die Vngarisch/ mehrers gegen Morgen gelegene Oppida, Märckt/ oder Stättlein/ an gedachtem Ort/ vnd 302. Blat/ gesetzet.

Kleinschelcken/ ein Städtlein/ oder Marckt/ in Sibenbürgen/ so/ wegē deß herrlichen Weinwachs/ berümbt ist.

Kochelburg/ auch ein Marckt/ oder Stättlein/ in Sibenbürgen/ an der kleinen Kochel gelegen/ : von welchem Wasser es vmbgeben wird. Es entspringen die grösser/ vnd kleine Kochel/ vmb das Zäckel Land/ vnd das Moldauische Gebürg; seyn aber trübe/ vnd vnflätig Wasser/ so nahend Weissenburg in die Marosch fallen. Vnd zwischen diesen beyden Wassern/ auch etwas darüber/ vnd vmb Berthalm/ ist das Weinland/ so andere Ort mit Wein versihet. Er ist aber Kalchicht; daher so viel Contracte Leut

in

in Sibenbürgen seyn/die auch von der Colica sehr geplaget werden. Es wohnen zu Kochelburg Teutsche/vnd Vngarn.

Rogatiza/oder Czelempesar/in Ober Bosnia/ein Stättlein/davon/vnd etlichen Steinern Gräbern/in Itinerario Germaniæ *fol.595.* zu lesen.

Komara. Hieron. Ortelius sagt/daß Keyser Solyman Ao. 1529. Komara eingenommen habe/sagt aber nicht/was es seye.

Lack/ein Castell am Blattensee/5.Meilen von Canischa/so Anno 1599. der von Schwarzenberg erobert. Anno 1600. verliessen diese Vestung die Vnsere auß Forcht. Ao. 1603. erobert/verbrante/vnd schlaiffte sie Herr Seyfried von Collonitsch.

Lapus/soll ein Türckische Vestung seyn/wie Ortelius sie nennet/vnd daß die Christen/von Canischa Ao. 1595. weit für solche hinauß gestraifft hetten/sagen thut.

Limbach. wolffgangus Lazius *lib.12. Reip. Rom. sect. 3. cap. 3. p. 968.* hat einen Ort in VnterSteyer/den Er Valbach nennet/vnd Jhn für der Alten Valena; gleich wie Lymbach für Olimacum, helt/

vñ sagt/daß noch daselbst Römische Schrifften/vnd hin vnd wider Ehrine/vnd Silberne Müntzen/ gefunden werden; welche beede Ort/ zu seiner Zeit/ Graff Niclassen von Salm/vnd Neuburg/gehört hetten. Er handelt selbsten auch / von dem Namen/ vnd Anzaigungen der Alten Salæ, so die Inwohner Salavar/ das ist/ Salamburg/ nennen/ vnd schreibet/ daß es ein denckwürdiges Closter in dieser Gegend/ nach welchem auch das benachbarte Feld / so sich weit biß an das Wasser Mur (so Er vor der Alten Savaria helt) erstreckt/vnd von den Steyermärkern/ im Salat genant werde/ allda ein köstlicher Wein wachse/ vnd die Vngarische Graffschafft Zaladien daran stosse. Vnd dieses sagt Lazius. Andere berichten/daß diese Ort allbereit in Vngarn ligen; so auch Theils Landtafeln (die 2. Limbach/ das Nider/vnd Ober/setzen) andeuten. Isthuanfius gedenket in dieser Gegend eines Orts/ so Er Linduam nennet/ welches/ den Vmbständen nach/ sonders Zweiffels/ das Limbach seyn wird. Dann Er die Raise von Rackerspurg/ auß Land Steyer/ nach Sabaria in Vngarn/ durch die Thäler deß Obern Linduæ, vnd das Stättlein S. Gotthart/führet. Im Botschkaischen Krieg / Ao. 1605. sagt Er ferners/ seyn die Banffij Liduenses, zum Georgio Nemethio, der Hayduggen Obristen/ gefallen. Vnd damaln sey auch Ormosd/ im Land Steyer / (welches allein/ durch den Fluß Drab/ von dem Theil deß Illyrici, jetzt Slavonia/ oder das Windisch Land/ genant/ wie Er ferners schreibet/ abgesondert werde/) bey der Nacht vberfallen/ geplündert/ vnd angezündet worden. Er gedenket auch eines Orts/ vmb selbige Zeit/ so Er Villam Chacaniam, an dem Wasser Rab/ ein Meil Wegs von Kermend gelegen/ vnd dem Buttiani gehörig/ nennet; wie auch deß Stättleins/ oder Marckts/ vnd Schlosses / Quismartonij. Der Hieronymus Ortelius sagt/ daß Ao. 1587. im Augusto, die Türggen von Sigeth/ vnd Fünffkirchen/ den Christen/ diß/ vnd jenseid Limpach/ dem Keyser gehörig/ eingefallen seyen/ vnd Moratz/ Reßneck/ vnd Tornack/ verheeret hetten: Sie seyen aber/ von den Vnsern/ bey dem Catzer See/ ein Meil von Canischa/ geschlagen worden. Ao. 1604. hetten die Canischer Türcken den Marckt Limpach in den Brand gesteckt.

Lypsi

Lyps/ein Schloß in Ober Ungarn/ von welchem man nach Geiba vnd ferners auff Leitschau/vnd Caschau/raiset.

Maco, ein grosser Marckt in der Gegend Temeßwar/ vnd Segedin/ so wegen guten Ackerbaus / vnd Weinwachses/ berühmbt ist.

Marothum, ein Stättlein/so weyland deß Ertzbischoffs zu Gran gewesen / allda Er sich mit Jagen herumb erlustigt/vnd seine Wohnung bißweilen gehabt hat. Ward vmb die Zeit der Mohazer Schlacht/ im Jahr 1526. gehalten / erstlich mit einem Wall/ vnd Graben/befestigt/vnd nach derselben Schlacht/ tapffer beschützet / aber von den Türggen mit grossem Gewalt eingenommen/vnd jederman nidergemacht. Ortelius gedenckt eines Marckts/den Er Maros nennet/ welchen Ao. 1599. die Tartarn in Brand gesteckt haben. So sagt eine Franckfurtische Relation / daß Ao. 1627. Marus dem Bethlehem Gabor gehört habe; darunter aber / sonders Zweiffels / das Ländlein Maromarus wird zu verstehen seyn/so ein Sibenbürgische Graffschafft.

Mar-

Martanitz/ein Fleck in Duropolia/ so einsmals von den Türggen erobert/vnd geplündert worden ist.

Mecroniza/ein Marckt/allda sich Ober Bosnia/ so vngefährlich bey der Statt Verbossen anhebet/ endet/ welches nicht so rauch/vnd bürgig/ als Nider Bossen ist.

Mezenseuffen/ ein Bergstättlein in Zips.

Mischlo/ein Dorff/ zwischen Tokey/ vnd Caschau/ darinn ein Edelmanns Sitz/ auff einer Höhe/gleich einem Castell/daselbst es vor diesem viel weisse/ vnd gespiegelte Pfauen gehabt/ so/an vier vnterschiedlichen Orten/ Tag vnd Nacht/ fleissige Wacht gehalten haben sollen/dz es gleichsam vnglaublich scheinet. Dann keiner von der Wacht gedörfft/ biß Ihn ein Anderer abgewexelt. Hund/ Wölff/ Füchs/ vnd andere Ihnen auffsetzige Thier/ wie auch die Veränderung deß Wetters/ sollen sie mit ihrem Geschrey vermeldet haben; wie ein weyland vornehme Person/ in dero Vngarisch-Sibenbürgischen Raiß Beschreibung/ auffgezeichnet hat. Wie es aber der Zeit damit bewandt/haben wir keine Nachrichtung.

Mis-

Miscocium, ein Stättlein/ oder Marckt/ dabey Anno 1559. fünff sehr grosse Stein/ wie ein Menschen Kopff/ auß der Lufft herunder gefallen seyn; davon Nicolaus Isthuanfius *lib. 20. fol. 394.* zu lesen.

Modern/ in Ober Ungarn/ so die Bethlenischen Aͦ. 1619. erobert/ vnd Aͦ. 1621. der Keyserische General Bucquoy/ sampt Ronzersdorff/ außplündern/ vnd in Brand stecken lassen.

Modrisch/ Modrusia, in Crabaten.

Mohium, ein Stättlein/ oder Marckt/ nähend Solnock/ so/ wegen deß Jährlichen Marckts/ berümbt ist.

Moldau/ oder Zepsinum, vnd Sixovia, zwey Vngarische/ mehrers gegen Morgen gelegene Stättlein/ so beede/ wegen der Jahrmärckt berümbt/ vnd noch in der Christen Hände seynd.

Moncastrum, oder Bialogrodum, ein sehr feste Statt/ nicht an deß Boristhenis, wie Paulus Iovius wil/ sondern bey deß Nestri, oder Tyræ, Außgang/ gelegen/ ist Aͦ. 1484. nicht ohne der Türcken grosser Niderlag/ in deß Türckischen Keysers Bajazetis Gewalt kommen/ welcher eben in diesem

vnd

des Königreichs Ungarn/ꝛc.

vnd folgendem Jahr/gantz Moldau durchgestraiffet/vnd verwüstet/aber solch Land nicht vnder sein Joch/wie abermals Iovius vnrecht erzehlet/gebracht hat. Es haben damaln die Türcken auch die sehr veste Stat Kyliam, so theils/daß sie von den Alten Griechen Litostomon genant wordē seye/vermeinen/vnd welche bey dem Außgang der Thonau gelegen/erobert: Item/Anno 1485. das Meergelände/oder den Strich am Meer/so man Bessarabiam nennet/so sie biß auff den heutigen Tag behalten; wie Cromerus *lib. 29. rer. Polon. fol. 635.* berichtet. Isthuansius schreibet *lib. 3. rer. Vngar.* daß der Türckische Keyser Bajazetes in der Moldau/die Schlösser Achillea, vnd Moncastrum, da der Fluß Tyras, jetzt Nester genant/in die Thonau fält/vnder dem Stillstand/noch bey Lebszeite Königs Matthiæ in Ungarn/heimblich erobert habe; welche von den Vngarischen Königen Carolo, Ludouico, vnd Sigismundo, wider erbawt vnd befestigt worden/wie die an den Steinen der Thoren eingehawene Schrifften bezeugen.

Monoslo, so 3. oder 4. tausend Schritt/ von

von Ivanicio gelegen/ ein Schloß / vnd Stättlein/ oder Marckt/ so theils für deß Plinii, vnd der Alten/ Mons Claudius, halten/ so Ao. 1591. der Erdödi, Ban in Illyrien/ den Türcken wider abgenommen/ vnd das Schloß/ ob es wol vnder jhn/ den Erdödi, gehörte/ zerstöret hat.

Nesmehú, ein Stättlein/ oder Marckt/ so die Teutschen Langendorff nennen / allda Keyser Albrecht der Ander/ vñ König in Vngarn/ am Bauchfluß/ Ao. 1439. gestorben seyn solle/ wie Isthuanfius erzehlet. Andere/ als Megiserus, &c. sagen / daß Er seinen Geist beym Dorff Megher / in der Insel Schütt/ auffgeben hab. Ortelius schreibt/ Er sey ein Dorff Nesmel/ nahend Preßburg/ gestorben. Obgedachtes Nesmel aber ligt nahend dem Schloß Waytzen; da gegen über die Türcken Ao. 1597. deß Ertzhertzogs Maximiliani Lager / aber mit jhrem Schaden angegriffen haben.

Neumarckt/ Wasarhell, in Sibenbürgen / zwischen Kochelburg/ vnd Nösen/ oder Bistricia,

S. Nicolas / oder S. Nicolaus, oder Fanum S. Nicolai , ein vormalsgewesen

Deß Königreichs Ungarn/ꝛc.

vester Orth/ in Ungarn/ nahend der Teissa/ vnd nicht weit von Solnock/ am Fluß Sal/ vff einem von Getraid/ Wein vnd anderm/ Fruchtbaren Boden gelegen/ so die Türcken Ao. 1595. auß Forcht/ selber in Brand gesteckt/ vñ verlassen/ darauff Ertzhertzog Maximilian/ das Schloß so bey 42. Jahren in der Türcken Hände gewesen) gantz vnd gar zerschlaiffen/ den Graben außfüllen vnd den Flecken dabey/ so schön gebawet/ verbrennen lassen. Sihe/ was von diesem Orth in dem Sechsten Theil deß G. Braunen Stättbuchs/ vnd beym Hieron. Ortelio, stehet; welche mit einander nicht durchauß vberein stimmen. Es saget auch gemeltes Stättbuch/ daß hierauff der Ertzhertzog Maximilian die drey feste Oerther / als das Castell Servassi/ daß Schloß Bekes 3. Meilen davon vnd das Schloß Erdeg/ vnd also diese 4. Orth innerhalb 6. Tagen / erobert habe. Sihe vnden Sarosia.

Novia, ein Schloß/ an dem Fluß Una/ so/ mit der Unsern grossem/ vnd ewigen Schandflecken/ wie Isthuanst redet/ in wehrendem Stillstande/ die Türggen in jhren

Bb

Gewalt gebracht/ vnd sich darauff wieder nach Banialuca begeben haben.

Obrouatium, ein Marckt oder Stättlein/ mit einem Schloß/ in Crabaten/ so die Türcken vmbs Jahr 1536. eingenommen haben. Im Jahr 1538. hernach/ haben die Venediger solchen Ort wieder erobert.

Onoch/ Onodia, ein Castell/ in dem Agriensischen/ oder Erlauischen Bezirck/ dabey Ao. 1582. die Türcken/ von den Vnsern seyn geschlagen worden: das Onod aber haben die Türcken auß Solnock/ in diesem Jahr geplündert/ vnd verbrennet. David Frölich sagt im Jahr 1643. daß solches Castell noch den Christen gehörig seye: welches auch die Articuli Posonienses in Anno 1638. bestättigen.

Orosfalva, ein Reussisch Stättlein/ welches König Colomann in Vngarn/ als Er Reussen auß Lodomeria, vnd Gallicia, Reussischen Provinzen/ hieher gesetzt/ gebauet/ vnd verordnet hat/ daß sie im vbrigen frey seyn vnd allein der Könige Porten/ vnd Thürne/ hüten soltē/ so noch zu deß Isthuanfij Zeiten/ wie Er im 16. Buch berichtet/ in acht genommen worden ist.

Oster-

deß Königreichs Ungarn/ꝛc.

Osterwitz/Ostervicia, Ostravicia, ein Schloß/ vnd Stättlein / oder Marcktfleck/ auff den bey der Lica, vnd Carbava gelegenen Feldern/ hat vorzeiten König Bela/ als Er von den Tartarn auß Ungarn/ in Dalmatien vertrieben worden/ vnd herumb sich im Exilio auffgehalten/ an einem bequemen Ort gebauet. Åo. 1522. haben die Türggen diesen Ort eingenommen; hernach Åo. 1538. die Venediger wider erobert/ vnd verbrand ob Er wol zur Vngarischen Cron gehörig gewesen/ vnd zu Crabaten damaln gerechnet worden ist.

Ottovo, so Ortelius in Anno 1566. ein Schloß an der Drab nennet.

Patach/ Patakinum, võ Theils Botach genant ein Ragozische Vestung/ vnd gute Schul in Vngarn/ davon in meinen Collectaneis part. 1. c. 5. p. 255. zu lesen.

Palanka/ davon im 6. theil deß Georg Braunen Stättbuchs zu sehen vnd zu lesen; daselbst sie eine Statt in Ober Vngarn/ oß vielmehr ein Schloß/ genennet wird; so offt eingenommen/ hernach von den Türggen/ iß auffs Jahr 1593. behalten; aber damals von jhnen / auß Forcht verlassen worden/

Bb 2   sampt

sampt Triegel / Blavesten Zetsichin / vnd
Andern. Vnd ligt besagtes vestes Berg
schloß Triegellum, wie auch Novigradum, nicht weit davon. Ortelius sagt/daß
Palanka Ao. 1599. von den Vnsern selbsten in Brand gesteckt/vnd verlassen worden
sey.

Palantwar / ein Castell am Platten-
See/fünff Meilen von Canischa/wird Anno 1599. durch den von Schwarzenberg/
mit Sturm erobert. Die Türggen habens
hernach wider eingenommen; aber der von
Collonitsch abermals Ao. 1603. erobert vnd
besetzt.

Poloß/Polocia, ein Schloß / zwischen
den Wassern Vngo / oder Vngwar / vnd
Bodrog/bey Sibenbürgen/ward Ao.1526
von deß Königs Ferdinandi Volck, einge-
nommen/vnd geschlaifft.

Pankota/ein Schloß/so Ao.1565. von
Bassa von Temeswar eingenossen worden
vnd noch in Ao.1595. Türckisch gewesen ist

Parcanum, sagt Isthuansius, ligt gegen
Gran vber/so die Vnsern Ao. 1594. vergebens angegriffen haben.

Pax/Paxum, ein Fleck bey der Thona

so vmbs Jahr 1490. nach dem Tod/ deß Königs Matthiæ, von deß K. Maximilian deß Ersten Volck/ auß Stuelweissenburg/ vberfallen/ vñ geplündert worden. Ao. 1603. ward dieses Pax/ sampt Saßwar/ vnd Kalatscha/ so Ortelius alles Castell nennet/ von den Vnsern eingenommen/ verbrand vnd zerstört. Isthuanfius sagt/ seye Ao. 1602. geschehen/ als Hasanes vor Pesth wieder abgezogen/ vnd nennet die Castell/ vnd Vestungen/ so damals die Vnsern bey der Thonau/ eingenommen/ Adonum, Paxum, vnd Felduarium, so sie mit Vngarn besetzt haben. Es ligt aber Pax nahend Tolna bey zwö ff Meilen vnter Ofen/ so vor diesem/ vnter die gehuldigte Ort/ die den Christen/ vnd Türcken/ zugleich verbunden/ gezelet worden.

Pazozim/ ein Stättlein vmb Temeßwar/ wie Ortelius berichtet/ allda die Türcken. Ao. 1476. wie Er sagt/ von den Vngarn geschlagen worden seyn.

Penzela/ vnterhalb Ofen/ an dem Gestad der Thonau/ ein Marckflecken/ allda noch altes Gemäuer/ vnd dergleichen/ zu sehen. Daher Theils darfür halten/ daß solcher Ort von den Alten Porentiana genant

worden/dabey der Hunnen König / Attila/
erstlich mit den Römischen Obristen / geschlagen hat. Ortelius nennets ein Castell/
nach Welscher Manier/ vnd sagt/ lige zwo
Meilen vnter Ofen/ neben der Thonau
welches Potentiana die Vnsern Ao. 1598.
erobert hetten. Theils Landtafeln nennen
Pentela auch Potentiana.

Perlach/ Perlacum, ein Stättlein/ oder
Fleck/ darinn ein Schloß/ nahend der Mur/
oder in einer halben Insel/ so die Drab / vnd
Mur/ machen/ gelegen/ wie Isthuanfius
meldet. Die Landtafeln setzen Brilach/ nicht
weit von Warasin/ vnd Czakonthurn/ so
vielleicht dieses Perlach seyn wird.

Preschitz/ Ißboschuß/ vnd Roscovitz/
Schlösser / vnd Gräntzhäuser / werden An-
no 1592. von den Türggen erobert / sagt
Ortelius.

Presenitz/ ein Türggische Vestung/ drey
Meilen von Canischa gelegen / wird auß
Forcht/ von den Türggen/ bey der Nacht in
Brand gesteckt/ sagt Ortelius abermals in
Anno 1594.   Isthuanfius aber schreibet/
vnter anderm / also: Franciscus Tahius
hat Ao. 1566. deß Gasparis Bothi Schloß/

deß Königreichs Ungarn/ꝛc.

so bey eines Rennwegs Länge von Canisa gelegen/ vnd zu S. Georgen genant wird/ befestiget. Als Er aber daß Schloß Berzentz/ so Clemens Salaius verlassen/ einzunemen versaumt/ so haben die Türggen solches vest gemacht/ vnd eine Besatzung dahin gelegt; folgends auch gemeldtes Schloß zu S. Georgen angegriffen/ so aber damaln erhalten worden. Ao. 1594 ist Graff Georg von Zrin/ (ins gemein Serin genant) auff dieses im Windischen Lande/ oder Illyrico, gelegenes Schloß/ zugezogen/ welches die Türggen verlassen/ vñ angezündet habē; wie auch Segusdium. Vnd dieses sagt Isthuan.

Prividia/ ein Marcktflecklein/ oder kleines Stättlein/ auff einem nidern Hügel/ in Ober Vngarn/ gelegen/ so vor Jahren/ wegen deß edlen Saffrans/ der allda häuffig gewachsen/ vnd/ an Güte/ den Spanischen/ Italiänischen/ Frantzösischen/ vnd Oesterreichischen/ weit vbertroffen/ berümbt gewesen/ Heutigs Tags ist er von hier nach Baimocia gewandert/ von welchem Ort oben/ vnter den Städten/ geredt worden ist/ vnd der in dieser Nachbarschafft liget. Es gibt viel Tuchmacher zu Prividia.

Putnock/ ein festes Castell in Ungarn/ so noch/ wie die Articuli Posonienses, und Frôlichius bezeugen/ den Christen gehörig ist. Ao. 1567. kam dieses Putnocum, auß Zaghafftigkeit deß Michaëlis Temesij, gewesten Gebietigers darinn/ durch Ubergab/ an die Türcken/ die damaln auch viel andere Castell eingenommen/ und die edle Landschafft umb Caschau/ Agria/ Tokay/ Regetz weit und breit verwüstet haben.

Radna/ ein Ort in Sibenbürgen/ allda/ wie auch zu Offera/ Silber: und Kupffer/ mit Gold/ und Silber/ vermischt/ in den Bergwercken zu finden ist; wie David Frölich schreibet.

Rapolna/ ein Fleck in der Gegend Kopau/ so Anno 1600. von den Tartarn verbrandt worden/ saget Ortelius.

Razenmarckt/ oder Rachzkevv, underhalb Ofen/ in der Insel/ so daselbst die Thonau machet.   Salomon Kuselius nennts Aquinium, Copel, und Zambuk.

Rechnitz/ ein schöner Battiani: oder Butianischer Marckt/ in Ungarn/ gegen Oesterreich und Steyer/ der Ao. 1644. außgebronnen/ aber fein wider gebawet seyn solk.

deß Königreichs Ungarn/ꝛc.

le. Hat ein gar festes Castell/ oder Schloß allda; welches gleichwol A0. 1621. vom Keyserischen Obersten/ Graffen Colalto, erobert worden ist.

Restveck/ ein Ort in Ungarn/ den die Unsern/ so bey Raab jhr Lager gehabt/ eingenommen haben; wie Ortelius berichtet.

Rips/ oder Rupes/ ein grosser Marcktfleck/ in Sibenbürgen/ allda es ein Saltzwerck/ vnd Fruchtbaren Boden/ vnnd ein Schloß auff einem Felsen gelegen/ hat.

Rißward/ von welchem Ort besagter Ortelius also schreibet: Rißward wird A0. 1567. vom Sibenbürger überfallen/ auch das Warmbad daselbst/ so man der Herren Wächlein nent/ wider eingenommen/ aber die Keyserischen haben beyde bald wieder erobert. Sihe oben Neustädtlein.

Rockalsheim/ ein Castell/ wie es Er Ortelius nennet/ vnd sagt/ daß A0. 1605. im Botzschkaischen Krieg/ solches die Rebellen eingenommen hetten/ so verlassen gewesen: Als sie es aber besetzen wöllen/ seye einem Soldaten vnversehens ein brinnende Lunden in das Pulver entfallen/ so alles zerstossen/ vnd was durchs Fewer nicht verzehrt

zehrt / in grund vbereinander gefallen: welches Castell / seiner Erzehlung nach / in der Gegent Kerment ligen mag.

Rosenberg / ein Marckt in Ober Vngarn / zwischen Karlwa / vnd S. Nicolau. Man kompt vom Flecken Karlwa / über das Wasser / die Arva / oder Mutter / genant / gen Rosenberg. Wann aber die Wasser groß / so raiset man vom Dorff Sutschan / das zwischen S. Martin / vnd Karlwa ligt / über den Hohen / vnd gar gehen Berg / der Altvater / oder Vadra / genant; welcher Weg aber gar böß / mühesam / vnd gefährlich ist. Es hat allhie zu Rosenberg eine Brucken über die Waag / sampt einer Maut / oder Zoll: Vnd wird der gantze Strich hierumb / vom Freystättel auß / biß in die Zips / die Lyptau genant.

Rosnau / Rosnavia, ein Bergfleck / oder Stättlein / in Ober Vngarn / allda es Eysen / Kupffer vnd auch etwas von Gold: vnd Silber Bergwerck gibet.

Rowato / nennet Ortelius ein Türggische Vestung / zwischen Sabathga / vnnd Villeck / so Ao. 1593. Herr Christoff Freyherr herrn von Teuffenbach/Feld Obrister in Ober Vngarn/ eingenommen habe.

Sabatz/ Sabacia, Sabacium, so die Türcken Ao. 1492. vergebens angegriffen. Es ist aber Sabatz ein starckes/ vnd festes Schloß/ in einer Insel; so die Sau oder Savus, machet/ gelegen; welches die Türcken erbawt/ aber König Matthias Corvinus in Vngarn/ Ao. 1475. belagert/ vnd erobert hat. Ao. 1521. belagerten/ die Türcken dieses 5. grosser Mellen von Griechisch Weissenburg/ gegen Mittag/ gelegenes Castell wider/ vnd eroberten es dißmal/ vnd kamen darüber alle Soldaten/ so darinnen waren/ vnnd sich tapffer wehreten/ vmb jhr Leben. Iohannes Sambucus sagt/ daß Selymus Ao. 1514. in Croatiam gezogen seye/ vnd Sabazium erobert habe.

Sabatca/ ein Castell/ so die Türcken von Fileck/ an dem Fluß Rima/ vnd einem gelegnen Orth/ wider die Christen gehawet/ damit sie im Außstraiffen gegen Caschau/ vnd Siro/ oder aber gegen Erla/ vnd Tokay/ ein gelegene Herberg/ vnd Ruhestatt/ daselbst hetten. Darzu jhnen das auff einen Büchsenschuß davon gelegenes Städtlein Som-

Sombatum gar wol dienete. Deßwegen so haben Ao. 1593. die Herren/ Christoff von Teuffenbach Oberster zu Caschau/ Sigismund Racozi/ Simon Forgatsch/ Steffan Bathori/ Steffan Homonai/ zugenant Druget/ vnd andere Obersten/ solches Sabatta erobert/ vnd geschlaifft/ wie Isthuanfius berichtet. Hieron. Ortelius schreibet von diesem Orth/ also: Sabatka/ Pelsotz/ Gombazeck/ Chrasnahurca/ Sagde/ Schlösser/ sampt andern vmbligenden Castellen/ vnd Flecken/ werden vom Schwendi/ dem Georgen Bebeck/ so vom Keyser zum Sibenbürger gefallen/ Anno 1566. erobert. Ao. 1593. wird Sabathga/ ein starcke/ vnd mit hohen gezäunten Wählen/ vnd Pasteye/ verwahrte Vestung/ vom Herren Christophen Freyherren von Teuffenbach/ FeldObristen in Ober Vngarn/ von Caschau auß/ im Novembri, belagert/ vnd den 8. Novembris mit stürmeter Hand erobert. Vnd dieses sagt Ortelius.

Sabaria, von welchem Orth Nicol. Isthuanfius schreibet/ daß solcher/ als der mit einer schwachen vnd alten Mauer verwahret gewesen/ nach dem Tode deß Königs

Mat-

deß Königreichs Ungarn/ ꝛc.

Matthiæ Corvini, dem Keyser Maximiliano I. die Thor geöffnet habe. Es hetten aber die Ungarn Ao. 1491. Sabariam geschwind wider erstigen/ vnd eingenommen: Anno 1605. seye Sabaria den Botzschkaischen auffgeben/ bald von den Keyserischen wider erobert/ vnd dann abermals verlohren worden. Wie aber dieses Sabaria von den Teutschen genant werde/ das sagt er nicht. Die Meisten verstehen vnder diesem Nahmen Stein am Anger: Vnd sagt Wolfgangus Lazius *lib. 12. Reip. Rom. fol. 966.* daß Sabaria bey den Ungarn/ dem Namen/ vnd altem Lager nach/ noch bekant seye; wiewol die Teutschen/ als Er darfür halte/ von dem alten Gemäuer deß vor diesem zerstörten Stättleins/ vnd denen auff dem Hügelein ligenden Drümmern der Säulen/ solchen/ wegen deß Alters/ vnd daß Er deß H. Martini/ Bischoffs zu Tours in Franckreich/ Vatterland/ vñ deß H. Quirini Martyr-Statt gewesen/ ehrwürdigen Ort/ Stein am Anger nennen. Vnd daß Stein am Anger der Alten Sabaria seye/ stimmet auch mit ein/ Herr David Frölich/ *part. 2. Viatorij, lib. 1. cap. 9. p. 292. & 304.* Sihe oben

oben vnter den Stätten Stein am Anger. Weiln aber Antoninus zwischen Sabaria vnd Scarabantia, oder Chzepregh 34. tausend Schritt setzet; vnd Scarabantia, oder besagter Marcktfleck Chzepregh der Vngar / oder Ecapring / Schápring / der Teutschen / nur 14. tausend Schritt / von Stein am Anger / liget / so helt daher Philippus Cluverus, in descript. Norici, das Schloß vnd Stättlein Sarwar / oder Sarvarium, für der Alten Sabaria, Man rechnet aber von gemeldten Sarwar 2. Meilen nach Stein am Anger. Vnd ist selbiges Stättlein Sarwar allenthalben mit Wasser vmbgeben / weiln da die Günz / vnd Rab / zusammen kommen. Hat vmbs Jahr 1594. Herrn Nadasdi gehört; welches vornehme Vngarische Geschlecht solches / sonders Zweiffels / noch haben wird. Obgedachtes Schapring / oder Chepregium, oder Zapprinum, haben Ao. 1605. die Rebellische Heyduggen / vnter jhrem Obristen / Nemethi Georg / eingenommen / vnd hat sich daselbst Thomas Nadasdi zu Jhnen begeben. Theils halten Khirmend / oder Kermend / für der Alten Scarabuntia, wie Lazius an

ge-

gedachtem Ort erinnert. Vnd dann sagt Salomon Kuselius dz Sabariam die Vngar/ Kimarorubath nenneten.

Sacolcia, eine Statt / an den Vngarischen / vnd Mährischen Gräntzen gelegen/ allda Anno 1605. sich die Burger an die Botzschkaische Parthey ergeben; welche Statt aber die Mährer wieder eingenommen/ vnd sampt dem Schloß Berentz/besetzt; welche Besatzung erst lang hernach / nemblich nach vollendtem Krieg/ von dannen genommen worden. Vnd weilen der Botzschkaische Obrister darinn/ auß diesem Ort vertriben worden/ so hat er die Statt zuvor angezündet / daß sie darüber/ biß auff 2. Kirchen/ abgebronnen. Vnd haben damaln die Türggen / vnd Heyduggen/ Mähren mit Schwert vnd Feuer verwüstet: Holitz aber/ darinn sich Petrus Revaius tapffer gewehrt/ ist beym Keyser beständig verblieben.

Saduara, Sadvaria, ist in dem angedeuten Krieg / Ao. 1605. von 60. Teutschen Soldaten/ den Heyduggen vbergeben worden/ welches doch so starck/ vnd fest/ daß Lazarus von Schwendi im Jenner/ Ao. 1567. (da es deß Georgij Bebeci Gemahlin/ der

Soph-

Sophiæ Patociæ, deren besagter Ehehert damaln in Sibenbürgen war/ gehörte/) solches mit gantzer Macht belagern/ vnd lang stürmen müssen, biß Er es durch Vbergab/ bekommen. Dañ es auff einem hohen Berg gelegen ist.

Salankemen/ ein Städtlein mit einer Ringmauren/ vnd Schloß/ oberhalb Griechisch Weissenburg: da gegen vber der Fluß Teissa/ oder Tibiscus, in die Thonau fällt.

Salka/ ein Stättlein oder Marcktflecken in Vngarn zwischen Leva/ vnd Gran/ gelegen.

Salgo/ ein Schloß in Vnter Vngarn/ auff einem gehen Felsen gelegen. so die Türcken durch einen List/ A°. 1552. einbekommen/ als sie einen grossen Stock/ oder Block/ von einen Baum/ auff zwey Räder gelegt/ etlich Joch Oxen fürgespannt/ vnd solchen biß zu dem Gipffel deß Bergs/ als ob es ein Geschütz were/ geführt; daher der Hauptmann im Schloß vor Schrecken/ dasselbe den Türggen auffgeben hat; wie Isthuanius *lib. 18. p. 332.* berichtet

Salonocia, ein Schloß/ so A°. 1605. Herrn Battiani/ oder Butiani/ gehört hat.

Sam-

deß Königreichs Ungarn/ꝛc.

Sambock/ ein schönes Schloß / dabey ein Fleck zwischen Ofen/ vnd Stuelweissenburg/ so Nicolaus Palphi / Oberster zu Gran/ den 28. May/ Ao. 1595. mit stürmeter Hand erobert / darüber das Castell im Feuer auffgangen ist; wie Hier. Ortelius schreibet; welcher hernach im Jahr 1599. eines Türckischen Castells / Nahmens Schambock/ gedenckt/ so vom Graven von Schwarzenberg / vnd den Granern / im Aprilen / erobert / verbrent / vnd gesprengt worden. Scheinet daß beede Ort einerley seyen.

Samlaccia, ein Städtlein/ oder Marcktflecken/ so vmbs Jahr 1527. dem Battianio, oder Butiani/ gehört hat.

Samosium, ein festes Schloß / so der Mönch Georgius, gewester deß Jungen Fürsten in Sibenbürgen Vormund / den der Keyserliche GeneralCastaldus hinrichten lassen/ von neuem erbauet hat.

Santo/ ein Ort zwischen Caschau/ vnd Tokey/ vnd zwar von jener 5. von dieser Statt aber 3. Meilen gelegen / so sich mit Feld= vnd Weinbau nehret.

Saros/ Sarosia, **Scharosch/** Zaros,

ein vestes/ auff einem hohen Berg/ zwischen Zipserhauß/ vnd Eperies/ vñ zwar 2. Stund von Eperies in Ober Vngarn/ gelegnes/ vnd den beeden Brüdern/ Georg vnd Paul Racozi/ gehöriges Castell/ so König Ferdinandi I. Feld Obrister/ Leonard von Fels/ vmbs Jahr 1534. erobert / von dannen Er nach Eperies gezogen / vnd deß Wider Königs Johannis Volck geschlagen/ vnd in die Flucht gebracht hat/ deren viel in der Teissa ersoffen seyn. Sihe von diesem Zaros, oder Scharosch den 6. Theil deß Georg Braunen Stättbuchs/ allda solcher Ort eine Statt genant/ vnd daß sie lange Zeit der Böhmen/ vnter dem Gisera, (Gisera,) Auffenthalt gewesi seye/ gesagt wird. Ortelius gedenket auch eines Castells vmb die Teissa/ so Er Scharvosch nennet / vnd welches die Vnsern A०.1595. eingenommen/ vnd sagt/ daß sie in gleichem damaln das Castell Beketsch / 3. Meilen von Scharvosch / vnd 2. Meilen von Gyula/ vnd daß Castell Erdeheg/ nahend dabey / so die Türggen in Brand gesteckt / vnd verlassen/ bekommen hetten. Sihe oben S. Nicolas vnd in vnsern Coll. p. 255. vnd folgende Blätter.

Saros

Sarospatacum, so Petrus Perenius, der Königlichen Ungarischen Cron Verwahrer/ mit Mauren vnd Bollwerken / wie eine Statt zu befestigen angefangen/ vnd am ersten die Lutherische Religon/ wie Isthuanfius sagt/ in Ungarn eingeführt; vnd Zun Zeiten der beeden Ungarischen wider einander kriegenden Königen/ Ferdinandi I. vnd Johannis, gelebt/ vnd zu beeder Crönung die Cron hergeben hat.

Scardona, eine Statt in der Provintz Camislatia, sieben tausend Schritt vom Meer gelegen/ so vor Jahren zum Königreich Ungarn/ mit Crabaten/ gehört/ haben die Venediger Aõ. 1538. nach dem sie zuvor ihrer Mauren entblöst worden / mit sampt Obravitz/ vnd Ostrovitz/ in Crabaten/ zerstören lassen / damit ihrer Meer Stätte/ vnd Gebiet als auch die Ungarische wol im Lande gelegene Schlösser/ vnd Felder/ wann solche Oerter wieder solten gebauet werden; nicht durch stätige der Türcken Vberfäll / belästiget würden.

Scherwich/ ein Schloß/ vnd Flecken/ oberhalb Griechisch Weissenburg / an der Thonau.

Scheenick/ oder Czernick/ ein Bergstättlein/ daselbst/ wie auch zu Topschin/ Eisen Bergwerck seyn.

Schleining/ ein Marckt/ mit einer Mauer vmbgeben/ darinn ein vestes Schloß/ Herren Graven Battiani/ oder Buttiani/ gehörig. Die Kirch ligt vor dem Marckt. Ein stund davon ist das Dorff Jormerssdorff/ daselbst ein Sauerbrun/ welchen Sommerszeit viel Leuthe besuchen/ solchen auch nach Schleiningen tragen lassen/ vnd allda trincken. Weil/ in dem Botzschkaischen Auffstand/ der Herr Battiani es mit Ihr Keyf. Majest. gehalten/ so haben die Rebellen diese Herrschafft Schleining Ao. 1605. grob heimgesucht.

Schwedler/ vnd Stoß/ seynd Bergstättlein in der Vngarischen Graffschafft Zips.

Sebes/ ein Walachisch Dorff/ auff der Raiße auß Vngarn/ nach Sibenbürgen/ zwischen Fekketetoo/ vnd Huñiad/ allda Aschen/ Fohren/ vnd dergleichen gute Fisch/ auch grosse Krebs/ zubekommen seyn. Ein wenig oberhalb/ vnd gegen diesem Dorff über/ ligt auff einer Höhe das Schlössel Sebes-

beswar / dahin / von den Herauß raisenden / die Maut: oder Zollzeichen geschickt
werden. Vnd diß ist ein Vornemmer Paß
nach Sibenbürgen / der mit wenig Personen kan gesperret werden. Sonsten gedencket Isthuanfi deß Flecken / oder Stättleins
Sebeffi, ein Meil Wegs von dem Sibenbürgischen Weissenburg gelegen.

Secenum, ein Türckisches Schloß / welches Johannes Balaffius, Obrister zu Al-
Sol / vnd in den Bergstätten / damit Er seinem Bruder Melchior / der zu Sakmar / so
die Türcken / vnd die Sibenbürger belagerten / eingeschlossen war / etwas Hülff erzeig-
te / belagert: aber von den Filecker Türcken
dabey hart geschlagen worden / daß viel darüber vmbkommen / auch viel gefangen worden seyn; so vmbs Jahr 1562 geschehen.

Sedegem / ein Türggisches Castell / weit
vnter Ofen gelegen / so die Hayduggen / vnd
Raizen / Ao. 1595. vberfallen / geplündert /
vnd verbrand haben / wie Ortelius schreibet.

Segest / die Vestung / wie auch Set-
schin / (welches feste Castell in Vngarn noch
den Christen zugehören solle. Sihe Schmölnitz.)

niß.) haben die Türggen / auß Forcht vor
den Vnsern/ Ao. 1594. in Brand gesteckt/
vnd verlassen; wie abermals Ortelius sagt.
Isthuanfius hat einen Ort / den Er Segusdium nennet/vnd schreibet/daß die Türcken
ein ansehnliche Kirch / vorhin den Franciscaner Mönchen gehörig/ in dem Stättlein
Segusdio, (so die Marcelli, Vngarische
Herren/mit Königlichem Vnkosten/vorzei-
ten erbauet / die aber / nach Eroberung Sigeth / verlassen worden/) weil sie Ihnen/zu
ihren Nachstellungen/ vnd Außstraiffen bequem / wieder auffgerichtet; Als aber Anno 1594. Graff Georg von Serin / im
Windischen Lande/ wider das Schloß Ber-
sentz gezogen/ so hetten die Türggen nicht allein selbiges / sondern auch Segusdium, als
sie davon geloffen/angezündet. Scheinet al-
so/ daß deß Ortelij Segest/ vnd deß Istuan-
fij Segusdium eines seyn möchte.

    Selistria, eine Türggische Statt bey der
Thonau/ so die Bulgari, vnd Türggen/ Destorum nennen/hat Ao. 1603. Radul Weyda auß der Walachi vberfallen / geplündert/
vnd in Brand gesteckt/ wie Ortelius, der sie
Silistriam nennet/schreibet. Vorher in Anno

no 1595. ist ihr dergleichen/von den Wala-
chen/vnd Sibenbürgern/auch geschehen.

Serencium, ein Schloß 2. Meilen von
Tokay/in Ober Vngarn gelegen/mit einem
Graben/ vnd Wall / verwahret: welches
Anno 1565. Lazarus von Schwendi/ der
Keyserliche General/ eingenommen hat.
Ao. 1605. hat Stephanus Botzschkai all-
hie einen Landtag gehalten von dannen Er
in Sibenbürgen gezogen/ vnd daselbst zum
Fürsten gemacht worden ist. Ortelius nen-
net dieses Castell Serentschin.

Sernick/ Statt vnd Schloß/ an den
Crabatischen Gräntzen / werden von Herren Georgen von Lenckowitz/ Obersten zu
Carlstatt/Ao. 1595. mit Sturm eingenom-
men/ vnd verbrandt; wie Ortelius schreibet.

Severinum, ist ein Statt an der Tho-
nau/bey den Gräntzen der Walachey/ an
welchem Ort man noch Merckzeichen von
der wunderlichen steinern Brucken/die allda
Keyser Trajanus über die Thonau hat machen lassen/sehen solle/von welcher Brucke/
vnd ihrer Form/vnd warumb sie Keyser Ha-
drianus zum theil wider abbrechen lassen/

insonderheit Dio Cassius Cocceius *lib. 68. Histor. p. 789.* zulesen. Es wird diese Statt ins gemein Sevverin, Sevvrin, vnd Sevrin genant. Ist jetzt Türckisch.

Siben Linden/ ein Castell/ vnd Flecken in Sibenbürgen/ 3. Meilen von Weissenburg/ so Ao. 1603. Zäckel Moyses erobert hat/ schreibet Ortelius.

Sickwar/ ein Castell 1½ Meil wegs von Stuel Weissenburg gelegen/ wird meinaydiger weise/ von den Vnsern/ Ao. 1602. verlassen. Idem Ortelius.

Siklonescha/ ein Schloß 7. Meil vnderhalb Sigeth/ da die Türcken Ao. 1566. eingebüst haben. Idem Ortelius.

Simega, oder Simegia, ein Schloß deß Bischoffs von Wesprin/ nit weit von dem Balatoner See/ auff einem Hohen/ vnd von andern abgesonderten Berge/ gelegen/ vnd deßwegen nicht leichtlich zugewinnen. Ist Ao. 1605. in dem Botzschkaischen Auffstande/ durch List/ in der Heyduggen: vnd wider/ durch einen andern/ in der Keyserischen Gewalt kommen: welches Schloß der Heyduggisch Obrister/ Nemethi Georg/ hernach vergebens wider belagert hat; Als auff der

an-

andern Seiten Johannes Tilly/ ein Niderländer/ deß Georgen Basta Obrist Leutenant/ nach Cusego, mit vier tausend Soldaten kommen/ vnd die straiffende Tartarn geschlagen hat; darüber aber Hertzog Friderich von Holstein blieben ist; wie Isthuanfius schreibet. Wie auß den Articulis Posoniensibus zu ersehen/ so hat Anno 1638. dieser Ort/ sampt zugehöriger Landschafft/ oder Comitatu Simigiensi, noch den Christen gehört.

Slatina/ ein Marcktfleck/ den der Windisch Obrister/ der von Herberstein/ Anno 1597. außgeplündert / vnd verbrandt hat/ ligt 2. Meilen von Verucia.

Socklios/ Soclosia, Stättlein/vnd Schloß/ vier Meilen von Walpo/ bey der Drab/ gelegen/ so Bonfinius *lib. 2. decad. 3.* Rerum Vngaricarum, Sockles nennet/ allda Keyser Sigismund/ König in Vngarn vnd Böheim/ als Er von den Vngarischen Herren gefangen genommen worden/ in einer finstern Gefängnuß 80. Schritt tieff/ ein halbes Jahr gesessen seyn solle; wie hievon besagter Bonfinius, vnd viel andere mehr / vnd darunter auch Isthuanfius *lib.*

15. in Beschreibung dieses Orts / fol. 260. zu lesen. Ao. 1543. ist Socklos von den Türcken angriffen worden. Es war selbiger Zeit allda Obrister / Michael / zugenant der Eiserne / oder vielmehr Bleyerne / auß dem Städtlein Carolio jenseit der Teissa bürtig / welcher das Städtlein / so sich etlich Tag hätte wehren können / verlassen / und sich im Schrecken ins Schloß / so auff einem gehen Felsen gelegen / und starcke Mauren gehabt / begeben / und solches hernach auch den Türcken / auß Forcht / auffgeben hat.

Sombatum, von den Teutschen Olsnitz genant ein Stättlein / oder Marcktfleck / so Ao. 1587. Saluares, der Beeg zu Sigeth / mit vielen Dörffern / so an den Steyrischen Gräntzen beym Fluß Muer / zwischen demselben / und dem Wasser Cernitz / gelegen / verwüstet. Aber Graff Georg von Serin / Johann Globitzer / Hauptmann zu Capronitz / oder Caproncia, und andere / haben einen herzlichen Sieg wider jhn erlangt; davon Isthuanfius zu lesen. Ortelius erzehlt die Sach etwas anders. Vnter andern sagt er / am 177. Blat / daß die Türcken damals das Land / diß / und jenseit Limpach / über-

deß Königreichs Vngarn/ꝛc.

überfallen / Moratz / Rehneck / Tornack/ sampt noch 17. Dörfften / verheeret. Der Scharmützel sepe darauff bep dem Catzer-See/ ein Meil von Canischa erfolgt/ in welchem die Vnsern obgesieget. Des Orths Sombati, oder Olsnitz/ gedenckt er nicht. Mag in dem Teutschen noch einen andern Namen haben.

Somsedia, ein Schloß/ auff einem Hügel bep der Sau gelegen/ davon man Turopolien/ vnd die gantze Landschafft/ jenseit deß besagten Flusses/ weit vnd breit sehen kan.

Sosnolco, ein Schloß in Ober Vngarn / so deß Lissoncij Wittib / Ao. 1576. nach jhres Herrn Tode / besessen hat / ein von Natur sehr festes Schloß/ zu welchem ein einiger Eingang ist; wie hievon Isthuanfius *lib. 25.* zu lesen. Vnd gleichwol so hat der heylose Hauptmann allda / selbiger Zeit solches / auß Forcht / verlassen / vnd ist nach Erla geflohen / als die Türcken sich gegen jhme näherten. Welches vnder wehrendem Stillstand geschehen ist.

Srebernicum, ein/ wegen d'Gold- vnd Silber Bergwerck/ berümbtes vornehmes Stätte

Stättlein in Bosnia/ gegen den Tracischẽ/ vnd Bulgarischen Gräntzen/ über der Sau gelegen/ welches von Zeiten Keyser Sigißmunds an/ biß daher ein Vngarische Besatzung gehabt hatte/ist Ao. 1520. auß Verwahrlosung deß Thomæ Mathusnaii, Obristen daselbst/ sampt den Schlössern Tessen/ vnd Sokol/ in der Türcken Hände kommen.

Streczen/ ein vestes Vngarisches Castell/ noch den Christen gehörig/ wie D. Frölich berichtet.

Stridon/ Stridona, oder heutiges Tags Sdrigna, Strigna, deß H. Kirchenlehrers Hieronymi Vatterland/ wird vor deß Ptolomæi Sidrona gehalten/ vnd beym Nigro, Belas genant. Carolus Stephanus sagt/ vnder anderm/ davon also: Stridon, oppidũ in agro Iustinopolitano, quod à Gothis eversum, Dalmatiæ quondã Pannoniæq; confiniũ fuit, intra Petram pilosam, Portulam, & Primentum, positum.

Stubitz Isthuanfius schreibet *lib. 24.* daß im Windischen Lande/ welches das Wasser Sukla vom Land Steyer absondere A. 1572. die Bauren, auffrührisch worden/ vnd auch Nider/ oder Vnter Stubitz/
allda

allda ein warmes Bad/ für krancke Leuth/ eingenommen: Der Adel habe hernach die Bauren geschlagen/ vnd viel gefangen/ davon theils gehenckt/ theils auff andere weg schwerlich gestrafft/vnd sonderlich jhr Oberster/ Matthæus Gubez/ zu Zagrabia/ jämmerlich hingerichtet worden seyen.

Summerein/ ein Marcktfleck/vnd der fürnembste Ort in der Jnsel Schütt/so Lazius Sumureyn/ Sumarinum, oder Zamurum, nennet. Besagte Jnsel Schütte machet die Thonau/so sich vnder Preßburg/ biß auff Raab/ vnd Comorn in vnderschiedliche grosse Aerm theilet/ vnd auch den Fluß Waag daselbst zu Jhr nimmet. Daß also die Schütt eine Jnsel zwischen Preßburg/ Raab vnd Commorn/ist/welche in der Länge 12 vñ in der Braite 7. Meilen/ wie Stephnus Vin. Pighius, in Hercule prodicio berichtet/haben solle. Man sagt/ daß darinn ober 12. tausend Menschen wohnen: welches leicht zu glauben/wann anders besagte Meilen für rechte Meilen zu halten. Isthuanfius schreibet *lib. 6. fol. 91.* daß 257. Dörffer darinn seyen. Aventinus hellt darfür/sie habe den Namen von den Schützen/ weiln

weiln die Hunnen/vnd Avarn/Bogenschützen gewest/vnd diese Insel zu erst bewohnet hetten. Es mag aber wol vielmehr der Nam vom Anschütten deß Sandes vñ Erdreichs/ durch die Thonau / darauß nach vnd nach diese Insel entstanden/ herkommen. Sie hat einen grossen Vberfluß am Getraid/vnd allerley Geflügel. Wie dann auch da/vnd vmb Comorn/ herrliche Fisch/ als Stierl/ Hausen/ꝛc. gefangen/ vnd wolfeil gegeben werde. Vom Isthuanfio wird diese Insel Sallocosia, vom C. Ens *in rerum Hungar. historia lib. 1. p. 13.* Cituorum Insula, vnd Scythica, genant; die in dem Boßschkaischen Krieg Ao. 1605. als die Inwohner sich an die Rebellische Heydugggen gehengt/ wol etwas außgestandē hat. Ao. 1619. hat Bethlen Gabor die Schütt eingenommen. Aber Ao. 1621. hat sich dieselbe wider/ biß auff Schittnau/ wie in der Franckfurtischen Relation stehet/an die Keyserische ergeben.

Sůmant/ ein Castell/ nahend der Mur/ darauß dem Feind jederzeit grosser Abbruch/ vnd Widerstand geschehen/ wird Ao. 1604. von den Türgen vberstiegen/ vnd alles gefang-

deß Königreichs Ungarn/ꝛc.

fänglich hinweg geführt/ vnd das Castell in Brand gesteckt; wie Ortelius berichtet.

Sumonium, ein Städtlein/ so Ao.1521. von den Türcken eingenommen/die Inwohner/ wider zugesagten Glauben/ entweder vmbgebracht/ od' verkaufft/vnd das Städtlein; wie auch das Städtlein S. Demetrii vnd andere Orth daselbst/vmb Sabaz vnd dem Fluß Sau herumb/nahend Griechisch Weissenburg/ so dem Hertzog Lorentzen in Sirmio gehörig gewesen/ abgebrand worden seyn. Es ist besagte Landschafft Sirmium sehr lustig/ vnd schön/ hat köstlichen Weinwachs/ vnd an Vieh/vnd allen Sachen/ zu deß Menschē Auffenthalt nothwendig/ einen Vberfluß.

Tama/ oder Thama/ ein Marckt in Ober Vngarn/der Ao.1599. von den Vnsern geplündert worden; wie Ortelius sagt.

Tapoltschan/ ein Flecken auff der Strassen von Preßburg gen Leutschau/ 3. Meilen vom Freystädtlein/ so mit einem starckē zwyfach auffgeworffenen Graben vmbfangen.

Tarzcal/ ein Städtlein in Ober Vngarn/allda ein köstlicher Wein/ gleiches Geschmacks mit dem Tokainer/ wächst; welche beyde

beyde Stätt ein Weingebürg mit ein ander haben/ so sie/ wegen Gleichheit eines Gezeks/Czatar Tokain nennen.

Telegd, ein Flecken/auff der Raise / von Groß Wardein auß/nach Sibenbürgen/allda ein Schloß/an welchem zu nechst die Keres/oder Kreusch/ hinfleust. Georgius von Reychersdorff nennts Oppidum, so man für einen Marcktflecken/ oder Stättlein/ nehmen mag / vnd sagt/ige zwischen Feketetho/vnd Reeff/von jenem 2. vnd von diesem/da die besagte Kreusch entspringet/drey grosse Meil Wegs.

Tillen/ eine auß den sieben Bergstätten in Ober Vngarn/so die Andere an Alter vbertreffen solle; aber an Bergwerck / oder Metallen/nichts mehr hat; vnd daher jetzt ein geringes Stättlein ist/mit Planken/ zwischen gar hohen Bergen vmbfangen/ vnd 2. Meilen von der Schemnitz gelegen.

Tina/ ein Marcktfleck/oder Stättlein/ in Ober Vngarn/ zwischen Caschau/ vnd Tokay / fast auff halbem Weg/ vnd nicht weit vom Fluß Hornato gelegen; welches auß dem Carbathischen Gebürg entspringet/bey Caschau vorüber fliesset/das Wasser des Königreichs Ungarn/ꝛc. 417

ſer Tareia/vnd andere/zu ſich nimmet/vnd in die Teiß fällt. Bey Tina iſt Ao. 1527. deß Königs Iohannis Volck/von den Ferdinandiſchen geſchlagen worden.

Tinin oder Tininium, ein Stättlein in Dalmatien / vnd Biſchöfflicher Sitz/ an dem Waſſer Tito, ſo Mühlen treibet/heutigs Tages von den Inwohnern/ Querca genant wird/vnd nicht weit von der Statt Sibenico in das Adriatiſche Meer fället. Dieſes Stättlein iſt Ao. 1520. von den Gränizer Türggen in Boſnia/ bey der Nacht/ vberfallen/vnd die Inwohner von Ihnen/ entweder vmbgebracht/ oder gefangen hinweg geführt/ hernach das Stättlein geplündert/ vnd angezündet worden.

Tolna, ein ſchöner Marckt/bey 3 Tag raiſen zu Waſſer/ vnterhalb Ofen/ an der Thonau gelegen/ allda noch Ao. 1584. gehuldigte Vnterthanen/ nemblich ſolche/ die den Chriſten/vñ Türggen/ zugleich verbunden waren/gewohnt; vnd die Chriſten allda eine Kirchen/ vnd Evangeliſchen Prediger gehabt haben ſollen; wie Iohañ Lewenklau/ der dieſe Raiſe damaln hiedurch nach Conſtantinopel gethan/meldet. Ortelius ſagt/li-

Dd

ge 13. Meilen vnter Ofen. Isthuanfius neñts/im Jahr 1521. Oppidum frequens, & clarum, ad Danubij ripam, infra Quinque ecclesias positum. Vnd in Anno 1602. sagt Er/ daß Tolna 16. Meil Wegs vnter Ofen gelegen/vorzeiten eine berühmte Statt gewesen/ welchen Ort/ in dem gedachten Jahr/ die Heyduggen eingenommen/ vnd die Türggische Häuser/ so sie allda gefunden/ außgeplündert hetten. Besagter Ortelius nennts ein weil einen Flecken/ ein weil eine Statt/ vnd Marckt dabey/ so Anno 1599. die Tartarn in Brand gesteckt; die Heyduggen aber/den grossen Marckt hernach/ im selbigen Jahr verheeret/ vnd die Brucken vber die Drab zerrissen hetten. Gedachter Isthuanfius hat nichts hievon in diesem Jahr: vnd will es sich auch sonsten nicht allerdings reimen.

Totlipscha/ ein Städtlein in Ober Vngarn/ sampt einem Bergschloß.

Toschva/ welches Vngarischen Orts/ wie auch deß Schlosses Regez / David Frölich/ part. 2. Viat. p. 302. gedenket.

Vagendrüssel/ ein Bergstättlein in der Zips.

Vahobina/ein Castell/vnd Dorff/in Durópolia, wie Ortelius sagt/so Ao. 1593. von den Türcken vberfallen vnd außgebrand worden.

Varbosania, ist eine grosse Statt in dem Theil von Bosnia, so die Innwohner Hercegovinam, andere aber Ducatum Sancti Savæ nennen / vnd den Türcken schon lang gehörig ist. In Herren Josephs von Lamberg Raise/ von Laybach auß / nach Constantinopel/ wird gesagt/ daß die Statt Verbossen in Nider Bosnia lige / welches Land sich an dem Wasser Wuna anhebe/ vnd biß hieher wehre. Sey ein fast gebürgig Land/ vnd hab allenthalben grosse Wälder: vnd zu Verbossen wohne der Außreiß weg Wascha/ oder Hauptmann/ im Königreich Bossen. Andere nennens Bosniam ulteriorem ad mare vergentem.

Varda, zugenandt das Kleinere / ein Schloß/ an einem sumpffigen Orth in Ober Vngarn/ nahend Eched vnd Neustatt/ gelegen / darzu man nur einen Weg über lange Bruggen hat/ vnd deßwegen böß zu belagern ist; wie es solches/ in vorigen Kriegen/ 2. oder 3. mal erwiesen hat.

Varheli, einer alten Stadt in Siebenbürgen Ort/ oder Platz/ allda die Walachen offt graben/ vnd die edle Stein/ Gelder vnd andere alte Sachen herfür suchen.

Varna, eine Stadt/ nahend dem Meer/ die König Uladislaus in Vngarn vnd Polen Ao. 1444. erobert/ sich nahend dabey gelagert/ aber von den Türcken überwunden worden/ vnd blieben ist. Cromerus sagt *lib. 21. rer. Polon.* daß die Alten diese Stadt Dionysiopolim genant haben: der daselbst auch von der gedachten Schlacht; deßgleichen Bonfinius *decad. 3. Rer. Vngar. lib. 6.* vnd andere mehr; insonderheit aber Philippus Callimachus, de rebus gestis à Uladislao Polonorum atque Hungarorum Rege, (da er auch *lib. 3.* diese Stadt Varnam beschreibet/) zu lesen.

Vaswar/ Vasvarum, so man Eysenburg/ oder Castrum ferreum nennet/ ein Städtlein/ oder Marcktfleck an der Rab/ nahend Kermend gelegen/ dessen Schloß Keyser Maximilian der Erste/ nach Königs Matthiæ Corvini in Vngarn Tode/ belagert hat. Weilen aber/ in seinem Abwesen/ die Schwaben schlechte Wacht hielten/ vnd

vnd deß Weins zuviel zu sich nahmen/ vnd sonderlich den Feind verachteten/ so haben sie von der Vngarischen Besatzung allda grossen Schaden gelitten; wie Isthuanfius *lib. 1. rer. Ungar. schreibet.*

Velica, ein Schloß in Jllyrien / so die Türcken vmbs Jahr 1545. eingenommen.

Verucia, ein Schloß/ so vor Jahren dem Nicolao Banffio gehört / vnd es dabey ein grosse vnd Volckreiche Stadt gehabt hat. Ligt ein Tagraise vom Schloß Rahocia, so nahend der Landschafft Posega, vnd vest ist. Obgedachtes Jllyrisches Schloß Veruciam, haben Anno 1553. die Türcken eingenommen; welches hernach Anno 97. der Windische Obrister/ der von Herberstein/ vergebens belagert hat.

Vgod/ setzet David Frölich vnder die veste Vngarische Castell/ so noch den Christen gehörig seyn.

Vidina, ein Schloß vnd Marcktflecken/ an den Gräntzen der Bulgarey / von den Vngarn Bodonum genant/ wird bey Regierung Königs Uladislai in Vngarn vnd Böheim / nach dem Jahr 1500. von den Vngarn eingenommen; vnd wurden damalen

malen die Christliche Griechen in Vngarn/ zwischen Temeßwar vnd Griechisch Weissenburg/ gebracht vnd gesetzet.

Vinecki, eine Vestung/ wie auch Brancich/ an dem Fluß Marusch/ oder Maros/ so der Eremitaner Mönch Georgius, Bischoff zu Wardein/ vnd endlich Cardinal/ hat bawen lassen/ nach dem Tode deß Königs Johannis in Vngarn/ der jhn/ seinen gewesten Pfenningmeister/ an dem Todbette seiner Gemahlin Isabellæ, vnd jhrem einigen Sohn zum Vormund hinderlassen hat. Er war zu Camissacio, in dem Mittelländischen Dalmatia, von Ehrlichen/ vnd Adelichen Eltern gebohren/ vnd hiesse sein Vatter Gregor Vtissenitz. Chytræus nennet jhn *lib. 17. Saxon.* Georgium Martinusium, vnd sagt am 456. Blat/ daß er Anno 1551. vmbgebracht worden seye. Dillichius schreibet/ *p. 152.* Castaldus hette jhn erstochen. Sihe aber/ was oben hievon gesagt worden.

Vinz/ entweder ein Städtlein/ oder Marcktflecken in Sibenbürgen/ allda es viel Widertäuffer gibet. Wie dann die/ durch Keyser Ferdinanden den Andern/ auß

Mäh-

deß Königreichs Ungarn/ꝛc.

Mähren vertriebene Widertäuffer zum theil in Ungarn/zum theil in Sibenbürgen/ Herberge gefunden haben/ vnd liebe Gäst gewest seyn sollen.

Unguar/ oder Ungwar/dessen Orts Ortelius gedencket/ vnd saget/ daß Anno 1564. König Johannes (Fürst Johann Sigismund) in Sibenbürgen/ als Er/nach dem Tode Keysers Ferdinandi I. den Frieden am ersten gebrochen / die Stadt Ungwar/darinn Burckstaller Obrister gewesen/ nicht habe gewinnen können.

Vyhel/ein Ungarisch Städtlein/so deß Jahrmarckts halber berümbt / wie David Frölich *num. 397.* sagt/ hat ein zerstöhrtes Schloß.

Waal/ ein vest Türckisch Castell/ sagt Ortelius, 5. Meil wegs von Gran gelegen/ so die Unsern Anno 1599. überfallen vnd verbrandt haben.

Walkowar / ein Marckt vnd Schloß/ auff einer Höhe/ bey der Thonau/ oberhalb Griechisch Weissenburg.

Walpo/oder Zercurzebech/dabey nahend der Cazianer Anno 1537. außgerissen. Anno 1543. ward Walpo die Vestung/von

Dd iiij den

den Türcken erobert / sagen Ortelius vnd Dillichius. Isthuanfius schreibet / daß der Türckische Keyser Solyman Anno 1543. dem König Francisco I. in Franckreich zugefallen / das Vngerland wieder mit Krieg angegriffen / vnd / durch die Seinige / das Schloß vnd Städtlein Walponem, an der Drab / belagert / vnd solchen Ort / durch Vbergab eingenommen / aber den Accord nicht völlig gehalten habe. Vnd wird derselbige noch heutigs Tags den Türcken zugeeignet / der vor Zeiten berühmbt solle gewest seyn / vnd von theils Valpon genennet wird.

Warschon / ein Castell / beym Platten-See / nahend Wißbrünn / so Anno 1605. im Botschkaischen Auffstand / die Heyduggen eingenommen; aber die Keyserischen auß Papa vnd Raab mit stürmeter Hand wieder erobert haben.

Wartberg / ein Marckt zwischen Preßburg vnd Tirna / in Ober Vngarn / von jedem Ort drey Meil. Die Innwohner seynd Teutsche / Vngarn vnd Winden / so sich ab dem Wein- vnd Ackerbau / auch der Viehzucht / nehren.

Wila-

Wilagoßwar / nennet Ortelius ein Schloß/ dem Celesti Janusch gehörig/ so er Anno 1602. nach dem Exempel deß Zeckel Moysis/ dem Türcken übergeben wollen/ sey aber von den Seinigen/ nidergehauen worden.

Zalaena/ das grössere vnd kleinere/ waren vor Zeiten sehr grosse Städte / wie auß den alten Wahrzeichen erscheinet. Heutigs Tags werden sie von den Wallachen bewohnt/ vnd seyn deß Bergwergs halben berümbt/ wie David Frölich schreibet. Sihe hievon auch den Georgium à Reychersdorff/ in Topographia Transylvaniæ.

Zarcad/ nennet Ortelius eine Türckische Vestung / so die Christen auß Wardein Ao. 1599. erobert/ aber das folgende 1600. Jahr/ die Türcken wieder mit Sturm bekommen hetten. Lige bey Wardein/ wie es dan auch die Landtaffeln dort herumb setzen.

Zegin/ ein vestes Vngarisches Castell/ so noch der Christen/ wie Herr David Frölich bezeuget.

Zegzard/oder Segardin/ ein Türckisch Castell/ 12. Meilen vnter Ofen/ jenseits der Thonau gelegen/ so nicht groß/ aber zimlich vest ist/ wie Ortelius berichtet/ vnd daß es

Dd v   von

von den Vnsern Anno 1598. erstiegen/ vnd in Brand gesteckt; hernach aber in Ao. 99. von den Heyduggen eingenommen worden seye/ sagen thut.

Zernick/ ein Türckischer Fleck in Crabaten/ so/ von den Vnsern Ao. 1598. geplündert worden/ wie gedachter Ortelius schreibt.

Nach-Rede/ vnd Zugab.

Dieweil die Exemplarien deß Drucks vom Jahr 1646. so wol abgegangen/ daß derselben zum Kauff fast keine mehr verhanden/ und man dahero bewegt worden/ diese Vngarische Beschreibung wieder auffzulegen/ eines vnd anders/ so in solcher Zeit vorgeloffen/ zu ändern/ auch vnterschiedliche Oerter/ so in der ersten edition im Anhang einkommen/ hinfür zu rucken/ vnd etliche/ deren man seithero innen worden/ hinzu zu setzen. Vnd aber das verwichene 1659. Jahr/ beß Herren Petri de Revva, Graffens zu Turotz/ ꝛc. Buch/ de Monarchia, & sacra corona Regni Hungariæ, (das man eine Zeit-

Zeitlang nicht mehr bekommen können/) zu Franckfurt in Fol. wieder gedruckt worden: Als hat man die Ordnung der Christlichen Könige/ die in dem erstē Druck manglen/ neben etlich andern Sachen darauß ziehen/ Teutsch geben / vnd hieher / als eine Zugab/ bringen wollen.

Es ist aber der erste Christliche König in Vngarn Stephanus gewesen/ sein Vatter Geiza auß Arpad/ einer auß den sieben Vngarischen Hauptleuten/ hat zwar zu Legung deß Grunds in der Christlichen Religion so bey Regierung Keysers Caroli Magni, in Vngarn eingeführet / aber wieder gefallen war/ einen Anfang gemacht; war aber kein König/ sondern ein Hertzog/ wie dann auch dieser sein Sohn Stephannus / als er jhme Anno 997. succedirt / drey Jahr als ein Hertzog regiert/ biß es den grossen Herren in Vngarn beliebet hat / weil er über so viel Völcker zugebieten / daß er sich vmb einen höhern Titul bewerben solte. Daher er dann im vierdten Jahr/ nach seines Vattern/ deß Geizæ Tod / eine Botschafft nach Rom/ zum Pabst Sylvestro II. abgeordnet / der jhm eine Cron übersendet hat/ mit welcher er

Anno

Anno 1001. ist gecrönet worden. Er hat als ein König 37. Jahr glücklich regiert/ vnd ist Anno 1038. gestorben. Mit seiner Gemahlin/ Fraw Gisela, Keyser Heinrichs deß Andern Schwester/ hat er einen Sohn/ Namens Emerich/ erzeugt/ der aber vor dem Vatter/ entweder deß Jahrs 1028. der 1031. sein zeitliches Leben geendet hat.

Nach diesem König Steffan / der 63. Jahr alt worden/ kam ins Regiment seiner Schwester Gisalæ Sohn / Petrus Alemannus, dessen Vatter Wilhelmus/ ein Hertzog in Burgund gewesen / im Jahr Christi 1039. welcher aber einen bösen Eingang gemacht/ alles nach seinem Kopff angestellt/ der Vngarn Rath nicht geachtet/ vnd die Frembden befördert; daher die Vngarn im dritten Jahr seines Regiments/ deß Königs Stephani Schwester Mann / den Abam, erwehlt. König Piter nam seine Zuflucht zum Keyser Henrico III. welcher mit viel Volcks in Vngarn kommen / vnd den Abam überwunden / den Petrum wieder eingesetzt/ vnd wie er regieren solle/ vnterrichtet hat; deme er auch eine Zeitlang nachkommen; folgends aber wieder auff seine alte Mey-

Meynung gefallen ist. Daher die Ungar abermals sich wieder jhn gesetzt/ vnd als er nach Oesterreich geraist/die Kriegsleute jhme erstlich die Augen außgestochen haben/ darauff auch der Tod erfolget; vnd ist auch der Alba in der Flucht/ an dem Ort/ da er viel Edelleut hinrichten lassen/von den Seinigen vmbgebracht worden.

Die Ungar machten hierauff deß Ladislai Calvi, (Königs Stephani Vattern Bruders/ oder / wie theils wollen/ desselben Sohns) ältisten Sohn/den Andream zum König/ wider welchen der Keyser Heinrich abermals in Ungarn zog deß Willens/ die dem König Petern angethane Schmach zu rächen; deren dieser Andreas/sambt seinem Bruder Leventa, sonderlich Verursacher gewest seyn. Aber der Keyser leydete für dißmal / wegen auffgefangenen Schreibens/ vnd erdichter Antwort / auch Mangel an Proviant vnd Fütterung / nicht geringen Schaden / vnd muste sich mit dem König Andrea vergleichen / damit er wider sicher auß dem Land kommen kondte / im Jahr 1053. König Andreas ließ hernach seinen Sohn Salomonem, fünff Jahr alt / crönen/

nen / damit sein Bruder nicht zu frieden war / daher ein Krieg entstund / in welchem Anno 1058. Andreas überwunden worden; vnd nach dem er sich in dem Wald Bacon, eine Zeitlang auffgehalten / einsmals gejagt, vnd auff den Stein den er selbst gesetzt/ gefallen / Anno 59. gestorben ist.

Nach dem nun gedachter Bela zum König erklärt / vnd gekrönt worden/ hat er seine Regierung weißlich vñ löblich geführt; wiewol w. gen eines schweren Falls / so ihn übel zugerichtet, Er Anno 1063. gestorben ist.

Nach ihm kam gedachter deß Königs Andreæ Sohn Salomon/ deme Keyser Henricus IV. Hülff thäte / daß er zum andern mal gekrönet ward. Als aber der Keyser hinweg gezogen / hat Geiza, deß Königs Belæ Sohn / ein Polnisch Kriegsheer in Vngarn gebracht; wiewol die Sach verglichen/ vnd Salomon von diesem Geiza selbsten / zum dritten mal gekrönt worden ist. Weil aber Er durch Einen sich verführen lassen / daß Er dem Geizæ und seinem Bruder Ladislao nach dem Leben gestellt / so ist wieder Krieg entstanden / in welchem Geiza obgesieget / Salomon aber auß dem Königreich
vet-

deß Königreichs Ungarn rc. 431

verjagt worden. Es hat gleichwol Geiza, weil Salomon noch gelebt/ sich der Königlichen Regierung als ein König/ nicht underzogen/vñ ist im vierdten Jahr gestorben.

Stracks darauff wird gedachter sein Bruder Ladislaus einhellig zum König erklärt; der aber/ so lang Salomon gelebt/ sich nicht crönen/ auch keinen König nennen lassen wollen. Hat hernach einen Sieg wider den König Salomon erlangt/ der darauff ein Einsidel worden/vnd Ao. 1077. gestorben ist. Bey Regierung deß gedachten Königs Ladislai, hat der König Boleslaus in Polen/ den Bischoff zu Cracau vmbgebracht/sich darauff in Vngarn begeben/daselbst er von seinem Verstand kommen/vnd von seinen Hunden gefressen worden ist. Gedachter König Ladislaus starb Anno 1095. vnd ward zu Varadin begraben. Vnd dieses schreibt der Autor in der I. Centuria, von denen sieben obernanten Königen.

Hierauff folget der König Colomannus, deß obbesagten Geizæ Sohn; weiln König Ladislaus keine Söhn verlassen. Dieser Colomann hat seinem Bruder Almo, mo, (den der König Ladislaus, sein Vetter/ zum König / den ältern/ nemblich den Colomann aber / zum Bischoff zu Agrien erklärt hat; deme aber gleichwol der Almus, nach deß Ladislai Tod gewichen ist) vnd dessen Kind/ dem Belæ, die Augen außstechen lassen; vnd ist schandlich/ nach dem er besagten seinen Bruder Almum gar getödtet/ Anno 1114. gestorben.

Deme sein Sohn Stephanus II. noch ein Knab/ succedirt/ vnd hernach anfangs wol/ aber mit der Zeit gar übel regiert/ vnd sich verhaßt gemacht; daher er das Königreich dem Belæ, den sein Vatter blenden lassen/ übergeben hat/ vnd er Anno 1131. gestorben ist.

Ernanter König Bela, der Blinde/ hat Anno 1141. verlassen seinen Sohn

Geizam den Andern/ der gar löblich regiert hat 20. Jahr lang/ vnd Anno 1161. gestorben ist

In welchem Jahr auch die Vngar seinen Sohn Stephanum III. zum König zu Stuhl-Weissenburg gekrönet haben. Wider ihn hat sich seins Herren Vatters Bruder/ Ladislaus II. auffgeleint/ vnd ihn
Zo.

Ao. 1170. vmb die Cron gebracht; aber nur 6. Monat regiert. Darauff dieses Ladislai Bruder Stephanus IV. auch deß blinden Königs Belæ Sohn/kommen/als der die Cron in Händen hatte. Die beede Könige/ Stephani Vettern/ hielten eine blutige Schlacht miteinander/ darinn ein grosser Vngarischer Adel darauff gieng; der eingetrungene König Stephanus IV. sich in einem Wald verborgen hielte/vñ darin starb; Stephanus III. aber/ als der rechtmässige König/ die Cron sambt dem Königreich/ wieder in seinen völligen Gewalt bekam/ aber bald hernach Ao. 1173. starb/ vnd zu Gran begraben ward.

An dessen statt ward sein Bruder Bela III. von den Vngarn erwöhlet vñ gecrönt/ der 23. Jahr wol regiert/ vnd ein grosses Lob hinder sich verlassen hat. Ist zu Stuel-Weissenburg/wie viel andere Könige mehr/ vor jhme/ begraben worden.

Ihme succedirte sein Sohn Emericus, vnd diesem Anno 1200. sein Sohn Ladislaus III. der aber nur 6. Monat regieret hat. Vmb diese Zeit ist das Tartarische Königreich zu Cathayne entstanden.

Und bißher gehet deß Autoris andere Centuria.

Anno 1201. kam Andreas II. obgedachtes Belæ III. Sohn/in die Regierung/ welcher Hierosolymitanus, wegen vorgenommenen Kriegs in dem H. Lande / ist zugenandt worden. Anno 1217. führete er sein Volck wider den Sultan in Egypten/ vnd erhielte An. 1221. einen Sieg/nam auch die Stadt Damiatam ein. Da er aber wieder in Vngarn gelangte/fand er seine Gemahlin Gertrud nicht mehr/ als die sein hinderlassener Statthalter Bancbanus vmbgebracht / dieweil sie darzu geholffen / daß ihr Bruder deß Bancbani Gemahlin beschlaffen hat; so auch vom König an diesem Bancbano nicht gerochen worden ist; wie der Autor mit andern Vngarischen Historicis, schreibet ; wiewol theils Teutsche Scribenten einen Zweiffel in diese Geschicht setzen/ wie ich anderswo vermeldet habe. Es ist aber König Andreas (von dessen vierdten Sohn Andrea, die Hertzogen von Croy im Niederland herkommen/) An. 1235. gestorben/ vnd hat jhme sein Sohn Bela IV. succedirt/welcher vnruhig regieret hat. vnd seine ner Zeit die Tartarn in Ungarn vnd Polen gefallen seyn/ welchen weder der König/ noch sein Bruder Colomannus, König zu Halicia vñ Lodomeria, gnugsamen Widerstand thun kondten; sondern der König Bela, verkleideter Weise/ sich an den Polnischen Grentzen/ in der Graffschafft Turoz/ wo das Castell Turoz ist/ auffhalten muste.

Endlich kam der besagte König Bela wieder zu seinem Königreich / richtete dasselbe auff / regierte wol / überwande den letzten Hertzogen in Oesterreich/ deß vorigen Geschlechts Fridericum, vnd starb An. 1275.

Sein Successor vnd Sohn/ Stephanus V. hatte mit dem König Ottocharo in Böheim zu Kriegen/ der Preßburg eingenommen hat. Es regierte aber dieser Stephanus nicht lang/ sondern starb An. 1278.

Ladislaus IV. sein Sohn vnd Nachfolger am Königreich/ machte eine Bündnus mit Keyser Rudolpho I. wider den gedachten König Ochocarum in Böheim; selber aber führete er zu Hauß ein schandliches Leben/ deßwegen Er auch vom Bapst in den Bann gethan ward; vnd kamen die Tartarn zum andern mal in Ungarn. Zu dieses

Königs Zeiten kam auch bey den Ungarn der Brauch auff / wie der Autor darfür hält/den Bart vnd die Haar auff dem Kopf zu scheren/wie solcher noch bey den Ungarn gesehen wird/ vix illud ad ornatum, & honorem Hungaris impositum, cùm etiam apud Hebræos rasura barbæ, & capitis, ignominiosa fuit; schreibet Er fol. 18. Endlich ward besagter König Ladislaus Anno 1291. von den Cumanis, deren Töchter Er zu seiner Wolluft brauchet/ vmbgebracht/vnd succedirte jhm

Andreas III. zugenant Venetus, ein Enick Sohn deß obgedachten Königs Andreæ II. so in Egypten Krieg geführet hat. Dann als besagter König Andreas II. vnterwegs verstanden/ daß seine Gemahlin/ die Königin Gertrud/ wie oben gesagt/ vom Bancbano vmbgebracht worden/ hat Er/ auff seiner Ruckraise in Italia, beym Marggraffen von Este, seinem alten Freund/ eingekehret / vnd dessen Tochter Beatricem zur Ehe genommen / welche nach seinem/ deß Königs Tode/ schwangern Leibs/ wieder zu jhrem Herren Vattern sich begeben/ vnd nach etlichen Monaten einen Sohn gebo-

geboren/den sie Stephanum genennt/vnd welcher/mit der Zeit/zu Venedig/die Tomasinam Maurocenam zur Ehe genommen/vnd mit jhr diesen Andream III. erzeuget; der sich/nach dem obernanter König Ladislaus bey den Hungarn sich so verhaßt gemacht/nach Vngarn begeben/ aber gefangen/vnd zum Keyser Alberto I. geführet worden/der jhn/als er Fried zu halten/ vnd deß Keysers Tochter Agnesen zu heuraten/versprochen/mit Volck nach Vngarn gesandt/da er auch zum König erwehlt vnd gecrönt worden. Starb aber An. 1301. auß Betrübnus/keinen Sohn verlassende/ vnd war also der Letzte von deß obgedachten Königs Andreæ II. Mannlichen Stammen; damit sich auch deß Autoris Centuria 3. endet.

Nach deß besagten Königs Andreæ Veneti Tode/ haben die Vngarn den König Vencesilaum in Böheim vnd Polen/ zu jhrem König erwöhlet; der sich aber deßwegen bedanckt/ gleichwol endlich/ auff der Gesandten so starckes Anhalten/ bewilligt/ daß sein Sohn Venceslaus jhr König werden möchte/ der auch nach Vngarn geführret/vnd zu Stuhl Weissenburg zum König gecrönt worden. Damit aber der Bapst nicht zu frieden gewesen / welcher gewolt/ daß die Vngar den Carolum Robertum von Neaples / dessen Ahnfraw deß Vngarischen Königs Ladislai IV. Schwester gewesen/ zum König nemmen solten; der auch einen starcken Anhang bekommen; daß deßwegen obgemeldter König Wentzel/ mit einem grossen Kriegsheer in Vngarn kommen / vnd seinen Sohn im 3. Jahr seiner Regierung / von dannen / sambt der Cron/ abgeholet hat. Es ist aber hernach dieser junge König Vencesilaus, zu Olmütz in Mähren / von einem vnbekandten Meuchelmörder/ An. 1307. den 3. Augusti/ im 18. Jahr seines Alters/ mit etlichen Stichen erstochen worden.

Viel der Vngar aber haben Hertzog Otten in Bayern / dessen Mutter Frau Elisabetha/ Königs Belæ IV. Tochter gewesen/ zu ihrem König erwehlet / der seine Leut zum König Wentzel in Böheim deßwegen gesandt / der auch nicht allein die Cron jhme gutwillig/ ohne einige Vergeltung überschickt; sondern sich auch alles Zuspruchs/

spruchs/ so sein Sohn an Vngarn erlangt/
begeben hat. Kam also dieser Otho mit der
Cron in Vngarn/ vnd ward zum König
von zweyen Bischöffen gecrönt. Aber da Er
in Siebenbürgen raiste/ ward er daselbst/
von dem Waiwoden Ladislao gefangen/
vnd jhm die Cron genommen: kondte auch
nicht eher loß werden/ biß er sich deß Königreichs Vngarn mit einem Eyde/ verziehen
hatte. Man schickte jhn in Reussen/ den die
benachbarte Preussen/ so Teutsche/ erkant/
vnd demselben wider zu den Seinigen ver-
holffen haben.

Hierauff nun wurde endlich der oben er-
nandte Carolus Robertus, oder Carolus I.
von Neaples/ von den Vngarn zu jhrem
König angenommen; wiewol er noch allerley hernach außstehen müssen/ nach dem
er An. 1310. zur Cron gelangt/ vnd An. 1330.
auß der Schlacht/ mit den Wallachen ge-
halten/ kaum entrunnen ist. Hat aber hernach glücklich regiert/ vnd das Königreich
vermehret. Vnd ist dieser erste Carolus, so
seine Ankunfft von den Könign auß Franckreich vnd Neapels gehabt/ An. 1342. gestor-
ben/ vnd zu Stuel-Weissenburg begraben
worden. Ee iiij Jhme

Jhme succedirte sein Sohn Ludovicus, der vnterschiedliche Kriege glücklich geführet/ vnter denen auch der Neapolitanische gewesen/ weiln sein Bruder König Andreas zu Neaples/ von seiner Gemahlin Johanna/ mit einer seidenen Schnur/ oder Strick/ ist vmbgebracht worden; so Er/ der König Ludwig/ gerochen hat/ vnd deßwegen auch in der Haupt-Stadt Neapoli, ein König von Sicilien vnd Jerusalem/ außgeruffen worden ist. Er muste aber zum andern mal/ sich in das Königreich begeben/ auch zweymal mit den Venedigern Krieg führen. Als Er nun 29. Jahr in Vngarn regiert hatte/ starb König Casimirus in Polen/ dessen Schwester Elisabetha/ deß Königs Ludovici Gemahlin/war. Daher die Polnische Stände/ weil Casimirus der Letzte von den einheimischen Königen gewesen/ jhn An. 1371. zu jhrem König begehrt haben; so er auch angenommen/ vnd 12. Jahr daselbst regiert hat. Er verließ nur 2. Töchtern Mariam vnd Hedwigem/ deren die ältere (so Königs Caroli IV. in Böheim Sohn/ dem Sigismundo, nachmals Keysern/ versprochen war/) Königin in Vngarn/

garn/ Hedwig aber Königin in Polen ward/ welche folgends / auß Willen der Stände/ den Jagellonem, Großfürsten in der Littau/ zur Ehe genommen / der deßwegen ein Christ worden / vnd seine Länder zur Cron Polen gebracht hat.

Was nun die Mariam anbelangt/ ist sie Anno 1382. von den Vngarn / wie eine Mannsperson gecrönt worden; da man sonsten der Königin rechten Arm nur mit der Cron bey jhnen pflegt anzurühren. Anfangs ließ sich jhre Regierung wol an; aber/ nach dem sie deß Palatini Nicolai Garæ Rath schier nur allein folgete/ verdroß es etliche vornehme Herren/ die mit andern berathschlagten/ den Carolum parvum König zu Neaples/ ins Königreich zuberuffen/ der auch Anno 1384. König vnd gecrönet worden. Welches dann der Königin Mariæ vnd jhrer Frau Mutter/ der alten Königin/ sehr weh gethan; die sich mit dem Palatino Gara berathschlaget/ vnd den König Carolum, als ob sie sich freundlich mit jhm vnterreden wolten/ zu sich gebracht; der aber bey jhnen eine tödliche Wunden bekommen/ davon / oder vielmehr auß Betrübnus deß

Gemüths er gestorben. Da nun die beyde Königin vermeynten sicher zu seyn/ wurden sie auff dem Weg/ von Joanne, dem Bano, oder Landshauptmann in Croatien gefangen genommen/ ihre Begleiter der obgemeldte Palatinus vnd Blasius Forgacz, getödtet; die alte Königin ersauffet/ die Königin Maria aber/ wieder auff den Königlichen Thron gesetzt; damit sich auch die 5. Centuria vnsers Autoris endet.

Es ist oben angedeutet worden/ daß König Ludwig in Vngarn vnd Polen/ den Sigismundum, Königs Caroli IV. in Böheim (so auch Römischer Keyser gewesen/) Sohn/ zu einem Ehemann seiner Tochter/ der gedachten Mariæ/ erwöhlet. Nach dessen Tode aber/ hette die Mutter der Tochter lieber deß Königs in Franckreich Brudern/ zum Mann gegeben; der sich auch allbereit in Vngarn zu raisen gerüstet. Als aber dieses Sigismundus erfahren/ ist er eilends in Vngarn kommen/ hat Mutter vnd Tochter in einem Schloß belagert/ vnd die Mutter gezwungen/ ihme die Tochter zu geben. Nach diesem hat die Königin Maria auff einem Landtag/ nach Belieben der Herren vnd

vnd deß Volcks/die Cron/das Scepter/vnd alle Gerechtigkeit zum Königreich/ihme Sigismundo, An. 1386. überlassen/der das folgende Jahr darauff/die Regierung angetretten/vnd den obgedachten Banum Croaciæ, mit 32. andern/so mit der alten Königin vnd den Ihrigen/so grob verfahren/hinrichten lassen. Die Königin Hedwig in Polen aber/hat die Königreich Hallicien vnd Lodomerien in Reussen/den Vngarn entzogen/daß hernach die Könige in Vngarn den blossen Titul davon gehabt haben. König Sigismundus aber hat die rebellische Wallachen/so die Türcken zu Hülff genommen/geschlagen: vnd war dieses das erste mal/daß die Vngar mit den Türcken zu thun bekommen. Vnd weil die Türcken auch Serviam, Bulgariam, &c. angegriffen/so hat König Sigismundus ein grosses Kriegsvolck wider sie außgeführet/ vnd die Stadt Nicopolim an der Thonau belagert; ward aber durch Frechheit vnd Kühnheit der Frantzosen/so das Spiel verderbt/gezwungen/auff einem kleinē Schifflein/sein Leben/nacher Constantinopel/zum Griechischen Keyser/zu retten; von dannen

Er

Er mit den Venedischen Schiffen in Italien/ vnd ferners in Vngarn gelanget ist. Es ward aber der Türckische Sulthan Bajazethes vom Tamarlane wieder bezahlt/ der hernach An. 1402. gestorben ist. Die Vngar/ so noch ingedenck waren/wie er den obgedachten Croatischen Landshauptman/ mit den andern/ grausamlich hinrichten lassen/ haben/ wegen deß vnglückhafften Treffen bey Nicopoli, mit dem Türcken/ Vrsach gesucht/ sich wider jhn zu empören; wie sie jhn dann gefangen genommen/ vnd im Schloß Soklos/ in eine finstere vnd achzig Schritt tieffe Gefängnus gethan/ darin er sich ein halbes Jahr/ biß Er darauß wieder erledigt worden/ betragen müssen; nach dem er schon längst zuvor seine Gemahlin die Königin Maria verlohren/ mit der Er keine Kinder überkommen hat. Er starb An. 1437. nach dem er 51. vnd wann man seiner Braut Mariæ Regierung darzu thun will/55. Jahr das Königreich Vngarn regiert hatte. Besagte seine Gemahlin Maria/ starb im ersten Jahr nach der Hochzeit; mit der andern Gemahlin/ nemblich der Vnzucht halber beschreiten Barbara/
Graff

Graff Hermans zu Cilly Tochter / hat er eine Tochter / nahmens Elisabeth / erzeuget / deren Eheherr / nemlich

Ertzhertzog Albertus zu Oesterreich / nach deß K. Sigismundi Tod / König in Vngarn vnd Böheim / vnd endlich auch Römischer Keyser worden ist; starb aber An. 1439. den 27. Octobr. nach dessen Abschied die Königin einen Sohn / An. 1440. den 21. Febr. geboren hat / den man hernach Ladislaum posthumum genandt; auff den aber die Vngar nicht warten wolten / sondern durch Botschafft dem

König Uladislao in Polen jhr Königreich auffgetrugen; wiewol die Teutschgesinnete es vorher dahin gebracht / daß die nach Polen geschickte wieder zuruck beruffen / vnd das Kind / vier Monat alt / im Schoß seiner Frau Mutter / vom ErtzBischoff vnd Cardinaln zu Gran / ist gecrönt worden: in welchem 40. Jahr auch die Buchtrucker Kunst auffkommen ist. Die Keyserin Elisabeth / als sie die Vngarische Cron mit List an sich gebracht / hat sich mit dem Kind vnd der Cron / zum Keyser Friderichen in Oesterreich begeben; Der obgemeldte König Uladislaus

dislaus aber ist/auff so starckes/ deß andern vnd Polnischgesinnten Theils Gesandten Anhalten/in Vngarn kommen/ daselbst Er auch gecrönt worden/ nicht zwar mit der H. Cron/ so/ wie gemeldt/ die Keyserin Elisabeth hinweg hatte; sondern mit einer andern/ so in einer Capell/ auff dem Bildnus S. Stephani/ deß Königs/ zu Stuel-Weissenburg gewesen. Vnd ward den folgenden Tag geordnet / daß man eben diese Cron deß H. Stephani wol auffheben / vnd dieselbe zur Crönung der Könige / wann man die Alte nicht wieder überkommen möchte / behalten solte. Dieser König Uladislaus, hat mit Amurathe dem Türckischen Sultan/einen zehenjährigen Frieden gemacht / aber auß Antrieb deß Bapsts Eugenii, vnd deß Cardinals Juliani, (dessen Vrsachen hierzu der Autor *fol.36.* setzet/) wieder gebrochen; daher er auch den 11. Novemb. Anno 1444. mitten vnter den Janizarn bey Varna / in der Schlacht geblieben/ sein Haupt auff eine Stangen gesteckt / vnd durch Griechenland vnd Asien/ zum Zeichen deß Siegs/ gewiesen worden. Seine Grabschrifft lautet also:

Romu-

deß Königreichs Ungarn/ꝛc. 443

Romulide Cannas, ego Varnam clade notavi,
Discite mortales, nõ temerare fidem,
Me nisi Pontifices jussissent rumpere fœdus,
Non ferret Scythicum Pannonis ora jugum.

Den Cardinal Julianum hat man auff der Strassen nackend ligen gefunden/ so viel Wunden gehabt; vnd wollen theils/ daß er von seinen Leuten selbst/ als ein böser Rathgeber/ vmbgebracht worden seye. Vnd geschach solche vnglückhaffte Schlacht 49. Jahr nach deß Königs Sigismundi bey Nicopoli. Sihe/ was der Autor *fol. 37.* über die Erzehlung deß Fr. Philippi Bosquieri Franciscani, (daß die Christen damaln/ als der Frieden mit dem Amurathe getroffen worden/ ihme Christum in der Hostia zum Geisel gegeben/ den der Türck/ als Trau vnd Glauben nicht gehalten worden/ auß seinem Busen herfür genommen/ vnd angeruffen/ auch an demselben einen Rächer nicht gehaltenen Bunds/ erfunden hette/) schreibet. Es ist gleichwol Hunniades Corvinus mit der Flucht davon gekommen/
wel-

welcher / wegen seiner fürtrefflichen / wider
die Türcken/verrichteten Thaten/zum Verwalter deß Königreichs / in Abwesenheit
deß jungen obgemeldten Königs Ladislai
von den Vngarn ist gemacht worden.

Es ward aber dieser König Ladislaus
hernach/ auff Begehren jhr/ der Vngar vnd
auch der Oesterreicher / vom Keyser Friderico, seinem Herrn Vettern vnd Vormunden / von sich gelassen; vnder deme die
Stadt Constantinopel den 29. Maji, Anno
1453. am 54. Tag ihrer Belagerung/ vom
Mahomethe, dem Türckischen König/ deß
obernanten Amurathis Sohn / erobert/
vnd der Griechische Keyser Constantinus
Palæologus, in der Flucht/ vnder dem Thor
gefallen / erdruckt vnd zertretten worden.
Hernach stirbt auch Anno 1456. der obgedachte Corvinus, nach dem er zuvor die
Stadt Griechisch-Weissenburg / wider den
besagten Mahometem so tapffer beschützt/
vnd den Türcken grossen Schaden gethan
hatte. Er solle in der Schlacht eine Wunden empfangen haben/ von der er nicht lang
hernach gestorben; wiewol theils wollen/
daß er an der Pest geblieben / mit der das

Vnga-

deß Königreichs Ungarn/ꝛc.

Ungarische Lager damalen hefftig angesteckt war. Als Er/wie gehört/Gubernator deß Königreichs worden / hat Er einen schweren Eyd thun müssen / den der Autor *fol. 41.* setzet; auch noch mehr darzu thut; darauß zu sehen / wie scharff die Alten mit ihren Eydschwüren/auch in geringern Sachen gangen seyn. Besagter Joannes Hunniades Corvinus hat zween Söhn hinterlassen / Ladislaum vnd Matthiam, deren der ältere den Graff Ulrichen von Cilly/der ihn außgefordert/vmbgebracht/vnd deßwegen /auff deß Königs Ladislai Befelch/geköpfft; der Jüngere aber nach Prag gefangen geführt worden ist. Anno 1457. hat sich der König Ladislaus nacher gemeldtem Prag zum Beylager/ mit deß Königs Caroli VII. in Franckreich Tochter/Magdalena/ erhebt/ist aber daselbst/ noch vor dem Beylager/ gestorben / der besagte Matthias Corvinus aber seiner Gefängnus entlediget/ vnd nach Ungarn Anno 58. gelassen worden / da ihn die Stände zu ihrem König erwehlet / vnd An. 64. gecrönet haben/ weil die Crönung 6. Jahr lang / biß der Keyser Friderich die Cron / gegen Erlegung

Ff   sechs-

sechszig tausent Gülden / hat abfolgen lassen / verschoben worden ist.

Dieser König Matthias Corvinus hat grosse Thaten gethan / viel Krieg geführet / Länder vnd Oerter eingenommen / darneben aber auch die Gelehrten lieb gehabt / vnd zu Ofen eine Bibliothec von Lateinisch- vnd Griechischen / mitten auß Griechenland geholten Büchern / angerichtet / so groß / vnd in zween Theil abgetheilet gewesen; welche zwar / nach dem der König Ludwig bey Mohaf geblieben / von den Türcken grösten theils zerrissen worden; gleichwol noch heutigs Tages etliche überbliebene daselbst zu sehen / vnd von den Janizeris fleissig / vnd mit grossen Ehren verwahret; auch nicht leichtlich einem Christen oder Türcken / dieselbe zubesichtigen / zugelassen werden. Er / der König Matthias stirbt Anno 1490. im Mertzen zu Wien / so er vor etlich Jahren / erobert hat / an dem Schlag / wie man ins gemein darfür gehalten / vnd wird nach Stuhl Weissenburg / zur Begräbnus geführt / vnd jhme diese Grabschrifft gemacht:

Corvini brevis hæc urna est, quem magna fatentur

Faßt

deß Königreichs Ungarn/ ꝛc.

*Facta fuisse Deum, fata fuisse homi-
nem.*

Eine andere aber/ vnd diese folgende/ stehet
auff seinem Grab:

*Matthias Regum specimen, & gloria
Martis,
Hic jaceo fortis, obrutus ante diem.
Qui domui Reges, populos, fortesque
Bohemos
Invasi solus, qui timor Orbis eram.
Cæsare de gemino fateor duxisse trium-
phum,
Alter Germanus, Turcicus alter
erat.*

Er hat von zweyen Gemahlinnen keine Kinder / aber von einer Beyschläfferin einen
Sohn / Nahmens Johann Corvin / hinderlassen; usitatam expertus divini judi-
cii formulam, quâ illegitimi amoris se-
ctatores, nullis domestici thori gaudiis,
lætificantur, setzet der Autor *fol. 53.* darzu;
vnd beschliesset damit auch seine fünffte
Centuriam.

Nach seinem Tode thaten sich vmb die
Vngarische Cron vier Herren bewerben/
nemblich Maximilianus Cæsari; Uladislaus,

laus, König in Böheim / dessen Bruder Albertus, vnd der vorgedachte Johannes Corvinus, vnd hatte ein jeder seinen Anhang in Vngarn: Aber Wien / Neustat/ Brug / vnd andere Ort in Oesterreich/ ergaben sich wieder an den K. Maximilian.

Endlich ward obgedachter König Uladislaus in Böheim / mit gewissem Beding/ von den Vngarn An. 1491. zu jhrem König erwehlet vnd gecrönt; wiewol es noch etliche grosse Herren mit dem Maximiliano hielten / auch deß Königs Bruder Albertus, deme sein Herr Vatter/ König Casimirus in Polen / Hülff thäte / (als der vermeynte/ daß der ander sein Sohn Uladislaus, mit der Cron Böheim sich solte vergnügen lassen/) die Stadt Caschau in Ober-Vngarn belagerte; vnd als wider denselben Er König Uladislaus gezogen/ vnter dessen K. Maximilianus etliche Ort in Vngarn / vnd darunter auch Stuel-Weissenburg eingenommen; aber auß der Kirchen / so voll herrlicher der Könige Geschenck war / nichts / als ein klein güldenes Creutz hatte nemmen lassen / so seiner Vorfahren / der Fürsten in Oesterreich/ solle gewest

deß Königreichs Vngarn/ꝛc.

gewest seyn/wie dann solches auch das Wapen zuerkennen gab. Es verglich sich aber hernach der König Uladislaus / so wol mit dem K. Maximilian / als auch seinem Bruder Alberto, vnd hatte Joannes Corvinus allbereit seine außgesetzte Herrschafften vnd Ort / sambt seines Herrn Vattern Schatz / vnd lebte hernach nicht gar lang mehr; daß also Uladislaus forthin ruhig jhrentwegen regierte: Aber zu Hauß mit etlichen rebellischen Herren zu thun bekam/ die Ihme vnd den Seinigen / den Verlust in Croatien wider den Türcken deß Jahrs 1494. erfolgt/ zu messen thaten/ wider die Er aber An. 95. obgesieget / etlichen verziehen/ den auffrührischen Prior aber zu Aurana/ in einen Sack stecken / vnd bey der Nacht erträncken lassen. Vnd starb Er An. 1516. verlassende zwey Kinder / nemblich Ludovicum, der noch gar jung zum König gecrönt worden / vnd Annam, die Herr ErtzHertzog Ferdinand zu Oesterreich zur Ehe genommen/ wie hernach folgen wird.

Gedachter König Ludwig ist ohn eine aussere Haut zu früh geboren / vnd dieselbe jhm von den Medicis, auff die Weise / wie

Ff iij sie

sie der Autor *fol. 60.* beschreibet / gemacht worden / die Frau Mutter aber ist auß Schamhafftigkeit / vnd Versaumnus der Weiber / gestorben. Anno 1521. zur Zeit der Belager- vnd Eroberung Griechisch Weissenburg / durch die Türcken / ward König Ludwigen seine Braut / Fräulein Maria / Königs Philippi I. in Hispanien Tochter / vnd Keysers Caroli V. Schwester in Vngarn gebracht / mit der er aber keine Erben bekommen / ist auch dieselbe nach seinem Tode eine Wittib verblieben; wiewol sie noch viel Jahr das Niederland / an statt jhres Herrn Brudern / löblich regieret hat. Er der König bekam im 14. Jahr allbereit einen Bart / im 15. hielt er sein Ehelich Beylager / vnd im 18. seines Alters / hatte er allbereit graue Haar. Anno 1526. den 29. Augusti, als er das 20. Jahr noch nicht erreichet hatte / hielt er die vnglückhaffte Schlacht mit dem Sultan Solyman / bey Mohach / oder Mohack / insgemein Mohaz genannt / vnd kam in der Flucht elendiglich vmb sein Leben: der Solymannus aber nach Ofen / so auß Schrecken / vnd weil die Königin in der Eil / von dar gen Preßburg

gewi-

deß Königreichs Vngarn/ꝛc.

gewichen/verlassen war: Er nahm allein drey Messinge Säulen/ oder drey Signa, von alter Kunst/ als deß Apollinis, der Dianæ, vnd deß Herculis, mit hinweg/ vnd thate sonsten keinen Schaden/ weder in der Stadt/ noch in dem Königlichen Residentz Schloß/ wie der Autor *fol.* 68. berichtet. Aber nach seinem Abzug/ müssen die Türcken allhie übel gehauset haben/ weil er gleich auff diesem Blat hernach schreibet/ daß Joannes Zapoliay, Graff in Zips/ vnd Waywod in Siebenbürgen/ als er über die Thonau gesetzt/ diese HauptStadt angezündet/ außgeplündert/ vnd leer von Burgern gefunden habe.

Dieweil nun also Vngarn den König verlohren/ so seyn die meisten der überbliebenen Ständen/ zu StuelWeissenburg zusammen kommen/ vnd haben daselbst den gedachten Graffen Joannem Zapoliay, oder Scepusium, zu ihrem König erwöhlt/ den auch Paulus de Varda, ErtzBischoff zu Gran/ den 11. Novemb. dieses 1526. Jahrs gecrönt; der stracks deß gebliebenen Königs Ludovici Cörper daselbst begraben lassen/ vnd den Siebenbürgern einen andern Waywoden gesetzt hat. Jf iiij Hck-

Hergegen hat der Ungarische Palatinus, Stephanus Batthori, eine Zusammenkunfft zu Preßburg angestellt/ zu dem auch der obgedachte Ertz-Bischoff von Gran/ der den Johannem gecrönt/ getretten ist; vnd ward Herr Ferdinand/ Ertz-Hertzog zu Oesterreich/ Infant in Hispanien/ Keysers Caroli V. Bruder/ so deß Königs Uladislai Tochter/ vnd deß vmbkommenen Königs Ludovici Schwester/ Fr. Annam, wie auch oben gemeldt/ zur Ehe hatte/ zum König daselbst erklärt/ Anno 1527. Darauff es dann in Ungarn wunderlich zugegangen ist; vnd seyn viel vornemme Herren/ vnd darunter auch Urbanus vnd Franciscus, die Battiani, zum Ferdinando gefallen; dessen Macht/ weil er nunmehr auch König in Böheim war/ vnd die Oesterreichische Erblande innen hatte/ immer zu-hergegen deß Johannis abnam; daher er mit dem gedachten Türckischen Keyser Solymanno sich verglich/ daß er sein Lehenmann ward; Er aber hat/ nach dem er etlich mal geschlagen worden/ sich in Polen flüchtig/ gleichwol/ nach dem er vernommen/ daß Solymannus zu seinem Besten/ im Anzug

wider

deß Königreichs Vngarn/ꝛc.

wider König Ferdinandum seye/wieder in Vngarn begeben/daselbst sich verstärckt/ auch durch seinen Anhang obgesieget. Als Solymannus ankommen/hat die Besatzung zu Ofen/selbigen Ort/(so König Ferdinand vorhero eingenommen gehabt/) die von Teutschen bestanden/jhme/sambt jhrem Obristen Thoma Nadasdio, den sie/ weil er in die Vbergab nicht willigen wolte/gebunden/auffgegeben/so Solymannus dem Johanni zubesitzen/zugestellt hat. Obernanter ErtzBischoff Paulus/ist daher auch wider zu jhm/aber nach deß Solymanni Abzug auß Vngarn/abermals zum Ferdinando gefallen. Dann/nach dem Solymannus die Stadt Wien vergebens belagert/vnd wieder in der Eil nach Ofen/so 32. Meil davon gelegen/gelanget/vnd dem Johanni die Vngarische Cron/die Petrus Prini, als derselben Verwahrer/da er vom Johanne gewichen/zur Crönung deß Königs Ferdinandi hergegeben/dieselbe ferner zuverwahren/wieder empfangen/aber nicht an den gehörigen Ort/ins Schloß Vissegrad gethan/sondern bey sich behalten; vnd weil er auß Forcht vom Schloß Soklos.

nach

nach Saarospatak fliehen wolte/ unterwegs
in einem Dorff/ (wiewol es theils etwas
anders erzehlen/) von deß Königs Johannis Leuten/ sambt seiner Gemahlin/ Kindern/ Schatz/ vnd der gedachten Cron/ gefangen/ vnd dem Solymanno, als er nach
Wien zubeldgern gezogen/ übergeben worden/) wieder zugestelle/ hat er sich in sein
Land begeben.   Endlich ward Fried zwischen den beyden Königen Ferdinanden
vnd Johann gemacht/ vnd diesem/ was er
innen hatte/ auff sein Leibs Lebenlang/ sambt
dem Titul gelassen; mit dem Anhang/ wañ
er Johannes einen Sohn bekommen würde/ daß demselben alles deß Vatters eigenthumbliche/ oder erbliche Schlösser/ sambt
Siebenbürgen/ verbleiben solten.   Damit
aber Solymannus, als er es vernommen/
nicht zu frieden gewesen; bey deme gleichwol/ als er in Vngarn gelangt/ sich Johannes wieder eingekaufft/   Er Solymann
aber/ nach dem er die Stadt Kedszeogh/
oder Günß/ (die Nicolaus Juresich, oder
Jureschitz/ tapffer defendirt/) vergebens
belagert/ vnd sich vorm Keyser Carl/ der
auff Wien mit vielem Volck gelanget war/
befürch-

deß Königreichs Ungarn/ꝛc.

beförchtend/wieder nach Hauß durch Sclavoniam vnd Syrmium gezogen ist. Darauff hernach zwischen den beeden Königen der Krieg wieder angangen/ aber abermals An.1536. Fried zwischen jhnen/ fast mit vorigen conditionen gemacht/ jedoch deß Johannis Erben etliche Graff= oder Spannschafften außgesetzt worden / so noch in der Siebenbürger Gewalt seyn/ vnd die Siebenbürgische Fürsten den Titul partium Regni Hungariæ Dominorum führen; vnd also Siebenbürgen/ so vor Zeiten ein Theil deß Königreichs gewesen/jetzt etlicher Theil deß Vngerlands Herz genennet wird/ wie der Autor *fol.* 77. schreibet.   Hierauff hat König Johannes seine Stadt Ofen bevestiget/ vnd mit deß Königs Sigißmundi in Polen Tochter/ Fräulein Isabella, zu Stuhl Weissenburg hochzeitlich Beylager gehalten/ aber nicht lang mehr hernach gelebt/ sondern ist/nach dem er die Potschafft/ daß jhm ein Sohn zu Ofen gebohren wert/ empfangen/ zu Sassebessio gestorben/ vnd nach besagtem Weissenburg geführet worden/ im 53. Jahr seines Alters.   Seinem angedeuten Kind haben theils die Vngarische

sche Cron/ so in deß verstorbenen Vatters Gewalt gewesen/ auffgesetzt/ vnd es Stephanum, hernach aber insgemein Johann den Andern genandt.

Es hat aber der König Ferdinand an die Königliche Wittib seine Gesandten geschickt/ vnd begehrt/ jhme/ vermög deß mit jhrem Eheherren getroffenen Friedensvergleich/ das Königreich abzutretten; weil sie aber die Antwort auffgeschoben/ biß sie vom Solymanno seine Meynung hierüber einnemmen möchte: Als ist der General Leonhardus von Fels/ mit seinem Kriegsvolck auff Gran zugezogen/ welcher Vissegrad/ zwischen Gran vnd Ofen/ hernach Pest/ Waitzen vnd Stuhl Weissenburg/ eingenommen; wiewol die Türcken/ so der Königin zu Hülff kommen/ Waitzen An. 1541. bald wieder hatten. Vnd als Solymanus selber bey Ofen ankam/ gieng es übel daher/ vnd wurden sehr viel Ort damals vnd hernach An. 45. ꝛc. verlohren/ vnd kam auch Ofen durch List in seine Hand; die Königin aber ward mit jhrem Kind in Siebenbürgen geschickt. Zu Stuhl Weissenburg ward alles fleissig durchsucht/ auch der Königli=

niglichen Gräber/ darinn man viel stattliche Sachen gefunden/ nicht verschont: deß obgedachten Königs Joannis Cörper ward auß seinem Grab gethan/ als ob er nicht vnter die andere Könige gehörte/ weil Solymann sein Oberherr/ vnd er nur dem Nahmen nach/ ein König gewest seye; vnd ward er vom Stadt-Richter bey S. Michael in der VorStadt begraben. Endlich ward An. 47. ein Anstand auff fünff Jahr lang/ mit dem Türcken gemacht. Vnter dessen der Mönch/ hernach Bischoff/ vnd endlich Cardinal Georgius, (so deß jungen Fürsten Johannis in Siebenbürgen Vormund seyn wolte/) es eine weil mit dem König Ferdinando/ eine weil mit der Königin Isabella gehalten hat; daß daher Joannes Baptista Castaldus, mit einem Kriegsvolck/ in Siebenbürgen gesendet worden/ der/ mit sambt dem gedachten Georgio es dahin gebracht/ daß die Königin die Vngarische Cron/ Scepter/ vnd andere Königliche Zierden/ so sie noch biß daher bey jhr gehabt/ von sich gegeben/ auch Siebenbürgen/ sambt Nieder Vngarn/ dem König Ferdinanden abgetretten/ vnd darfür das Hertzogthumb

Oppeln vnd Franckenstein in Schlesien bekommen; wiewol sie sich in Polen/zu jhrer Fraw Mutter vnd Herrn Brudern/dem König Sigismundo Augusto begeben/ vnd von demselben das Samboriensische Ambt/an den Siebenbürgischen Grentzen/ erlanget hat. Welches aber dem Türckischen Keyser Solymanno nicht gefallen/ vñ daher/noch vor Außgang deß Anstands/ wieder zue Kriegen An. 1551. angefangen hat/ dessen Leuten aber deß Königs Ferdinandi Leute sich dapffer widersetzt/ vnter denen auch Simon Forgacz gewesen/welcher/nach dem er sich trefflich gebraucht/vnd viel Wunden empfangen/ endlich nahend den vmbkommenen Türcken/ nieder gefallen/ vnd in den Mist eingewickelt worden ist: Da dann/weil man zu seinen Wunden nicht gesehen/ Würme darinn zu wachsen angefangen haben. Endlich ward er von einem Türcken/ der seines Herrn Vattern vor diesem/Gefangner gewesen/erkant/welcher sich seiner angenommen/zu den Wunden sehen lassen/ vnd das Lösegeld/ nemblich 800. fl. vor jhn bezahlt/ auch von demselben/als er jhn frey gemacht/ ein mehrers nicht/

nicht/ als was er für jhn außgelegt/ begehret hat. In diesem Jahr 51. den 8. Decemb. ward obgedachter Cardinal Georgius, ins gemein der Mönch genant/ weil er in Verdacht kommen/ als wolte er es wieder mit dem Türcken/ wie vor diesem/ halten/ von etlichen Italianern/ mit vielen Wunden/ vmbgebracht/ so der Bapst vnd die Cardinäl hoch empfunden haben; auch die Vngar nicht allerdings damit zu frieden gewest seyn. Dieweil aber Solymannus sehr trohete/ mit grosser Macht in Vngarn zu kommen/ wann der König Ferdinand/ dem jungen Fürsten Johanni, Königs Johannis Sohn/ das Siebenbürgen nicht restituiren werde/ als ist es endlich geschehen/ sonderlich weil die Türcken An. 56. etliche Ort in Vngarn angegriffen/ vnd erobert haben. Folgends ward ein achtjäriger Fried/ zwischen den Christen vnd Türcken getroffen/ vnd demselben auch der Fürst in Siebenbürgen/ der sich vnter dessen feindselig erzeigt/ aber wenig gewonnen gehabt/ mit eingeschlossen worden ist.

Anno 1562. wird deß Königs/ nunmehr etliche Jahr Keysers Ferdinandi I. ältister Herr

Herr Maximilianus II. den 20. Sept. zum Böhmischen/ vnd An. 63. den 8. Sept. zum Hungarischen König gecrönt: vnd ist im folgenden 64. Jahr/ den 26. Iulii, sein Herr Vatter/ höchstgedachter Keyser Ferdinandus I. gestorben; nach dem/ noch bey Ihrer Keys. Maj. Leben/ der offternandte Fürst in Siebenbürgen Iohannes II. so gern ein König gewest were/ auß Anstifftung anderer/ abermals einen Krieg erregt hatte. Dessen sich auch Solymannus angenommen/ selber in Vngarn kommen/ vnd Sigeth belagert hat; welches Orts Schloß aber vom Graffen Nicolao Zrinio, oder Serin, tapffer defendirt worden/ biß er endlich den 7. Sept. An. 1566. männlich kämpffende/ vmkommen; vorhero aber der besagte Sultan Solymannus im Lager natürlichen Todes gestorben ist; deme sein Sohn Selimus succediret hat; mit welchem der Keyser Maximilianus An. 1568. auff 8. Jahr/ einen Stillstand der Waffen gemacht/ darin auch der gedachte Iohannes, Fürst in Siebenbürgen/ eingeschlossen worden. Der hernach An. 70. ohne Kinder gestorben/ vnd ihme Stephanus Batthory, An. 1571. den

24. Maji, in Siebenbürgen succediret hat: sein gröster Schatz aber/ ist zwischen dem König in Polen/vnd seinen dreyen Schwestern getheilt/ etwas davon auch dem Keyser Maximilian/ vnd dessen Gemahlin; vnd etwas dem Türckischen Keyser Selimo geschickt worden. Als nun Keyser Maximilian mit dem gedachten Fürsten Stephano Frieden hatte/ so stirbt er Anno 1576. am Tag Maximiliani, seines Alters im 49. vnd etwas darüber/ zu Regenspurg/ am Hertzklopffen/ daran er 20. gantzer Jahr gelitten haben solle/ vnd dem Grieß.

Ihme hat der älteste Sohn/ Herr Rudolphus II. so Anno 1572. zum Vngarischen König allbereit erwehlet gewesen/ succediret. Vnter dessen ist An. 1574. obernanter Selymus gestorben/ an dessen statt sein Sohn Amurathes III. ins Regiment kommen; auch obgedachter Fürst Stephanus in Siebenbürgen/ König in Polen/ sein Bruder Christophorus aber/ Fürst in Siebenbürgen worden. Vnder höchstbesagtem Keyser Rudolpho II. Anno 1588. bey wärendem Stillstand/ wurden die Türcken bey Sixovia, vom Sigismundo Rakoczy, Stepha-

Neue Beschreibung

no Homonnay, Iohanne Barchay, vnd andern Obersten/ häßlich geklopfft: vnd gieng hernach Anno 1591. vnd folgende/ der Krieg in Vngarn mit dem Türcken insonderheit starck an vnd fort. Vnd obwoln der Türckische Keyser Amurathes in dessen verstorben; so hat doch sein Sohn vnd Successor Mehemetes den Krieg continuirt/ vnd ist selbsten in Vngarn kommen. Hergegen der Fürst in Siebenbürgen Sigismundus Bathory, deß obernanten Christophori Sohn/ die Türckische Freundschafft verlassen/ vnd sich auff deß Keysers Rudolphi Seiten begeben: mit deme sich hernach Ihr Keys. Maj. verglichen/ vnd gegen Abtrettung Siebenbürgen/ ihme andere Güter eingeraumet hat. Weiln aber die Keyserliche Generaln Georgius Basta, vnd Iohan. Iacob. Barbianus, Graff zu Belgiosa, der Siebenbürger vnd Ober Vngar Gemüther/ sonderlich auch der Religion halber/ erzörnet/ so ist deß Steffans Boczkay Auffstand/ in den Jahren 1604. vnd 5. erregt worden; den der Türckische Keyser/ durch den Vezirium, mit einer alten/ entweder Servischen oder Bosnischen/ oder wie

wie die meisten gewolt / Griechischen Cron crönen lassen. Aber An. 1606. ward Fried mit dem Boczkay gemacht; darauff auch hernach der Türckische erfolget ist/ An. 1607. auff 20. Jahr lang. Boczkay hat gleichwol deß Friedens nicht lang genossen / weil jhme von seinem Cantzler Michael Katay / Gifft beygebracht worden ist. Vnd damit beschleußt der Autor auch seine 6. Centuriam, nach dem er zuvor etwas von dem Siebenbürgischen Zustand vermeldet hat. Daß der obgedachte Fürst Sigismund Bathory/ hat seine Güter in Schlesien verlassen / ist wiederumb heimlich in Siebenbürgen kommen / vmb welches Lande sich darauff sein Vetter/ der Cardinal Andreas Batthoreus, angenommen / wider welchen sich aber der Waywod in der Walachey gesetzt / vnd denselben überwunden hat / der auch in der Flucht von den Bauren vmbgebracht worden ist / daß also Siebenbürgen der Keyser/ durch deß Wallachen Hülff / wieder bekommen / vnd solches Land dem Georgio Bastæ zu regieren übergeben; welcher auch den Sigismundum Batthoreum, so abermals mit einem KriegsHeer in Siebenbürgen

kom-

kommen/geschlagen/vnd dem Michaeli, Waywoden in der Walachey/weil er/daß ers mit dem Türcken hielte/in Verdacht gerathen/ den Kopff abschlagen lassen hat. Vnd obwoln Moyses Székel wieder Vnruh in Siebenbürgen erreget/ so ist er doch bald hernach vmb den Kopff auch gesprungen/vnd Siebenbürgen/vnder deß besagten Bastæ Auffsicht/ dem Keyser/biß auff die obbesagte Zeit deß Boczkay/geblieben.

Hierauff nun folget die siebende vnd letzte deß Autoris Centuria, darinn erstlich der Auffstand der Heyduggen in Vngarn/ nach dem obenvermeldten Frieden mit dem Botzkay vnd Türcken/ vnd was den Ertz-Hertzog Matthiam, mit einem Kriegsvolck/ meistentheils von Vngarn bestehend/ in Böheim Anno 1608. zu ziehen bewogen/ beschrieben wird. Vnd ward hernach den 12. Junii Friede zwischen den beeden Herren Brüdern gemacht; die Vngarische Cron/ so der Keyser Rudolph bißher bey sich gehabt/ sambt dem Recht zu derselben/ vnd dem Königreich/ dem ErtzHertzog Matthiæ mit Vorbehalt deß Tituls/ vnd was deme angehörig/übergeben/vnd ist/ den 300. Vngari-

garischen Abgeordneten die Cron/neben an=
derm Königlichem Schmuck/den 17. berür=
ten Iunii zugestellet wordē/die solche durch
die Prager Städt/ in das Ertz Hertzogliche
Läger/in Begleitung deß Cardinals Francisci von Dietterichstein/ vnd vieler Böh=
mischer Herren/geführet haben/welche der
Herr Ertz-Hertzog hernach zu Gast gehabt
hat.

Als nun also derselbe/sambt seinen Vn=
garn/die Cron ohn Blutvergiessen/ in den
Gewalt gebracht/ist er darauff in Frieden
auß Böheim wieder ab/vnd nach Wien ge=
raißt/vnd hat daselbst den mit dem Türcken
vorhin gemachten Frieden bestättiget/aber
nicht erhalten können/daß der Sultan jhme
auch Siebenbürgen frey überlassen hette/
sondern es ist damit von demselben/der Ga=
briel Bathor belehnet worden. Von Wien
hat sich der Ertz Hertzog Matthias auff den
außgeschriebenen Landtag nach Preßburg
begeben; da Ihr Hochfürstlichen Durch=
leucht erstlich etliche Puncten einzugehen/
vorgehalten worden; darauff fürs ander/
die Wahl eines Palatini (so beym Keyser
Ferdinando I. abgangen war/) wieder/
vnd

vnd zwar in der Person deß Stephani Illeshazy, eines Evangelischen Herrens/erfolget/vnd ist innerhalb etlicher Tagen/ferners auch höchstgedachter Ertz Hertzog Matthias einhellig zum Vngarischen König erwöhlt/vnd hernach an S. Elisabethen Tag/ deß besagten 1608. Jahrs gecrönt worden. Vnd ist von solcher Zeit an/hinfort die Cron nicht mehr hinweg geführt/ sondern zu Preßburg im Schloß verblieben/ vnd solche zuverwahren zween Herren/ als vnser Autor, Herr Petrus de Reva, Graff von Thurocz, vnd Herr Stephanus Palffy von Erdedd/ Graff zu Preßburg/ ernant worden. Ob nun wol man vermeynte/ es würde forthin beständiger Friede zwischen den beeden Herren Brüdern seyn / weilen der Keyser Rudolff mit Vngarn/ dem König Matthiæ auch Oesterreich vnd Mähren/ sambt der Hoffnung zur Succession an Böheim/überlassen: So hat sich doch neue Vnruhe wieder erhebt; die zwar/ auff gewisse Maß/gestillt worden/ so der Autor am Ende deß 127. Blats beschreibet. Vnd ist hernach der Keyser Rudolff An. 1612. den 20. Januarii zu Prag gestorben; König

Mat-

Deß Königreichs Ungarn/ꝛc. 471

Matthias aber / auch König in Böheim/ vnd den 13. Junii, besagten 1612. Jahrs/ Römischer Keyser worden. Keyser Rudolff hat sich gar nicht; aber Keyser Matthias an Fr. Annam, Herren Ferdinandi, Ertz-Hertzogen zu Oesterreich / ꝛc. Insprug/ Fräulin Tochter / verheuratet; aber keine Erben mit derselben bekommen. Daher Er mit den Böhmen gehandelt/ daß Sie/ noch bey seinem Leben / den Herren Ertz Hertzog Ferdinanden zu Oesterreich/ ꝛc. so zu Grätz im Land Steyer Hoff gehalten / zum König/ Anno 1617. gecrönt haben / so das folgende 1618. Jahr auch von den Ungarn geschehen. Vnd ist hierauf das nechste 1619. Jahr/ den 20. Martii N. C. höchsternandter Keyser Matthias/ zu Wien mit Tod abgangen; nach dem vor dero / vnd der Keyserin Annæ Abschied / zwey hellleuchtende Säulen in der Lufft gesehen worden/ so bald vergangen seyn / auch ein Flüßlein / so MühlRäder zu treiben gnugsam/ bey Sixovia in Ungarn etliche Wochen/ vmb selbige Zeit/ mit Blut gerunnen ist.

Ihrer Keys. Maj. Successor, höchstgedachter Herr Ferdinandus der Ander / auch

Gg iiij　　　　Römi-

Römischer Keyser/ hat An. 1637. den 5. 15.
Februarii vmb 9. Uhr vormittag zu Wien
diese Welt gesegnet.

Dero Majestät der älteste Herr Sohn/
Herr Ferdinandus III. wie im Keysertum;
also auch in den Königreichen Ungarn vnd
Böheim/ succedirt hat. Vnd zwar ist derselbe An. 1625. den 8. Decemb. zum König in Ungarn gecrönt worden/ vnd hat
An. 1657. den 2. Aprilis N. C. diese Welt
zu Wien verlassen. Ihr Keys. Maj. ältister Herr Sohn/ Herr Ferdinandus IV. ist
zwar An. 1647. den 6. 16. Junii, zu Preßburg in S. Martins HauptKirchen gecrönet worden; aber noch vor dem Herrn Vatter An. 1654. den 9. Julii N. C. gestorben;
daher Ihr Keys. Maj. glorwürdigsten An-
gedenckens/ ander Sohn/ Herr Herr Leopoldus, Anno 1640. den 9. Junii N.C. ge-
boren/ An. 1655. den 16. Junii zum König
in Ungarn erwöhlt/ vnd den 27. hernach
zu Preßburg gecrönt/ in obgemeldtem 1657.
Jahr succediret hat.

Der Nächste nach dem König ist der Palatinus, deren nicht viel wie in Polen/ sondern nur einer in Ungarn ist/ dessen Ampt
vnser

deß Königreichs Vngarn/ꝛc.

vnser Autor Centuria 6. fol. 88. beschreibet/ vnd vnter anderm sagt/ daß er die erste Stimm/ in Erwöhlung eines Königs/ habe/ deß Königlichen Erbens in seiner zarten Jugend/ Vormund seye/ wann kein König verhanden/ oder derselbe noch ein Kind/ die Landtäge anzusagen/ die Vneinigkeiten zu stillen/ den Zwispalt zwischen dem König vnd Königreich/ als ein Vnterhändler/ zuvergleichen/ die Gesandschafften vnd Klagen anzuhören/ dieselbe dem König fürzubringen/ die Gerichte/ so ihm angehörig/ zubestellen/ in Abwesenheit deß Königs seine Stell zuverwesen/ vnd die Königliche Geschäfft mit den Räthen/ zuverrichten habe/ ausser etlicher Hohen/ die allein an dem Königlichen Gewalt vnd Ansehen hangen. Herr Caspar Jongelinus de Lambertinis, Abbt zu Eussersthal/ auch Keyser vnd Königlicher Historiographus, hat eine Verzeichnus der Palatinorum deß Königreichs Hungarn/ vom Geba an/ so An. Christi 1001. vnder S. Stephano, dem ersten Christlichen König gelebt/ biß auff die Zeit Königs Ferdinandi I. gesamlet/ vnder dessen Regierung die Palatini mit dem Her-

Neue Beschreibung

ren Thoma Nadasdi, auß der alten Grafen Pochenedioz Geschlecht / abgangen/ vnd an jhre statt Königliche Statthalter/ oder Locum Tenentes gemacht worden/ deren auch etliche vor jhm dem Nadasdio gewesen seyn. Dann höchstgedachtem König der grosse Gewalt vnd Ansehen eines Palatini bedencklich vorgefallen. Vnd sagt der bißher gebrauchte Autor Petrus de Rewa an obangezogenem 88. Blat also: Præter id, quod difficulter in Electionem Palatini Ferdinandus consenserat, proditum etiam memoriæ est, ipsum successoribus suis diligenter cavisse, ne imposterum, futuris temporibus, velut Regiæ dignitatis, cum socio, divisâ Majestate, creatio Palatini in Hungaria admitteretur, sed antiquata haberetur, quandoquidem summum jus, & supremam potestatem, cum socio partiri, cum eo præsertim, qui subditi nomen, inter alios Regni cives, obtineret, indignum videretur. Aber vor Antrettung der Königlichen Regierung Herren Matthiæ II. haben es die Vngar dahin gebracht/daß wieder ein Palatinus, wie auch oben allbereit

reit angedeutet/ist erwöhlet worden/als damaln Herr Franciscus Forgacz de Gimes, ErtzBischoff zu Gran vnd Cardinal/ Königlicher Statthalter auff eine kurtze Zeit/ gewesen ist. Es seyn aber dem ersten obernanten/ vnd wieder Anno 1608. durch die Vngar erwöhltem Palatino, Herren Stephano Illyeshazi, von Illyeshaza, Königlichem Hoffmeistern Graffen in der Lyptow vnd zu Trentschin gefolget.

2. Georgius Turzo, von Bethlenfalva, Anno 1610.

3. Sigismundus Forgacz, von Gimes/ Anno 1618.

4. Stanislaus Turzo, von Bethlenfalva, Anno 1622.

5. Nicolaus Esterhazi, von Galanta, Anno 1625.

6. Joannes Draskovich, immerwärender Graff von Trakosthian, vorhin Banus, oder Lands-Hauptmann in Croatien/ Anno 1647. erwöhlt/ so das folgende 48. Jahr zu Preßburg gestorben.

7. Paulus Palfy, perpetuus Comes de Erdeod, Anno 1649. zum Palatino deß Königreichs Vngarn / vnd Judice Cumano-

manorum erwöhlt/ vnd Anno 1654. gestorben.

8. Franciscus Veselenii von Habad/ stets währender Graff von Muran/ wird Palatinus, vnd der Cumaner Richter/ Anno 1655. den 5.15. Januarii, so noch der Zeit/ als wissend/ im Leben ist.

Obgemeldter Abbt/ Herr Iongelinus, hat auch einen Catalogum/ oder Register der Richter deß Königlichen Hoffs/ durch das Königreich Vngarn/ zum Beschluß angehengt/ auß denen der Letzte vnd jetzige ist Herr Franciscus de Nadasd, perpetuus Comes terræ Fogaras, Anno 1655. am Tag S. Ladislai, deß Königs in Hungarn/ erwöhlt.

Was Sibenbürgen anbelangt/ so ist der Fürst Georgius Racocius, Sigismundi Sohn/ der dem Bethlen Gabor succedirt hat/ vnd dessen in dem vorgehenden offt gedacht wird/ Anno 1548. gestorben. Sein Sohn vnd Successor Georgius der Ander/ hat Anno 1656. einen vnglückhafften Zug in Polen vorgenommen/ darüber er bey seinem Lehen Herrn/ dem Türckischen Sultan/ nicht allein in Vngnad kommen/ sondern auch

des Königreichs Ungarn/ꝛc. 477

auch den Siebenbürgern selbst verhaßt worden/ weil er den besten Kern auß dem Adel/ vnd tapffern Soldaten/ sambt einem grossen Gut/ mit sich in Polen geführt; aber im Abzug/ als er den Tartarn/ der Polen Gehülffen/ in die Hände gerathen/ sehr eingebüst/ vnd an Leuten vnd Gütern mächtigen Schaden gelitten hat: vnd noch darzu von den Türcken/ ein newer Fürst in Siebenbürgen/ Namens Barchay/ oder wie er in einem Schreibē auß Ungarn genennet wird Wartschay Akatsch/ auff Teutsch Achatius Wartschay eingesetzt worden ist/ so ein Ungarischer/ oder Sibenbürgischer Freyherr/ der sich lang an dem Hoff deß Fürsten in Siebenbürgen/ Vatter vnd Sohns/ auffgehalten/ vnd von beeden offtmals Potschaffts Weise/ nach Constantinopel geschickt worden; dardurch er sich den Türckē bekant gemacht. Ob aber wol von denselben er grossen Beystand gehabt/ also/ daß sich Racocius auß Siebenbürgen/ auff seine Güter in Ungarn/ sonderlich auff das mächtig veste Schloß Otschet/ mit seiner Mutter/ Gemahlin vnd Kindern/ begeben müssen; So ist Er Racocy doch wieder in Siebenbürgen kom-

kommen/ vnd hat dem besagten Barchay oder Warschay/ vnd seinen Türcken/ mit Hülff der beeden Vaivoden in der Moldau vnd Wallachey/ gnug zu schaffen geben; auch die vornembste der Teutschen in Siebenbürgen Stadt/ nemblich Szeben/ oder Hermenstatt/ (dahin sich gedachter Warschay/weil sie jhm gewogen/mit etlich tausent Türcken/in der Flucht begeben/) belagert. Wellen aber die Türcken/ selbige zuentsetzen/ angezogen/ hat Racocius, nahend Clausenburg als dahin er jhnen entgegen gezogen/ mit denselben ein Treffen gehalten/ darinn der Türggen mehr als der Christen geblieben seyn sollen: Er aber hefftig verwundet worden/ daß man jhn kaum nach Groß-Wardein hat bringen können; daselbst er auch/ entweder noch im Mayen/ oder bald nach Eingang deß Brachmonats dieses 1660. Jahrs gestorben. So allhie wegen der vorigen edition oder Drucks im Jahr 1646. da Georgius Racocius der Erste/ noch gelebt/ vnd zur Erklärung deß Eingangs oben/ pag. 23. seq. da beede Georgii, Vatter vnd Sohn/ beysammen stehen/zuerinnern geweßt ist.

Namens

Namen-Register

Der vornembsten Ort/ Wasser/ vnd dergleichen/ im Königreich Vngarn/ so viel nemblich deren in dieser vorstehenden Beschreibung zu finden seyn.

A.

Abavivariensische Spanschafft, 293
Abdam/ 112
Abrugbania, 33
Abtissin Thal/ 340
Achillea, 303
Adom / Adonum, 328. 350. seq. 389
Agneten/ 351
Agram / S. Zagrabia.
Agria, oder Erla/ 34 seqq. 84. 277. Agrische Schlacht/ 103. deß Bischoffs jetziger Sitz/ 161
Agrius fl. 35
Ainasl/ 127
Aitossisch Gebürg/ 371.
Albania, 7
Alba regalis, 324
Alba Græca, 331 seq. Alba Julia, 334.
Albi montes, 13
Almas, Almasium, 351. 372.
Almus fl. 263
Alt/ Aluta fl. 110

Alten=

Altenburg/ 38. seq.
AltSol/ 41
Altvatter/Berg/ 394
Alvink/ 51
S. Andre/ 364. 265 seq.
Aniacko/ 127
Anivatsch/ 351
Aperiessum, S. E-perics.
Aquineum, 392
Arrabo fl. S. Rab.
Aradum, Arad/ 88. 312.
Aranagasch/ 351
Aranias fl. 295
Argentarus mons, 264.
Arsona, 43. 59
Arva, 351. seq 394
Arx Nova, S. Neu-heusel.
Athia, 098
Athivar, 352
Auershorn/ Berg/ 13
Aurana, 99. 352.
Aurea, 262
Aureus fl. 143

B.

Babocia, Babotsch/ 44. seq. 76.
Bacuntius fl. 159
Bäder/ 128. 240. 255 297. seq. 315. 321. 393. 413.
Bacia, 46
Baimocia, Baimo-cium, 46. 391
Baior, 189
Bakon, Wald/ 219
Balató, lacus, Plat-tenSee/ 12. 242 300. seqq.
Bamaluch, S. Ba-nialuca.
Banhida, 352
Bania, 352
Banialuca, 6. 47. seq. 370.
Barboreck/ 176
Bartfeld/ Bartfan/ Bartpha, 48. seq 259

Bar-

Barzen/ Ländlein/ 106. seq.
Battianium, 49. seq
Bathorium, 352
Bauzonum, 230
Bechea, Becche, 352.
Beketsch/Bekes, 385. 402.
Bekyn, 373
Bela, Belas, 50. 412
Belgioiosa, 348
Belgradum, 331
S. Benedict/ 164
Beregiana Provincia, Graffschafft Beregh/ 179. 189
Berentz/ 399
Berectzga/ 353
Bergstätte/ 43. 99. 185. ihre Ceremonien/ 254
Berislo, 50
Berkissenina, Berkissevina, 353. seq.
Bersentia, Berzentia. S. Presenitz/ 406.
Berthailinum, 50
Berthalm/ 376
Bessarabia, 383
Bessermim/ 362
Besprimium, Such Wesprin.
Besquerecú, Beczkereck/Beczkerck/ 352.
Besterczebania. S. NeuSol.
Bethlehem in Siebenbürgen/ 353
Bialogrodum, 382
Biczl/ 353
Bietza, 51
Bigihon, 4
Bihigium. S. Wihitsch.
Binca, fl. 241
Binse, 51
Bistritz/ Stadt/ 52. seqq. 55. Fl. 52
Blauenstein/ Blauestein/

uesten / Blobenstein/ 127. 259. 368. 388.
BlattenSee. S. in P. vnd Balaton.
Bochcia, Bockia, 353. seqq.
Bodonhel, 355
Bodonum, 421
Bodrogh, fl. 290 seq. 366.
Boidhofen/ 231
Boilstein/Boelstein/ 231.
Boinitz/ 240
Blowenstein. Such Blauenstein.
Boiorum deserta, 231. seq.
Boldua, fl. 43
Bolonduaria, Bolonduarium, 298 355.
Boretscho, 355. seq.
Borsmonostran., Cl. 62

Bosna, Bosnia, 381 419. seq. Fl. Land 5. 158. seq. 5.
Bossuta, Bozota, fl. 159.
Boza, 55
Bozin, 56. 288. 367
Bozcum, 50
Braila, Insel/ 43
 Stadt/ 26
Brancich, 422
Branisca, Berg/ 348
Brasso. Such Cronstadt.
Bregætium, Bregetio, 134. 229
Bressburg. S. im P.
Brilach/ 390
Brinia, 355
Brise fl. 48
Bros, 57. seq.
Brugg an der Leita/ 41.
Brugg/ so denckwürdig/ 121. seq. 223. 407.

Buco-

Bucoresta, Bucore-
stum, 58. seqq.
Buda. S. Ofen.
Buda Cossi, 356
Buda Orssi, 356
Budnoch, 356
Bujak, 127
Bulgaria, 7.192.278
seq. 285.
Burtzelgrund/ 164
Burzia, Burtzland/
110. seq.
Butschin/ 356
C.
Cabor Bathor, 364
Calenberg/ 230. bis.
Calo, Callo, 356. seq
Camengradú, Ca-
mergrad/ 357. 360
Camissacia, Camis-
sacium, 422. 403
Canisa, Canischa/
Vestung/ vnd sel-
bige Gegend/ 46/
62. seqq. Fluß/
46. 67. 70.

Capitel/ Städtlein/
346.
Caposius, Capos-
sus fl. 75. 298.
Caposvarium, Ca-
poszviwar/ 75. seq.
Capreinitz/ Capron-
cia, 77. 323. seq.
410.
Carassus fl. 177
Caransebes, Ca-
ransebessum, S.
in K. 353
Carat, 359
Caranum, 79. seq.
Carbaua, 160. 387
Carlowitz/ 160. 358
Carlstadt/ 77. 356.
358.
Carolium, 155. 410.
358.
Carpatisch Gebürg/
vnd wilde Pferd
darauff/ 12
Cárpen/ 42
Carpona, 56

Hh ij Ca-

Caschau, 80. seqq. 293.
Castanowitz, 99. seq.
Castrum ferreum, 420.
Catzer See, 379. 411.
Cæsareopolis, S. Keßmarckt.
Cepelia, 217
Cerepia, 38
Cernauoda, 59
Cernitz, Fl. 410
Chacania, 242
Chactornia, Such Tschakathurn.
Challia, 356
Chanadium, Chenadium, Chonadium, 87. seq. 352
Chasma, 323
Chepregiů, Chzepreg, 242. 398. seq.
Charasnahorca, 360. 396.
Chremnitz, 49. 101. seq.
Chrastowitz, 358. seq.

Chrysus, Chrysius, fl. 90. 132
Cibin, Fl. 151. Cibinium, Stadt, S. Hermanstadt.
Cibinium minus, S. Czeben.
Ciquarium, 49
Cirquena, 78
Claudius mons, 323. 384.
Cituorů Insula, 414.
Clausenburg, Claudiopolis, 57. 89. seqq. 153. 366
S. Clement, 359
Clissia, 27. 66. 92 seqq.
Colocza, 94
Coloswar. Such Clausenburg.
Colapis. S. Kulp.
Colapiani milites, 228.
Comaria, 75
Comorrn, 95. seqq.

Ein

der vornembsten Ort/Wasser/ꝛc.

Ein anders / oder klein Comorrn/ 98 seq.
Constantinianæ Thermæ, 321
Copalentz/ 78
Cópan/ 298.359
Copel, 392
Copranitz/ S. Caspreinitz.
Corona. S. Cronstatt.
Corothna, 76
Costanitz/ 99.seq.
Covarium, 157.188 360.
Covazo, 359
Covinium, 5.217.333
Crabaten/Croatia. 3 seqq.100.
Craponak, 360
Crasna, 361. Crasna horca. S. in Ch.
Cremnitz. S. in Ch.
Crestesum, Crestesianische Schlacht/ 102.seq.

Creutz/Vestung/78. 104.
Crisium, 77.103.323 seq.
Cronstatt/104.seqq.
Cronstätter Wald/ 106.109.
Crupa, 27.360
Culp/Fl 226.270.345
Cumaner/ Cunen/ 253.285.
Cusegum, 409
Cusugum. S. Güntz
Cuvarium. S. Covarium.
Czakonthurn/ 111 seq. S. Canisa.
Czeben/ 346
Czelempesar/ 377
Czetnick/ 361.404
Czonadium, 361
Czorga/ 45.98

D.

Dacia, 19.seq.24
Dalmatia, 2.3.seq. 422.

Damascht/ 361
Dambra, 78
Debritz/ Debrece-
  cenium, 113. seqq
  315.
Decanocia, 73. 74
Dedus, Berg/ 101
S. Demetrii Opidū,
  361. seq. 415.
Denin/ 126
Dees/Desium, 250.
  362.
Deserta Boiorum,
  231. seq.
Desme, 89
Destorum, 59. 406
Detrecum, 187
Deve, Deva, 362.
  373.
Devetsser, 362
Dionysiopolis, 420
Diosgior, Györ,
  oder Gyeor, 102.
  seq. 353. 362. 193.
Divin, Divinia, Dy-
  vin, 127. 187. 259.

Döbritz. S. Debritz.
Doburgiani Cam-
  pi, 60
Dombo, 298
Dombro, 362
Dorenburg. S. To-
  renburg.
Dörn/ 78
Dorogh, Doroghi
  Puzta, 362
Dotis. S. Tata.
Drab/Fl. 12. 121. 321
  364.
Dregel/127. 362. seq
Drilo, 94
Dubitz/ 4. 35. 7
Dunavetz/ 163
Duropolia, 358. 411
  419.

E.

Eched/Echned/ 122.
  250. 293. 419.
Eczelburg/ 202
Einsedel/Einsiedel/
  364. Heberg Ein-
  sidel/ 110
Eisn-

Eisenbachische Bä-
der/ 255
Eisenburg/ 429
Eisenstatt/ 115. seqq.
289.
Eisenthor/ 108
Enied/ 118. 295
Eperies / 49. 118.
seqq. 402. Ein
anders/ 354
Erdeg / Erdeheg/
385. 402.
Erdeli. S. Sieben-
bürgen.
Erdödi, Erdodium
190. seq.
Erdevvdi, 364
Erenburg/ 198
Erla. S. Agria.
Erzegvivar/ 364
Esseck/ Ezeck/ 121. seq
376.
Eschied/ Eschet/ 293
S. Eched.
Ezech/ 372

F.

Facsath/ Fadsatum,
312. 354.
Fagitt/ 355
Fanaticus sinus, 4
Feketetho, Fekke-
tetoo, 364. seq.
Felduarium, Feld-
war/ 389
Felmerium, 111
Felnemetium, 38
Feniesch/ 365
Ferolack/ 366
Fertaus, Feurtne,
See/ 12. 230
Feyerwar/ 334
Filek/ 124. seqq. ad
Flexum, 49
Fogaras, Fogares,
Fogarasch/ 111.
373.
Forchtenstein/ 116.
seq.
Forvvar, 366
Frauenmarckt/ 255
Freystättl/ 128. seq.
Fumi-

Fumium, 4
Fünffkirchen/ 129.
  seqq. 177.
G.
Gabronitza, 4
Galatien/Gallicia,1
Galgocium. Such
  Freystatt.
Garawiz/ 229
Garignicza/ 4
Garro/ 366
Geiba/ 380
Gemmeus fl. 143
Gengießum, 38
Geneo, Jeneo,
  Geonea, 89. bis.
  134. 373.
S. Georgen Schloß
  bey Canisa, 367.
  391. S. Preseniz.
S. Georgen in Ober Ungarn/ 56.
  226. 288. 367.
  seq. andere Ort
  dieses Namens/
  78. 367.

S. Georgen Berg/ 13.
Geretzgal/ 76
Gergicia, 62
Gesthes/ Gestesia,
  Göstesch/ 367. seqq.
Gialu, 250
Giermat, Gyarmat
  369.
Gimesch/ 88
Ginß. S. Guntz.
Girgio, Girgium,
  61. seq.
Giula, 132. seqq.
Glaßhütten / ein
  Bad/ 102
Gochard/ 369
Gockern/ 137. 139
Gölnitz/ 167. 369
Gombazeck/ 396
Gomorrhen. S. Comorn.
Gora, 369
Gosdanscum, 369
S. Gothard/ 69. 370
  seq. 379.

Gra

Gradatz/ 78
Grdden/ 371
Gradisca Turcicum, 159
Gran/Stadt/ 134. seqq. 137.142. 325.233 Fluß/42. 134. Ertzstifft/54. 236.286.
Grätz/ 371. 322
Grebenum, 160
Grettner/Berg/ 13
Groß-Höfflein. S. in H.
Groß-Wardein. S. in W.
Gudocium, 323
Güntz/Stadt/143. seqq. 116. fl. 143
Güssing/ 131. seq.
Guta/ 371
Gyor. S. Rab.

H.

Haczag/ Haczak/ Haczas/ 57
Hadadum, Haduwar/ 371
Hadrecum, 347
Halitien/ 1
Hamasky/ 127
Harsan/ 65
Hasen Insel/ 217
Haserl/ ein Wald/ 266.
Hathuan/Hatwan/ 147. seqq.
S. Hedwig. Such Hydwig.
Helta/ 154
Heniczida/ 371
Hercegovina, 419
Herman/Hermand/ 371.
Hermanstatt/ 150 seqq. 369.
Hernatus fl. 275
Herbartia, 323
Hevath, fl. 80
Hevesiensische Landschafft/ 34
Hielen/ 372. seq.
Hierasus, 26
Hippolus fl. 127

Histria, 7
Hodolin/ 56
Höfflein/ oder Groß-
Höfflein in Vn-
garn / ein Marckt
vñ Schloß/ gegen
Oedenburg zu ge-
legen/ 116. 283
Homa, 26
Höle/ Berg/ 13
Holkykow/ 127
Holitz/ 399
Hollo/ 127
Hornath / Horna-
tus, oder Kunert/
Fl. 80. 374. 416
Hornstein/ 116
Hrastowiz. S. Chra-
stowiz. 99
Huna/ Fl. 3. 342.
358. seq.
Hunniad/ zweyer-
ley/ 158. 373
Hust/ Huzt/ 153. 155
seqq.
S. Hydwig/ 374

J.

Jablunck/ 13
Jadera, Jadra, 3
Jadogna, 374
Jaicia, Jaitz/ 6. 27.
158. seqq. 370.
Jalounicia fl. 61
Jármat/ 259. 369
Jasæ aquæ, 321
Jasenocium, 374
Jasso, Jassovia, 161
Jasprin/ 147
Javera-Jaurinum,
Jaurium. S. Rab.
Jbanitsch. S. Iva-
nitium.
Jeneo. S. Geneo.
Jglo/ 374
Illye, 158
Illyricum, 6
S. Job/ 375
Joffeum, 354
Jordan in Sieben-
bürgen/ 365
Jormersdorff/ 404

der vornembsten Ort/Waffer/ꝛc.

Joboschuß/	390	Keresbania,	161
Ischa/	374	Kerestur,	78. 376
Ischia, fl.	278	Kerment/ 241. seqq.	
Isse. S. Nissa.		398.	
Ivanicium, Ibanitsch/	77. seq.	Keßmarckt / Keyßmarckt/	29. 161. seqq. 168. Keßmärcker Gebürg/ 12.
Jula. S. Giula.			

K.

Kaba/	189		
Kabsdorff / Kabsdorffer Berg/	169 375. 347.	Kimarorubath	399
		Kiratovum,	264
		Kirchdorff/	163
Kalatscha/	375. 389	Kirchdrauff/	163
Kalmanchze/	76	Kisdenü. S. Kayst.	
Kanibor/	375	Kleinschelken/	376
Kapnickbanya. S. Neustatt.		Kobelstorff/	116.
		Kochel/ Fl. 175. 262. 376. seq.	
Kapuvar,	369		
Karansebes/	78. seq.	Kochelburg/	376
Karothna/	76	Rogatiza/	377
Kaysermarckt. Such Keßmarckt.		Komara,	304. 377
		Königsperg/	164.
Kayst/	376	Kopan/	328
Kelmitz/	259	Körösch/ Fl. Such Kreisch.	
Kentier/	57		
Keres/ Chrysus fl. S. Kreisch.		Körößw/	373
		Koroth.	

Korothna. S. in C.
Koscovitz/ 390
Kouar, 157
Kralwa/ 394
Kreisch/Fl. 90.132
315. 373. 416.
Kulp. Such in C.
Kunnert/ oder Hornath/Fl. 80. 374
Kykelievv. Such Kochel.
Kylia, 383

L.

Lacus Felicis, 230
Laccum, 298
Lak/ 377
Langendorff/ 384
Lapessus, Lapossus fl. 250. 361
Lapus, 377
Latorcius fl. 180
Leibiz/ 165. Leibizer Bach/ 162
Leika/ Fl. 48
Leitha/ Fl. 39. 243. 344.
Leiwatsch/ 165
Letava, Litava, 165
Letenium, 69
Levá, Levva, 43
165. 369. 400.
Levacia, 160
Leutsch/ Leutschau/ 29. 49. 166. seqq.
Liburnia, 4. seqq.
Lica, 27. 160. 387
Likava, 165. 347
Limbach/ 377. seqq. 410.
Limusa, 41. 344
Lindua, 378. seq.
Lippa/ 88. 170. seqq. 312. 352. 373.
Liptau/ 255. 394
Lips/ 380
Liska/ 376
Litanowitz/ 371
Litostomon, 383
Lodomirien/ 1
S. Lorentz/ 76
Lublo/ Lublaw/ Lublow/ Lublyo, 28 173. seq.

Lubret/

der vornembsten Ort/Wasser/ɩc.

Lubret. 78
Lugassiú, Lugatsch/ 80. seq.
Lugos, 79

M.

Macedonia, 7
Maclarum, 38
Maco, 380
Magatsch / Mangatsch/ 181
Maramarus, Maromarus, Maramarosium, 155. seqq. 380.
Marcus Zeck/ 21
Marcivilla, 375
S. Margrethen Insel/ 217
Mährischen Königs vor Zeiten Residentz/ 340
Marosch/ Marisus, Marysus, Marusus, Marusch/ Fl. 21. 57. 87. 118. 260. 334. seq.

Maros, Marus, 304. 380.
Marothum, 380
Marpurg in Steyr/ 322.
Martaniz/ 381
S. Martin/ 76. 394.
S. Martins Closter/ 325. S. Martins GottsHauß/ S. Martins Berg/ oder Arx S. Martini, 381. seq. S. Martini Schantz/ 352.
Mathiussii, 47
Mecerus mons, 130
Medvevara, 160
Medwesch. S. Megies.
Megher/ 384
Megies, 785
Mehemets Verwüstung/ eine Landschafft/ 47
Merenburg/ 109
Metro-

Metroniza, 381
Mezenseuffen/ 381
Meztegneu, 98
S. Michaels Berg/ 154.
Millenbach/ 175
Milliatzca, fl. 6
Mincasch/ 293
Mischlo/ 381. seq.
Miscocium, 382
Modern/ 229.382
Modrisch/ Modrusia, 322.382
Moesia, 7.264
Mohaz/ 176.seqq.
Mohium, 382
Moldau/ Land/ 24 seq. 371. 383.
Stadt/ 382
Monchats. Such Muncaz.
Moncastrum, 59 382.seq.
Monedula, 368
Monera, 369
Monosso, 383

Mons Claudius, 323 384.
Mons Græcus, 345. seq.
Mons Georgii, 131
Monostor, 312
Morava fl. 253
Moratz/ 379.411
Mossowiesische Provintz/ 38
Muncaz/Mukatsch/ 156.179. seq.
Münch/ein Berg/ 13
Mur/fl. 8.46.378 4:0.
Muran/Muranum, 181. seq.
Mursa, 121
Musum, Musenburg/ 41.344
Mutter/ein Berg vñ Wasser/ 13.394
Myklos, 253
Mysia. S. Moesia.

N.

Nagibania. S. Newstatt/

statt/ 189. 294
Naglacum, 88. bis.
284.
Nandor alba, 331
Nater/Berg/ 13
Nedelitz/ 228
Negrevoda, Gebürg/ 60
Neitra / Neytrach/ Nitria fl. 46. 96. 190. 296. St. 190
Nemethium, 249. seq. 253.
Nemethvivarium, S. Güssing.
Neocomium, S. Neudorff.
Neograd/ Graffschafft/ 369
Neerer/Closter/ 164
Nesmelium, 384
Nessus, Nissus, S. Nissa.
Nester/Fl. 382. seq.
Neudorff/ 374
Neugrad/ 264

Neuheusel/182. seqq.
Neumarckt in Siebenbürgen/ 21. 384.
Neusidel/230. Neusidler See/ 12. 230
Neu-Sol/ Novum Zolium, Neosolium, 185. seqq.
Neustatt/ oder Ungrisch Neustatt/ 186. seqq. 300. seq.
S. Niclaus/ 367. 394. 384. seq.
Nicopolis, 7. 191. seq. 279.
Nissa/Nissia/Stadt vnd Fl. 192
Nisch. S. Nissa.
Nitria. S. Neytrach
Nogradum, Novigradum, zweyerley/ 78. 193. 360. seqq.
Nösen/ Nösenstatt. S.

S. Biſtricia.
Noſtræum Collegium, 304
Novia, 385
Novogradum, 264

O.

Oblucicia, 59
Obravitz/ Obrovatium, 386. 403
Ochſenberg/ 13
Odenburg/ 196 ſeqq. 116.
Oder/ Odra fl. 271. ſeq.
Ofen/ 121. 199. ſeq. 309.
Offera/ 392
Ogulin/ 78
Ohat/ 353
Oleznа/ 153
Olimacum, 377
Olſnitz/ 410
Ompaii fl. 336
Onod/ Onoth/ 351. 386.
Orbaium, 372
Orohova, 59
Orlæ anguſtiæ 373
Ormoſdium, 379
Oroſfalva, 386
Oſterwitz/ Oſtrovitz/ 403. 387.
Ottouo, 387
Ovar, Ovarium, Ovvar, Ouvvar, 38 ſeqq.

P.

Paa/ 328
Palaſtum. S. Pleſſovick.
Palanka/ 43. 127. 369. 387.
Palantwar/ 388
Palota/ 218. ſeq. 368
Pankota/ 388
Pannonia, 7. Pannonia Bubalia, 4. 196. Pannonia Savia, 4. Pannonia ſecunda, 271
Pannonia Superior, 197
Papa/

der vornembsten Ort/Wasser/ꝛc.

Papa/ 219. seqq. 78
Parcanum, 388
Parat/Patakinum, 387. seq.
Pausonum, S. Preßburg.
Pax, Paxum, 388
Pazozim, 389
Peiso, See/ 12. 230
Pelsoh/ 396
Pentela, 389
Perenna, fl. 143
Perlach/Perlacum, 390
Pernstein/ 116
Pesth in Ungarn/ S. 223. seqq.
Pestón/ allda das köstliche Bad/ 128. 297. seqq.
S. Peter/ ein Städtlein/ 275. ein Gräntzhauß/ 78
S. Petri Posegani Collegium, 121
Petra pilosa, 412
Petrinia, fl. 226. Vestung. 226. 370. seqq.
Petrivaradinum, 320
Philistæi, 253
Piesen/ 51
Pinck/ Fl. 241
Pisonium, Posonium, S. Preßburg.
Pisshen. S. Pestón.
Plabenstein/ Plawenstein/ Plowenstein/ 126. 259. 368. 388.
Plat/Platten See/ Balaton, 98. 300. seqq.
Plessovick/ 363
Plindenburg/ 303. seqq.
Pliva, fl. 159
Plosenstan/ 187. seq.
Polemih/ 28
Poloucii, 285
Poloh/ 388
Propradus, fl. 162. 163
Porta, 108
Portula, 412
Posega, Schl. 228
Posegiensis Comitatus, 196. 323. 356.
Pösing/ 229. seq.
Possobanien/ 294
Potentiana, 389
Prasman / Prasmavum, 372
Preßburg / 116. 226. seqq.
Preschih / 390
Ji   Prese-

Presenitz/ 390
Pribitz/ Ort/ Berg vnd
　Wald/ 239
Primentum, 412
Pristena, 264
Prividia, 391
Proß/ 57
Pruth/ 27
Pudolin/ Pudlein/ 28.
　32. 240.
Puerbach/ 289
Puggana/ 241
Pürtzelgrund/ 13
Purtzländlein/ 106. seq.
Purpureus, fl. 275
Putnock/ 392. seq.

Q.

Quadrata, 344
Queco, 187
Querca, fl. 417
Quermendia, Quermendiana civitas, S. Kerment.
Quinque Ecclesiæ. S. Fünffkirchen.
Quisdium, 372
Quismartonium, 379

R.

Rab/ Fl. 230. 241. Ve-
　stung/ 243. seqq.
Rabnitz/ Rabsa/ Fl. 244
Rabenschloß/ 127
Racosius Campus, 224
Radna/ 392
Ragus/ 3
Rahocia, 421
Rakerspurg/ 69. 378
Rapolna, 392
Rascia. S. Rätzen.
Rasinia, 322
Rastovitz/ 369
Rauschenbach/ 240
Rätzen/ Ratzenland/ f.
　333. 355. 263.
Ratzenmarckt / Rachzkew, 392
Rechnitz/ 393
Reeff/ 416
Regetz/ 392. 418
Remettinetz/ 78
Reßneck/ 379. 411
Restvek/ 393
Reußmarck/ 153
Rima, fl. 395
Rinnia, Rymnia, fl. 44
Ringus Avarum, 144
Rips/ 393
Rißward/ 393
Rivulus Dominarum,
　Rivuli Dominico-

rum, 186.189.393
Rodnensisch Goldberg-
  werck/ 55
Rokalsheim/ 393
Romania, 5
Ronzersdorff/ 382
Roselinische Bäder/ 255
Rosenau/Rosnau/ 110
  167.394.181.
Rosenberg/ 394
Rosgradum, 59
Rosnakisch Gebürg/ 167
Rothe Thurn/ 154
Rowato, 394
Rupen/Rupes/ 253.393
Rust/ 230
Rymnia. S. Rinnia.

S.

Sabaria, 69.143 270.
  280.396.seqq.378.
Sabaz/ 395. seq.
Sabatea/ Sabathga/
  395. seqq.
Sabescus, 175
Sacolcia, 399
Saduara, Sadvaria, 399.
  seqq.
Sagdc- 396
Sagia, Sagiva, fl. 275
Sagoria, 321

Sagrabia, Sagram/
  270. seq. 345. seqq.
Sajo/ Fl. 275
Sakmar/ 189. 249.
  seqq. 293.
Sal/Fl. 385
Sala/ 378
Salack/ 127
Salamburg/ 378
Salankemen/ 400
Salat/Ort/ 378
Salavar, 378
Salgo, 400
Salka/ 400
Sallacosia. S. Schütt.
Salona, 93
Salonocia, 400
Saltzburg in Sieben-
  bürgen/ 154. seq.
Samandria, 309.264
Sambethe, 280
Sambock/ 368. 401.
  seqq.
Samlaccia, 401
Samoske. S. Somosk.
Samos/ Somosius, fl.
  249.362.
Samossegum, 250
Sannober/ 358
Sanro, 401

J i ij   Sar,

Sarkany/ 109
Sarmatisch Gebürg/ 12
Sarmisgethusa, 373
Sarewitz / Sarvisius, fl. 324. 328.
Sarosia. S. Scharosch.
Sarospatacum, 403. seq
Saruasco, 38
Sarwar / Sarvarium, 143. 230. 300. 398. 369.
Sassebessum, 295
Saßwar/ 389
S. Savæ, Hertzogthumb/ 419.
Savaria, 378
Sau/ Fl. 5. 331. 357. seq.
Sauritz/ 322
Scarabantia, Scarbantia, 242. 398
Scardona, 403
Scepsium, 372
Schambock/ 401
Scharosch/ 401. seq.
Scharvosch/ 402
Schäpring/ Seapring/ 230. 241. 398. seq.
Schemnitz/ 254. seqq.
Schenkerstul/ 153
Schepreg/ 242. 398. seqq.
Scherwich/ 358. 403
Schäßburg/ 262. seq.
Schernick/ 404
Schewerberg/ 13
Schiltberg/ 219
Schinta/ 255
Schienau/ 414
Schleiningen/ 404
Schmältz/ 259
Schmölnitz/ 167. 256. seqq.
Schneegebürg/ 12
Schuran/ 184
Schütt/ Insel/ 96. 238. 413. seqq.
Schwedler/ 404
Schwonitza/ 6
Sciscia. S. Siseck.
Scythica, Insula, 414
Sdrigna. S. Stridon.
Sebes, Sebessi, Sebessum, 80. 404. seq.
Sebessus, fl. 51
Sebeswar/ 405
Secen, Secenum, 127. 405.
Sedegem/ 405
Segardin/ 414
Segest/ 405
Segedin/ 260 seqq.
Sege

Segestica, Insula, 270
Segeswar. S. Scheß-
　burg.
Segusdium, 391. 406
Selie/ 76
Selistria. 59. 406. seq.
Selmiczbania. Such
　Schemniz.
Semender, Semédria,
　Simandria, 263
Sempronia. S. Oeden-
　burg.
Sompcium, 288
Sendre/ Sendro/ 43.
Senderovia, Sindero-
　via, 263
Sepusium, Scepusium.
　S. Zips/ vnd Zipser-
　hauß.
Serin. S. Zrinium.
Serentium, Serent-
　schin/ 407
Sernick/ 407
Servia, 5. seq. 192. 263.
　333.
Serraium, 8
Servassium, 385
Sespergum. S. Scheß-
　burg.
Setschin/ 258. 259. 369
　405.

Severinum, Sevrin/
　Sewrin/ 79. bis. 251.
　284.
Siebenbürgen/ vnd des-
sen Lands Beschrei-
bung/ 18. 19. seqq. 175
seine Gränzen/ Stän-
de/ vnterschiedliche
Inwohner/ 20. seq.
deß Landes Macht/
Fruchtbarkeit/ vnd
Gaben/ 21. 22. Für-
sten/ Grösse/ Gräber/
23. seqq. Lutherischen
Bischoffs Siz/ 51. der
sieben Teutschē Städ-
te Religion/ 104. wañ
selbige Teutsche in diß
Land komen/ 19. 108.
Namen der besagten
Teutschen Städte/
151. die 7. Sächsi-
sche Siz/ 153. Zäckler
oder Ciculi, 21. seq.
262. seq. Widertäuf-
fer allda/ 423. Saltz/
393. 294. seq. Volck-
reichste Stadt in Si-
benbürgē/ 105. Haupt
vnd grösste Stadt/ 150

Sieben

Siebenbürg. Bergstätt/ 336
Sibenicum, 417
Sieben Linden/ 408
Sicambria, 201. seq. 214
Stridona, 412
Sigeth/ 265. seqq.
Siklontscha/ 408
Simandria, 263
Simonthorna/ 328
Simega, Simegia, Simigienser Landschaft/ 75. 408.
Sinderovia, 263. seq.
Singidunum, 265
Sirin/ 264
Siri, Syri, 312
Siroca, Sirocum, 38. 348.
Sirmium, Syrmium, 132. 305. seq. 323. 361 seq. 415. seq.
Sisacum. S. Siseck.
Siscia, S. Siseck.
Siseck/ 269. seqq. 345
Sithua/ Fl. 296
Sixovia, Styo/ 273. seqq. 382.
Skalitz/ Scalitz/ 253
Slatina, 409

Slavonia, 4. 177. 345. 379.
Sinderovia, 265
Smölnitz. S. Schmölnitz.
Soklos/ Soklos/ Socklios, Soclosia, 129. 358. 409. seq.
Sokro/ 219
Sokol, Socolum, 160. 412.
Solium vetus, 41. Solium novum, 185
Solmot/ Solmosium, Solmosia, 354. seq.
Somolnocum, 259
Solnok/ 275. seqq.
Solymi, 312
Sombatum, 396. 410
Somlyo, 369
Somoswivar, 79
Somosch/ Fl. 89. 362
Somost/ 127
Somlionium, 286
Somsedia, 411
Somseduaria, 321
Sophia, St. 7. 278. seqq
Soppron/ Sopronium. S. Odenburg.
Soroga, 270. 345

Sosno-

Sosnosco, 411
Soston, See/ 326
Soowar/ 119
Spenderoben / Spende-
rovia, 263
Srebernicum, 411
ad Statuas, 287
Stein am Anger/ 280
seq. 325. 397.
Steyrische vnd Windi-
sche Gräntze/ 379. 412
Stephanopolis. Such
Cronstatt.
Stonibrigadum, 264
Stoß/ 404
Streczen/ 412
Stridon/ 412
Strigna. S. Stridon.
Strigonium. S. Gran.
Stuben/ Stubnensische
Bäder/ 240. 255
Stubitz/ 412
Suchana/ 26
Sukla/ Fl. 412
Summerein/ 413. seq.
Sumani/ 414
Sumonium, 415. seq.
Sutschan/ 394
Suynigium, 132
Szalauar, 369

Szanto, 376
Szeben. S. Herman-
statt.
Szekes Feyerwar, 324
Szendre, 43
Szent, 253
Szent Georg Yvar, 78
Szeppös, 30. 347
Szombath Hely, 280

T.

Tallia, 38
Tapoltschan/ 415
Tarcia, fl. 83. 417
Taroza, Torissa fl. 119
Tarzal, 13. 415
Tasnad/ 186
Tata/ Dotis, 281. seqq. 368.
Tatry, 13
Taurunum, 331
Teglas, 253
Teissa/ Fl. 155. 290. 400
Telegd/ 416. seq.
Temesus, Temessus, fl. 284.
Temeßwar/ 284. seqq.
Tepla, fl. 48
Tergovista, 60
Ternin/ 78
Ternovizza, 26

Terc-

Terevara. S. Terg.	
Terg/Tergburg/	110
Teſſen/	412
Teuffels Hochzeit/ ein Berg/	56
Teutſchlands alte Grenſgen mit Vngarn/	19.
Ende deſſelben/	110
Thalia/	376
Thama/	415
Theodata/	282
Thonau/	6. ſeqq. 11
Thot Lipſcha/	418
Thracia,	5. 333
Tibiſca,	278
Tibiſcus. S. Teiſſe.	
Ticonium,	368
Tihan/	300. ſeq. 368. 369
Tillen/	416
Tina/	416
Tininium,	417
Tirnau/	137. 287. ſeqq.
Titus, fl.	417
Todes,	368
Tokay/	289. ſeqq.
Tolna/	389. 417
Tömös/ Fl.	79
Töplitz/	78
Topſchin/	404
Torda, Torenburg/	118. 294. 369. ſeq.
Torianum,	372
Tornat/	379. 411
Tot Lipſcha. S. in Th.	
Totſchwa/	418
Totvaradgya,	312
Totvardia,	354
Touvinſkapotſch/	78
Trajaniſch Bruck/	407
Treſcortum,	26
Trentſchin/ Trincinium, zweyerley/	296. ſeqq. 358.
Triballer Landſchafft/	7. 278. 264.
Triegellum,	388
Tſchakatin/	328
Tſchakathurn/	113. ſeq. S. Caniſa.
Tſchackocko/ Tſchokthu/	368.
Tſchambock/	368
Tſchanat/	366
Tſcheckwar/	328
Turopolten. S. in D.	
Turgburg/Turgfeld. S. Terg.	
Tyhan. S. Tihan.	
Tyras, fl.	382. ſeq.

V.

Vacia, Vaczium, S. Watzen. Va.

der vornembsten Ort/Wasser/rc.

Vadra, ein Berg/ 394
Vagus, fl. S. Wag.
Wagendrüssel/ 418
Vahobina, 419
Vaida Hunniad/ 373
Wallbach/ 377
Valena, 377
Valeria, 4
Valpon, 424
Varallium, 163
Varbosania, 419. seq.
Barda/ 250. 419
Varheli, Varhelum, 58
420.
Varna, 420. seq.
Varadinum, S. Wardin.
Varadinum Petri, 320
Varasdinum, 320. seqq.
Varsocium, 353
Baswar/ 420
Vascapum. S. Eisenthor.
Vasecium, 296
Vascat, 355
Vasonium, 368
Uduina, 160
S. Veit am Fläum/ 3
Velica, 323. 421
Verbanus, fl. 44. 47. 159

Verbossen/ 381
Verucia, 323. 421. seq.
409.
Vesprimium. S. Wesprin.
Vgod/ 421
Uhibania, 364
Vicegradum, Vissegradum, 303. seqq.
Vidina, 264. 421
Willach in Vngarn/ 305
seqq.
Villa Chacania, 379
Villa Compositi, 375
Villagosvarum, 79
Vilect. S. in F.
Vinecki, 422. seq.
Vinz, 422
Vinicia, 322
Vistova, 59
Virschehossa/ 78
Vitha, Vitania, 368
seq.
Vivaria, 77. 153. Ein anders Vyvar, 181
Ulpia Trajana, 373
Una, fl. 357. S. Huna.
Vngarlands Beschreibung/ 1. Deß
Königreichs Grösse
Ji v vor

vor Jahren / vnd Titul / 1. Theil / 2. warum es also abgenommen / 1. Deß Vngarlangs aigentlich also genante Grentzen / 8. 231. seine Abtheilung in das Ober vnd Vntere / 8. in die Spanschafften oder Comitatus, 8. seqq. vornembste Obrigkeiten vnd Gesätze bey den Vngarn / 9. 15. Wasser / See / Berg / Wälder / Wisen / Weyde / wilde Thier / Fisch / Obst / Wein / Saltz / Bergwerck / Marmor / edle Stein / Lufft / Kräuter / 12. seqq. Pferde / 13. grosse Heyde / 114. Der Vngar Sitte / Gebräuch / Gewonheiten / 15. seq. 31. Die vorige vnd jetzige Inwohner deß Landes / vnd jhre Regenten / 16. seq. Wapen / Waffen / Landtäge / vnd dergleichen / 12. 16. 17. Ob Vngarn zu Teutschland gehörig / vñ ein Wahl- oder ErbKönigreich seye / 15. 16. seq. die Vngarische Studenten werden auff theils Hohen Schulen nicht deponirt / 17. Die letzte Palatini, 18. 56. dreyerley zugelassene Religionen in Vngarn / 205. 113. wann die Lutherische Religion am ersten da eingeführt worden / 35. Item die Jesuiter / 233. theils Ort seyn vom Vngarischen König freywillig in eines andern Herren Schutz gelassen worden / 27. Theils kommen an Oesterreich / 116. seq. Polen bekompt auch etwas von Vngarn / 2. 28. seq. die schönste Christliche Städte der Zeit in Vngarn / 31. 32. Die fünff Königliche Freystätt in Ober-Vngarn / 48. 80. 346. Die Bergstätte /

Stätte/ 101. Ungarischer Vestungen Bau/ 63. Hier. Ortelii Ungarische Chronic/ stimbt offt mit andern nicht überein/ 148. 149. Ungarische alte Geschichtē/ 162. S. Cronstatt. Der Christen in Ungarn vnter den Türcken Befreyung 205. seq. woher die Vngarische Ochsen meistentheils komen / 114. 262. wo das Land am besten seye/ 114. 115. Ungarn hat an theils Orten nie Holtz/ 115. Der Ungarischen Oerter Nahmen werden vnterschiedlich gegeben/ 350. fürnemste Bibliothec im Lande/ 104. wo vorhin die Hohe Schulen gewesen? 130. 308. Griechen kommen in Ungarn/ 422. Bauren erlangen jhre alte Freyheit/ 288. Land zwischen der Huna vnd Culpa/ 100. Kranckheiten so da insonderheit regieren /1 376. Reussen werden in Vngarn gesetzt/ 386
Vngrisch Altenburg/ 38
H. Ungrische Berg/ 174
Ungus, oder Ungwar/ Fl. 290. Ort. 423. seq. 388.

Volceæ paludes, 302
Uroscicum, 59
Usora, 298
Vulcanus, Berg/ 373
Vyhel/ 423

W.

Wag, Vagus, fl. 51. 96. 296. seq.
Waidhofen/ 231
Waitschenwar/ 78
Waitzen/ 307. seqq.
Waal/ 423
Wallachey/ 25. seq.
Wallachisch Gebürg/ 284.
Walkowar/ 423
Walpo/ 409. 423. seq.
Wara. S. Wardein.
Warasdin/ Warasin/ 70. 78. 320.
Warbosanne/ 6
Wardein / zweyerley/ groß

groß vnd klein / 313.
seqq.

Wasarhell/ 384
Warschon/ 424
Waska/ 367
Wartberg/ 424
Weinland/ 376
Weissenburg dreyerley/ als Sieben. Weissenburg, 324. seqq. Griechisch-Weissenburg/ 331. seqq. 265. Siebenbürgisch-Weissenburg / 334. seqq. noch ein Weissenburg/ 338. seq.
Weißbrunn. S. Wesprin.
Weißwasser/ Fl. 162
Wesprin/ 338. seqq. 78. 368. seq. 408.
Wetzle/ 127
Weyda Hunniad/ 373
Wihitsch/ 345. seqq.
Wilagoswar/ 425
Windisch Marck vnd Land/ 27. 345. 379.
Wincz/ 176
Wiselburg/ 41. 425. seq.
Wisprünn/ 424

S. Wolffgang / 130
Wossen/ 264
Würzgart/Berg/ 13
Wüste Felder/ 174
Wylak/ 307
Wysagna. S. Saltzburg.

Z.

Zabin. S. Zeben.
Zabaloh/ 294
Zabesus, 175
Zabolon, 147
Zadvar, 43
Zagiwa, Zawiga, fl. 147. 275.
Zagram/Zagrabia, 270 seq. 345. seqq.
Zäckler in Sibenbürgen Sitze/ 21
Zakmar. S. Sakmar.
Zaladien/ 378
Zalatna/ 425
Zambuk, 391
Zamurum, 413. seq.
Zapolia, 323
Zapprinum, 398
Zara, 3
Zarcad/ 425
Zarmis, Zarmizegethusa, 335
Zaros

der vornembsten Ort/Wasser/ꝛc.

Zaros, 401.
Zartmar/ 253
Zaazsebes. S. Zabesus.
Zazwaras. S. Proß.
Zeben/ 259. 346
Zegin/ 425
Zegzard/ 425
Zeiden/ 109. Zeidner, od Cronstätter Wald/ 106. 109.
Zekelwassarhel/ 21
Zeng/ 3. 27. seq. 78. 145
Zenderin / Zendreuu, 263. 364.
Zepinum, 382
Zernick/ 426
Zerturzebech, 423
Zetschin/ Zetsichin/ 43 127. 388.

Zips/ Graffschafft/ derselbē Grösse/ Inwohner/ Sprach/ Sitten/ Gebräuch / 28. seqq. 166. 256. 347. seq. vornembste Städte/ 162. Haupt Ort/ 166 347. 375. seq. von wañen die Teutschen in Zips kommen/ 168
Zipserhauß/ 20. seqq. 256. seqq. 163. 164. 347.
Zolium. S. Alt vñ Neu Sol.
Zollnock. S. Sollnock.
Zolosium, 307
Zoppronum, 197
Zrinium, 348

ENDE.

Verzeich-

Verzeichnus etlicher Sachen / so noch zu ändern / vnd zuverbessern.

In der Zuschrifft tiij. z. 18. lise secourüe. Am blat j. in der 12. zeil/ für 1459. lise 1439. vnd in der zeil 15. Macedoniæ. Bl. 13. z. 8. l. 1615. im Iunio, vnd z. 14. l. Vatter. Bl. 17. z. 6. l. continuation, cap. 29. für 28. Bl. 23. z. 4. lasse das Wort jetzige auß / vnd lise der Fürst in Sibenbürgen. Bl. 32. z. 17. l. Tom. 3. Sleid. contin. p. 178. seqq. Bl. 62. Anno 1660. im Iunio, ist diese Vestung Canisa/oder Canischa / sambt allem Vorrath vnd Munition, durch Verwarlosung / gantz abgebrant worden / also/ daß auch viel Stuck zerschmoltzen / vnd Stein an Gebäuen / wie man von Gräg schreibet/zersprungen. Bl. 82. z. 6. vom Ende/l. 34. Brücklein. Bl. 86. z. 6. vom Ende/laß das Wort jetzige auß. Bl. 97. z. 5. l. prodicio. Bl. 108. l. Duuall. B. 132. z. 10. vnd 12. l. besessen/Hoff gehalten. Bl. 143. was von Güntz allhie/ nach Inhalt der ersten edition oder Drucks / gemeldet worden/das ist zu ändern/weil nunmehr solcher Ort gelöset/vnd wieder zu Ungarn gehörig ist Bl. 164. z. 21. l. part. 1. für 21. Bl. 165. z. 11. l. Likava. Bl. 163. z. 2. l. Vestung dem Türcken. Bl. 176. z. 9. l. Boregk/vnd z. 15. Zetteriz. Bl. 181. z. 7. Herr Petrus de Rewa sagt/ daß Munkatium, zu seiner Zeit / von Rechts wegen / den beeden Graffen Esterhazi gehört habe/p. 25. de Corona Ungariæ. Bl. 182. der jetzige Ungarische Palatinus Herr Franc. Veselenius, wird perpetuus Comes, oder beständiger Span von Muran genant / daß also/ sonders zweiffels / diese Herrschafft oder Spanschafft jhme zuständig seyn wird. Bl. 197. z. 6. für 873. l. 973. Bl. 219. Satman hat Anno 1660. der neue Sibenbürgische Fürst Barchai eingenommen. Bl. 232. z. 16. sonsten seyn ordinariè zwen Conservatores coronæ, denen die Cron zuverwahren anvertrauet/vnd ist der allhie genante Herr Graff Paulus Palffi nicht mehr im Leben. Bl. 249. z. 16. Herr Graff Leßle soll jetzt nicht Oberster zu Rab seyn/ wie allhie stehet. Bl. 264. z. 20. l. Argentaro gelegen.

Novogradum; vnd z. 25. Tautunum. Bl. 270. z. 6. l. Sisacum. Bl. 290. z. 12. 13. l. Teissa/oder Tibisco. Bl. 293. letzte Zeil/l. davon oben p. 122. seq. Bl. 300. z. 12. 13. S. oben lit. B. p. 56. Bl. 320. z. 5. vom Ende/ l. Varadinum minus. Bl. 323. z. 15. l. Posega. Bl. 358. z. 19. für 1693. l. 1593. Pl. 372. z 6. l. Scepsio. Bl. 379. z. 3. l. Linduenses. Bl. 392. z. 17. l. Kopan, vnd z. 22. Aquineum. Bl. 394. z. 5. 6. 10. für Karlwa/l. drey mal Kralwa. Bl. 404. z. 7 Schleining wird insgemein Schläming genant. Bl. 408. z. 2. l. 779. Bl. 411. z. 14. l. Lossoncii Wittib.

In der Zugab.

Bl. 429. z. 6. l. Aba. Bl. 430. z. 1. l damit sein Bruder Bela nicht. Bl. 442. z. 9. l. die 4. Centuria. Bl. 451. in der letzten Zeil/l. Cæsar. Bl. 464. z 1. l. Sohn/Herr Maximilianus. Bl. 475. z. 17. 18. ist etwas außgelassen/ vnd zu lesen / Nicol. Esterhazi von Galanta, Anno 1625. so Anno 1645. im 63. Jahr seines Alters gestorben. 6. Ioannes, &c. Bl. 478. z. 6. l. Hermanstatt.